Rolf Gössner

Erste Rechts-Hilfe

Dr. ROLF GÖSSNER, ist seit 1980 Rechtsanwalt, freier Publizist und Sachbuch-Autor in Bremen. Von 1985-1988 Wissenschaftlicher Mitarbeiter des Hamburger Instituts für Sozialforschung (Projekt: „Das Anti-Terror-System"). 1993 Promotion zum Dr. jur. an der Universität Bremen zum Thema „Politische Justiz im präventiven Sicherheitsstaat".
Seit 1990 neben der anwaltlichen und publizistischen Tätigkeit wissenschaftlicher und rechtspolitischer Berater der Fraktion Bündnis 90/Die Grünen im Niedersächsischen Landtag sowie in den Landtagen der neuen Bundesländer und im Bundestag. Außerdem punktuelle Beratung der PDS-Fraktionen im Bundestag und in den neuen Bundesländern sowie von ausländischen Bürgerrechtsgruppen.
Sachverständiger in Gesetzgebungsverfahren des Bundestags und von Landtagen (u.a. zum Stasi-Unterlagen-Gesetz, zum „Gesetz zur Bekämpfung der Organisierten Kriminalität", zu Verfassungsschutz- und Polizeigesetzen, zum „Großen Lauschangriff"). Mitwirkung als rechtspolitischer Berater an der Liberalisierung des Niedersächsischen Verfassungsschutz- und Polizeigesetzes sowie an der Polizeireform während der rot-grünen Regierungsära (1990-1994).
Lehrbeauftragter an verschiedenen Universitäten (Fernuniversität Hagen, Universitäten Bielefeld, Bremen, Marburg, Institut für Journalistik der Universität Dortmund). Redaktionsmitglied der geheimdienstkritischen Zeitschrift *„Geheim"* (Köln) und Mitherausgeber von *„Ossietzky"* – Zweiwochenschrift für Politik/Kultur/Wirtschaft (Hannover).
Seit über einem Vierteljahrhundert unter Beobachtung des „Verfassungsschutzes".

Buchveröffentlichungen

Der Apparat – Ermittlungen in Sachen Polizei (Kiepenheuer & Witsch, Köln 1982/1984);
Im Schatten des Rechts – Methoden einer neuen Geheim-Polizei (Kiepenheuer & Witsch, Köln 1984, Moskau 1990); beide zusammen mit Uwe Herzog;
Restrisiko Mensch (Hg., Bremen 1987);
Widerstand gegen die Staatsgewalt – Handbuch zur Verteidigung der Bürgerrechte (Konkret Literatur Verlag, Hamburg 1988);
Das Anti-Terror-System – Politische Justiz im präventiven Sicherheitsstaat (VSA, Hamburg 1991);
Mythos Sicherheit – Der hilflose Schrei nach dem starken Staat (Hg., Nomos-Verlag, Baden-Baden 1995);
Polizei im Zwielicht – Gerät der Apparat außer Kontrolle? (zus. mit Oliver Neß; Campus-Verlag, Frankfurt/New York 1996);
Die vergessenen Justizopfer des Kalten Kriegs. Verdrängung im Westen – Abrechnung mit dem Osten? (akt. und erw. Neuauflage) Aufbau-Verlag, Berlin 1998.

Rolf Gössner

Erste Rechts-Hilfe

Rechts- und Verhaltenstips im Umgang mit
Polizei, Justiz und Geheimdiensten

VERLAG DIE WERKSTATT

CIP-Titeleintrag der Deutschen Bibliothek

Gössner, Rolf:
Erste Rechts-Hilfe : Rechts- und Verhaltenstips im Umgang mit
Polizei, Justiz und Geheimdiensten / Rolf Gössner. - Göttingen : Verl.
Die Werkstatt, 1999
  ISBN 3-89533-243-7

1   2   3   2001   2000   1999

© 1999 by Verlag Die Werkstatt GmbH
Lotzestraße 24a, 37083 Göttingen
Alle Rechte vorbehalten.
Gesamtherstellung: Verlag Die Werkstatt.

ISBN 3-89533-243-7

Inhaltsübersicht

Detailliertes Inhaltsverzeichnis zu Rechts- und Verhaltenstips 6

Vorwort 15

Auf dem Weg in einen autoritären „Sicherheitsstaat" 21
Zur Entwicklung der „Inneren Sicherheit" in der Bundesrepublik

Rechts- und Verhaltenstips im Umgang mit den Staatsgewalten 57
(Polizei/Justiz/Geheimdiensten) in unterschiedlichen Situationen
und Konfliktbereichen

Kapitel 1: Polizeiliche Alltagseinsätze 59

Kapitel 2: Demonstrationseinsätze der Polizei 127

Kapitel 3: Verdeckte Polizei-Einsätze 173

Kapitel 4: Aktionen und Eingriffe der Geheimdienste 215

Kapitel 5: Ordnungswidrigkeiten- und Strafverfahren 243

Kapitel 6: Rechtsschutz gegen rechtswidrige staatliche Maßnahmen
 und Übergriffe 266

Kapitel 7: Datenschutzrechte im inneren Sicherheitsbereich 295

Kapitel 8: Plebiszitäre Elemente und parlamentarische Mittel 321

Anhang

Bürgerrechts- und Anti-Repressionsgruppen 339

Index 373

Inhalt des Rechtshilfe-Teils

Rechts- und Verhaltenstips 57
im Umgang mit den Staatsgewalten (Polizei/Justiz/Geheimdiensten)
in unterschiedlichen Situationen und Konfliktbereichen

1. Polizeiliche Alltagseinsätze

1.1 Polizeiliche Befragung
nach den Polizeigesetzen und der Strafprozeßordnung 59
- ▶ Befragungsrecht der Polizei (Personalien) 59
- ▶ Auskunftspflicht 59
- ▶ Anhalterecht der Polizei 59
- ▶ Identitätsfeststellung 60
- Folgen der Personalien-Verweigerung 61
- *Rechte der betroffenen Personen und Verhaltenstips* 61

1.2 Verkehrs- und Personenkontrollen
- ▶ Verkehrskontrollen nach Straßenverkehrsrecht, ... 62
- ▶ Anlaß- und verdachtsunabhängige Kontrollen
  („Schleierfahndung") 62
- ▶ Straßenkontrollstellen auf öffentlichen Straßen und Plätzen
  („Gefährliche Orte"/Kontrollstellen) 63
- ▶ Schleppnetzfahndung 64
- Polizeiliche Eingriffsbefugnisse 65
- *Verhaltensregeln und Rechtliche Gegenwehr*
  im Zusammenhang mit polizeilichen Kontrollmaßnahmen 66

1.3 Platzverweise und Aufenthalts-/Stadtverbote
- ▶ Platzverweise 70
- ▶ Aufenthalts- und Stadtverbote 71
- Rechtsfolgen 71
- *Rechtliche Gegenwehr / Verhaltens- und Rechtstips* 73
- ▶ Ansammlungsverbot 75

1.4 Freiheitsentziehung (Gewahrsam, Vorbeugehaft und U-Haft)
- Mindestanforderungen/Rechtliche Voraussetzungen 76
- ▶ Vorläufige Festnahme (nach Polizeirecht und StPO) 76
- ▶ Unterbindungsgewahrsam/Vorbeugehaft 76

Rechts- und Verhaltenstips bei Festnahmen 78
▶ Verbringungsgewahrsam 79
▶ Richterliche Entscheidung 80
▶ Dauer der Freiheitsentziehung 81
▶ Abschiebehaft und Abschiebung 81

Exkurs I:
Kirchenasyl 83

▶ Untersuchungshaft (U-Haft) 84

Exkurs II:
Sonderhaft-Bedingungen für „Terrorismusverdächtige":
Hochsicherheitstrakte, Isolationshaft und Kontaktsperre 85

Verhaltensregeln/Rechte bei Haftbefehlen 86

Neuer Haftgrund:
Hauptverhandlungshaft für Bagatell-Taten 89
Beschleunigtes Verfahren 90
Rechtstips zum beschleunigten Verfahren 91

1.5 Erkennungsdienstliche (ED-)Behandlung
Polizeiliche Maßnahmen bei ED-Behandlung: 91
  Aufnahmen von Lichtbildern (Fotografien), Film- und Tonband-
  Aufnahmen, Fingerabdrücken (Daktyloskopie), Handflächen- und
  Fußsohlenabdrücke, Körpermessungen und Untersuchungen
  Genetischer „Fingerabdruck"
  (DNA-Analyse; Massenscreening; Gen-Datei) 92
Rechts- und Verhaltenstips 93
Weitere Beweissicherungsverfahren (Brechmittel, Röntgen) 103

1.6 Vorladung zur Vernehmung
durch Polizei (Staatsanwaltschaft/Richter)
▶ als Beschuldigter 105
▶ als Zeuge 106
Rechts- und Verhaltenstips bei Vorladungen 106
Zeugnisverweigerungsberechtigte Personen aus persönlichen
Gründen, aus beruflichen Gründen (Berufsgeheimnisträger),
Berufshelfer; Auskunftsverweigerungsrecht 107
Verbotene Vernehmungsmethoden 109

1.7 Verhalten bei Hausdurchsuchungen und Beschlagnahme
Voraussetzungen, Durchsuchungszeiten, Gefahr im Verzug 110
▶ *Rechte des Inhabers* 112
▶ Rechte der Polizei 114

▶ *Rechtsbehelfe* 116
▶ Schadensersatzansprüche 116
Check-Liste „Hausdurchsuchung" und Beschlagnahme 117
Beschlagnahme bei Zeugnisverweigerungsberechtigten 118

1.8 Was tun als Zeugin/Zeuge
von Polizeigewalt und Polizeiübergriffen? 120

Exkurs III:
Eingriffsbefugnisse Privater Sicherheitsdienste, Schwarze Sheriffs,
Private Streifen, Detektive im öffentlichen und halböffentlichen
Raum 121
Rechtliche Gegenwehr 124

2. Demonstrationseinsätze der Polizei

2.1 Versammlungsfreiheit -
Schranken, Demonstrationsverbote und -Auflagen 127

2.1.1 Grundrechtsimmanente Schranken 127

Exkurs I:
Versammlungsverbot in der Bannmeile 128

2.1.2 Die Beschränkungen der Versammlungsfreiheit
(Gebote und Verbote) durch das Versammlungsgesetz
(1) Verbot der Teilnahme (2) Störungsverbot (3) Waffenverbot
(4) Uniformverbot (5) Vermummungsverbot und Verbot von
„Schutzwaffen" 131

2.1.3 Spezielle Regelungen für Öffentliche Versammlungen
in geschlossenen Räumen 136
(1) Pflichten der Veranstalter und Teilnehmer (2) Verbot
(3) Versammlungsverlauf (4) Auflösung

2.1.4 Spezielle Regelungen für Öffentliche Versammlungen
unter freiem Himmel und Demos 141
(1) Pflichten der Versammlungsleiter und -teilnehmer
(2) Verbot (3) Auflagen (4) Auflösung

2.2 Polizeieinsatz-Grundsätze:
Deeskalation und Versammlungsfreundlichkeit
Zum Brokdorf-Beschluß des Bundesverfassungsgerichts (1985) ... 147

2.3 Aufenthaltsverbot und Platzverweis 148
Rechts- und Verhaltenstips 150

2.4 Festnahmen und Einkesselungen
(1) Gesetzliche Voraussetzungen (2) Gefangenensammelstellen
(3) Entlassungsvoraussetzungen und Höchstdauer
(4) Einkesselungen, Einschließende Polizeibegleitung 152
Verhaltenstips bei Festnahme 153
Check-Liste: Rechte für Festgenommene 157

2.5 Polizeieinsatzkosten und Schadensersatzforderungen
für Demonstrationsschäden 158
Rechtsbehelf gegen Leistungsbescheide 158

2.6 *Allgemeine Rechts- und Verhaltenstips für DemonstrantInnen* 159
▶ Check-Liste „Mitnehmen"
▶ Check-Liste „Daheimlassen"
▶ Achtung! Tips...
▶ Verhalten im Falle von Verletzungen

2.7 Demonstrationsbeobachtung und Gedächtnisprotokolle 162

Exkurs II:
Formen Zivilen Ungehorsams:
Sitzblockaden, Verkehrsblockaden etc. 163
▶ Zur neueren Rechtsprechung (BVerfGE, BGH), Verfahrens-
Wiederaufnahme, Urteilsaufhebung, Rehabilitierung 164
▶ *Rechts- und Verhaltenstips* 165

Exkurs III:
Besonderheiten bei Streiks und streikähnlichen Aktionen
Streikarten und -formen, Arbeitskampfrecht, Polizeidienst-
verordnung 100 und „Streik-Exzesse" 167

3. Geheime Polizeiliche Einsätze/verdeckte Polizei-Aktionen zur Strafverfolgung und Gefahrenabwehr 173

3.1 Post- und Telefonkontrolle zur Strafverfolgung (Polizei/StA) 174
Rechtsbehelfe bei Postkontrolle 175
Rechts- und Verhaltenstips zur Telefonüberwachung 178

3.2 Der Lausch- und Spähangriff zur Gefahrenabwehr 179

3.3 Der Große Lauschangriff („Elektronische Wohnraum-
überwachung") zur Strafverfolgung 180
Grenzen des Abhörens 181
Einfacher Verdacht 183

Verdacht auf „besonders schwere Straftat" 184
Der „Große Lauschangriff - ein Angriff auf die Verfassung
(„Ewigkeitsgarantie", „Wesensgehaltsgarantie") 186
Abschirmungsmaßnahmen beim Lauschangriff 187
Verfahrenssichernde Maßnahmen: 189
Vorabkontrolle durch Richtergremium, Berichtssystem, Nachkontrolle durch Parlament, Datenschutz, Benachrichtigungs- und Löschungspflicht, Rechtsweggarantie des Art. 19 Abs. 4 GG

3.4 Langfristige Observationen 194

3.5 Verdeckte Ermittler, V-Leute, agents provocateurs (Lockspitzel) .. 196
Legenden, Milieus und Anwerbeversuche 196
Gefahrenabwehr-Bereich 196
Strafverfolgungs-Bereich 197
Rechtsethisch verwerfliche Methode? 199
„Geheimpolizei" im Vormarsch 203
Rechtliche Hinweise zum Einsatz von Verdeckten Ermittlern 204

Exkurs I:
Rechtliche Gegenwehr am Beispiel des VE-Einsatzes in Tübingen .. 206

4. Aktionen und Eingriffe der Geheimdienste: „Verfassungsschutz" (VS) des Bundes und der Länder, Bundesnachrichtendienst (BND), Militärischer Abschirmdienst (MAD)

Geheimdienste in der Bundesrepublik 215

4.1 Eingeschränkter Rechtsschutz 216
Allgemeine Rechtstips 217

4.2 Nachrichtendienstliche Maßnahmen 216
Post- und Telefonkontrolle nach dem Abhör-(G-10-)Gesetz 216
Möglichkeiten des BND 220
Elektronische „Aufklärung" 222
Längerfristige Observationen 222
V-Leute und Informanten (Anwerbung) 222

Exkurs I/Beispiele:
Geheimdienstliche Ausforschung des Anti-Atom-Widerstands ... 222
Anwerbeversuch des „Verfassungsschutzes" in Oldenburg 224

▶ Anwerbungsversuche und -gespräche in der Praxis 225
▶ Trend zum agent provocateur 226
▶ *Rechts- und Verhaltenstips bei Anwerbungsversuchen* 227

4.3 Sicherheitsüberprüfungen
unter Mitwirkung des Verfassungsschutzes
Voraussetzungen 229
Überprüfungsarten 230
Überprüfungsmaßnahmen 231
Sicherheitsrisiken 232

Rechtliche Hinweise und Risiken bei Sicherheitsüberprüfungen 233

Exkurs II:
Berufsverbote 236

5. Ordnungswidrigkeiten- und Strafverfahren:
Rechts- und Verhaltenstips für das Ermittlungsverfahren
und die Hauptverhandlung

5.1 Ordnungswidrigkeitenverfahren 243
Rechts- und Verhaltenstips bei Bußgeldbescheiden 244

5.2 Straf(ermittlungs)verfahren und Abschluß
Verfahrenseinstellung 245
Strafbefehl 246
Rechtsbehelf bei Strafbefehlen 246

5.3 Von der Anklageerhebung bis zum Urteil
Auswahl v. RechtsanwältInnen/Prozeßkosten 247
Pflichtverteidigung 248
Anklage 249
Beschleunigtes Verfahren 250
Verhalten vor und während der Hauptverhandlung
▶ Prüfkatalog 251
▶ Ablauf der Hauptverhandlung 252
▶ Lügendetektor 253
▶ Zeugen vor Gericht: Zeugenbelehrung,
   Zeugnisverweigerungsrechte, Zwangsmittel, Beugehaft 254

5.4 Eintragung ins Bundeszentralregister/Erziehungsregister
Auskunft, Führungszeugnis, Löschungsfristen, Was bedeutet
„vorbestraft"? 257

Exkurs I:
Kronzeugen-Problematik 260

Exkurs II:
Deeskalation oder „Handel vor Gericht"?
Verständigung zwischen den Verfahrensbeteiligten 263

6. Rechtsschutz gegen rechtswidrige staatliche Maßnahmen und Übergriffe

6.1 Dienstaufsicht/Binnenkontrolle:
Dienstaufsichtsbeschwerde gegen Staatsbedienstete 266

6.2 Gerichtliche Kontrolle
Strafanzeige/Strafantrag/Klageerzwingungsverfahren 267
Hinweise für Strafanzeigen gegen Polizeibeamte 269

Exkurs I:
Nebenklage und Opferschutz 271

6.3 Schadensersatzansprüche/Entschädigung
für rechtswidrige staatliche Handlungen
▶ Staatshaftung/Amtshaftung 276
▶ Polizeiliche Unrechtshaftung 277
▶ Folgenbeseitigungsanspruch 277
▶ Entschädigung für Maßnahmen der Strafverfolgung 278

6.4 Rechtsschutz gegen Verwaltungsentscheidungen und Maßnahmen der polizeilichen Gefahrenabwehr und des Staatsschutzes
▶ Widerspruch und Anfechtungsklage 280
▶ Einstweiliger Rechtsschutz 280
▶ Fortsetzungsfeststellungsklage 281

6.5 Verfassungsbeschwerde/Normenkontrollverfahren
▶ Grundrechte und grundrechtsgleiche Rechte 281
▶ Kosten 282
▶ Voraussetzungen (Zulässigkeit, Begründetheit) 283
▶ Einstweilige Anordnung 284
▶ Normenkontrollverfahren 284

6.6 Europäische Menschenrechtsbeschwerde
Verfahren nach Ausschöpfung des nationalen Rechtswegs 285

Exkurs II:
Remonstration: Rechtsschutz für (Polizei-) Beamte gegen rechtswidrige Anordnungen 286

Exkurs III:
  Partei- und Organisationsverbote (Art. 21) 291

7. Datenschutz-Rechte im inneren Sicherheitsbereich (Geheimdienste VS, BND, MAD; Bundes-, Länderpolizei, Europol, Schengener Informationssystem)

7.1 Gesetzliche Ansprüche auf Auskunft, Akteneinsicht, Berichtigung, Sperrung, Löschung personenbezogener Daten und die rechtlichen Einschränkungen/Hindernisse 295
  Ansprüche gegen Verfassungsschutz/Geheimdienste 296
  Antrags-Musterbriefe 299
  Ansprüche gegen Polizei und Staatsanwaltschaft 306
  Antrags-Musterbriefe 309
  Europol - Schengener Informationssystem (SIS) 311

7.2 Ansprüche auf Schadensersatz, Schmerzensgeld, Unterlassung und Beseitigung 313

7.3 Anrufung der/des Datenschutzbeauftragten 314

7.4 Datenschutzkontrollinstitutionen des Bundes und der Länder für den öffentlichen Bereich (Adreßliste) 315

7.5 Stasi-Unterlagen
  Auskunft und Akteneinsicht (nach StUG) 318

8. Plebiszitäre Elemente und Parlamentarische Mittel/Kontrolle

8.1 „Mehr Demokratie wagen":
  Volksinitiativen, Volksbegehren und Volksentscheid 321

8.2 Parlamentarische Mittel
  Petitionsrecht 322
  ▶ Der Weg einer Petition 323
  ▶ Petitionsausschüsse 324
  ▶ Reformbemühungen 326
  Parlamentarische Anfragen und Anträge 327

8.3 Härtefallkommissionen 327

8.4 Spezielle Parlamentarische Kontrolle der Geheimdienste
und der Polizei
Parlamentarische Kontrolle der Geheimdienste 329
   G-10-Kommissionen und G-10-Ausschüsse, Parlamentarische
   Kontrollkommissionen (PKK)
Parlamentarische Kontrolle der Polizei 331
Parlamentarische Beauftragte/r
   Bürgerbeauftragte (allgemein) 332
   Beispiel Mecklenburg-Vorpommern 332
   Beispiel Rheinland-Pfalz 333
   Beispiel: Europa 333
Polizeibeauftragter/Polizei-Kontroll-Kommission
   als Forderung zur Kontrollverbesserung 334
   Hamburger „Modell" 335

Vorwort

Im engmaschigen Netz der „Inneren Sicherheit" kann sich so mancher verfangen, der kaum damit rechnet. Schnell kann man in unangenehme Konflikte geraten mit der Polizei, mit Geheimdiensten, mit dem Gesetz oder mit der Justiz. Politisch aktive Menschen, die sich oppositionell betätigen, ohnehin. Über die eigenen Rechte – Datenschutz, Aussageverweigerung, Klagemöglichkeiten usw. – herrscht dann oft lähmende Unsicherheit.

Dieser Ratgeber knüpft an eine Tradition an, die manche Aktiven der 68er-Studentenbewegung noch heute in ihrem Langzeit-Gedächtnis bewahrt haben dürften: *„Wie man gegen Polizei und Justiz die Nerven behält"*, so lautete der Titel jener „Rotbuch"-Fibel von Klaus Eschen, Sibylle Plogstedt, Renate Sami und Victor Serge, die erstmals 1973 erschienen ist (aktualisierte Neuauflage 1978) und weite Verbreitung gefunden hat. Geschrieben wurde jenes Buch *„für alle, die mit Polizei und Justiz zu tun haben oder zu tun haben werden"*; es sollte helfen, *„Fehler zu vermeiden und den Tricks der Justiz – neben einer gewissen Kenntnis der Rechtslage – vor allem gute Nerven entgegenzusetzen"*.

Seither ist nicht nur viel Zeit verstrichen, sondern hat sich vieles grundsätzlich gewandelt. Nach zahlreichen außerparlamentarischen Aktivitäten, insbesondere der Friedens- und Anti-AKW-Bewegung, aber auch der Frauen-, Häuserkampf-, Tierschützer-, Anti-Gen und Volkszählungsboykott-Bewegung in den achtziger Jahren flauten nach dem Anschluß der DDR an die Alt-Bundesrepublik diese vielfältigen linksorientierten oppositionellen Aktivitäten merklich ab. Auf der anderen Seite stagnierte der Aus- und Umbau des staatlichen Gewaltapparates keineswegs. Auf der Grundlage eines für den sog. Anti-Terror-Kampf geschaffenen Ausnahmerechts, das heute zum normalen Standard gehört, wurde seitdem immer weiter nachgerüstet – mit zahllosen Gesetzesverschärfungen und strukturellen Veränderungen zu Lasten der Bürger- und Freiheitsrechte. Ob dieser Trend der herrschenden Sicherheitspolitik unter der neuen rot-grünen Bundesregierung ein Ende finden wird, ist noch offen. Um den Jahreswechsel 1998/99 sieht es so aus, als ob diese Bundesregierung auf dem in der rechtsliberalen Ära erwirtschafteten Standard aufbauen und lediglich einige Korrekturen und Ergänzungen anbringen würde (Kontrollverbesserung im Geheimdienstbereich, verstärkte Prävention zusätzlich

zur bislang dominierenden repressiven Kriminalpolitik etc.).
Im Laufe der vergangenen Jahrzehnte sind zahlreiche, qualitativ recht unterschiedliche Rechtsratgeber, insbesondere für Demonstrationsteilnehmer, erschienen. Die meisten sind längst veraltet, was in Zeiten einer fortschreitenden Aushöhlung der Grundrechte rasch passieren kann. Der vorliegende Ratgeber dürfte der umfassendste Leitfaden für den Umgang mit Polizei, Justiz und Geheimdiensten aus bürgerrechtlicher und staatskritischer Sicht sein. Er umfaßt alle wesentlichen Rechtsbereiche im Verhältnis „Bürger" – Polizei, „Bürger" – Geheimdienste, „Bürger" – Justiz. So werden all jene Gelegenheiten aufgezeigt, in denen einzelne von Eingriffen der Staatsgewalt betroffen sein können: von der Verkehrskontrolle bis zur Wohnungsdurchsuchung, von der Beschlagnahmung bis zur U-Haft, vom Platzverweis bis zur Erkennungsdienstlichen Behandlung, von der Observation bis zur Sicherheitsüberprüfung, von der Zeugenvernehmung bis zum Lauschangriff. Es werden – im Sinne erster Rechts-Hilfe – praktikable Rechts- und Verhaltenstips für alltägliche Situationen gegeben, aber auch für Demonstrationen, Streiks, zivilen Ungehorsam, für Ermittlungsverfahren und den Gang vor Gericht. Auch die wichtigsten gesetzgeberischen Neuerungen – wie Großer Lauschangriff, Aufenthaltsverbote, „Schleierfahndung" oder Gen-Datei – werden erläutert.
Diese „Erste Rechts-Hilfe" ist aus der „parteiischen" Sicht eines engagierten Rechtsanwalts, Polizei- und Geheimdienstkritikers sowie eines seit zwei Jahrzehnten aktiven „Bürgerrechtlers" („Frankfurter Rundschau") verfaßt worden. Eingeflossen sind meine Erfahrungen als anwaltlicher Vertreter von Polizei- und Geheimdienst-Opfern, als Demonstrations- und Prozeßbeobachter, als Betroffener von Polizeiübergriffen und Geheimdienst-Überwachung (seit über einem Vierteljahrhundert), als Autor zahlreicher Bücher zur „Inneren Sicherheit", als Sachverständiger in diversen Gesetzgebungsverfahren auf Bundes- und auf Länderebene sowie als parlamentarischer Berater der Bundestags- und Landtagsfraktionen von Bündnis 90/ Die Grünen und bisweilen auch der PDS.
Die hier zusammengestellten Rechts- und Verhaltenstips sind für alle Ratsuchenden geschrieben worden – für Individuen, Gruppen und Organisationen. Obwohl sie eindeutig zu einem emanzipatorischen, demokratischen, bürgerrechtsorientierten Gebrauch bestimmt sind, muß ich als Autor damit leben, daß meine Ratschläge auch von jenen genutzt werden können, die ich politisch vehement bekämpfe oder deren Taten ich aufs schärfste verurteile. Denn Grund- und Freiheitsrechte sind unteilbar – sie haben universell zu gelten. Deshalb wendet sich dieser Ratgeber auch gegen ein bloß instrumentelles Verhältnis zu

Bürgerrechten und rechtsstaatlichen Standards – wie es erschreckend weit verbreitet und nicht gerade selten auch auf Seiten der Linken anzutreffen ist.

Dieser Ratgeber ist ein Plädoyer für eine bürgerrechtliche Opposition gegen den permanenten Ausbau des „Sicherheitsapparats", gegen den „starken" und autoritären Staat. Zu einer solchen Bürgerrechtsopposition gehört auch die Kompetenz, die dieses Buch als Erste Rechtshilfe und Nachschlagewerk vermitteln will: sich gegen zweifelhafte Maßnahmen staatlicher Gewalt wirksam zur Wehr zu setzen und zusammen mit anderen, insbesondere mit Bürgerinitiativen und Bürgerrechtsgruppen, die politisch-juristische Gegenwehr zu verstärken.

Die Bürgerrechte, um deren intensive Inanspruchnahme es in diesem Buch geht, umfassen sowohl individuelle als auch kollektive Rechte. Bürgerrechte sind zwar in erster Linie Abwehrrechte gegen Eingriffe des Staates in Rechtspositionen der BürgerInnen, doch können sie in bestimmten Situationen auch als „Waffen" im politischen (Oppositions-) Kampf gegen existentielle Bedrohungen, soziale Mißstände und politische Ungerechtigkeiten verstanden und genutzt werden. Und so gesehen haben die Qualität der Bürgerrechte und ihre Durchsetzungschancen auch unmittelbaren Einfluß auf die Bedingungen der oppositionellen politischen Arbeit, auf die Bedingungen des politischen Widerstands, auf die Beurteilung von Zivilcourage und Zivilem Ungehorsam.

Sich einerseits pausenlos auf Bürgerrechte zu berufen und ihre Verletzung zu beklagen und zu skandalisieren, sie aber andererseits – aus Unkenntnis oder aber aus Resignation – ungenutzt brach liegenzulassen, sie nicht wahrzunehmen, ihre (auch gerichtliche) Durchsetzung nicht wenigstens zu versuchen, wäre in aller Regel politisch unklug und widersprüchlich.

Es gibt also gute Gründe, sich kollektiv oder einzeln auch mit juristischen Mitteln gegen Eingriffe der Staatsgewalten zur Wehr zu setzen oder eigene Rechte einzuklagen; um dies zu realisieren, bedarf es einiger wesentlicher Voraussetzungen:

▶ Erst die *Kenntnis der repressiven und präventiven staatlichen Mittel und Methoden und ihrer Wirkungsweisen* ermöglicht es, sein Verhalten entsprechend auf sie einzustellen und ihnen möglicherweise selbstbewußt begegnen zu können.

▶ Erst die *Kenntnis der einzelnen Strukturdefekte,* an denen etwa eine öffentliche oder rechtliche Kontrolle von sicherheitsstaatlichem Handeln allzu oft scheitert, ermöglicht es, gezielt Mittel und Wege zu suchen, diese Stellen juristisch-politisch zu überwinden.

▶ Erst die *Kenntnis der eigenen Rechte* eröffnet die Chance ihrer Durchsetzung. Wissen ist, so betrachtet, wenn nicht Macht, so doch wenigstens eine Handlungschance und eine Art von Selbstschutz.

▶ Erst die *Wahrnehmung der geschriebenen demokratischen Rechte und Freiheiten* schafft die Voraussetzung, sie immer wieder ins allgemeine öffentliche Bewußtsein zu heben und ggfls. mit einer ungerechten, undemokratischen, freiheitsschädigenden Wirklichkeit zu konfrontieren.

▶ Mit gezielten und fundierten juristischen Schritten ist zudem in der Regel ein hinreichend aktueller und seriöser Aufhänger geschaffen, um die *(liberalen) Medien und parlamentarischen Kräfte* für gewisse Vorfälle zu interessieren und auf diesem Weg eine breitere Öffentlichkeit herzustellen, die auf diese Weise für Bürgerrechtsfragen stärker sensibilisiert werden kann.

▶ Mit *juristischer Gegenwehr* kann auch vermieden werden, in einer letztlich unpolitischen Opferhaltung zu verharren, zu resignieren und sich alles gefallen zu lassen. Damit kann – am besten in Verbindung mit einer offensiven Öffentlichkeitsarbeit – erreicht werden, daß die staatlichen Organe auf Schritt und Tritt gezwungen werden, sich mit dem eigenen Tun, seinen Voraussetzungen und Auswirkungen zu beschäftigen, auseinanderzusetzen und sich im Zweifel zu rechtfertigen, im Idealfall sogar zu verantworten und für die Folgen zu haften. Verschleppung und Vertuschung werden zumindest erschwert.

▶ Am stärksten und wirkungsvollsten ist die Position der Betroffenen, rechtlich und psychisch, wenn die individuelle Gegenwehr oder Verteidigung in *Zusammenarbeit mit Initiativen,* wie sie im Anhang dieses Buches vorgestellt werden, entfaltet und wenn (bei schwerwiegenderen Problemen) rechtzeitig eine Rechtsanwältin bzw. ein Rechtsanwalt eingeschaltet wird.

Denn die Erfahrung hat gezeigt, daß es zur Durchsetzung eigener Rechte oder auch nur zur Wahrung einer Rechtsposition oft nicht genügt zu wissen, daß einem juristisch oder moralisch Unrecht geschehen ist, sondern es bedarf vielmehr des Mutes und der Energie, sich in die Niederungen der Juristerei zu begeben. Gruppen der genannten Art bieten Rat und Rückenstärkung und vermögen darüber hinaus, den konkreten Einzelfall in einen gesamtgesellschaftlichen Zusammenhang zu stellen. Insbesondere Bürgerrechtsgruppen und StrafverteidigerInnen sind es in der Vergangenheit gewesen, die immer wieder grundrechtswidrige Polizeieingriffe, dubiose staatsanwaltschaftliche Ermittlungsmethoden und Geheimdienst-Machenschaften aufgedeckt und mit Hartnäckigkeit ihren Mandanten durch die Justizinstanzen hindurch zu ihrem Recht verholfen haben.

Mit diesem Ratgeber sollen mehr oder weniger kurzgefaßte Rechtshilfe- und Verhaltenstips für die wichtigsten Konfliktbereiche angeboten werden. Sie sollen keineswegs ausführlichere und spezialisierte Rechtsratgeber und vor allem keine Rechtsberatung durch einen Anwalt des Vertrauens oder eine qualifizierte Beratungsstelle (etwa der Gewerkschaften, Anwaltsnotdienste, ggfls. kostenlose Rechtsberatung der Anwaltsvereine in einigen Städten etc.) im konkreten Einzelfall ersetzen. Sie sollen vielmehr
▶ einen Einblick bieten in wesentliche staatliche Eingriffsbefugnisse, die Grundrechte der BürgerInnen tangieren oder verletzen,
▶ einen Überblick über individuelle Rechte, Rechtswege und Verhaltensweisen,
▶ einen Überblick über parlamentarische Möglichkeiten sowie
▶ eine Schnellorientierung in Eilfällen ermöglichen; dabei steht die praktische Nutzanwendung im Vordergrund, weshalb häufig die knappe Form von „Check-Listen" gewählt wurde.
▶ Darüber hinaus sollen aber auch ausführlichere Argumentationshilfen für die (verfassungs-) rechtliche Qualifizierung besonders prekärer Eingriffsbefugnisse des Staates angeboten werden.
Es wurde – schon aus Gründen der Übersichtlichkeit – kein Wert auf Vollständigkeit gelegt – denn sonst wäre diese Publikation aus allen Nähten geplatzt. Nicht oder eher am Rande berücksichtigt werden Bereiche, wie Kriegsdienstverweigerung oder Ausländerrecht, über die man sich in speziellen Ratgebern eingehender informieren kann. Die Auswahl erfolgte nach Gesichtspunkten der praktischen Relevanz, wobei insbesondere Standard-Eingriffe, aber auch neue staatliche Eingriffsbefugnisse (z.B. verdachtsunabhängige Kontrollen, Aufenthaltsverbote, Hauptverhandlungshaft, Großer Lauschangriff, GEN-Datei etc.) behandelt werden. In Exkursen werden Rechtsbereiche aufgezeigt, die eher unbekannt sind (z.B. Nebenklage, Opferschutz) oder Besonderheiten aufweisen bzw. bestimmte Personengruppen betreffen (Ziviler Ungehorsam, Streiks, Remonstrationsrecht, DDR-Stasi-Opfer-Entschädigung etc.) oder aber eigene „Rechtssysteme" darstellen („Anti-Terror"- oder Anti-OK-Sonderrechtssystem). Die ausführlichere Darstellung dieser Bereiche soll dazu dienen, (verbliebene) individuelle Rechte abzuleiten oder Hintergrundinformationen (z.B. Bannmeile, „Handel vor Gericht"?, Polizeibeauftragte/r) zu liefern.
Am Ende der jeweiligen Kapitel stehen in der Regel Hinweise auf weiterführende Literatur.
Im Anhang finden sich Kurzporträts und Adressen der wichtigsten Bürgerrechtsgruppen in der Bundesrepublik.
Rechtsanwalt Martin Lemke, Fachanwalt für Strafrecht aus Hamburg,

danke ich für die fachliche Überarbeitung des Textes und für hilfreiche Anregungen. Das Kapitel über Datenschutz-Rechte hat dankenswerterweise Dr. Thilo Weichert, Vorsitzender der Deutschen Vereinigung für Datenschutz (DVD), überarbeitet. Außerdem danke ich der Fraktion Bündnis 90/Die Grünen im Niedersächsischen Landtag, für die ich seit 1990 als rechtspolitischer Berater im Bereich Demokratie und Bürgerrechte tätig bin.

Bremen, Winter 1998/99, Rolf Gössner

Auf dem Weg in einen autoritären „Sicherheitsstaat"

Zur Entwicklung der „Inneren Sicherheit" in der Bundesrepublik

Nach wie vor gilt eine Jahreszeit als dunkler „Höhepunkt" – besser: „Tiefpunkt" – bundesdeutscher Kräfteentfaltung im Bereich der „Inneren Sicherheit": der „Deutsche Herbst" 1977. Die alte Bundesrepublik erlebte damals wohl die schärfste innenpolitische Krise ihrer Nachkriegsgeschichte. Die „Rote Armee Fraktion" (RAF) hatte dem Staat den „Krieg" erklärt: Mit der Ermordung von Generalbundesanwalt Buback, Bankier Ponto und Arbeitgeberpräsident Schleyer wurden Symbolfiguren von Staat und Gesellschaft getroffen.

Und der sogenannte wehrhafte Staat hat diese „Kriegserklärung" angenommen: Er hat sich faktisch wie in einem Ausnahmezustand verhalten, ohne ihn jedoch förmlich zu deklarieren. Dem Rechtsstaat wuchsen damals Zähne, Klauen und Stacheldraht, er suchte sich mit Anti-Terror-Gewalt, Hochsicherheitstrakten, Sonderpolizeieinheiten und Maschinenpistolen zu schützen – daran hatte sich die Bevölkerung zu gewöhnen.[1]

Dieser martialische Rechtsstaat ging hart bis an die „Grenze" des verfassungsrechtlich Zulässigen, wie der damalige Bundeskanzler Helmut Schmidt (SPD) formulierte. Ja, er überschritt diese Grenze nach Auffassung namhafter Verfassungsjuristen beträchtlich – oder anders ausgedrückt: die Grenzen wurden verschoben, rechtsstaatliche Dämme sind geborsten. Unkontrollierte „Krisenstäbe" jenseits der Verfassung, gesetzlose Kontakt- und Nachrichtensperre, illegale Abhöraktionen, Ausnahmebedingungen im Stammheimer Verfahren gegen den Kern der RAF, rigorose Einschränkung von Verteidigerrechten – diese staatlichen Reaktionen auf den „Staatsfeind Nr. 1" waren damals nicht nur jenseits von Gesetz und Verfassung angesiedelt, sondern entpuppten sich als Überreaktionen, die zeitweise zu einer Militarisierung der Innenpolitik führten, zu einer Eskalation der Gewalt und zu einer Vereisung des gesellschaftlichen Klimas. In diesem Klima war der Terrorismusverdacht allgegenwärtig, dem sich die gewaltlos agierende Linke ausgesetzt sah: Sympathisanten-Hetze, Zensur und Selbstzensur waren die fatalen Folgen dieser überschießenden Hochsicherheitspolitik.

Jeweils im Zehn-Jahres-Rhythmus nach dem „Deutschen Herbst" 1977 wird viel geschrieben über diese traumatische Phase bundesdeutscher Geschichte. Die meisten Beiträge und Erinnerungen von Zeitzeugen behandeln jene „Jahreszeit" jedoch weitgehend isoliert von der westdeutschen Geschichte oder als relativ abgeschlossenes Kapitel. Doch weder das eine noch das andere trifft zu. Denn diese offen staatsautoritäre „Antwort" auf den „Terrorismus" hat ihre geschichtlichen Wurzeln, die weit zurückreichen in deutsche Vor- und Nachkriegszeiten. Und das Kapitel „Deutscher Herbst" ist längst nicht abgeschlossen, sondern wirkt bis heute nach - ja die damals aufgetürmten Ausnahmeregelungen sind längst zum innenpolitischen „Standard" geronnen, auf den die herrschende Politik der „Inneren Sicherheit" trefflich aufzubauen wußte. Fast sämtliche Anti-Terror-Gesetze der 70er und 80er Jahre sind heute noch in Kraft - obwohl sich die RAF bereits Anfang der 90er Jahre von Gewaltakten lossagte und 1998 ihre Selbstauflösung deklarierte.[2]

Staatsautoritäre Traditionen:
Die Last mit der deutschen Vergangenheit

„Nach Stammheim wird dieser Staat nicht mehr derselbe sein" - so sagte sinngemäß die Angeklagte im Stammheimer RAF-Prozeß, Ulrike Meinhof, die Zukunft der Republik voraus. Sie tat diesen Ausspruch angesichts eines am eigenen Leib erlebten politischen „Monsterprozesses" (U. Stuberger) und selbst erlittener Isolationshaft, angesichts von „Anti-Terror"-Maßnahmen und staatlichen Strukturveränderungen Mitte der 70er Jahre. Doch rückblickend ist festzustellen, daß „Stammheim" nicht die eigentliche Zäsur in der westdeutschen Staatsentwicklung bewirkte, auch wenn diese Entwicklung im Jahre 1977 zweifellos ihren „Höhepunkt" erlebte.

Der westdeutsche Staat entsprach bereits vor „Stammheim" nicht mehr jenem Bild, das viele Menschen sich bei seiner Gründung von ihm gemacht hatten. Er entsprach längst nicht mehr den ursprünglichen Konsequenzen, die zunächst wenigstens ansatzweise als Lehren aus der Nazi-Zeit gezogen worden waren. Weder ist das Phänomen „Terrorismus" ohne den deutschen Nationalsozialismus und dessen beharrliche Nichtbewältigung in der Nachkriegsgeschichte zu verstehen, noch ist die Art und Weise der staatlichen Reaktionen auf den „Terrorismus" ohne die Nichtbewältigung der staatsterroristischen

Vergangenheit zu begreifen, ohne die autoritätsfixierten und obrigkeitsstaatlichen Prägungen, die die Zeiten überdauerten und die Bundesrepublik von Anfang an stark belasteten. Gerade auf dem Sektor der „Inneren Sicherheit" mußten sich dieses Manko und diese Prägungen auf fatale Weise auswirken.[3]
Als dem deutschen Volk mit der Befreiung von der Nazidiktatur die legendäre „Stunde Null" schlug, sollte unter dem Diktat der westlichen Besatzungsmächte eine umfassende Entnazifizierung, Entmilitarisierung, Entpolizeilichung sowie das Modell eines demokratisch organisierten und kontrollierten inneren Sicherheitssystems durchgesetzt werden. Der Polizei wurde untersagt, die Bevölkerung einer politischen Überwachung zu unterziehen. Polizei und Geheimdienste sollten aufgrund der leidvollen Erfahrungen der jüngsten deutschen Geschichte entflochten und strikt voneinander getrennt werden. Politische Verfolgung, das Wiederaufleben eines staatsterroristischen Systems, einer undemokratischen und unkontrollierbaren Machtkonzentration sollten von vornherein unterbunden werden.
Doch diese Vorgaben sind in den Wirren des Kalten Krieges unter Federführung der Adenauer-Regierung (CDU/CSU) rasch wieder aufgeweicht worden. Die wiedereinsetzende Einschwörung auf das neualte Feindbild Kommunismus, später „Linksextremismus", ließ den Blick für die Gefahren einer übermächtigen Sicherheitsbürokratie immer mehr verschwimmen. Schon Ende der 40er Jahre erfolgte die Restauration einer vordemokratischen, konsequent auf Staatssicherheit bezogenen Polizeikonzeption mit starken obrigkeitsstaatlichen Tendenzen. Polizei und Bundesgrenzschutz betrieben in den 50er und 60er Jahren militärisch orientierte „Aufstandsbekämpfung" und probten anhand von Szenarien, in denen Massenstreiks und sog. kommunistische Unterwanderung in eins gesetzt wurden. Auch das „neue" Staatsschutzrecht lehnte sich an alte Vorbilder an – die Handschrift „entnazifizierter" Nazis, die sich wieder in den Staatsapparat einnisten konnten, ist dabei unverkennbar. Nunmehr dienten ihre Strafrechts-Regelungen u.a. der Absicherung der Westintegration (Stichwort: NATO-Beitritt) und der Wiederaufrüstung der Bundesrepublik als Bollwerk gegen den kommunistischen Osten.
Dieses Staatsschutzrecht wurde fortan als rechtliche Grundlage für politische Zensur und Verfolgung Tausender von Menschen genutzt. Von der damaligen politischen Justiz betroffen waren in erster Linie Kommunisten, ihre Unterstützer und „Sympathisanten", aber auch bloße Kontaktpersonen, also Menschen, die keine Kommunisten waren. Das Ausmaß dieser staatlichen Verfolgung erscheint heute

geradezu unglaublich: Von 1951 bis 1968 gab es Ermittlungsverfahren gegen 150.000 bis 200.000 Personen – eingeleitet wegen gewaltfreier, linksoppositioneller Arbeit oder wegen politischer „Kontaktschuld". Verfolgt und bestraft wurden Menschen, die organisiert gegen Wiederaufrüstung und Atombewaffnung protestiert hatten. Menschen wurden nur deshalb wegen „Staatsgefährdung" oder „Geheimbündelei" bestraft, weil sie für ein entmilitarisiertes und neutrales Gesamtdeutschland und gegen die Wiederaufrüstung eingetreten waren oder weil sie deutsch-deutsche Kontakte pflegten. Höhepunkt dieser exzessiven Kommunistenverfolgung: das KPD-Verbotsurteil von 1956, welches heute noch Gültigkeit hat.[4]
Zwar schloß nur etwa jedes 20. Ermittlungsverfahren auch mit einer Verurteilung ab – das ergibt etwa 10.000 Verurteilungen meist zu mehrmonatigen, ja mehrjährigen Gefängnisstrafen ohne Bewährung. Direkt oder indirekt betroffen von Ermittlungsmaßnahmen waren aber mehr als eine halbe Million Menschen: Langfristige Observationen und Lauschangriffe der Politischen Polizei, monatelange Untersuchungshaft (häufig als isolierende Einzelhaft vollzogen), jahrelange Einschränkungen der staatsbürgerlichen Rechte, Paß- und Führerscheinentzug, Verlust des Arbeitsplatzes und Renteneinbußen trafen diese Menschen in ihrer Existenz.

Sozialliberaler Modernisierungsschub:
Auf dem Weg in den „Präventiven Sicherheitsstaat"

Die 17jährige Kommunistenverfolgung fand erst 1968 mit der teilweisen Liberalisierung des politischen Strafrechts ein vorläufiges Ende. Doch schon 1972 – als Antwort auf die „Nachwehen" der Studentenbewegung („Marsch durch die Institutionen") – erfuhr sie eine Fortsetzung mit anderen Mitteln: Hunderttausendfache Regelüberprüfungen durch den „Verfassungsschutz" und tausendfache Berufsverbotsverfahren auf Grundlage des sogenannten Radikalenerlasses (auch Extremistenbeschluß genannt) der Ministerpräsidenten vergifteten die politische Kultur der 70er Jahre. Betroffen war die gesamte Linke, waren Intellektuelle und Angehörige des liberalen Bürgertums. Bereits Ende der 60er Jahre wurde eine staatliche Aufrüstung nach innen eingeleitet – und zwar von der sozialliberalen SPD/FDP-Regierungskoalition, die der „Inneren Sicherheit" einen wahren Modernisierungsschub verpaßte. Angesichts neuartiger – ökonomischer und sozialer – Krisenerscheinungen – erinnert sei an die erste große Wirtschaftskrise 1966/67 – und angesichts einer sich abzeichnenden „Risikogesellschaft" im Zuge der Entwicklung gefährlicher Industrieprojekte (etwa von Atomkraftwerken u.a.), setzte man verstärkt auf Prävention. Das heißt: Man schickte sich an, vorausschauend zu denken, zu planen und flexibel zu handeln, statt verspätet überzogen zu reagieren. Die Politik der „Inneren Sicherheit", die sich in Zeiten des Kalten Krieges nie von der äußeren Sicherheit trennen ließ, orientierte sich fortan also nicht mehr an einem zu erklärenden Ausnahmezustand, wie ihn noch die Notstandsgesetzgebung von 1968 vorsah. Die Erklärung des Ausnahmezustands war die Voraussetzung für weitgehende Grundrechtseinschränkungen, für die Aussetzung der politischen Demokratie und für den möglichen Einsatz der Bundeswehr im Innern des Landes. Nun sollte sich statt dessen die „Innere Sicherheit" des sozialliberal inspirierten Staatsapparates verstärkt am krisengeschüttelten Alltag orientieren. „Präventive Herrschaftssicherung" – so könnte man diesen sicherheitspolitischen Trend bezeichnen: eine Entwicklung weg vom erklärten Notstandsfall, hin zur alltäglichen Notstandsvorsorge.[5]

Neue Mittel staatlicher „Krisenbewältigung" wurden erprobt und schließlich – zunächst im rechtsfreien Raum – angewandt. Bereits ab 1969 wurden unter der sozialliberalen Regierungskoalition langfristige Schwerpunkt- und Sofortprogramme für die „Innere Sicherheit" verabschiedet und realisiert. Schon seit jener Zeit befindet sich der staatliche Gewaltapparat in einem tiefgreifenden Veränderungsprozeß, obwohl damals in der Bundesrepublik von „Terrorismus" im organisierten Sinne noch kaum die Rede sein konnte. Sicher wurde dieser Prozeß durch den „Terrorismus" der 70er Jahre noch erheblich beschleunigt, denn die Sicherheitspolitiker und -praktiker wußten in der Folgezeit die politisch hochdramatisierte „terroristische Gefahr" (wie früher die „kommunistische Gefahr") als populäre Legitimation zu nutzen, um den Staat nach innen hochzurüsten.

Einerseits wurden alle Sicherheitsorgane personell, finanziell und technologisch erheblich ausgebaut, gleichzeitig wurde das gesamte Sicherheitssystem einem umfassenden Strukturwandel unterzogen.[6] Dazu gehört eine zunehmende Zentralisierung im Bundeskanzleramt, im Bundeskriminalamt sowie in sog. Lagezentren und Krisenstäben, die in der Verfassung nicht vorgesehen sind. Dazu gehört die Spezialisierung der Polizeifunktionen mit einer Spannbreite von den hart trainierten „Anti-Terror"-Spezialeinheiten (GSG 9, SEK, MEK, PSK) bis zu den bürgerfreundlichen Kontaktbereichsbeamten. Zur klassisch-repressiven Polizeiaufgabe der Strafverfolgung und zur Abwehr *konkreter* Gefahren gesellte sich in der Praxis ein neues, fast uferloses polizeiliches Aufgabenfeld: die „vorbeugende Verbrechensbekämpfung" und die sog. Gefahrenvorsorge. Diese Aufgabenerweiterung führte zu einer weiteren Vorverlagerung des Staatsschutzes weit hinein in die Gesellschaft – überspitzt formuliert: Die staatliche Sicherheit entwickelte sich mit dieser Sicherheitskonzeption zum dominierenden „Grundrecht" für den Staat, während die Bürgerinnen und Bürger zu (potentiellen) Sicherheitsrisiken mutierten.

Dieser strukturelle Wandel führte zu einem ganz alltäglichen staatlichen Machtzuwachs und zu einer ebenso alltäglichen Erosion der Grund- und Freiheitsrechte. Verschärfend kamen die spezifischen „Anti-Terror"-Gesetze hinzu: zum einen die Schlüsselnorm § 129a StGB („Terroristische Vereinigung", 1976), um die herum ein regelrechtes „Anti-Terror"-Sonderrechtssystem mit gravierenden Sonder-(eingriffs)befugnissen für Polizei, Geheimdienste und Justiz entwickelt wurde; zum zweiten die Einschränkung der Verteidigungsmöglichkeiten vor Gericht, also: Überwachung des Verkehrs zwischen Angeklagten und Anwälten, Trennscheiben, Verteidigerausschluß, Gerichtsverhandlung auch in Abwesenheit des Angeklagten usw.; zum dritten wurden Hochsicherheitsgefängnisse gebaut und die politischen Gefangenen strengen Isolationshaftbedingungen unterzogen. Massenkontrollen, etwa an Straßenkontrollstellen oder im Zuge von Großrazzien gehörten zum Alltagsbild und bekamen später rechtliche Grundlagen verpaßt.

Herbst ohne Ende: Das „Anti-Terror"-System wird ausgeweitet

Die alte Bundesrepublik hat sich im Zeichen dieser Art von „Terrorismusbekämpfung" grundlegend verändert. Sie hat sich in dieser Krisenperiode als liberaler Rechtsstaat, der den Grund- und Bürgerrechten verpflichtet ist, nicht „bewährt". Die staatlichen „Anti-Terror"-Reaktionen haben ihrerseits dem zu schützenden Rechtsstaat schweren Schaden zugefügt und die politische Kultur in diesem Lande negativ beeinflußt – ja sie haben nach Auffassung vieler, übrigens auch vieler „Verfassungsschützer", das Phänomen des „Terrorismus" in der Bundesrepublik erheblich verlängert.[7]

Das kaum noch überschaubare „Anti-Terror"-Sonderrechtssystem wurde in den 80er Jahren noch erheblich verschärft und ausgedehnt. Die Ermittlungsbehörden witterten innerhalb der damals stärker und militanter werdenden und äußerst unübersichtlichen politisch-sozialen Bewegungen eine neue und unberechenbare „terroristische Gefahr". Tausende von Menschen und zahlreiche oppositionelle Initiativen der Anti-Atom-, Friedens- und Anti-Gentechnologie-Bewegung, aber auch der Antifa sowie der Häuserkampf- und Tierschützer-Bewegung sind in diese staatliche Anti-Terror-Maschinerie geraten und zu Objekten des Staatsschutzes geworden. 1987 wurde § 129a StGB entsprechend an diese Entwicklung neuer Protestpotentiale und Protestformen angepaßt.

Spätestens seit Beginn der 80er Jahre konnte in der Anwendungspraxis des § 129a eine Ausweitung auf einen wachsenden Kreis von politisch aktiven Personen und Gruppen verzeichnet werden – also nicht mehr primär gerichtet gegen festgefügte Organisationen wie etwa die RAF. Der neue Anti-Terror-Kampf entpuppte sich in erheblichem Maße als polizeiliche und justizielle „Jagd" auf sog. Sympathisanten und Kontaktpersonen, entpuppte sich als präventive Um- und Vorfeldausforschung bzw. Widerstandsbekämpfung, die sich überwiegend gegen das angebliche „linke Vor- und Umfeld" des „Terrorismus" richteten und sich damit weit hinein in die demokratische Linke auswirkten, weit hinein in die sozialen und politischen Protestbewegungen jener Zeit.

Auf diese Weise kam es zu einer wundersamen „Terroristen"-Vermehrung per Gesetz und Rechtsprechung: In den 80er Jahren sind insgesamt 3.300 einschlägige Strafermittlungsverfahren gegen mutmaßliche (Links-)„Terroristen", Unterstützer und Sympathisanten eingeleitet worden. Abertausende von Menschen waren von den umfangreichen Ermittlungs- und Fahndungsmaßnahmen zumindest mittelbar betroffen.[8]

Gegen rechte Gruppen fand dieses Hochsicherheits-Instrumentarium nur in geringem Maße Anwendung, obwohl doch bereits in den achtziger Jahren insgesamt 36 Menschen durch rechtsorientierte Gewalt ums Leben kamen (u.a. durch das „Oktoberfest"-Attentat). Das sind über dreieinhalb mal so viele gewaltsame Todesfälle, wie sie im selben Zeitraum von sog. Linksterroristen, etwa der RAF, verursacht worden sind (10 Fälle). Doch der politisch hochdramatisierte „Linksterrorismus" dominierte die öffentliche Debatte und führte zu einer geradezu hysterischen staatlichen Verfolgungstätigkeit – die rechtsradikalen Tendenzen, die im übrigen auch in den achtziger Jahren bereits in beachtlichem Umfang in der bundesdeutschen Bevölkerung verankert waren (vgl. die SINUS-Studie von 1981)[9] sowie der manifeste Terror von rechts wurden weitgehend verdrängt oder mit Hilfe der Einzeltäter-Theorie verharmlost (siehe folgenden Kasten).

Mit zweierlei Maß gegen linken und rechten „Terrorismus"

In den achtziger Jahren gab es insgesamt 73 „rechtsextremistische" Organisationen mit knapp 30.000 Mitgliedern. Etwa 1.500 rechtsgerichtete Gewalttaten sind damals registriert worden.[10] Dennoch standen seinerzeit insgesamt 3.300 sog. Linksterrorismus (LT-)Ermittlungsverfahren mit etwa 10.000 Betroffenen gerade mal 134 „Rechtsterrorismus" (RT-)Ermittlungsverfahren mit etwa 390 Betroffenen gegenüber. Im Gegensatz zu den LT-Verfahren nach der Organisationsnorm § 129a StGB nahmen die RT-Verfahren stetig ab und tendierten seit 1986 gegen Null. Diese Nulltendenz ging einher mit einem klaren Aufwärtstrend terroristischer Gewaltaktivität von rechts.[11]

Auch in den neunziger Jahren wurde der etablierte Hochsicherheitsapparat im übrigen kaum mobilisiert gegen den seit der deutschen Vereinigung eskalierenden rechten Terror, gegen die unzähligen neonazistischen bzw. fremdenfeindlichen Mordanschläge auf Angehörige von Minderheiten.[12]

1990:   1 EV gg. rechts   (1 Beschuldigter, eingestellt)
      146 EV gg. links   (127 Besch.)[14]
1991:   5 EV gg. rechts   (10 Besch., eingestellt)
      191 EV gg. links   (168 Besch.)
1992:   7 EV gg. rechts   (100 Besch., gg. 97 eingest.)
       64 EV gg. links   (72 Besch.)
1993:   2 EV gg. rechts   (6 Besch., gg. 5 eingest.)
      184 EV gg links   (204 Besch.)
1994:   4 EV gg. rechts   (29 Besch., gg.16 eingest.)
      141 EV gg. links   (132 Besch.)
1995:   2 EV gg. rechts   (gg. Unbekannte)
      286 EV gg. links   (239 Besch.)
1996:   2 EV gg. rechts   (3 Besch., 1 Unbek.; 3 eingest.)
      104 EV gg. links   (130 Besch.)
1997:   1 EV gg. rechts   (1 Besch.)
      113 EV gg. links   (169 Besch.)

1990-97 (= 8 Jahre):
24 RT-Ermittlungsverfahren (= ca. 3 EV pro Jahr),
1.229 LT-Ermittlungsverfahren (= ca. 155 pro Jahr im Schnitt)

Quellen:
Antworten der Bundesregierung auf Kl. Anfragen von Bündnis 90/Die Grünen im Deutschen Bundestag, BT-Drucks. 12/2525 vom 4.5.92 und 13/1340 v. 11.5.95, 13/4382, zuletzt: BT-Drucks. 13/11220 vom 3.8.1998.

Trotz immer deutlicher werdender organisatorischer Strukturen im rechten Spektrum[13] und sprunghaftem Anstieg der Gewalttaten von rechts gibt es auch in den neunziger Jahren kaum 129a-Ermittlungsverfahren (EV) gegen rechts.

Trotz häufiger Terroranschläge von rechts scheint es für Polizei und andere Staatsschutzorgane kaum rechte „Terroristische Vereinigungen" zu geben, geschweige denn eine ernstzunehmende Organisierung. Diese vergleichende Übersicht zeigt deutlich, daß hier mit zweierlei Maß gemessen wird. Sie offenbart, daß die Polizei und die für die Einleitung von 129a-Ermittlungsverfahren zuständigen Staatsanwaltschaften – Bundesanwaltschaft und die Generalstaatsanwaltschaften – allzu lange jegliche Organisierung leugneten und in der Regel lediglich von rechtsorientierten unorganisierten Einzel- und Spontantätern ausgingen – gerade so, als gäbe es nicht längst einen gut organisierten neonazistischen Kern und ein funktionierendes Netzwerk[15] aus Skinhead-Szene, Neonazi-Parteien, Wehrsportgruppen und „Nationalen Einsatzkommandos", die, teilweise schwer bewaffnet, u.a. den Straßen- und Häuserkampf zum Erstürmen und Anzünden von Asylbewerberheimen exerzieren und im Nahkampf auch die Tötung von Menschen trainieren.

Es soll hier zwar nicht verkannt werden, daß es zwischen „linkem Terror" und „rechtem Terror" erhebliche Unterschiede gibt – nicht nur was die Zielrichtung anbelangt, sondern auch was die Täter, ihre Gruppenstruktur bzw. die Art der Organisierung betrifft.[16] Zwar mag es weitgehend richtig sein, daß bislang „terroristische Vereinigungen, die bezüglich Organisationsgrad, Logistik oder Planungstreue mit der ‚Rote Armee Fraktion' (RAF) oder den ‚Revolutionären Zellen' (RZ) vergleichbar wären, nicht beobachtet werden konnten", wie die beiden leitenden Polizeibeamten Manfred Klink (BKA) und Richard Peters (Hamburg) 1993 schreiben.[17] Doch diese Beobachtung dürfte zumindest weder für das neonazistische „Nationale Einsatzkommando" noch für die diversen rechtsradikalen Wehrsportgruppen gelten. Die in diesem „Einzeltäter"-Konstrukt zum Ausdruck kommende Verharmlosung ist insbesondere bemerkenswert, wenn man sie im Kontrast zu sonstigen staatsschützerischen Gepflogenheiten betrachtet: Denn sobald es um das linksgerichtete Spektrum geht, werden sehr rasch organisatorische Strukturen unterstellt, um das „Anti-Terror"-Sonderrecht ausgiebig nutzen zu können – auch wenn sich dann später herausstellt, daß es solche Strukturen gar nicht gibt. Die Staatsschutz-Konstruktionen von linken „terroristischen Vereinigungen" sind Legion: Mehr oder weniger spontaneistische und temporäre Kleinstgruppierungen wie „Hau weg den Scheiß", „sehr enttäuschte Kunden – sek", „Revolutionäre Heimwerker", „Verband der Sägefische", „Progressive Gartenzwerge" oder „der Baggerführer Willibald und die Asphaltdschungelamazonen", „Hungrige Herzen" sind allen Ernstes zu gefährlichen linken „terroristischen Vereinigungen" gekürt worden – mit all den Konsequenzen, die daraus für die so Verdächtigten folgen.

Die unterschiedliche Handhabung des § 129a könnte u.a. der Tatsache geschuldet sein, daß von Rechts weniger Gefahr für den Staat auszugehen scheint als von Links. Linke Gewalt richtet sich in erster Linie gegen staatliche und wirtschaftliche Einrichtungen und hohe Funktionsträger – gegen Institutionen also, die politisch (mit-)verantwortlich sind bzw. gemacht werden für vermeintliche oder tatsächliche Mißstände, Ungerechtigkeiten, Menschenrechtsverletzungen. Der rechte Terror dagegen richtet sich gezielt gegen mißliebige Bevölkerungsgruppen: gegen soziale Minderheiten, Außenseiter und Ausgegrenzte – Ausländer, Obdachlose, Juden, Homosexuelle und Behinderte – gegen Menschen also, die keine Lobby haben und denen weite Teile der Bevölkerung (und entsprechend viele Polizisten) selbst mit Vorurteilen, gelegentlich mit latenter bis offener Gewaltbereitschaft begegnen. Insofern ist auch von Bedeutung, daß Fremdenfeindlichkeit und Rechtsradikalismus keine gesellschaftlichen Randphänome von irgendwelchen Extremisten sind, sondern aus der Mitte der Gesellschaft kommen. Der „Linksterrorismus" hatte in der Bevölkerung zu keiner Zeit eine solch „klammheimliche" Sympathie entfacht, wie es der Rechtsradikalismus und die rechte, fremdenfeindliche Gewalt vermochte bzw. vermag. Kein Wunder, daß sich viele rechte Aktivisten als „Vollstrecker" deutscher Stamm- und Küchentisch-Ideologen und -Strategen verstehen – und selbst auf höchster politischer Ebene – etwa mit der faktischen Abschaffung des Asylgrundrechts – Erfolge erzielen konnten.

Favorisiert wurde hingegen der staatliche „Anti-Terror"-Kampf gegen links: Auf Grundlage der Paragraphen §§ 129a, 88a, 130a StGB wurden Bücher beschlagnahmt, Verlage, Druckereien und Auslieferungslager durchsucht. Mögliche Sympathie für die RAF sollte damit unterbunden werden – denn schon eine bloße Sympathiebekundung konnte als Unterstützung einer terroristischen Vereinigung gelten oder als Werbung für eine solche. Damit wurde aber auch die politische Auseinandersetzung mit authentischen Texten torpediert, sind entscheidende Dokumente der Zeitgeschichte von staatlichen Instanzen unterdrückt worden. Der Verband Deutscher Schriftsteller bezeichnete damals diese Repressionsmaßnahmen als schwerwiegende Eingriffe in die Wissenschafts- und Publikationsfreiheit.

Obwohl das Meinungsäußerungsdelikt § 88a StGB – Befürwortung von Gewalt und Verbreitung von Schriften, die zu Gewalttaten auffordern – im Jahre 1980 wieder abgeschafft wurde, konnte mit dem verbleibenden Gesinnungsstrafrecht weiterhin zensurierend eingegriffen werden. Dabei zielte die staatliche Verfolgung immer häufiger auf linksradikale Diskussionszusammenhänge, die mit dem „Terrorismus der RAF" nichts zu tun hatten. Mit seinen Auffangtatbeständen Unterstützung und Werben für eine sog. terroristische Vereinigung entpuppte sich § 129a StGB als breit streuende Zensurwaffe gegen linke und linksradikale Meinungsäußerungen.

Immerhin betrafen knapp 85 Prozent der in den 80er Jahren eingeleiteten Strafermittlungsverfahren nicht etwa die schwerwiegenderen Vorwürfe der Mitgliedschaft, sondern lediglich die minder schweren der Unterstützung oder des Werbens – und das sind in der Regel rein verbale „Taten". Allein das Aufsprühen bestimmter Parolen, das Verteilen von Flugblättern oder Kleben von Plakaten konnte so zum terroristischen Delikt werden. Das Georg-Büchner-Zitat „Krieg den Palästen" und ein fünfzackiger Stern, an die Plastikwand einer U-Bahn gesprüht, brachten etwa einer Münchener Arzthelferin wegen Werbens für eine terroristische Vereinigung zwölf Monate Gefängnis ohne Bewährung ein. Ihr Begleiter, der sie angeblich per Sichtdeckung bei ihrem Tun abgeschirmt haben soll, wurde mit sechs Monaten Freiheitsentzug bedacht.

Zeitschriften, wie u.a. die *radikal*, wurden wegen der bloßen Dokumentation von sog. Bekennerschreiben jahrelang verfolgt, ihre Redakteure zu mehrjährigen Haftstrafen verurteilt und auch Hunderte von Angestellten alternativer Buchläden wegen des Vertriebs solcher Zeitschriften strafrechtlich verfolgt.

Die Vielzahl solcher Verfahren veranlaßte „amnesty international" damals zu massiver Kritik an dieser staatlichen Zensurpraxis. Die

Menschenrechtsorganisation zeigte sich besorgt darüber, „daß Personen wegen der gewaltlosen Äußerung ihrer politischen Überzeugungen strafrechtlich verfolgt und verhaftet werden können, ohne daß sie selbst Gewalt befürwortet haben". Dies sei ein schwerer Angriff auf die freie Meinungsäußerung.

„Innere Sicherheit" im vereinten Deutschland:
Grundrechte-Zerfall und Demokratie-Abbau werden fortgesetzt

In den vergangenen 20 Jahren hat sich eine weit im Vorfeld agierende Geheim-Polizei herausgebildet, die inzwischen in den 90er Jahren rechtlich abgesichert wurde:[18] Die Polizei hat in ihren Händen nicht nur vollziehende, sondern in der Praxis auch nachrichtendienstliche Mittel – wie V-Leute, Verdeckte Ermittler, agents provocateurs, Wanzen usw. – angehäuft. Als besonders gravierend haben sich die Auswirkungen dieser Geheim-Entwicklung gerade im „Terrorismus"-Bereich herausgestellt. So waren geheime Mitarbeiter des polizeilichen Staatsschutzes und des Verfassungsschutzes schon frühzeitig in Waffenbeschaffungsaktionen der RAF verwickelt, sie betätigten sich als agents provocateurs, ja die Sicherheitsbehörden schreckten nicht davor zurück, gleich selbst die Gründung „terroristischer Vereinigungen" zu betreiben sowie Terrorakte eigenhändig durchzuführen („Celler Loch").

Mit Ende des „Kalten Krieges" sind die alten „inneren (Staats-) Feinde" abhanden gekommen: Waren es früher Kommunisten, später „Linksextremisten" und „Terroristen", so ist es heute vor allem die „Organisierte Kriminalität". Die in einzelnen Deliktfeldern und Regionen tatsächlich wachsende Kriminalität, das hochdramatisierte „organisierte Verbrechen", „kriminelle Ausländer", zunehmende Drogenkriminalität und Jugendgewalt in der Bundesrepublik beherrschen die sicherheitspolitische Debatte der 90er Jahre. Die Kriminalitätsentwicklung wird dabei nur selten nüchtern und differenziert analysiert, sondern zumeist unter Darstellung grauenerregender Bedrohungsszenarien, garniert mit brutalen Einzelfällen, massenmedial zum bluttriefenden Horrorstück verdichtet und verzerrt. Mord & Totschlag, Lug & Trug, Gewalt & Kriminalität, wohin das (Medien-)Auge blickt – abgrundtiefe Unsicherheit & Angst auf Schritt & Tritt.

Vor diesem Schreckensbild vom „Tatort Deutschland" wird eine Politik gemacht, die sich alle Mühe gibt, den aufgeputschten bürgerlichen Angsthaushalt zu bedienen, geeignete Sündenböcke zu präsentieren und Ressentiments zu schüren. Das demoskopisch vermessene

„Sicherheitsgefühl" der Bevölkerung, dessen Niedergang in keinem Verhältnis zur Realität steht, wird zum absoluten Gradmesser der herrschenden Sicherheitspolitik erkoren, an dem kein Politiker und keine Partei glaubt vorbeizukommen, wenn sie denn gewählt werden wollen. Insbesondere in Wahlkampfzeiten eskaliert die öffentliche Debatte um den starken Staat, um Law-and-Order und Null-Toleranz.[19]
Diese Entwicklung spielt sich, wie wir gesehen haben, auf einem sehr hohen sicherheitsstaatlichen „Niveau" ab, das schon in den sozialliberalen 70er Jahren „erwirtschaftet" wurde und mit dem die rechtsstaatliche und bürgerrechtliche Substanz in der Bundesrepublik bereits schwer beeinträchtigt worden ist. Insbesondere seit der deutschen Einheit scheint der individuelle Hunger nach Sicherheit in der Bevölkerung rasant zugenommen zu haben. Er scheint unstillbar geworden in einer Zeit der sozialen und ökonomischen Unsicherheiten, der verschärften ökonomischen Krise und Verteilungskämpfe; er scheint unstillbar geworden in einer Zeit der Massenarbeitslosigkeit und des rigorosen Sozialabbaus, in einer Welt der technologischen und ökologischen Gefahren sowie der zahllosen kriegerischen Auseinandersetzungen nach dem Ende des Kalten Krieges sowie in einer Welt mit verstärkten Wanderungsbewegungen als Folge des verschärften Wohlstandsgefälles zwischen Nord und Süd, zwischen West und Ost.
Solche unsicheren Zeiten sind denkbar schlecht für eine liberale Rechts- und Innenpolitik, wie sie die größer gewordene Bundesrepublik dringend nötig hätte. Statt dessen erleben wir einen dramatischen Grundrechte-Zerfall und Demokratie-Abbau. Der wachsenden Unsicherheit und Ungerechtigkeit wird mit der Keule der „Inneren Sicherheit" begegnet. Das Gefühl der (sozialen) Unsicherheit in der Bevölkerung scheint erfolgreich in eine alles überwuchernde Furcht vor Kriminalität, vor „Überfremdung" und Unordnung umfunktioniert worden zu sein – eine Furcht, die von konservativen und rechtsgerichteten Parteien und Teilen der Medien fleißig geschürt wird. Statt Ursachenforschung zu betreiben und sozialverträgliche Lösungsversuche zu starten, werden der Bevölkerung die von ihr favorisierten Sündenböcke präsentiert: (Organisierte) Kriminelle, Sozialschmarotzer, Ausländer, Asylanten, Flüchtlinge, einfach Fremde und Ausgegrenzte, denen staatlicherseits ein harter Abwehrkampf angesagt worden ist.
Entsprechend sehen die neueren „Rezepte" der 90er Jahre zur Beruhigung des gebeutelten Sicherheitsgefühls aus: Polizeiaufrüstung, Geheimdienst-Expansion, Polizei- und Strafrechtsverschärfungen, Aufenthaltsverbote, Verdachtsunabhängige Kontrollen, Verdeckte Er-

mittler, Kronzeugenregelung, Großer Lauschangriff, Beweislastumkehr, beschleunigte Strafverfahren und erleichterte Abschiebung von Ausländern, Sicherheitsnetze und Nulltoleranz gegenüber unliebsamen Minderheiten, öffentlicher Unordnung und Bagatelldelikten. An die sozialen und ökonomischen Ursachen und Bedingungen von Gewalt und Kriminalität denkt da kein Mensch mehr. Der „Sicherheitsstaat" scheint in dem Maße aufgerüstet zu werden, wie der Sozialstaat abgetakelt wird.

Anti-OK-Sonderrechtssystem
Insbesondere die sog. Organisierte Kriminalität (kurz: OK) mauserte sich zu einem politischen Kampfbegriff. Ähnlich wie mit dem sog. Terrorismus – mit dessen politischer Dramatisierung in den 70er und 80er Jahren innere Angst- und Aufrüstungspolitik betrieben worden ist und die zu einem höchst problematischen „Anti-Terror"-Sonderrechtssystem führte – wurde in den 90er Jahren mit der OK als Bedrohung verfahren. Mit dem „Gesetz zur Bekämpfung der Organisierten Kriminalität" (OrgKG; 1992), dem „Verbrechensbekämpfungsgesetz" (1994), den neuen Länderpolizeigesetzen sowie dem „Großen Lauschangriff" ist der Grundstein für ein neues, ausbaufähiges „Anti-OK"-Sonderrechtssystem gelegt worden, mit dem im wesentlichen geheimpolizeiliche bzw. nachrichtendienstliche Mittel und Methoden der staatlichen Überwachung, Konspiration und Infiltration weit im Vorfeld von strafbaren Handlungen legalisiert worden sind: Verdeckte Ermittler mit falscher Identität (Legenden), Tarnnamen und Tarnpapieren; V-Leute aus kriminellen Milieus, Lausch- und Spähangriffe mit Wanzen, Richtmikrophonen, Peilsendern, Videokameras etc., Rasterfahndung und langfristige polizeiliche Beobachtung mit der Möglichkeit, Persönlichkeitsprofile und Bewegungsbilder von Verdächtigen, Kontakt- und Begleitpersonen zu erstellen; die bislang nur für den Drogen- und „Terrorismus"-Bereich geltende, höchst umstrittene Kronzeugenregelung sowie der Zeugenschutz, d.h. die Möglichkeit zur Geheimhaltung der Identität und des Wohn- bzw. Aufenthaltsortes eines gefährdeten Verdeckten Ermittlers oder einer V-Person vor Gericht – mit der Folge tendenzieller Geheimprozesse. Der Einsatz geheimer polizeilicher bzw. nachrichtendienstlicher Methoden führt nämlich zwangsläufig zu geheimjustitiellen Folgen.[20] Mit diesen Spezialermächtigungen wird in Grundprinzipien der Verfassung, des Strafprozesses und des Datenschutzes eingegriffen – zu Lasten der Beschuldigten, aber auch einer Vielzahl gänzlich unbeteiligter oder unschuldiger Dritter.

Malträtiertes Trennungsgebot und erhöhte Kontrolldichte

Im Zuge der herrschenden Sicherheitspolitik kommt es schon längst zu Grenzüberschreitungen jenseits der Verfassung. Die Polizei bekam, wie gesagt, nachrichtendienstliche Befugnisse zugestanden, den Geheimdiensten werden (im Bereich der OK) zum Teil polizeiliche Aufgaben übertragen, das verfassungsgemäße Gebot der Trennung von Polizei und Geheimdiensten – die längst durchlöchert ist – wird offen zur Disposition gestellt und eine verfassungswidrige Geheim-Polizei – auf legaler Basis – billigend in Kauf genommen.[21] Das so malträtierte Trennungsgebot ist immerhin eine grundlegende Konsequenz aus den bitteren Erfahrungen mit der Gestapo im Nationalsozialismus, die allumfassend – vollziehend und nachrichtendienstlich – tätig war. Die Rolle der Polizei hat sich im Laufe dieser Entwicklung erheblich verändert: „Verdeckte Ermittler und verdeckte Ermittlungen mit technischen Mitteln verwischen die Grenze zwischen Polizei und Nachrichtendienst und verletzen das auf Grund der Erfahrungen mit Gestapo und Stasi in Deutschland notwendige Trennungsgebot".[22]

Seit Beginn der 90er Jahre wurde auch der Schutzstandard für das Recht auf informationelle Selbstbestimmung (Art. 2 GG) drastisch verschlechtert. Mit dem OrgKG (1992), dem „Verbrechensbekämpfungsgesetz" (1994), der Änderung des Außenwirtschaftsgesetzes, dem Ausländerzentralregistergesetz (1994), dem BGS- und BKA-Gesetz (1994 resp. 1997) sowie mit diversen Ergänzungen der StPO und der Landespolizeigesetze wurden u.a. folgende staatlichen Befugniserweiterungen zur Strafverfolgung und Gefahrenabwehr eingeführt bzw. legalisiert:

▶ der Verdeckte Ermittler,[23]
▶ die Rasterfahndung,
▶ die Polizeiliche Beobachtung (mit der Möglichkeit, Bewegungsbilder herzustellen),
▶ der Lausch- und Spähangriff (heimliches Filmen und Belauschen) *außerhalb von Wohnungen,*
▶ der Große Lauschangriff *in und aus Wohnungen* zur Strafverfolgung (seit 1998),
▶ die Ausweitung der Delikte, die Telefonüberwachung rechtfertigen,
▶ die flächendeckende Kontrolle der Auslandstelefonate durch den BND nach dem „Staubsaugerprinzip",
▶ on-line-Anschlüsse der Polizei und Nachrichtendienste an das Ausländerzentralregister,
▶ Europol und die europäische Vernetzung von Teilen der polizeilichen Datensammlungen.

▶ Hinzu kommen die bereits seit längerem legalisierten Mittel der Telefonüberwachung und Postkontrolle durch Polizei und Nachrichtendienste, des präventiven Lausch- und Spähangriffs zur Gefahrenabwehr in und aus Wohnungen sowie der anlaß- und verdachtsunabhängigen Kontrollen (neu aus den 90er Jahren), der Schleppnetzfahndung usw.

Die Zahl der gesetzlich legitimierten polizeilichen Überwachungs- und Kontrollmöglichkeiten und damit die Kontrolldichte in der Bundesrepublik haben in den vergangenen Jahren dramatisch zugenommen. Der bürgerliche Rechtsstaat hat sich auf den Weg von der Disziplinar- zur Kontrollgesellschaft gemacht, einer Gesellschaft, die – dem Kontrollideal der Geheimdienste folgend – präventiv kontrolliert und Überwachungsdaten auf Vorrat sammelt und verarbeitet: „Die aktuelle Kriminal- und Kontrollpolitik birgt (...) in sich eine scharfe, eine aggressive Wendung gegen die traditionellen Prinzipien des Rechts und der Strafverfolgung" (Sebastian Scheerer) und gerät als vorbeugende und repressive „Kriminalitätsbekämpfung" zur inneren Feindbekämpfung, deren Betreiber bestens nach angepaßt und abweichend, nach gut und böse, nach arm und reich, links und rechts zu sortieren und zu urteilen verstehen.

Neuere Nachrüstungskollektion
Als wesentliche Bestandteile der neuesten Nachrüstungskollektion im Bereich der sog. Inneren Sicherheit sind zu nennen (Stand: Mitte '98):
▶ mehrmalige Verschärfung des Ausländer- und Asylverfahrensrechts;
▶ die sog. Hauptverhandlungshaft zur Sicherung der Hauptverhandlung im beschleunigten Strafverfahren;
▶ die Legalisierung des Großen Lauschangriffs unter Aushebelung des Grundrechts auf Unverletzlichkeit der Wohnung;
▶ die rechtliche Absicherung von Europol, wobei die Europolizisten strafrechtliche Immunität genießen sollen, d.h. für unzulässige Handlungen nicht belangt werden können.
▶ Sog. Sicherheitsnetze werden über Großstädte gespannt, unter denen der Bundesgrenzschutz (BGS) mit den örtlichen Polizeien zusammenarbeitet.
▶ Einrichtung von sog. GEN-Dateien.
▶ In den Bundesländern wurde darüber hinaus wiederholt an der Verschärfung der Polizeigesetze gearbeitet: Im SPD-regirten Niedersachsen sind 1997- nach der erstmaligen Legalisierung des sog. Aufenthaltsverbots in einem Polizeigesetz (1996) – auch noch der Verdeckte Vorfeld-Ermittler sowie der erweiterte Lauschangriff im

Vorfeld und die verdachtsunabhängige Kontrolle gesetzlich verankert worden – ähnlich wie sie als sog. Schleierfahndung in Baden-Württemberg, Bayern, Mecklenburg-Vorpommern und Thüringen bereits zuvor legalisiert worden war.

Verdachts- und anlaßunabhängige Kontrollen
Die anlaß- und verdachtsunabhängige „Schleierfahndung" wurde insbesondere in jenen Bundesländern legalisiert, die eine Grenze zum Ausland haben. Damit soll im Europa der „offenen Grenzen" die grenzüberschreitende Kriminalität mit einem frei flottierenden Kontrollschleier (deshalb „Schleierfahndung") aufgespürt werden. Das heißt: Die früheren Zollkontrollen an den Außengrenzen verlagern sich auf diese Weise ins Innere des Landes und werden für die Betroffenen unberechenbar. 1998 wurde auch dem Bundesgrenzschutz diese Möglichkeit in seinen originären Kontrollbereichen gesetzlich eröffnet (in Bahnhöfen, Bahnanlagen, Zügen, Flughäfen).
Im Rahmen solcher Kontrollen kann die Polizei – z.T. in Zivilfahrzeugen mit Video-Überwachungs- und Nachtsichtgeräten unterwegs – ohne jeglichen Anlaß und ohne jeglichen Straftatverdacht jede beliebige Person, die sich „im öffentlichen Verkehrsraum" befindet, kurzzeitig anhalten, befragen, mitgeführte Ausweispapiere überprüfen, Gegenstände in Augenschein nehmen und sogar durchsuchen. Jede bzw. jeder, die oder der das Haus verläßt, kann potentiell betroffen sein.
Mit dieser voraussetzungslosen „Jedermann"-Kontrolle wird der Mensch praktisch zum Sicherheitsrisiko erklärt, jederzeit und im ganzen Land kann er auf seine Harmlosigkeit überprüft werden. Die Maßnahme muß lediglich der „Vorsorge für die Verfolgung oder zur Verhütung von Straftaten von erheblicher Bedeutung mit internationalem Bezug" dienen. Dies erfolgt nach wechselnden „Selektionsrastern" bzw. Kriterien, die zuvor von der Polizei festgelegt werden. In Bayern ist diese Massenkontrolle u.a. als sog. „Selektionsmaßnahme" ausgestaltet, mit der das potentiell Böse von der Straße weg „selektiert" werden kann, wie einem Erfahrungsbericht des Bayerischen Innenministeriums (Stand: September 1996) zu entnehmen ist:
„Vor der Kontrollstelle befinden sich auf dem abgesperrten Fahrstreifen ein oder zwei Selektierer (besonders geschultes Auge!), die durch einen Blick in den Fahrzeuginnenraum anhand festgelegter Raster die zu kontrollierenden Fahrzeuge auswählen und über Funk den Anhalteposten melden... Von diesen werden die selektierten Fahrzeuge in einen abgesetzten Kontrollplatz gewiesen. Der Einsatzerfolg steht und fällt mit diesen Selektierern."

Der Große Lauschangriff

Nachdem CDU/CSU, FDP und SPD in einer Großen Koalition der „Inneren Sicherheit" die Demontage des Grundrechts auf Unverletzlichkeit der Wohnung mit einer satten Zweidrittelmehrheit ausgehebelt haben, steht dem Einzug der elektronischen Wanze in das Arsenal der Polizeifauna nichts mehr im Wege.[24]
Viele verunsicherte BürgerInnen in Deutschland – über 50 Prozent sollen es sein – halten den Großen Lauschangriff für hilfreich und gut im Kampf gegen die sog. Organisierte Kriminalität. Dabei fragt allerdings kaum einer der Befürworter nach der Effizienz jener klandestinen Maßnahme, die selbst von Polizeipraktikern als eher gering eingestuft wird – immerhin gibt es für Profis wirksame Abschottungsmöglichkeiten. Und wer weiß schon, daß die als „elektronische Aufklärungsmittel" getarnten Abhörgeräte zur Prävention, also zur Abwehr von (schwerwiegenden) Gefahren, in den meisten Bundesländern längst zugelassen und in Gebrauch sind. Wer fragt schon nach den rechtsstaatlichen Kosten einer möglichen Invasion der Wanzen und des Einsatzes von Richtmikrophonen und Laserstrahlen. Da schreckt die braven Bürger noch nicht einmal der exzessive Umgang mit der Telefonüberwachung. Die Bundesrepublik ist trotz Richtervorbehalts das westeuropäische Land mit den meisten abgehörten Telefonanschlüssen. Die Zahlen sind in den vergangenen Jahren deutlich angestiegen: Sie haben sich von 1989 bis 1993 nahezu verdoppelt auf knapp 4.000, um 1996 auf über 8.000 anzuwachsen. (1997: 7.800)[25] Millionen von Gesprächen auch vollkommen unverdächtiger Personen werden dabei abgehört – von Verwandten, Bekannten, Freunden und Zufallskontakten mutmaßlicher Straftäter. Kommunikationsüberwachung ist eine „breit streuende Waffe", weshalb auch die Wanze, da sie nun Verfassungsrang hat, kaum zu bremsen sein wird. Da werden auch die „rechtsstaatlichen Hürden", mit denen die SPD für den Großen Lauschangriff geworben hat, nur wenig bewirken.

Erleichterte Abschiebung von Ausländern

Die seit Jahren betriebene Politik mit der Angst vor „Asylantenflut", „Asylbetrügern" und „kriminellen Ausländern" hat längst gegriffen: Ihren ersten großen „Erfolg" konnte diese Politik der Verunsicherung mit der faktischen Abschaffung des Asylgrundrechts[26] im Jahre 1993 einfahren. 1997 wurde auf dieser Grundlage gegen die Fremden nachgekartet – wiederum mit Billigung der SPD und wohl auch der Mehrheit der Bevölkerung. Fataler Ausdruck dieser Ausländer-raus-Politik sind nicht zuletzt die zahlreichen Polizeiübergriffe und Gewalttaten gegen AusländerInnen in diesem Land.[27]

Nach dem neuen Ausländer- und Asylverfahrensgesetz (1997)[28] müssen alle Ausländer, auch jene, die bisher einem besonderen Ausweisungsschutz unterlagen – anerkannte Asylberechtigte, im Bundesgebiet geborene Ausländer –, abgeschoben werden, falls sie wegen irgendwelchen Straftaten zu einer Freiheitsstrafe von insgesamt mindestens drei Jahren (bisher fünf) verurteilt worden sind. Bei Drogendelikten nach dem Betäubungsmittelgesetz (BtMG) reicht der Verdacht einer solchen Tat oder eine Verurteilung gleich welcher Höhe. Das bedeutet: Auch die Abschiebung von anerkannten Asylberechtigten in ein Verfolgerland ist möglich, ebenso die Verbannung von hier geborenen, aufgewachsenen und straffällig gewordenen Ausländern.

Seit 1997 müssen Ausländer zwingend abgeschoben werden, wenn sie Landfriedensbruch begangen haben und zu einer Freiheitsstrafe ohne Bewährung verurteilt worden sind. Selbst ohne rechtskräftige Verurteilung können Ausländer abgeschoben werden, wenn sie an einer gewalttätigen, verbotenen oder aufgelösten Demonstration teilgenommen haben (das gilt im übrigen auch bei Drogendelikten; hier reicht den Ausländerbehörden bereits eine Anklageschrift). Anlaß für diese Gesetzesverschärfung waren die gewalttätigen Auseinandersetzungen zwischen Polizei und Kurden (insbesondere 1994/95), die in Deutschland längst zu Feinden gemacht worden sind.

Zur Begründung dieser Verschärfung des Ausländerrechts heißt es in dem ursprünglichen Gesetzentwurf der Regierungskoalition: „Die Begehung von Straftaten durch Ausländer... wird von Deutschen und Ausländern vielfach verurteilt und kann zu einer unerwünschten pauschalen Negativbeurteilung der hier lebenden Ausländer führen".[29] Deshalb sei es geboten, die Aufenthaltsbeendigung – Ausweisung und Abschiebung – von ausländischen Straftätern zu erleichtern. Das ist also die Art und Weise, wie die Bundesregierung gegen Ausländerfeindlichkeit vorgeht... Bayern macht sich seit Anfang 1998 dafür stark, auch Angehörige von straffällig gewordenen Ausländern in (Sippen-)Abschiebehaft zu nehmen und gleich mit ihnen abzuschieben.

Soziale „Säuberung" per Platzverweis und Aufenthaltsverbot

Auch das Grundrecht auf Freizügigkeit und auf Versammlungsfreiheit wurde in den vergangenen Jahren weiter ausgehöhlt: Während der gewalttätig verlaufenen „Chaos-Tage" 1995 in Hannover verhängte die Polizei etwa 2.000 Platzverweise und Aufenthaltsverbote. Von den über 2.000 Besuchern wurden etwa 1.200 Personen in polizeilichen Gewahrsam genommen, also über die Hälfte. Die Polizei agierte damals mit ihren Aufenthaltsverboten, wie in anderen Bundesländern auch, ohne spezielle rechtliche Grundlage quasi im rechtsfreien Raum – lediglich gestützt auf die Generalklausel, die es in allen Polizeigesetzen gibt.

1996 beschritt das SPD-regierte Niedersachsen einen neuen Weg der präventiven Intoleranz: Erstmalig wurde in einem bundesdeutschen Polizeigesetz das sog. Aufenthaltsverbot legalisiert. Diese Regelung ergänzt die bislang schon in ganz Deutschland legalisierten (kurzfristig und kleinräumig gedachten) polizeilichen Platzverweise. Die neue Norm hat folgenden Wortlaut:

„Rechtfertigen Tatsachen die Annahme, daß eine Person in einem bestimmten örtlichen Bereich eine Straftat begehen wird, so kann ihr für eine bestimmte Zeit verboten werden, diesen Bereich zu betreten oder sich dort aufzuhalten, es sei denn, sie hat dort ihre Wohnung. Örtlicher Bereich ... ist ein Ort oder ein Gebiet innerhalb einer Gemeinde oder auch ein gesamtes Gemeindegebiet..." (§ 17 Abs. 2 Niedersächsisches Gefahrenabwehrgesetz -NGefAG).

Mit dieser recht unbestimmten Regelung kann die Polizei ohne gerichtliche Anordnung ganze (Groß-)Städte, Stadt- und Gebietsteile (Verbotszonen) gegen unliebsame Individuen und Bevölkerungsgruppen abschotten – nicht nur gegen Punks (die Randale machen könnten), sondern auch gegen Drogenabhängige (denn die könnten ja dealen), gegen Sozialhilfeempfänger oder Sintis und Roma (denn die könnten ja klauen), überhaupt gegen Ausländer (denn die könnten gegen Strafbestimmungen des Ausländerrechts verstoßen), gegen Kurden (denn die könnten gegen das PKK-Verbot verstoßen), aber auch gegen Bettler, Obdachlose und Nichtseßhafte (denn die könnten etwa auf Baustellen oder in Hausfluren nächtigen) – um nur einige Beispiele zu nennen.[30] Nicht zuletzt die zu erwartenden Auseinandersetzungen um die EXPO 2000 dürften ein weites Anwendungsfeld für das polizeiliche Aufenthaltsverbot und die verlängerte Vorbeugehaft bieten.

Denn gleichzeitig mit dem Aufenthaltsverbot wurde in Niedersachsen auch die **Vorbeugehaft (*„Unterbindungsgewahrsam"*)** von bislang höchstens 48 Stunden auf maximal vier Tage verlängert. Zur Durchsetzung von Platzverweisen und Aufenthaltsverboten können Betroffene in Polizei- oder sog. Verbringungsgewahrsam genommen werden. Diese Ermächtigungen beschränkte die grundgesetzlich garantierte Handlungsfreiheit und Freizügigkeit nach Art. 2 und Art. 11 Grundgesetz. Selbstverständlich können Aufenthaltsverbote auch zu einer Beeinträchtigung der Demonstrationsfreiheit führen, können diese im Extremfall sogar aushebeln.[31]

Bei den „Chaos-Tagen" 1996 wurde das gesetzliche Aufenthaltsverbot erstmals angewandt. Die „Sicherheit und Ordnung" in Hannover wurde mit einem großflächigen Versammlungsverbot, mit einem Großaufgebot von über 6.000 Polizeibeamten – das sind doppelt so viele wie 1995 –, mit über 2.000 Platzverweisen und Aufenthaltsverboten aufrechterhalten. Die Polizei hat dabei gegen den Verfassungsgrundsatz verstoßen, daß niemand allein etwa wegen seiner Haarfarbe oder Kleidung benachteiligt werden darf: Platzverweise und Aufenthaltsverbot wurden etwa mit dem Vermerk „Punkertypisches" bzw. „punkerähnliches Aussehen" oder „der Punk-Szene zuzuordnen" etc. begründet. Das Polizeigesetz wurde in diesen Fällen in eklatant diskriminierender Weise angewandt.

Besonders gravierend ist dieser Eingriff des längerfristigen und großräumig angelegten Aufenthaltsverbots, wenn er sich per Dominoeffekt vervielfältigt: Ein Aufenthaltsverbot in der einen Stadt kann das nächste in einer anderen Stadt oder einem anderen Bundesland nach sich ziehen, denn die Verhängung dieser Maßnahmen wird regelmäßig den Polizeidienststellen anderer Gemeinden per Datenübermittlung mitgeteilt. Auf diese Weise kann es zu Aufenthaltsverboten in mehreren Großstädten kommen, die sich – etwa für Angehörige der Drogenszene – nach und nach zu einem flächendeckenden Aufenthaltsverbot für weite Bereiche eines Landes auswachsen können.

Platzverweise, Aufenthaltsverbote und Unterbindungsgewahrsam entpuppen sich nicht nur während „Chaos-Tagen" als Instrumente der „Szene(n)bekämpfung". Es handelt sich hier, wie auch im Drogen- und Obdachlosenbereich sowie bei An- und Versammlungen, letztlich um Instrumente der sozialen und politischen „Säuberung" von Innenstädten, Konsummeilen, bestimmten „besseren" Stadtteilen und Wohngegenden: „Punkerfrei", „Junkiefrei", „Pennerfrei", „Bettlerfrei".

„Reservearmee" Bundesgrenzschutz

Ex-Bundesinnenminister Manfred Kanther (CDU) hatte im Sommerloch 1997 per Schreiben an seine Länderkollegen angeregt, mit einem sog. Sicherheitsnetz von Polizei, städtischen Behörden, Bürgern und privaten Sicherheitsdiensten Gewalt und Kriminalität in den Großstädten zurückzudrängen.[32] Alle Straftaten und Ordnungsverstöße, bis hin zu bloßen Bagatelldelikten, sollten unter diesem Netz entschlossen verfolgt werden. Der Bundesgrenzschutz (BGS) könne dabei die Länderpolizeien tatkräftig unterstützen.

Mit der generellen Einbeziehung des BGS in die „Bekämpfung" der Alltagskriminalität eines Landes bzw. einer Großstadt wird das machtbegrenzende föderale Prinzip praktisch ausgehebelt – Polizei, Gefahrenabwehr und Strafverfolgung sind schließlich prinzipiell Ländersache. Mit dem alltäglichen Einsatz des BGS werden die ohnehin vorhandenen Zentralisierungstendenzen im Bereich der sog. Inneren Sicherheit noch erheblich verstärkt: Der BGS wird damit weiter ausgebaut zur zentralen „Reservearmee" im hochstilisierten „Krieg gegen das Verbrechen". Der Bund bzw. die alte CDU/CSU-FDP-Bundesregierung wollten sich im Vorwahlkampf offenbar als Retterin in der Not gerieren. Doch weder gibt es in den Ländern und Städten einen Notstand, den es mit Bundespolizei zu bewältigen gäbe, noch wäre ihr Einsatz zur Bekämpfung der Alltagskriminalität zulässig, wie erst kürzlich das Bundesverfassungsgericht mit einer Grundsatzentscheidung in anderem Zusammenhang festgestellt hat (Az. 2 BvF 3/92; vgl. Süddeutsche Zeitung vom 21.2.98): Der BGS dürfe sein Gepräge als Bundespolizei mit „begrenzten Aufgaben" keinesfalls verlieren.

Trotz der mit dieser Kampagne deutlich verknüpften Wahlkampf-Propaganda der alten Bundesregierung, die insbesondere auf in Sachen Kriminalitätsbekämpfung angeblich unfähige Landesregierungen zielte, greifen einige Bundesländer begierig auf dieses „Angebot" zurück – auch und gerade SPD-regierte oder -mitregierte Länder, wie etwa Bremen (große Koalition aus SPD und CDU) und Niedersachsen (SPD).

„Null-Toleranz": Ein SPD-Polizeiminister räumt auf
Das SPD-regierte Niedersachsen entwickelte sich in den vergangenen vier Jahren immer mehr zu einem Law-and-order-Land, das sich mühelos in die Riege der bisherigen Hardliner-Länder Bayern, Baden-Württemberg und Sachsen einreihen ließe. Rechtzeitig vor der Landtagswahl am 1. März 1998 bemühten sich der damalige Niedersächsische SPD-Ministerpräsident Gerhard Schröder und sein Innenminister Gerhard Glogowski (SPD) mit aller Staatsgewalt, die liberalen Reformen im Bereich der sog. Inneren Sicherheit aus der rot-grünen Ära (1990-1994) wieder zu tilgen.

Dazu gehört auch jener Erlaß des Innenministers, mit dem die Polizei angehalten wird, künftig zusammen mit dem Bundesgrenzschutz (Kanthers „Aktion Sicherheitsnetz") die Polizeipräsenz auf der Straße zu verstärken, schon bei geringen Ordnungswidrigkeiten und kleineren Delikten frühzeitig und konsequent einzuschreiten. Als Anlässe reichen aus, wenn Betrunkene in der Stadt herumpöbeln („Trinkgelage"...), wenn aggressiv gebettelt wird oder wo Dreck (Zigarettenschachteln, Bierdosen, Hundekot...) und „Unordnung" im öffentlichen Raum produziert und „grob ungehörige Handlungen" begangen werden. Die *Bild-Zeitung* vom 11.11.1997 titelte bereits angesichts eines ersten Entwurfs begeistert: „Hannover soll sicher werden – Minister: Fixer und Bettler einsperren... wenn sie Platzverweise nicht befolgen. Er räumt auf." In ihrem berüchtigten Stakkato referiert *Bild* die geplante „Straf-Liste", „damit die Bürger keine Angst mehr haben müssen": „Betrunkene werden aufgesammelt, in Ausnüchterungszellen gesperrt; Fixer, die an der Straße spritzen, werden mit Platzverweis bestraft. Das Drogen-Besteck (Spritzen) wird weggenommen. Im Wiederholungsfall droht Arrest – bis zu 4 Tage; Fliegende Händler werden überprüft. Kein Gewerbeschein – Anzeige, Ausländern droht Abschiebung; Bettler bekommen Platzverweise. Werden sie wieder erwischt – ab in die Zelle..."

***Gesellschaftliche Verdrängungsleistungen
mit „polizeistaatlichen" Mitteln***
Es handelt sich bei diesen „Null-Toleranz"-Maßnahmen nach New Yorker Vorbild um die niedrigschwellige polizeiliche Bekämpfung der Symptome einer zunehmenden sozialen Verelendung in den Städten, um die polizeiliche Bekämpfung von kommunalen Ordnungsstörungen auf dem Wege der Ausgrenzung und Vertreibung von marginalisierten Bevölkerungsgruppen und deren unliebsamen Mitgliedern, die als „Kollektivstörer" die „Sicherheit und Ordnung" stören (könnten).
Obwohl das Grundrecht auf Freizügigkeit für allgemein präventivpolizeiliche Zwecke nicht eingeschränkt werden darf, hat jede Stadtverwaltung mit solchen Erlassen und Polizeiverordnungen, mit polizeilichen Aufenthaltsverboten, Platzverweisen und Unterbindungsgewahrsam praktisch die Möglichkeit, zwischen ‚sauberen' Stadtteilen und solchen zu differenzieren, in die kriminalitätsgefährdete Personen – etwa Drogenabhängige und damit auch das Drogenproblem – abgedrängt werden sollen. Folge dieser „Säuberung" ist also die Verdrängung in andere Stadtteile oder Städte (wie bei den „Chaos-Tagen" 1996 von Hannover nach Bremen), jedenfalls nicht der Ansatz einer „Lösung" der zugrunde liegenden Probleme, sondern letztlich deren Verschärfung und Eskalation.
Es handelt sich um eine Strategie der gesellschaftlichen Spaltung in schützenswerte, anständige Konsumbürger auf der einen und störende Bürger minderen Rechts auf der anderen Seite. Es ist der (vergebliche) und mit einer weiteren Aushöhlung der Bürgerrechte verbundene Versuch, die „häßlichen" Auswirkungen der Zwei-Drittel-Gesellschaft, einer verfehlten Sozial- und Jugendpolitik, von rigorosem

Sozialstaatsabbau und sozialer Desintegration auf unterster kommunaler Ebene mit – in letzter Konsequenz – polizeistaatlichen Mitteln zu „bewältigen", zu verdrängen.
Das herrschende „Konzept" des permanenten Nachrüstens, des Verbietens, Ausgrenzens und Wegsperrens ist ein im wahrsten Sinne des Wortes a-soziales, ein einfallsloses, ein hilfloses Konzept, ein Armutszeugnis für Regierungen und Polizeiführungen. Statt Ausgrenzung und Drohgebärden ist eine Verbesserung der Lebensqualität und Lebensperspektiven für sozial Schwache und insbesondere für Jugendliche gefragt. In bestimmten Bereichen – wie in der Drogenpolitik – sind Entkriminalisierungen und – in politischen Konfliktfällen – konsequent angewandte Deeskalationskonzepte vonnöten. Und dazu gehört auch ein kritischer Dialog mit den betroffenen Szenen und Gruppen. Das ist ein mühsamer Weg – und längst nicht so populär, wie der (letztlich hilflose) Schrei nach dem „starken Staat", nach noch mehr Polizei und schärferen Polizeibefugnissen.

Ausblick: Auf der Suche nach der verlorenen Opposition

Der ehemalige Düsseldorfer Polizeipräsident, Prof. Dr. Hans Lisken, ein liberaler und demokratisch eingestellter Mensch, warnt vor den Spätfolgen der neueren Entwicklung des inneren Sicherheitsbereiches: „In der Lebenswirklichkeit wird sich diese Umgestaltung des Staates allerdings erst dann spürbar bemerkbar machen, wenn die Machtinhaber von der Fülle der Freiheitsbeschränkungen einmal nachhaltig Gebrauch machen sollten... An die Stelle des Freiheitsstaates wird der Kontrollstaat getreten sein. Das alles wird ‚rechtsstaatlich' verlaufen, so daß die Mehrheit den fließenden Übergang vom Rechtsstaat zum Unrechtsstaat ... gar nicht bemerken wird."
Der vorliegende Rechtsratgeber will dazu beitragen, das politisch-juristische Bewußtsein über diesen Freiheits- und Sicherheitsverlust zu schärfen. Dieses Buch will – frei nach Benjamin Franklin – spürbar machen, daß derjenige, der bereit ist, seine Freiheit zu opfern, um Sicherheit zu erlangen, letztlich beides verlieren wird. Deshalb zum Abschluß dieser Einleitungsgeschichte einige Thesen zum „unpopulären" Nachdenken über dieses dunkle Kapitel und zur Suche nach oppositionellem Licht am Horizont:
▶ Die permante innere Nachrüstung, der stete Abbau von Bürgerrechten, die geradezu hilflos erscheinende Einfallslosigkeit des „more of the same" im Bereich der „Inneren Sicherheit" ist längst schon kläglich gescheitert – schließlich ist trotz dieser Aufrüstungspolitik die (Massen- und Gewalt-) Kriminalität in bestimm-

ten Bereichen und Regionen weiter angewachsen und haben sich Phänomene herausgebildet, die heute als sog. Organisierte Kriminalität die neue Legitimation abgeben für das beharrliche Weiterschrauben an der Rüstungsspirale. Wo soll das noch enden?

▶ Kriminalität und Gewalt gibt es in jeder Gesellschaft – mehr oder weniger, je nach dem, welche Definition zugrunde gelegt wird, je nach den systemimmanenten krimininalitätsverursachenden bzw. -fördernden Bedingungen, Strukturen und Faktoren. Kriminalität und Gewalt können auch mit noch so viel und einer noch so mächtigen und geheimen Polizei, mit einer noch so schnellen und schlagkräftigen Strafjustiz nicht aus der Welt geschafft werden. Das zeigt sich besonders im sinnlosen Konzept der repressiven „Drogenpolitik". Die permanente Verschärfung seit zwei Jahrzehnten hat das Drogenproblem und seine sozialen, existentiellen und auch kriminellen Folgen nicht ansatzweise zu lösen vermocht, sondern dramatisch verschärft.

▶ Solange nicht die sozialen und ökonomischen Ursachen und Bedingungen von Kriminalität und Gewalt bekämpft werden, sondern mit polizeilichen und strafrechtlichen Scheinlösungen ausschließlich an den Symptomen angesetzt wird, solange wird sich nichts zum Positiven ändern. Dieser Erkenntnis folgend, bedarf es einer deutlichen Absage an die Dominanz polizeilicher bzw. strafrechtlicher Lösungsversuche, bedarf es des Muts zu einschneidenden sozial- und wirtschaftspolitischen Lösungsansätzen, die geeignet sind, der sozialschädlichen Kriminalität und Gewalt den Nährboden zu entziehen, ohne dabei die Grundrechte zu unterhöhlen. Ein allmähliches Zurückdrängen der Polizei aus ihrer allzu häufig akzeptierten und geforderten „Allzuständigkeit", aus sozialen und politischen Problem- und Konfliktfeldern ist notwendig und auch verantwortbar, wenn dieses Zurückdrängen kompensiert wird mit der parallelen Entwicklung sozialverträglicher Einrichtungen und sozialer Maßnahmen.

▶ Was die Bekämpfung der „Organisierten Kriminalität" anbelangt, so kann sich dieses Land keine staatlich organisierte „Gegen-Mafia" leisten, die mit der „Organisierten Kriminalität" Schritt hält und sie bis zur Verwechselbarkeit zu durchdringen versucht. Dieses Land verträgt – schon aus historischen Gründen – keine „Geheim-Polizei", die in der Lage ist, gesellschaftliche Bereiche zu infiltrieren und die sich der öffentlichen Kontrolle mehr und mehr entziehen kann. Denn: Im Rechtsstaat kann es keine „Waffengleichheit" mit dem organisierten Verbrechen geben, es sei denn um den Preis von staatlich (mit-)organisierter Kriminalität (die es teilweise schon gibt), von staatlicher Machtkonzentration zu Lasten der Bürgerrechte, um den Preis einer nicht mehr kontrollierbaren Geheim-Polizei und einer partiellen Geheimjustiz. Der Staat muß sich nicht nur in der Zielsetzung, sondern auch in den Methoden von der „Organisierten Kriminalität" unterscheiden.

▶ Die massenmedial fleißig geschürte Kriminalitätsfurcht und die polizeilichen und strafrechtlichen „Lösungsangebote" der etablierten Sicherheitspolitik verstärken den in der Bevölkerung ohnehin vorhandenen Hang zu einfachen „Lösungen", zu autoritären Maßnahmen und „hartem Durchgreifen". Bekanntlich besitzt die Begriffstrias „Sicherheit, Ruhe und Ordnung" für die Ohren des deutschen Volkes traditionell einen besonderen Wohlklang, für deren Durchsetzung die Mehrheit wohl auch ein autoritäres Regime in Kauf nähme – so jedenfalls ist nach einschlägigen „Lauschangriffen" auf diverse Stammtisch-Runden zu befürchten.

▶ Soziale Unzufriedenheit und Enttäuschungen nach der Vereinigung Deutschlands, drohende Deklassierung, Wohlstandschauvinismus, autoritäre Psychostrukturen, latent bis manifest vorhandene rechtsgerichtete Stimmung und Fremdenangst in der Bevölkerung – diese hochexplosive Gemengelage bildet den Nährboden, auf dem eine Politik der „Stärke", der Diskriminierung und Dehumanisierung ihre rechten „Früchte" trägt – wenn es dagegen kein verantwortungsvolles politisch-soziales Korrektiv gibt.

▶ Auf diesem Nährboden staatsautoritärer Fixierung und mangelnder bürgerlich-demokratischer Tradition feiert die konservative Sicherheitskonzeption eines hochgerüsteten „starken Staates", feiert die „frohe Botschaft der entfesselten Staatsgewalt" (Klaus Günther) populistische Triumphe – während übriggebliebene liberale Zweifler, gleichermaßen als „Bedenkenträger" und „Verharmloser" desavouiert, massiv unter Druck gesetzt werden. Selbst bislang als (links-)liberal geltende Kräfte und ehedem staatskritische Geister scheinen angesichts dieses politischen Drucks zunehmend bereit, bürgerrechtliche und liberal-rechtsstaatliche Positionen im Kampf gegen die „neuen Bedrohungen" nach und nach zu räumen. Ein solcher Rückzug wider alle bessere Einsicht macht letztlich blind und wehrlos gegenüber jenen Gefahren, die von einem hochgerüsteten und weitgehend entfesselten staatlichen Gewaltapparat drohen können.

▶ In der deutschen Geschichte war die Freiheit jedenfalls mehr von der Obrigkeit und der Staatsgewalt, von ökonomischen Expansionsinteressen, von staatlich-gesellschaftlichen Strukturdefekten und vom „gesunden Volksempfinden" bedroht als etwa von gewöhnlicher Kriminalität, gesellschaftlichen Außenseitern oder von sozialen und politischen Minderheiten, denen sich Polizei, Strafjustiz und Geheimdienste so überaus vehement widmen. Der starke und autoritäre Staat mit seiner „law-and-order"-Ideologie steht indes weit rechts und ist eine der größten Gefahren für Demokratie und Bürgerrechte eines Landes.

Trotz der skizzierten herrschenden Politik der „Inneren Sicherheit" und des rapiden Abbaus von Grundrechten gibt es hiergegen seit Jahren nur wenig Opposition. Das mag u.a. daran liegen, daß viele Menschen sich nicht mehr unmittelbar betroffen fühlen, weil sich die Entwicklung teilweise zu abstrakt vollzieht, weil die Maßnahmen sich vorgeblich gegen „organisierte Kriminelle" richten, gegen AusländerInnen, gegen Junkies oder Angehörige anderer sozialer Minderheiten – also gegen Menschen, denen die Mehrheit der Bevölkerung ohnehin nicht gerade viel Sympathie entgegenbringt. Aber der Abbau von Grund- und Freiheitsrechten und Rechtsgarantien trifft letztlich alle, trifft jede und jeden von uns, prägt die Lebenswirklichkeit und den Charakter einer ganzen Gesellschaft. Es scheint mir deshalb gerade heute wichtig, eine Art „Rechtsbewußtsein" zu entwickeln, das dem mangelnden Unrechtsbewußtsein der Betreiber dieser Politik der „Inneren Unsicherheit" trotzt – zunächst durch hartnäckige Wahrnehmung und Durchsetzung der verbleibenden eigenen Rechte, aber insbesondere auch durch eine starke politische Opposition, durch Zivilcourage und Zivilen Ungehorsam.

Der insgesamt auszumachende Mangel an Opposition gegen den Abbau von Bürgerrechten mag aber auch daran liegen, daß es kaum noch außerparlamentarische soziale Widerstandsbewegungen – wie etwa die Friedens- oder Anti-AKW-Bewegung – gibt, die sich dieser Bürgerrechtsproblematik allein schon deshalb kontinuierlich annehmen, weil es dabei schließlich um die Qualität ihrer eigenen politischen Kampfbedingungen geht. Und so bleiben uns bis auf weiteres die traditionellen Bürgerrechtsgruppen, Antirassismusbüros und Flüchtlingsinitiativen, kritischen Medien, WissenschaftlerInnen und wenigen PolitikerInnen, die in diesen „bewegungsarmen" Zeiten unverdrossen Mißstände anprangern und die Bürgerrechte hochhalten – bis der Deutsche Herbst und Winter endlich vorüber sind.

Nachtrag

Rot-grün: Modernisierung statt Ausstieg aus dem Sicherheitsstaat?

Dieser Rechtsratgeber ist weitgehend aus (bitteren) Erfahrungen in der Kohl/Kanther-Ära gespeist worden. Im September 1998 kam es nach 16 Jahren zu einem Machtwechsel, von dem man bislang noch

nicht weiß, ob er auch zu einem Politikwechsel führen wird. Die Frage lautet: Wird es unter der rot-grünen Bundesregierung ein Umdenken und Umsteuern in der Politik der „Inneren Sicherheit" geben, wie es im Oktober 1998 von acht Bürgerrechtsorganisationen angemahnt wurde?[33] Oder nichts als „Normalität" und „Kontinuität" – Vokabeln, mit denen die Koalitionspartner frühzeitig alle Erwartungen zu dämpfen suchten. Zumindest wenn man Ordnungshüter Otto Schily reden hört, den „neuen" Bundesinnenminister, denkt man ganz automatisch an den alten. Das hätten die Herren Kanther, Stoiber und Schönhuber nicht deutlicher formulieren können: *„Die Grenze der Belastbarkeit Deutschlands durch Zuwanderung ist überschritten."*
Der Bundesinnenminister konterkarierte mit seiner Null-Toleranz in Sachen Zuwanderung all jene Bemühungen, die sich auf eine Neufassung des antiquierten Staatsbürgerschaftsrechts richten. Immerhin kann diese überfällige Reform, die von Rot-grün in Angriff genommen werden soll, als ein wirklicher Fortschritt bezeichnet werden, auch wenn sie mit zahlreichen Hürden versehen wird: Endlich soll bei der Verleihung der deutschen Staatsbürgerschaft auf Geburtsort und Lebensmittelpunkt statt auf „deutsches Blut" bzw. deutsche Abstammung abgestellt werden – auch unter Hinnahme der doppelten Staatsbürgerschaft. Dieses Reformpaket wird die Rechtsposition von hier geborenen und hier langfristig lebenden Ausländern – es werden über 3 Millionen sein – erheblich stärken, so daß seine Bedeutung nicht zu unterschätzen ist – trotz der Beschränkungen, die eine ganz bestimmte Auslese von Begünstigten ermöglichen. Doch wie sieht es in den anderen Teilen des rot-grünen Koalitionsvertrages aus, wo es um Bürgerrechte und „Innere Sicherheit" geht? Wie steht es etwa um eine humane Flüchtlings- und Asylpolitik? Fehlanzeige. Obwohl es gerade für das Asylrecht enormen Handlungsbedarf gibt, damit die zuständigen Stellen endlich zu einem menschlicheren Umgang mit Asylsuchenden finden, wird sich hier praktisch nichts verändern. Kein Wunder eigentlich, hatte doch die SPD bereits in ihrer Oppositionszeit tatkräftig an der Demontage des Asylgrundrechts mitgewirkt. Angesichts der fatalen Folgen dieser Demontage klingt es eher zynisch, lediglich die lange Dauer der prinzipiell inhumanen Abschiebehaft und des umstrittenen Flughafenverfahrens „im Lichte des Verhältnismäßigkeitsgrundsatzes" überprüfen zu wollen.
Oder wie steht es um eine längst überfällige repressionsfreie Drogenpolitik? Zwar weisen die rot-grünen Feststellungen „Sucht ist Krankheit" und „Hilfe statt Strafe" den richtigen Weg: die Behandlung der Drogenproblematik tendenziell aus dem strafrechtlich-polizeilichen Bereich in den sozial-gesundheitlichen zu verlagern. Aber zu einer

Umorientierung gehört mehr, als „Modellen" zur Einrichtung von „Fixerstuben" – wie in Hamburg oder Frankfurt – eine Rechtsgrundlage zu verpassen oder „Modellversuche" zur ärztlich kontrollierten Vergabe von Heroin an Schwerstabhängige mit wissenschaftlicher Begleitung zu legalisieren oder Rechtssicherheit für staatlich anerkannte Drogenhilfestellen zu gewährleisten. Solche Reformschritte in die richtige Richtung erweisen sich bei näherer Betrachtung jedoch als Halbheiten: Denn zum einen liegen längst genügend Erfahrungen – etwa aus der Schweiz oder den Niederlanden – vor, die weitere „Modellversuche" eigentlich entbehrlich machen; zum anderen wirken wenige (legalisierte) Modelle und Modellversuche weder dem Beschaffungsdruck und der Beschaffungskriminalität genügend entgegen, noch werden sie in der Lage sein, dem illegalen Drogenhandel in der Bundesrepublik wenigstens ansatzweise die Geschäftsgrundlage zu entziehen. Dazu bedürfte es einer allgemeinen Liberalisierung, einer differenzierten Entkriminalisierung des gesamten Drogenbereichs, also auch der Freigabe weicher Drogen (Haschisch, Marihuana, Cannabis) – denn auch diese Rauschmittel gehören zum Drogenmarkt, die aus der Illegalität herausgeschält werden müssen. Doch davon steht kein Wort im Koalitionsvertrag. Gleichwohl haben Andrea Fischer, die grüne Bundesgesundheitsministerin, und Otto Schily zugesagt, die Freigabe von weichen Drogen wenigstens zu „prüfen".

Oder wie steht es um eine ursachenorientierte Kriminalpolitik – statt permanenter Repression und Gesetzesverschärfungen, wie wir sie aus den vergangenen Jahrzehnten kennen? *„Entschlossen gegen Kriminalität und entschlossen gegen ihre Ursachen",* so lautet die rot-grüne „Leitlinie". Das heißt: Der bisherigen polizei- und strafrechtsdominierten Kriminalpolitik wird keine Absage erteilt. Weiterhin wird – verstärkt gegen „Organisierte Kriminalität", aber auch gegen Wirtschafts- und Umweltkriminalität sowie gegen Korruption und illegale Beschäftigung – auf Repression gesetzt, wobei auch neue Repressionsinstrumente angekündigt werden (u.a. Gesetz zur verbesserten Abschöpfung von Vermögensvorteilen aus Straftaten). Im übrigen soll bruchlos auf die repressive Kriminalpolitik im Geiste Kanthers aufgebaut werden – wobei kein einziges noch so bürgerrechtsschädliches Repressionsinstrument, wie etwa die „Anti-Terror"-Gesetze, der „Große Lauschangriff", die „Schleierfahndung", revidiert oder wenigstens gestutzt wird. Andererseits soll diese herrschende Sicherheitspolitik noch ergänzt werden um verstärkte „Kriminalprävention" und eine ursachenorientierte Kriminalpolitik, wie sie vor allem von den Grünen gefordert wird. „Strafrecht", so wird richtig erkannt, „kann

Ursachen von Kriminalität nicht beseitigen"; deshalb seien eine „gute Beschäftigungs- und Sozialpolitik wie auch eine an humanen Werten orientierte Gesellschaftspolitik unabdingbar", heißt es im Koalitionsvertrag.

Was aber bedeutet dieses Sowohl-als-auch? Es bedeutet die Kombination unterschiedlicher kriminalpolitischer Ansätze: Nicht mehr *einseitig* auf Repression setzen, sondern das gesamte Spektrum zwischen Repression, Prävention und Ursachenbekämpfung voll ausschöpfen. Das bedeutet auch, daß die höchst problematische Vorverlagerung erweiterter (geheim-)polizeilicher Eingriffsbefugnisse weit ins Vorfeld strafbarer Handlungen („vorbeugende Verbrechensbekämpfung") kritiklos übernommen wird.

Um der Endlosspirale des konservativen „more of the same" zu entgehen – das zum Teil kontraproduktiv, bürgerrechtsverletzend und zunehmend unbezahlbar ist –, besinnt man sich schon seit geraumer Zeit auf neue Rezepte und Konzeptionen: Neue Formen der Sicherheitswahrung, neue Akteure, neue strategische Konzepte, neue Kooperationen, mehr Regionalisierung, vermehrte Polizeistreifen vor Ort, bürgernahe Polizeiarbeit und Bürgerbeteiligung. Das – so die Hoffnungen – erhöhe die Akzeptanz bei der Bevölkerung, pflege ihr Sicherheitsgefühl und spare Geld. Eine grundlegende Reform, Entbürokratisierung und Demokratisierung des Polizeiapparates ist damit jedoch nicht verbunden. Vielmehr muß man diese Art von bürgerorientierter Kriminalprävention als eine Ergänzung und „Gegenstrategie" gegen die bisherige Polizeientwicklung begreifen, die von Entkommunalisierung, Zentralisierung, Spezialisierung, Vergeheimpolizeilichung und „Aufrüstung" gekennzeichnet ist. Der bereits eingeschlagenen „kriminalpräventiven Gegenstrategie" scheint auch der rot-grüne Koalitionsvertrag zu folgen.

Insbesondere der Passus, daß sowohl die „Sicherheits- und Ordnungspartnerschaften" zwischen Bund, Ländern und Gemeinden (von der SPD favorisiert) als auch „kriminalpräventive Räte" (von den Grünen favorisiert) nachhaltig unterstützt werden sollen, deutet in Richtung jenes „ganzheitlichen" kriminalpolitischen Ansatzes, der nichts ausläßt – weder bürgerrechtsverträgliche Projekte noch die prekärsten „kriminalpräventiven Instrumente". Alles deutet darauf hin, daß die SPD-Seite unter „Sicherheits- und Ordnungspartnerschaften" ein „Fortknüpfen" der umstrittenen Kantherschen „Sicherheitsnetze" unter Einbeziehung des Bundesgrenzschutzes (BGS) versteht.

„Sicherheitsnetze", unter denen schon heute ein bedrückendes Klima präventiver Intoleranz herrscht, ein Klima von sozialer „Säuberung", Ausgrenzung und Verdrängung sozialer Randgruppen aus städtischen

Konsummeilen. Dazu paßt, daß sich der rot-grüne Koalitionsvertrag zu der vor kurzem erfolgten Kompetenzausweitung des BGS vollkommen ausschweigt, obwohl es starke verfassungsrechtliche Bedenken gibt – sowohl gegen den Ausbau des BGS zu einer zentralen Bundespolizei, als auch gegen den Einsatz von BGS-Kräften bei der Bekämpfung von Alltagskriminalität in den Städten.

Die geplante nachhaltige Unterstützung von *kriminalpräventiven Räten* dürfte hingegen – zur Besänftigung des grünen Partners – eher deklaratorische Bedeutung haben, denn solche Räte sind auf kommunaler sowie auf Landesebene angesiedelt. Ob vergleichbares auf Bundesebene geplant wird, ist nicht ersichtlich. Im übrigen bleibt vollkommen offen, welche Art von Präventionsräten unterstützt werden soll – schließlich gibt es recht unterschiedliche Konzeptionen. Welche Kriterien sollen sie erfüllen hinsichtlich ihrer Zusammensetzung mit Menschen aus verschiedenen gesellschaftlichen Gruppen und Schichten? Hinsichtlich einer Beteiligung der Polizei, die als organisierte „Staatsmacht" die Arbeit in den Räten leicht dominieren kann? Oder hinsichtlich der Einbeziehung handfester Geschäftsinteressen, die sich auf diese Weise mit einer zusätzlichen Legitimation für „saubere" Innenstädte versorgen könnten? Alles offene Fragen, die vor Ort zu klären sind.

In die rot-grüne Kriminalpolitik ist bereits Ende 1998 Bewegung gekommen. Dabei beziehen sich die Reformvorschläge auf zwei Sätze im Koalitionsvertrag: Der eine proklamiert, die *„Alltagskriminalität konsequent, aber bürokratiearm (zu) bestrafen und Wiedergutmachung für die Opfer (zu) fördern".* Der andere kündigt eine *„Reform des strafrechtlichen Sanktionensystems und die Schaffung zeitgemäßer Sanktionsformen (z.B. gemeinnützige Arbeit)"* an. Um dies zu erreichen, soll das Sanktionensystem verändert, erweitert, flexibilisiert werden: So fordert etwa Bundesjustizministerin Herta Däubler-Gmelin (SPD), künftig „weniger schwerwiegende Straftaten" – die keinen Bezug zum Straßenverkehr oder zu einem Fahrzeug aufzuweisen brauchen – mit Führerschein-Entzug bzw. Fahrverbot als selbständiger Hauptstrafe zu ahnden. Diese Forderung, die man im Koalitionsvertrag vergeblich sucht, ist zwar populär, aber höchst umstritten. Auch Urlaubssperren oder Reiseverbote zur Vermeidung von Geldstrafen waren schon im Gespräch, wobei der Phantasie in Sachen „Übelzufügung" offenbar keine Grenzen gesetzt sind.

Bundesinnenminister Otto Schily ging – mit Rückendeckung der Justizministerin – noch einen Schritt weiter. Er machte den Vorschlag, die Befugnisse der Polizei noch weiter auszudehnen: Zur Ahndung von Bagatell- und Massendelikten, wie Ladendiebstahl, Schwarzfahren oder einfache Sachbeschädigung, soll nach Auffassung Schilys künftig anstelle der Justiz die Polizei eigenständig Strafgelder verhängen dürfen. Es soll sich also um eine echte Kriminalstrafe handeln, die auch justitiell überprüft werden kann. Diese Reform soll die Justiz entlasten und das Strafsystem entbürokratisieren. Doch mit Polizisten als „Ersatzrichter" und Strafvollstrecker in Personalunion würde die faktische „Allzuständigkeit" der Polizei noch weiter vorangetrieben – ebenso wie die bereits weit fortgeschrittene Verpolizeilichung der Strafprozeßordnung. Die Entlastung der Justiz würde mit einer Überforderung der ohnehin überlasteten Polizei erkauft. Darüber hinaus würde eine solche Regelung die Gewaltenteilung zwischen Exekutive und Judikative in verfassungswidriger Weise durchbrechen.

Wenn man schon Bagatelltaten „bürokratiearm" ahnden will, wie es im Koalitionsvertrag steht, dann soll man sich doch gleich dazu durchringen, solche Massendelikte nicht nur zum Schein zu „entkriminalisieren", sondern sie auch tatsächlich als Ordnungswidrigkeiten zu behandeln.

Die Koalitionsvereinbarung scheint derartigen Phantasien, wie sie von Schily & Co. seither produziert werden, offenbar keine engen Schranken zu setzen. Überhaupt, so läßt sich zusammenfassen, ist den rot-grünen Koalitionären in Sachen Menschen- und Bürgerrechten kein Durchbruch gelungen – von wenigen Ausnahmen abgesehen. Zu denen gehören u.a. die geplante Einführung plebiszitärer Elemente im Grundgesetz, die Schaffung eines Informationsfreiheitsgesetzes sowie die Verbesserung des Zeugnisverweigerungsrechts für Journalisten. Dazu gehört auch der „Schutz der Schwachen durch Recht": So sollen die „Rechtsstellung und der Schutz von Opfern" sowie die Opfer-Entschädigung verbessert, der Täter-Opfer-Ausgleich gestärkt und ein Antidiskriminierungsgesetz erlassen werden.

Doch das festzustellende Manko ist weder mit diesen Aktiva noch mit der Modernisierung des Staatsbürgerschaftsrechts aufzuwiegen, auch wenn der permanente Hinweis auf diese „revolutionäre" Reform offenbar genau dies bezwecken soll. Diese Reform ist teuer erkauft mit dem Verzicht auf ein Einwanderungsgesetz, auf die Wiederinkraftsetzung des Asylgrundrechts, auf ein humanes Asyl- und Ausländerrecht; sie ist teuer erkauft mit dem Verzicht auf eine demokratische Polizeireform, auf eine Reduzierung und Entschleierung der Geheimdienste – letztlich mit dem Verzicht auf ein wirkliches Umsteuern in der gesamten Politik der „Inneren Sicherheit".

Was wir in diesem Politikfeld von Rot-grün statt dessen erwarten können, ist eine Modernisierung und Effektivierung des etablierten Sicherheitsstaates, eine Verschlankung, Entschlackung und Beschleunigung seiner Strukturen und Arbeitsweisen (u.a. mit einer Verwaltungs- und Justizreform) – statt eines fälligen Ausstiegs aus dieser Art von Sicherheitsstaat, wie er in den vergangenen Jahrzehnten zu Lasten der Bürgerrechte und rechtsstaatlicher Prinzipien ausgebaut worden ist. Es scheint wiederum der alten Sozialdemokratie – ähnlich wie schon in den sozialliberalen 70er Jahren – die Rolle zuzufallen, den Staat nach jahrelangem Reformstau, nach Krisen und Agonie unter rechtsliberaler Regentschaft, einem Modernisierungsprozeß zu unterziehen – diesmal mit den Grünen als Juniorpartner. Eine solche Modernisierung, mit all ihren prekären Begleiterscheinungen und Verwerfungen, ist traditionellerweise nicht Sache der Konservativen in diesem Lande. Ihnen würde vermutlich die außerparlamentarische Opposition auch wesentlich heftiger entgegenschlagen, als einer – vermeintlich oder tatsächlich – fortschrittlichen Regierung unter Führung der Sozialdemokratie. Und dieses Mal bringen die Bündnisgrünen noch ein zusätzliches Integrations- und Befriedungspotential in dieses Modernisierungprojekt ein – wenn sich nicht ein Großteil der grünen Mitglieder und WählerInnen im Laufe des rasanten Anpassungsprozesses ihrer Partei mit Grausen abwendet.

Trotz recht unerfreulicher Aussichten für den Politikbereich Bürgerrechte und „Innere Sicherheit" trägt dieser Regierungswechsel für viele immer noch den Hoffnungsschimmer in sich, daß den in Jahren und Jahrzehnten systematisch malträtierten Grund- und Bürgerrechten in diesem Land wieder die Geltung verschafft werde, die ihnen nach dem Anspruch einer freiheitlichen, demokratisch verfaßten Gesellschaft und eines liberalen, demokratischen Rechtsstaates zukommt. Ob die rot-grüne Innenpolitik diesem Anspruch wenigstens ansatzweise gerecht wird, ist zum gegenwärtigen Zeitpunkt noch offen.

Literatur-Auswahl

Albrecht, Feindbild Organisierte Kriminalität – Brechstange gegen Freiheitsrechte, in: Müller-Heidelberg u.a. (Hg.), Grundrechte-Report 1998, Reinbek 1998, S. 23 ff
Bürgerrechte & Polizei, Schwerpunkt: Reform der „Politik Innerer Sicherheit", (Berlin) Nr. 2/1997
Dreher/Feltes, Das Modell New York: Kriminalprävention durch ‚Zero Tolerance'?, Holzkirchen/Obb. 1997
Frommel, Die Feindbilder werden immer diffuser, in: Frankf. Rundschau v. 1.3.1998, S. 17
Diederichs u.a. (Hrsg.), Hilfe Polizei – Fremdenfeindlichkeit bei Deutschlands Ordnungshütern, Berlin 1995.
Diederichs, Kriminalität und Kriminalitätsfurcht, in: Bürgerrechte & Polizei, (Berlin) Nr. 2/1997, S. 18 ff.
Gössner/Herzog, Der Apparat – Ermittlungen in Sachen Polizei, Köln 1982/1984;
dies., Im Schatten des Rechts – Methoden einer neuen Geheim-Polizei, Köln 1984;
Gössner (Hg.), Restrisiko Mensch („Bürger kontrollieren die Polizei"), Bremen 1987.
ders., Widerstand gegen die Staatsgewalt – Handbuch zur Verteidigung der Bürgerrechte, Hamburg 1988;
ders., Das Anti-Terror-System – Politische Justiz im präventiven Sicherheitsstaat, Hamburg 1991;
ders., Die vergessenen Justizopfer des Kalten Kriegs – Über den unterschiedlichen Umgang mit der deutschen Geschichte in Ost und West (Konkret Literatur Verlag, Hamburg 1994; aktualisierte Neuauflage, Berlin 1998);
ders. (Hg.), Mythos Sicherheit – Der Schrei nach dem starken Staat, Baden-Baden 1995,
ders., Polizei im Zwielicht – Gerät der Apparat außer Kontrolle? (zus. mit Oliver Neß), Frankfurt/New York 1996
ders., Auf dem Weg in den autoritären „Sicherheitsstaat", in: Rieger/Sander (Hg.), Schwarz-Braun-Buch – Ein alternativer Verfassungsschutzbericht, Bonn 1995, S. 33 ff.
ders., Politische Justiz gegen Rechts – Zwischen Verharmlosung und Überreaktion, in: Görlitz (Hg.), Politische Justiz, Baden-Baden 1996, S. 139 ff.
ders., „Innere Sicherheit" und „Schlanker Staat" – Polizei & Co. in unsicheren Zeiten der Krise, in: Ansprüche – Forum demokratischer JuristInnen, Nr. 2/1996, S. 10 ff.
ders., Waffengleichheit mit dem Organisierten Verbrechen? In: See/Spoo (Hg.), Wirtschaftskriminalität – Kriminelle Wirtschaft, Heilbronn 1997, S. 218 ff.
ders., Grundrechte-Zerfall und Demokratie-Abbau, in: Dahn u.a. (Hg.), Eigentum verpflichtet, Heilbronn 1997, S.117 ff.
ders., Wahlkampf gegen Bürgerrechte: Die Große Koalition der Inneren Sicherheit, in: Ortner/ Pilgram/Steinert (Hg.), Die Null-Lösung. Zero-Tolerance-Politik in New York – Das Ende der urbanen Toleranz? Baden-Baden 1998, S. 229 ff.
Hecker, Vorbild New York? Zur aktuellen Debatte über eine neue Sicherheits- und Kriminalpolitik, in: Kritische Justiz 4/1997, S. 395 ff.
Humanistische Union (Hg.), „Innere Sicherheit" – Ja – aber wie? Plädoyer für einer rationale Kriminalpolitik, München 1994;
Jünschke/Meertens, Risikofaktor Innere Sicherheit. Argumente gegen den Law-and-order-Staat, München 1994.
Kutscha, Die informationelle Aufrüstung der Sicherheitsbehörden, in: Wissenschaft und Frieden 1/1998, S. 7 ff.
ders., Große Koalition der Inneren Sicherheit? Die gegenwärtige Polizeigesetzgebung der Länder, in: Bürgerrechte & Polizei 1/1998
Lange u.a., Memorandum zur Entwicklung der Inneren Sicherheit in der Bundesrepublik Deutschland, Regensburg 1998
Leggewie/Meier, Republikschutz – Maßstäbe für die Verteidigung der Demokratie, Reinbek 1995.

Lisken, Rechtsstaat – was sonst? Baden-Baden 1997
Lisken/Mokros, Europol – eine „entfesselte" Polizeimacht, in: Müller-Heidelberg u.a. (Hg.), Grundrechte-Report 1998, Reinbek 1998, S. 200 ff.
Müller-Heidelberg u.a. (Hg.), Grundrechte-Report 1997 und 1998, Reinbek 1997 u. 1998
Ortner/Pilgram/Steinert (Hg.), Die Null-Lösung. Zero-Tolerance-Politik in New York – Das Ende der urbanen Toleranz? Baden-Baden 1998
Prantl, H., Deutschland leicht entflammbar. Ermittlungen gegen die Bonner Politik, München 1994
Prantl, Sind wir noch zu retten? Anstiftung zum Widerstand gegen eine gefährliche Politik, München 1998
Prantl, Wenn Bürger nicht mehr brav sein wollen – Zehn Einladungen zum Widerstand in der Demokratie, in: Süddeutsche Zeitung v. 21./22.03.1998
Wer nur auf die Vermarktung achtet, wird ihr Opfer – Jürgen Seifert über die Reduktion von Politik, über alte Ängste und neue Wege, in: Frankf. Rundschau v. 23.3.1998, S. 7
Schenk, Der Chef. Horst Herold und das BKA, Hamburg 1998
Steinert, Das große Aufräumen, oder: New York als Modell? In: Neue Kriminalpolitik 4/1997, S. 28 ff.
Wassermann, Kriminalität und Sicherheitsbedürfnis, in: Aus Politik und Zeitgeschichte – Beilage der Wochenzeitung Das Parlament, 2.6.1995, S. 3 ff.
ders., Bündnis für die Innere Sicherheit, in: der kriminalist 11/1997, S. 474 ff.

Anmerkungen

(1) Vgl. dazu ausführlich: Bakker Schut, Stammheim – Die notwendige Korrektur der herrschenden Meinung, (Kiel 1986; Neuauflage 1997); Gössner, Das Anti-Terror-System. Politische Justiz im präventiven Sicherheitsstaat, Hamburg 1991, m.w.N.
(2) Vgl. Gast, Die RAF macht Schluß, in: die tageszeitung (taz) vom 21.4.1998, S. 1 sowie Dokumentation des RAF-Auflösungsschreibens, in: taz 22.4.1998.
(3) Zu den folgenden Ausführungen s. ausführlich m.w.N.: Gössner, Die vergessenen Justizopfer des Kalten Kriegs. Verdrängung im Westen – Abrechnung mit dem Osten? Berlin 1998, S. 41 ff.
(4) Ebda. m.w.N.
(5) Vgl. dazu ausführlicher: Gössner, Der unheimliche Aufstieg des präventiven Sicherheitsstaates, in: ders., Widerstand gegen die Staatsgewalt – Handbuch zur Verteidigung der Bürgerrechte, Hamburg 1988, S. 17 ff. m.w.N.
(6) Dazu auführlich: Gössner/Herzog, Der Apparat – Ermittlungen in Sachen Polizei, Köln 1984, S. 115 ff.; dies., Im Schatten des Rechts – Methoden einer neuen Geheim-Polizei, Köln 1984.
(7) Insbesondere die gegen RAF-Gefangene verhängten isolierenden Haftbedingungen haben viele junge Menschen derart radikalisiert, daß sie sich über die Solidaritätsarbeit schließlich dem RAF-Umfeld angeschlossen haben und etliche auch der RAF; vgl. dazu: Overath, Drachenzähne, Hamburg 1991.
(8) Zahlen und Auswertung sowie Vergleich mit Rechtsterrorismus-Verfahren bei Gössner, Das Anti-Terror-System, a.a.O., S. 280 ff. m.w.N.
(9) SINUS-Institut, 5 Millionen Deutsche: „Wir wollen wieder einen Führer haben..", Reinbek 1981.
(10) Vgl. Bericht des Bundesamtes für Verfassungsschutz des Jahres 1988, Bonn 1989.
(11) Zu diesem Vergleich detail.: Gössner, Das Anti-Terror-System, a.a.O., S. 280 ff, 307 f.
(12) Vgl. dazu Gössner, Zwischen Verharmlosung und Überreaktion – Zum polizeilichen und justitiellen Umgang mit rechter Gewalt und Neonazismus, in: Mecklenburg (Hg.), Handbuch Deutscher Rechtsextremismus, Berlin 1996, S. 837 ff.
(13) vgl. u.a. Wagner, Handbuch Rechtsextremismus, Reinbek 1994; Mecklenburg (Hg.), Handbuch Deutscher Rechtsextremismus, Berlin 1996.

(14) Differenz zwischen EV und Beschuldigtenzahl: EV gegen unbekannte „Täter".
(15) Vgl. u.a. Wagner, a.a.0.; Benz (Hrg.), Rechtsextremismus in Deutschland, Frankfurt 1994; Köller, Die „schreckliche Heimsuchung" der Einzeltäter, in: die tageszeitung vom 24.6.1993, S. 12.
(16) Dazu: Klink/Peters, Aufgabe und Rolle der Polizei bei der Verhinderung fremdenfeindlicher Gewalt, in: Murck u.a. (Hg.), Immer dazwischen, Hilden 1993, S. 225 ff.
(17) Klink/Peters, in: Murck u.a. (Hg.), a.a.0., S. 227.
(18) Vgl. dazu ausführlich: Gössner/Herzog, Im Schatten des Rechts – Methoden einer neuen Geheim-Polizei, a.a.O.; Gössner (Hg.), Mythos Sicherheit – Der hilflose Schrei nach dem starken Staat, Baden-Baden 1995; Gössner/Neß, Polizei im Zwielicht – Gerät der Apparat außer Kontrolle? Frankfurt/M.-New York 1996, S. 203 ff. m.w.N.
(19) New Yorker Sicherheits- und Ordnungskonzept, nach dem bereits kleinste Ordnungsverstöße geahndet werden, und das 1997 in Deutschland unter „Ordnungshütern", Sicherheitspolitikern und BürgerInnen immer mehr Anhänger gefunden hat; vgl. u.a. Der Spiegel 28/1997, S. 48 ff; 32/97, S. 54 ff; 40/97, S. 70 ff; konkret 9/97, S. 36 ff.; Michael Hahn, Die Stadt, der Müll und das Verbrechen, in: analyse & kritik 23.10.97, s. 22 f.; Hecker, Vorbild New York? In: Kritische Justiz 4/1997, S. 395 ff.; Steinert, Das große Aufräumen, oder: New York als Modell? In: Neue Kriminalpolitik 4/1997, S. 28 ff.; Cornel, Verkaufsschlager ,Zero Tolerance', in: ebda., S. 34 f., Ortner u.a., Null-Lösung, Baden-Baden 1998.
(20) Vgl. Gössner, Das Anti-Terror-System. Politische Justiz im präventiven Sicherheitsstaat, a.a.O., S. 229 ff.
(21) Nachrichtendienstliche/geheimpolizeiliche Mittel – u.a. Verdeckte Ermittler, V-Leute, Lausch- und Spähangriffe – wurden zur Prävention/Gefahrenabwehr in den neuen Polizeigesetzen der 90er Jahre legalisiert und zur Strafverfolgung mit dem Gesetz zur Bekämpfung der Organisierten Kriminalität (OrgKG 1992) in der Strafprozeßordnung. Den Geheimdiensten – BND, Verfassungsschutz – wurden mit dem sog. Verbrechensbekämpfungsgesetz (1994) polizeiliche Kompetenzen übertragen; in Bayern ist der Verfassungsschutz gesetzlich ermächtigt, in diesem eigentlich originär polizeilichen Bereich zu arbeiten. Vgl. dazu: Gössner, Da wächst zusammen, was nicht zusammen gehört, in: ders. (Hg.), Mythos Sicherheit, Baden-Baden 1995, S. 197 ff.
(22) Seifert, in: Kritische Justiz 3/1993, S. 356.
(23) vgl. dazu: Gössner, „Verdeckte Ermittler" unterwandern Grundrechte, in: Müller-Heidelberg u.a. (Hg.), Grundrechte-Report 1998, Reinbek 1998, S. 205 ff.
(24) Vgl. dazu u.a. Gössner, Gutachterliche Stellungnahme vor dem Rechtsausschuß des Deutschen Bundestages, in: „Geheim" 4/1997 sowie in „analyse & kritik" 1/1998 (jeweils Kurzfassung).
(25) Quelle: BT-Drucksache 13/7341 v. 26.3.1997.
(26) BGBl. I S. 1002.
(27) Vgl. dazu Gössner/Neß, Polizei im Zwielicht – Gerät der Apparat außer Kontrolle, a.a.0.
(28) BGBl. I S. 2584 ff. vom 31.10.1997.
(29) BT-Drucksache 13/4948 v. 18.6.1996, S. 7.
(30) Auch in anderen Bundesländern und Großstädten, wie z.B. am Hamburger Hauptbahnhof werden solche Aufenthaltsverbote verhängt.
(31) Vgl. dazu Gössner, Soziale „Säuberung" per Platzverweis, in: Müller-Heidelberg u.a. (Hg.), Grundrechte-Report, Reinbek 1997, S. 120 ff.
(32) Vgl. dazu: Aktion Sicherheitsnetz, in: Innenpolitik – Informationen des Bundesinnenministeriums Nr. V/1997, S. 2 f.
(33) Memorandum in Sachen Menschen- und Bürgerrechte: „Umsteuern in der Politik der 'Inneren Sicherheit' ", verfaßt von Rolf Gössner und herausgegeben von acht Bürgerrechtsorganisationen (dokumentiert in: „Frankfurter Rundschau" vom 14.10.98, S. 11).

ERSTE RECHTS-HILFE

Rechts- und Verhaltenstips im Umgang mit den Staatsgewalten

(Polizei / Justiz / Geheimdienste)
in unterschiedlichen Situationen
und Konfliktbereichen (Stand: 1998)

Kapitel 1

1. Polizeiliche Alltagseinsätze

1.1 Polizeiliche Befragung[1] nach den Polizeigesetzen (PolG) und der Strafprozeßordnung (StPO)

Da Polizei prinzipiell Ländersache ist, haben die Bundesländer und der Bund auch mehr oder weniger unterschiedliche Polizeigesetze. Zusammenfassend lassen sich folgende gemeinsamen Befugnisse herauskristallisieren:

Befragungsrecht der Polizei:
Die Polizei darf nach den meisten Polizeigesetzen jede Person befragen, wenn dies für die Erfüllung einer polizeilichen Aufgabe erforderlich ist. Die Befragung setzt einen bestimmten Anlaß voraus und darf nicht der allgemeinen Ausforschung der Person dienen. Ein Recht zur Identitätsfeststellung ist damit nicht verbunden.

Auskunftspflicht:
Die befragte Person ist zur Auskunft über
- ▶ Vor- und Familienname,
- ▶ Tag und Ort der Geburt,
- ▶ Familienstand und Beruf (ungefähre Berufsangaben, also Arbeiter, Angestellter, Freiberufler, Student, Erwerbsloser)
- ▶ Anschrift der Hauptwohnung (Wohnort, Wohnung)
- ▶ und Staatsangehörigkeit

verpflichtet, „wenn dies zur Erfüllung der Aufgabe erforderlich ist" – etwa um eine spätere Kontaktaufnahme zu ermöglichen. Nicht in allen Fällen sind alle genannten Personenangaben notwendig.
Eine Auskunftspflicht über diese Personenangaben hinaus trifft Personen, die eine Gefahr verursacht haben oder die für den Zustand von Sachen (z.B. Eigentümer) oder für Gefahren verantwortlich sind, die von Tieren ausgehen. Ausnahmsweise sind Personen auch dann auskunftspflichtig, wenn es eine *gegenwärtige erhebliche Gefahr* abzuwehren gilt.

Anhalterecht der Polizei:
Eine zur Auskunft verpflichtete Person darf zum Zweck der Befragung *kurzzeitig* angehalten (nicht freiheitsentziehend festgehalten) werden.

Identitätsfeststellung:
a) Nach den (meisten) *Polizeigesetzen* kann die Polizei die Identität einer Person feststellen,
▶ wenn dies zur Abwehr einer Gefahr erforderlich ist; darüber hinaus können Identitätsfeststellungen durchgeführt werden
▶ an sogenannten „gefährdeten" oder „gefährlichen Orten" (z.B. Straßen, Plätzen, Versorgungs- und Verkehrsanlagen, Amtsgebäuden; Orten, an denen häufig Straftaten verabredet bzw. begangen werden bzw. gegen ausländerrechtliche Bestimmungen verstoßen wird) oder
▶ an polizeilichen Kontrollstellen (s.u.). oder
▶ im Zuge sog. Verdachtsunabhängiger Kontrollen.

Die Polizei kann die zur Feststellung der Identität erforderlichen Maßnahmen treffen:
▶ insbesondere die betreffende Person anhalten,
▶ sie nach ihren Personalien befragen (Name, Adresse, Geburtsdatum und -ort, ungefähre Berufsangaben, also Arbeiter, Angestellter, Freiberufler, Student, Erwerbsloser) und
▶ verlangen, daß sie mitgeführte Ausweispapiere zur Prüfung aushändigt.
▶ Die Person kann festgehalten werden, wenn die Identität auf andere Weise nicht oder nur unter erheblichen Schwierigkeiten festgestellt werden kann.

b) Nach der *Strafprozeßordnung* kann die Identität einer Person festgestellt werden,
▶ wenn jemand einer Straftat verdächtig ist.
Nach § 163d StPO können Staatsanwaltschaft und Polizei die zur Feststellung der Identität des Verdächtigen erforderlichen Maßnahmen treffen.
▶ Dabei ist dem Betroffenen sogleich zu eröffnen, welche konkrete Tat ihm zur Last gelegt wird.
▶ Der Verdächtige darf festgehalten werden, wenn die Identität sonst nicht oder nur unter erheblichen Schwierigkeiten festgestellt werden kann.
▶ Auch die Durchsuchung der Person und der von ihr mitgeführten Sachen sowie die Durchführung der erkennungsdienstlichen Behandlung (s.u.) sind unter diesen Voraussetzungen zulässig.
▶ Wenn und soweit dies zur Aufklärung einer Straftat geboten ist – wohlgemerkt: irgendeiner Straftat, die mit der konkreten Fahndung absolut nichts zu tun haben braucht – kann auch die Identität einer *unverdächtigen* Person festgestellt werden (evtl. als Zeugin).
▶ Ihr Nichtverdächtigen-Status schützt sie auch nicht vor vorläufiger

Rechte der betroffenen Person sowie Verhaltenstips:
▶ Es gibt keine Pflicht, ständig Ausweispapiere mit sich zu führen. Ohne Ausweispapiere kann es jedoch vorkommen, daß man zur Identitätsüberprüfung zur Polizeiwache gebracht (und ggfls. sogar einer Erkennungsdienstlichen Behandlung unterzogen) wird. Um solche Prozeduren und Zeitverluste zu vermeiden, empfiehlt es sich in der Regel, Ausweispapiere parat zu haben. Aber auch dann kann es passieren, daß deren Echtheit angezweifelt wird und deshalb eine Identitätsüberprüfung auf der Wache oder in der Wohnung der Betroffenen stattfindet.
▶ Auf Verlangen ist die zu befragende Person auf die Rechtsgrundlage ihrer Auskunftspflicht und ggfls. die Freiwilligkeit ihrer Auskunft hinzuweisen und über ihr Recht aufzuklären, Auskunft über die bei der Polizei zu ihrer Person gespeicherten Daten zu verlangen.
▶ Eine Freiheitsentziehung zum Zwecke der Identitätsfeststellung darf die Dauer von insgesamt 12 Stunden nicht überschreiten (§ 163c IV StP0).
▶ Gegen die genannten Maßnahmen können rechtliche bzw. gerichtliche Schritte eingeleitet werden (s. dazu weiter unten).
▶ Die Verhängung von Bußgeld (§ 111 OWiG) wegen Verweigerung der Personalien ist davon abhängig, daß zuvor die Rechtmäßigkeit der Erfragung in vollem Umfang gerichtlich überprüft worden ist.[4] D.h. keine Bestrafung desjenigen, der sich geweigert hat, einem materiell rechtswidrigen Auskunftsverlangen nachzukommen.

Festnahme (zur Identitätsfeststellung bis zu 12 Stunden), wenn dies zur Bedeutung der Angelegenheit nicht außer Verhältnis steht.
▶ Auch die Durchsuchung von Personen und mitgeführten Sachen (incl. Fahrzeugen) sowie Sicherstellungen bzw. Beschlagnahmen können selbst gegen völlig unverdächtige Personen durchgeführt werden – allerdings nicht gegen den Willen des Betroffenen.
▶ Auch die Erkennungsdienstliche Behandlung von Unverdächtigen ist möglich – allerdings nicht gegen den Willen des Betroffenen.

Folgen der Personalien-Verweigerung
Bei Verweigerung der Personalien
▶ liegt eine Ordnungswidrigkeit nach § 111 OWiG vor
▶ aber prinzipiell erst nach Überprüfung der Rechtmäßigkeit der Befragung.[2]

► Es kann in einem solchen Fall eine Identitätsfeststellung (ggfls. auf der Wache) vorgenommen werden.

Nach § 111 OWiG handelt ordnungswidrig,
► wer (vorsätzlich) gegenüber einer *zuständigen* Behörde oder einem *zuständigen* Amtsträger die Angabe seiner Personalien verweigert.
► Der Tatbestand ist auch erfüllt bei unrichtigen Angaben.
► Das fahrlässige Nichterkennen der Rechtmäßigkeit des polizeilichen Auskunftsverlangens kann ebenfalls geahndet werden.

1.2 Verkehrs- und Personenkontrollen

Die „Chance", daß man in eine polizeiliche Kontrolle gerät, ist relativ groß und in den vergangenen Jahren durch weitreichende Legalisierungen noch größer geworden. Die wichtigsten polizeilichen Kontrollmöglichkeiten zur Gefahrenabwehr nach Straßenverkehrs- und Polizeirecht sowie zur Strafverfolgung nach Strafprozeßrecht sind:
► **Verkehrskontrollen** nach Straßenverkehrsrecht (§ 36 Abs. 5 StVO): Verkehrsbezogene Anhaltungen und Überprüfungen von Kraftfahrzeugen, Kraftfahrern, Fahrradfahrern etwa zur Feststellung der Fahrtauglichkeit des Fahrers bzw. des Fahrzeugs; Alkoholkontrollen etc. Als zulässig gilt auch der Datenabgleich mit der Flensburger „Verkehrssünder-Datei". Weitergehende Kontrollen des Kfz-Führers oder gar weiterer Fahrzeuginsassen sowie die Durchsuchung des Fahrzeugs ohne konkreten Verdacht sind hiernach nicht zulässig.
► **Anlaß- und verdachtsunabhängige Kontrollen** („Schleierfahndung") nach verschiedenen Polizeigesetzen (u.a. Bayern, Baden-Württemberg, Mecklenburg-Vorpommern, Niedersachsen und Thüringen):[3] Ohne jeglichen Anlaß und ohne jeglichen Straftatenverdacht gegen eine bestimmte Person kann die Polizei – z.T. in Zivilfahrzeugen mit Video-Überwachungs- und Nachtsichtgeräten unterwegs – in verschiedenen Bundesländern mit dieser Spezialermächtigung jede beliebige Person, die sich im öffentlichen Verkehrsraum befindet,
a) (kurzzeitig) anhalten und festhalten,
b) befragen,
c) mitgeführte Ausweispapiere überprüfen und
d) Sachen in Augenschein nehmen,
e) in manchen Bundesländern unter gewissen Voraussetzungen auch Personen und Sachen durchsuchen.

Mit dieser voraussetzungslosen Regelung wird der Bürger praktisch zum Sicherheitsrisiko erklärt, der Ausnahme- zum Normalzustand. Jede/r, die oder der das Haus verläßt, kann potentiell betroffen sein. Die Maßnahme muß lediglich der „Vorsorge für die Verfolgung oder zur Verhütung von Straftaten von erheblicher Bedeutung mit internationalem Bezug" dienen. Dies erfolgt nach wechselnden „Selektionsrastern" bzw. Kriterien, die zuvor von der Polizei festgelegt werden.

Nach der Öffnung der Grenzen in Europa sollen die (grenz-)polizeilichen Kontrollen mit solchen gesetzlichen Regelungen praktisch ins Landesinnere verlagert werden. Mit diesen flächendeckenden „Fahndungsschleiern" (daher auch „Schleierfahndung") sollen die Defizite des Grenzkontrollenabbaus in der Europäischen Union ausgeglichen werden.

Dabei geht das SPD-regierte Niedersachsen noch weiter als etwa die „Vorbilder" Bayern oder Baden-Württemberg, die solche Kontrollen schon länger legalisiert haben: In Niedersachsen können im ganzen Land solche Kontrollen durchgeführt werden (§ 12 Abs. 6 NGefAG), in den anderen Bundesländern prinzipiell „nur" in einem 30 km breiten Raum von den Außengrenzen entfernt sowie auf Durchgangsstraßen (Bundesautobahnen, Europastraßen und andere Straßen von erheblicher Bedeutung für die grenzüberschreitende Kriminalität)[5] und in öffentlichen Einrichtungen des internationalen Verkehrs (Bahnhöfe, Häfen, Flughäfen, Rastanlagen...; vgl. § 26 Abs. 1 Nr. 6 PolG BaWü; Art. 13 Abs. 1 Nr. 5 BayPAG und jeweilige Ausführungsbestimmungen). In Baden-Württemberg sind von September bis Dezember 1996 landesweit über 20.000 Personenkontrollen durchgeführt worden (so Innenminister Thomas Schäuble).

Dem Bundesgrenzschutz stehen seit 1998 ähnliche Befugnisse zu
- im 30 km breiten Grenzstreifen – wie bislang schon –, darüber hinaus auch in ihren neuen Aufgabenfeldern, z.B.
- in Bahnhöfen, im Bereich von Bahnanlagen, in Zügen und
- auf Flughäfen.
- Auch grenzüberschreitende Reisezüge werden in den „Fahndungsschleier" einbezogen.[6]

Im Zusammenhang mit anlaßunabhängigen Kontrollen wird auch die Fahndungsmaßnahme der *„Polizeilichen Beobachtung"* (PDV 384.2 – VS-Nur für den Dienstgebrauch) durchführt, d.h. über ausgeschriebene Personen können – auch ohne deren Wissen – sämtliche Daten gesammelt werden (mit der Möglichkeit, sog. Bewegungsbilder herzustellen).

▶ **Straßenkontrollstellen** auf öffentlichen Straßen und Plätzen und anderen öffentlich zugänglichen Orten nach der Strafprozeßordnung zur Strafverfolgung (§ 111 StPO; in der Regel vom Richter anzuordnen) oder nach dem Polizeirecht zur Gefahrenabwehr werden eingerichtet, wenn bestimmte Tatsachen die Annahme rechtfertigen, daß bestimmte Straftaten (u.a. nach § 129a StGB = „Terroristische Vereinigung" oder nach § 250 StGB = schwerer Raub) begangen werden sollen oder bereits begangen worden sind. Ziel: Ergreifung der (potentiellen) Täter, Sicherstellung von Beweismaterial; Verhinderung einer Gefahr bzw. Verhütung der genannten Straftaten. An einer Kontrollstelle ist „jedermann" verpflichtet, seine Identität feststellen und sich sowie mitgeführte Sachen durchsuchen zu lassen.

▶ **Schleppnetzfahndung:** Seit der Legalisierung der sog. Schleppnetzfahndung (§ 163d StPO) im Jahre 1987 sind der Polizei zusätzlich zur Kontrolle an Kontrollstellen (§ 111 StPO) und an Landesgrenzen folgende computergestützte Möglichkeiten eröffnet:[7] Sie ist zu Strafverfolgungszwecken bei einem bestimmten Verdacht ermächtigt, sämtliche bei der Kontrolle anfallenden personen- und sachbezogenen Daten auch von Unverdächtigen in einer eigens einzurichtenden Spezialdatei zu speichern – also nicht allein die Daten über die Identität der zu kontrollierenden Personen, die in Sekundenschnelle erfaßt und mit den bereits im Polizeidatenbestand vorhandenen Daten kombiniert werden können –, sondern auch alle Umstände, „die für die Aufklärung der Straftat oder für die Ergreifung des Täters von Bedeutung sein können". Im Klartext: Ort und Zeit der Kontrolle werden automatisch gespeichert; Art und Zustand des Fahrzeugs, begleitende Fahrzeuge, Verhalten der Insassen, mitgeführte Sachen können in Beziehung zu den betreffenden Personen als mögliche Indizien/Beweismittel mitgespeichert werden, ebenso abgefragte Erklärungen der Betroffenen über Herkunft, Ziel und Grund der Reise usw. Die Nutzung der Daten kann erst aufgrund einer Anordnung gem. § 163d StPO erfolgen; diese ist auf Antrag der Staatsanwaltschaft vom Richter zu erlassen, bei Gefahr im Verzug auch durch die Staatsanwaltschaft (in diesem Fall ist die richterliche Anordnung unverzüglich nachzuholen).

Diese zum großen Teil heimlich erfaßten Massen-Daten können bis zu neun Monate (gesetzliche Höchstfrist) gespeichert und während dieser Zeit verarbeitet, übermittelt und mit anderen Datenbeständen abgeglichen werden. Auch sogenannte Zufallsfunde dürfen dabei verwertet werden.

Zu den computergestützten Fahndungsmethoden gehören außerdem (zum Teil ergänzend): die heimlichen Methoden der *Polizeilichen Beobachtung,* der **Rasterfahndung** nach §§ 98a, b StPO sowie nach diversen Polizeigesetzen sowie der sog. **Datenabgleich** nach §§ 98c

StPO sowie nach den Polizeigesetzen.
Die Beendigung der Maßnahmen und Löschung der Daten ist in § 163d IV StPO geregelt.

Polizeiliche Eingriffsbefugnisse
Bei allen genannten Kontrollen kann die Polizei – in der Regel auch ohne konkreten Verdacht gegen die kontrollierte Person – folgende Maßnahmen durchführen (zu einigen der einzelnen Maßnahmen, s. weiter unten):
► Kontrolle der Kfz-Papiere,
► Feststellung der Personalien/Identitätsfeststellung
► eventuell auch Festnahme (man wird zur Wache „verbracht"),
► eventuell Erkennungsdienstliche (ed-)Behandlung
► eventuelle Speicherung der erfaßten personenbezogenen Daten
► Durchsuchung des Kraftfahrzeugs, von Taschen etc.,
► eventuell auch Beschlagnahme von „Waffen und gefährlichen Werkzeugen", oder von „Beweismitteln".

Literatur-Auswahl

Becker, Zwangsweise Anhalten: Nicht um jeden Preis hinterherjagen, in: Deutsche Polizei 2/1996, S. 18 ff.
Die Grünen im Landtag Baden-Württemberg (Hg.), Anlaßunabhängige Polizeikontrollen im Spannungsfeld zwischen Polizeipraxis und Bürgerrechten, Stuttgart 1996
Denninger, „Schleierfahndung" – Polizeiliche Kontrollen ohne Gefahr oder Verdacht? In: Müller-Heidelberg u.a. (Hg.), Grundrechte-Report 1998, Reinbek 1998, S. 216 ff.
Göhring, Polizeiliche Kontrollstellen und Datenverarbeitung, Frankfurt/M. u.a. 1992
Hilse, Verkehrsüberwachung, in: Lisken/Denninger, Handbuch des Polizeirechts, München 1992 (Neuaufl. 1996) Rz. G 28 ff.
Lisken, Zum Vollzug verdachtsloser Jedermannkontrollen, in: Polizei-heute 2/98, S. 41 ff.
Mahr, Gefährliche Orte – Bürgerrechte in der Präventionsfalle, in: Müller-Heidelberg u.a. (Hg.), Grundrechte-Report 1998, Reinbek 1998, S. 222 ff.
Maurer, Schleierfahndung im Hinterland, in: Bürgerrechte & Polizei 1/98, S. 51 ff.
Spörl, Zur Einführung einer verdachts- und ereignisunabhängigen Personenkontrolle („Schleierfahndung") in Bayern, in: Die Polizei 8/1997, S. 217 ff.
Wittig, Schleppnetz-Fahndung, Rasterfahndung und Datenabgleich, in: Juristische Schulung 11/1997, S. 961 ff.

Verhaltensregeln im Zusammenhang mit polizeilichen Kontrollmaßnahmen

▶ Erstes Gebot: Ruhig bleiben und (das gilt insbesondere für hektische Fahndungszeiten – etwa bei der Fahndung nach „Terroristen") keine abrupten Bewegungen!

▶ Versucht sich der Betroffene der Kontrolle zu entziehen (z.B. durchzustarten), so geht er ein hohes Risiko ein – Gefährdung anderer Verkehrsteilnehmer sowie seines eigenen Lebens, denn nicht selten endet eine „polizeiliche Verfolgungsjagd um jeden Preis" mit schweren Verkehrsunfällen, Verletzten und Toten (solche Verfolgungsjagden sind jedoch aus Gründen der Verhältnismäßigkeit häufig unzulässig, insbesondere wenn unverdächtige) Mitfahrer im Fahrzeug sitzen.[8]

▶ Bei einer Verkehrskontrolle will die Polizei zumeist auch die Kfz-Papiere sehen. Hier empfiehlt sich brave Befolgung. Als „Führer eines Kfz" ist man verpflichtet, die erforderlichen Kfz-Papiere (Führerschein, Kfz-Schein) mit sich zu führen und auch vorzuzeigen.

▶ Eine Personalien-Überprüfung unterscheidet sich grundsätzlich von der Verkehrskontrolle. In einem solchen Fall ist die Kontrolle der Kfz-Papiere nur Nebensache oder wird gar nicht erst durchgeführt. Um zu erfahren, um welche Art von Kontrolle es sich handelt, am besten fragen!

▶ Auch bei Personenkontrollen müssen die Polizeibeamten den Grund der Kontrolle nennen. Sich nicht mit irgendwelchen Gründen wie „zur Gefahrenabwehr", zur „vorbeugenden Verbrechensbekämpfung" oder „nach der Strafprozeßordnung" oder „Kriminalitätsschwerpunkt" etc. zufrieden geben.

▶ Wenn keine konkreten Verdachtsgründe gegen die eigene Person genannt werden können – und das ist die Regel, wenn die Polizei etwa alle vorbeifahrenden Kfz (Kontrollstelle; Jedermann-Kontrolle) bzw. vorübergehenden Fußgänger wahllos überprüft – dann: verbalen Protest einlegen und sich die Tatsache der Kontrolle schriftlich bestätigen lassen. Darauf werden die Polizeibeamten in aller Regel überhaupt nicht eingestellt sein.

▶ Im Weigerungsfalle nach dem zuständigen Einsatzleiter fragen, der eventuell in seinem Büro auf dem Polizeiabschnitt sitzt, und dort die schriftliche Bestätigung und eine Rechtsbehelfsbelehrung verlangen.

▶ Sich immer die Dienstnummer oder den Namen der Polizeibeamten geben lassen. Falls dies verweigert wird, den Einsatzleiter verlangen.
▶ Will die Polizei durchsuchen (die Kleidung, Körper, Taschen, das Kfz), ist verbaler Protest dagegen deutlich zu machen. Für eine eventuelle spätere rechtliche Gegenwehr ist es erforderlich, daß die Durchsuchung nicht „freiwillig" erfolgte. Zuerst nach dem Grund fragen. Protest einlegen, d.h. nicht etwa durch Herausgabe des Kfz-Schlüssels bzw. eigenes Öffnen/Aufschließen des Kofferraums/der Tasche die Zwangsmaßnahme zur „freiwilligen" machen.
▶ Im Falle der Durchsuchung oder/und Beschlagnahme immer ein Durchsuchungs-/Beschlagnahme-Protokoll verlangen. Darauf müssen vermerkt sein: ein Grund, die Rechtsgrundlage, Zeit, Ort sowie die eventuell beschlagnahmten Gegenstände plus Unterschrift der Polizeibeamten. Selbst braucht und sollte man nicht unterschreiben!
▶ Auf dem Protokoll ankreuzen lassen, daß man Widerspruch einlegt bzw. mit der Durchsuchung nicht einverstanden ist und eine gerichtliche Entscheidung verlangt.

Tip: Wenn das Warndreieck und der Verbandskasten vorn im Wagen liegen, können sie gleich gezeigt werden (das ist Pflicht!). Dann entfällt jedenfalls der übliche Vorwand, um einen Blick (Augenschein, Durchsuchung) in den Kofferraum zu tun.

Rechtliche Gegenwehr im Zusammenhang mit polizeilichen Kontrollmaßnahmen

▶ Gegen polizeiliche Kontrollmaßnahmen Widerspruch einlegen.
▶ Es ist der Rechtsweg zu den zuständigen Verwaltungsgerichten eröffnet, um die Frage nach der Rechtmäßigkeit der Kontrolle gerichtlich überprüfen zu lassen.
▶ Dabei ist die Rechtmäßigkeit der Anordnung und Durchführung sowie immer der verfassungsrechtliche Grundsatz der Verhältnismäßigkeit der Maßnahme zu prüfen. Da die computergestützten Fahndungsmaßnahmen, wie Schleppnetzfahndung oder Rasterfahndung, unmittelbar das Recht auf informationelle Selbstbestimmung berühren (Art. 2 GG iVm. Art 1 GG), ist auch an eine Verfassungsbeschwerde beim Bundesverfassungsgericht zu denken (s. Kapitel „Rechtsschutz").

▶ Im Fall der verdachtsunabhängigen „Jedermann-Kontrolle" kann – bei Widerspruch des Betroffenen gegen diese Kontrollmaßnahme – ein sofortiger Vollzug nach § 80 Abs. 2 Nr. 2 VwGO in der Regel nicht angeordnet und erzwungen werden, da es an einer abzuwenden konkreten Gefahr mangelt.[9] „Jedermann" hat schließlich ein Recht auf Anonymität, auf unkontrolliertes Reisen, ein Recht, vom Staat „in Ruhe gelassen zu werden" (vgl. BVerfGE 27, 1 (6). Diese Art von Kontrolle tangiert die ungehinderte Bewegungsfreiheit und die psychische Integrität der Betroffenen. Die Jedermannkontrolle setzt logisch voraus, daß jedermann ein Rechtsbrecher sein könnte. Auch wenn es bei diesen Kontrollen um die allgemeine, nicht näher spezifizierte Suche nach irgendwelchen gesuchten Personen geht, so wird doch nicht „jedermann" gesucht und „ist auch nicht von vornherein verdächtig, so daß eine Kontrolle von jedermann nicht sofort vollzogen werden muß" (Lisken). Das heißt: Ein Widerspruch vor Ort müßte eigentlich Aussicht auf Erfolg haben und die Polizei veranlassen, weitere Kontrollmaßnahmen zu unterlassen. Bislang sind Widersprüche allerdings kaum bekanntgeworden.

▶ Würde die Kontrolle trotz eingelegten Widerspruchs und ohne Vorliegen einer Gefahr im Verzug gleichwohl erzwungen, so wäre sie mangels Bestandskraft ihrer Anordnung rechtswidrig. „Ein Widerstand des Betroffenen wäre zwar nicht ratsam, aber – bei Fehlen ‚obrigkeitlicher Hilfe' im Sinne von § 229 BGB (Selbsthilfe, R.G.) – womöglich rechtmäßig und gemäß § 113 III StGB (kein strafbarer Widerstand gegen Vollstreckungsbeamte, wenn Diensthandlung rechtswidrig; R.G.) auch straflos", so der ehemalige Düsseldorfer Polizeipräsident Hans Lisken.[10] „Der Bürger schuldet nämlich nicht ‚Amtsgehorsam'..."

▶ Der Betroffene einer solchen Kontrolle, die trotz dieser Rechtslage durchgeführt wird, kann Entschädigung verlangen, wenn er durch die – von ihm nicht zu vertretende – Kontrolle einen über die kurzzeitige Freiheitseinbuße hinausgehenden erheblichen Schaden erlitten hat.[11]

▶ Im Falle der „Schleppnetzfahndung" besteht eine uneingeschränkte und sofortige Pflicht der Polizei/Staatsanwaltschaft, die erfaßten Daten nicht mehr weiterzubearbeiten und zu löschen, falls die Maßnahme nicht rechtmäßig angeordnet worden ist. Falls die Kontrolle rechtmäßig war, richtet sich die Beendigung der Maßnahmen und die Löschung der Daten nach § 163d IV StPO: Danach sind die Daten unverzüglich zu löschen, wenn sie für das Strafverfahren nicht oder nicht mehr benötigt werden. Da die Maßnahme zumeist heimlich durchgeführt wird, ist die Rechtsschutzmöglichkeit gering (und dementsprechend gibt es nur wenige gerichtliche Entscheidungen).

Vor Ort haben die von allen Kontrollarten Betroffenen in der Regel ohnehin wenig Möglichkeiten, Ihre Rechte unmittelbar durchzusetzen. Dazu sind sie auf den Rechtsweg verwiesen. Die Gerichte haben die genannten Kontrollmaßnahmen in der Vergangenheit in der Regel – soweit sich überhaupt ein Bürger rechtlich zur Wehr setzte – für rechtmäßig befunden. Um zumindest die Chance rechtlicher Gegenwehr zu behalten und weiter die polizeilichen Maßnahmen auch dokumentieren und Öffentlichkeitsarbeit leisten zu können, sollte man folgendes beachten:

► Polizei, insbesondere auch Zivilstreifen, sollen sich ausweisen: Namen, Dienstnummer, Dienstgrad, Dienststelle notieren sowie Kennzeichen des Dienstwagens.
► Grund und Zweck der Kontrolle erfragen
► Widerspruch einlegen
► Gegen bereits erfolgte Durchsuchungen können (nach der neuen Rechtsprechung des Bundesgerichtshofs) Beschwerden zur nachträglichen gerichtlichen Überprüfung der Rechtmäßigkeit eingelegt werden.

1.3 Platzverweise und Aufenthalts-/Stadtverbot

Platzverweise
(s. dazu auch unter Demonstrationseinsätze):
Zu „Zwecken der Gefahrenabwehr" kann die Polizei nach den Polizeigesetzen der Länder und des Bundes eine sogenannte Platzverweisung anordnen, d.h. die Polizei
▶ kann einzelne Personen oder Personengruppen vorübergehend von einem Ort verweisen oder ihnen das Betreten eines Ortes verbieten.
▶ Die betreffende Person braucht die Gefahr in der Regel nicht selbst verursacht zu haben (anders z.B. das Bremer Polizeigesetz).
▶ Platzverweise sind kurzfristige, örtlich eng umgrenzte Maßnahmen.
Obwohl Platzverweise – im Gegensatz zu Aufenthaltsverboten – ursprünglich lediglich als kurzfristige, örtlich eng umgrenzte Maßnahmen gesetzlich verankert worden sind – „vorübergehend von einem Ort verweisen", etwa bei Unfällen, um Schaulustige zu vertreiben, die die Rettungsarbeiten behindern –, wurden Platzverweise in den vergangenen Jahren jedoch in der Praxis immer mehr zu fungiblen, örtlich und zeitlich ausdehnbaren Instrumenten entwickelt und insbesondere gegen Angehörige sozialer Minderheiten eingesetzt, aber auch z.B. bei Castor-Transporten entlang der Transportstrecke an Bahngleisen und auf Straßen. Der Übergang zu sog. Aufenthaltsverboten wurde fließend.
Eine *schriftliche Verfügung* muß Begründung, Anordnung der sofortigen Vollziehung und Zwangsandrohung enthalten.

Verfügung (Platzverweis)
Sie müssen den Antreffort unverzüglich verlassen und dürfen diesen sowie die übrigen in der Anlage aufgeführten Verkehrsflächen bis zum ...... nicht mehr betreten. Die sofortige Vollziehung dieser Verfügung wird angeordnet. Für den Fall, daß Sie der Anordnung nicht nachkommen, drohen wir Ihnen die Anwendung unmittelbaren Zwangs an. Die Kosten hierfür müssen Sie tragen.
Begründung...

Rechtsfolgen: Bei einem schriftlich, mündlich oder faktisch (Absperrung) erteilten Platzverweis hat sich die betroffene Person unverzüglich aus dem räumlich bestimmten Verbotsbereich zu entfernen und ihn während des angeordneten Zeitraums nicht wieder zu betreten.

Aufenthalts- und Stadtverbote
(s. dazu auch unter Demonstrationseinsätze):
In den meisten Bundesländern (u.a. Baden-Württemberg, Hamburg, Niedersachsen) und vielen Großstädten (Dortmund, Hannover, Osnabrück) werden gegen „unliebsame" Personen neben Platzverweisen auch längerfristige Aufenthaltsverbote (per Verbotsverfügung, bis zu sechs Monate und länger) verhängt. Allerdings findet diese Praxis letztlich im rechtsfreien Raum statt, da es hierfür keine spezielle rechtliche Grundlage gibt; die Maßnahme wird lediglich auf die Generalklausel der Polizeigesetze gestützt, was bei einem derart gravierenden Eingriff und angesichts der routinemäßigen Anwendung nicht zu rechtfertigen ist. So werden seit geraumer Zeit vor allem in bestimmten Großstädten zwangsbewehrte Aufenthaltsverbote gegen bestimmte Personen(gruppen) verhängt – etwa gegen Drogen-(klein-)dealer nach dem „Dortmunder Modell".
Das Aufenthaltsverbot wird von den Ordnungsbehörden/der Polizei in der Regel
– schriftlich erteilt
– mit Anordnung der sofortigen Vollziehung,
– entsprechender Begründung und
– Zwangsandrohung und Kostenfestsetzung sowie
– genau skizzierter Verbotszone (beigefügter Plan) und
– festgelegtem Zeitraum.

Rechtsfolgen: Grundsätzlich wird Zwangsgeld angedroht (2.000 DM bei Drogen-Dealern, 300 DM bei Drogenkonsumenten) und Zwangs-

---

„Aufenthaltsverbot innerhalb der Landeshauptstadt H....
Anordnung der sofortigen Vollziehung
Androhung von Zwangsgeld.
Gemäß § ... des .... Polizeigesetzes wird Ihnen hiermit ein Aufenthaltsverbot für nachfolgend angeführten Bereich erteilt. Die Verbotszonen sind auf dem beigefügten Plan markiert und beschrieben. Dieses Aufenthaltsverbot gilt bis zum Ablauf von 6 Monaten vom Tage der Bekanntgabe an gerechnet für die Verbotszone 3...
Die sofortige Vollziehung dieser Verfügung wird angeordnet. Für den Fall, daß Sie der Anordnung nicht nachkommen, drohen wir Ihnen die Anwendung unmittelbaren Zwangs an. Die Kosten hierfür müssen Sie tragen."
Begründung...

geld vollstreckt, u.U. auch Antrag auf Ersatzzwangshaft (bis zu 5 Tagen) gestellt.
Wird der Betroffene wieder in der Verbotszone angetroffen und liegt eine konkrete Gefahr vor, so kann er u.U. auch in Durchsetzungsgewahrsam genommen werden. Immer wieder kommt es vor, daß die Polizei die betreffenden Personen in Polizeifahrzeugen an entlegene Orte verschleppt und aussetzt. *(s. unter Verbringungsgewahrsam).*
Für die Überwachung und Durchsetzung werden Arbeitsdateien über die jeweilige Szene und mit Platzverweisen bzw. Aufenthaltsverboten belegten Personen angelegt.

Erstes gesetzliches Aufenthaltsverbot: 1996 beschritt das SPD-regierte Niedersachsen einen neuen Weg der präventiven Intoleranz: Erstmalig wurde in einem deutschen Polizeigesetz (Niedersächsisches Gefahrenabwehrgesetz, NGefAG) das sog. Aufenthaltsverbot legalisiert:
„Rechtfertigen Tatsachen die Annahme, daß eine Person in einem bestimmten örtlichen Bereich eine Straftat begehen wird, so kann ihr für eine bestimmte Zeit verboten werden, diesen Bereich zu betreten oder sich dort aufzuhalten, es sei denn, sie hat dort ihre Wohnung. Örtlicher Bereich ... ist ein Ort oder ein Gebiet innerhalb einer Gemeinde oder auch ein gesamtes Gemeindegebiet..." (§ 17 Abs. 2 NGefAG).

Diese Regelung ergänzt die bislang schon in ganz Deutschland legalisierte (kurzfristig und kleinräumig angelegte) polizeiliche Platzverweisung. Das längerfristige Aufenthaltsverbot muß zwar, so sieht es das neue Gesetz vor, „zeitlich und örtlich auf den zur Verhütung von Straftaten erforderlichen Umfang" beschränkt werden, doch dürfte dies im Präventivbereich äußerst interpretierfähig sein – zumal niemand weiß, welche Straftaten denn von wem wann wo begangen werden. Und welche ‚Tatsachen' – Kleidung, Aussehen, Verhalten; Hautfarbe, soziale, ethnische Zugehörigkeit... – könnten die ‚Annahme rechtfertigen', eine Person werde möglicherweise Straftaten begehen? Hier liegt ein Einfallstor für alltagstheoretische Verdachtsraster der Polizeibeamten, die diese Befugnis anzuwenden haben (s. dazu Beispiele unter Kapitel Demonstrationseinsätze).

Kommen die Betreffenden dem Aufenthaltsverbot oder der Platzverweisung nicht nach, so kann die Polizei – nach vorheriger Androhung – Zwangsmittel anwenden, wie z. B. Wegtragen oder Ingewahrsamnahme etc. Im Zusammenhang mit der gesetzlichen Möglichkeit, Platzverweise oder Aufenthaltsverbote mithilfe von Ingewahrsamnahmen durchzusetzen, kann es passieren, daß Betroffene insgesamt monatelang inhaftiert werden – eine Tatsache, die von der „Neuen Richtervereinigung" (NRV) in Baden-Württemberg scharf kritisiert

**Verhaltens- und Rechtstips
bei Platzverweisen und Aufenthaltsverboten**

▶ Unmittelbar vor Ort in der direkten Konfrontation mit jenen Polizeibeamten, die den Platzverweis oder das Aufenthaltsverbot erteilen, ist eine wie auch immer geartete Gegenwehr zumeist zwecklos.

▶ Viele Betroffene versuchen, die Anordnungen zu umgehen bzw. über andere Wege wieder an den Ort der Vertreibung zurückzukehren.

▶ Der Adressat eines Platzverweises/Aufenthaltsverbots darf dessen Geltungsbereich betreten, wenn er daran ein berechtigtes Interesse hat und glaubhaft machen kann: Dies ist z.B. der Fall bei Terminen beim Arzt, Rechtsanwalt, Sozialarbeiter und bei Behörden. Es empfiehlt sich, einen entsprechenden Nachweis (Schriftstück über Terminabsprache, Ladung etc.) mit sich zu führen.

▶ Die von (vorübergehenden) Platzverweisen oder (längerfristigen) Aufenthaltsverboten Betroffenen sollten gleich vor Ort auf einer schriftlichen Anordnung bestehen und sofort – spätestens innerhalb eines Monats nach Bekanntgabe – schriftlich oder zur Niederschrift *Widerspruch* gegen die Maßnahme einlegen – entweder direkt bei den handelnden Polizisten, beim Einsatzleiter oder am besten bei der Polizeidirektion.

▶ *Der Widerspruch sollte enthalten:* Absender und Empfänger, Widerspruch gegen Platzverweis oder Aufenthaltsverbot vom ... (Datum, Uhrzeit) und anordnende Person bzw. Hundertschaft, Ort der Anordnung und/oder sog. Verbotszone, angegebene Gründe (z.B. „punkähnliches Aussehen"; Drogenszene), ggfls. Begründung (u.U. nach Absprache mit Anwalt nachreichen), Unterschrift.

▶ Bei schriftlichem Widerspruch per Post: frankieren, ggfls. per Einschreiben schicken (Nachweismöglichkeit); Bitte um schriftliche Eingangsbestätigung.

▶ Bei direktem Widerspruch vor Ort oder in der Polizeidirektion darauf bestehen, daß der Widerspruch zu Protokoll genommen wird und sich eine Abschrift mit polizeilicher Bestätigung aushändigen lassen.

▶ Der Widerspruch hat keine aufschiebende Wirkung, d.h. das Aufenthaltsverbot bzw. die Platzverweisung müssen befolgt werden.

▶ Auf Antrag kann das zuständige Verwaltungsgericht allerdings (gemäß § 80 Abs. 5 VwGO) die aufschiebende Wirkung ganz oder teilweise anordnen bzw. wiederherstellen.

▶ Falls dem Widerspruch nicht entsprochen wird, läßt sich rechtlich gegen ein Aufenthalts- und Durchquerungsverbot im Wege der *verwaltungsgerichtlichen Klage (Anfechtungsklage)* vorgehen, ggfls. auch mit *Eilantrag (einstweilige Anordnung)*.

▶ Insbesondere in Bundesländern, die das Aufenthaltsverbot nicht speziell legalisiert haben, sondern lediglich auf die Generalklausel des Polizeigesetzes stützen, ist eine Klage aussichtsreich. So hat beispielsweise das Verwaltungsgericht Bremen im Jahre 1997 geurteilt: Da das Verbot ein Eingriff in das Grundrecht auf Freizügigkeit (Art. 11 GG) sei, jeder Deutsche sich aber dort aufhalten dürfe, wo es ihm paßt, reiche eine derart allgemein gehaltene Polizeivorschrift wie die Generalklausel nicht aus, um eine Einschränkung dieses Grundrechtes zu rechtfertigen.[12]

▶ Rechtliche Gegenwehr mit Hilfe von Klagen vor den zuständigen Verwaltungsgerichten ist auch sinnvoll, wenn der Betroffene seine Wohnung in der Verbotszone hat, wenn sich dort wichtige Versorgungseinrichtungen befinden (Drogenberatungsstelle, Ärzte etc.), wenn die Dauer der Maßnahme über Monate oder die Verbotszone zu großräumig angeordnet worden ist oder aber, wenn von dem inkriminierten Verhalten des Betroffenen keinerlei Gefahr für die öffentliche Sicherheit und Ordnung ausgeht.

▶ Dabei ist, wenn die Maßnahme bereits abgeschlossen ist, für das sog. Rechtsschutzbedürfnis Voraussetzung, daß der Kläger, etwa wegen Wiederholungsgefahr, eine ausdrückliche Feststellung der Rechtswidrigkeit begehrt.

▶ Gegen *Vertreibung per Bettel- und Trinkverboten* (per Polizeiverordnungen) in Städten läßt sich ebenfalls gerichtlich vorgehen. So klagte z.B. ein kriegsversehrter Stuttgarter vor dem Verwaltungsgerichtshof Mannheim in einem Normenkontrollverfahren gegen das Bettelverbot in der Stuttgarter Polizeiverordnung. Der mittellose Mann bekam bereits Prozeßkostenhilfe gewährt, da die Klage „hinreichende Aussicht auf Erfolg bietet". Zuvor war der Mann bereits vom Amtsgericht vom Tatvorwurf des „wiederholten Bettelns" – wegen „undifferenzierten Bettelverbots" – freigesprochen worden, so daß er das gegen ihn verhängte Bußgeld in Höhe von 100 DM nicht zu zahlen brauchte.[13]

wird.[14] Die Richter weisen auch darauf hin, daß Platzverweise und Aufenthaltsverbote gerade im Drogenbereich die Probleme nur verdrängen und die Arbeit von Sozialarbeitern und Drogenhilfsorganisationen stark erschweren.

Ansammlungsverbot
In Dortmund wurde ein sogenanntes Ansammlungsverbot in Form einer Ordnungsverfügung der Stadt erlassen und auf die Generalklausel des NRW-Polizeigesetzes gestützt. Mit diesem Verbot wurde untersagt, auf öffentlich zugänglichen Wegen, Straßen und Plätzen im gesamten Stadtgebiet in der Zeit von 8 bis 23 Uhr mit Angehörigen der offenen Drogenszene Ansammlungen zu bilden oder an solchen Ansammlungen teilzunehmen, wobei eine Ansammlung bei mehr als zwei Personen angenommen wurde.

Diese Maßnahme wurde vom Verwaltungsgericht Gelsenkirchen (1993) nicht akzeptiert, weil der Begriff der „offenen Drogenszene" nicht hinreichend definiert bzw. differenziert sei und damit das Bestimmtheitsgebot verletzt wurde.[15]

Literatur-Auswahl
Alberts, Freizügigkeit als polizeiliches Problem, in: NVwZ 1997, 45 ff.
Bindzus/Lange, Ist Betteln rechtswidrig? Ein historischer Abriß mit Ausblick, in: Juristische Schulung 1996, S. 482 ff.
Dreher/Feltes (Hg.), Das Modell New York: Kriminalprävention durch „Zero Tolerance"? Holzkirchen 1998.
Erkelenz, Platzverweise, Ingewahrsamnahmen und Aufenthaltsverbote, in: Unbequem Sept. 1996, S. 7 ff.
GAL-Fraktion Hamburg, „Legalize Platzverweis" oder Polizeigesetze als Ersatz für eine humane Drogen- und Flüchtlingspolitik, Reader, Hamburg 1996
Gössner, Soziale „Säuberung" per Platzverweis, in: Müller-Heidelberg u.a. (Hg.), Grundrechte-Report – Zur Lage der Bürger- und Menschenrechte in Deutschland, Reinbek 1997, S. 120 ff.
Hecker, Die Regelung des Aufenthalts von Personen im innerstädtischen Raum, Gutachten, Darmstadt Januar 1997 (MS)
Innenstadt-Aktionen – Kampagne gegen Privatisierung, Sicherheitswahn und Ausgrenzung, in: analyse & kritik Nr. 402 v. 7.5.1997, S. 32.
Latzel/Lustina, Aufenthaltsverbot – Eine neue Standardmaßnahme neben der Platzverweisung? In: Die Polizei 5/1995, S. 131 ff.
Lesting, Polizeirecht und offene Drogenszene, in: Kritische Justiz 2/1997
Ortner/Pilgram/Steinert (Hg.), Die Null-Lösung – Zero-Tolerance-Politik in New York. Das Ende der urbanen Toleranz? Baden-Baden 1998.
Ronneberger, Die Erosion des Sozialstaats und der Wandel der Stadt, in: Frankfurter Rundschau vom 9.2.1998, S. 8.
Stokar/Gössner (Hg.), Vom Mißbrauch des Polizeirechts, Fraktion Bündnis 90/Die Grünen im Niedersächsischen Landtag, Hannover 1996
Von der Ausbeutung zur Ausgrenzung – Die Innenstadt als Ort neuer sozialer Konflikte, in: analyse & kritik Nr. 402 v. 7.5.1997, S. 33.
Waechter, Freizügigkeit und Aufenthaltsverbot, in: Niedersächsische Verwaltungsblätter 9/1996, S. 197 ff.

1.4 Freiheitsentziehung (Gewahrsam, Vorbeugehaft und U-Haft)

Die Freiheitsentziehung ist eine der einschneidendsten polizeilichen Maßnahmen, der intensivste polizeiliche Eingriff in die Freiheit der Person. Es gibt unterschiedliche rechtliche Möglichkeiten der Polizei/Staatsanwaltschaft, Personen festzunehmen, in polizeilichen Gewahrsam (Unterbindungsgewahrsam, Vorbeugehaft) oder aber in Untersuchungshaft (U-Haft) zu nehmen. Die Grundsätze, Bedingungen und Beschränkungen für die Freiheitsentziehung sind als sog. Rechtsgarantien im Grundgesetz geregelt. In Art. 104 GG heißt es: „Festgehaltene Personen dürfen weder seelisch noch körperlich mißhandelt werden... Über die Zulässigkeit und Fortdauer einer Freiheitsentziehung hat nur der Richter zu entscheiden. Bei jeder nicht auf richterlicher Anordnung beruhenden Freiheitsentziehung ist unverzüglich eine richterliche Entscheidung herbeizuführen. Die Polizei darf aus eigener Machtvollkommenheit niemanden länger als bis zum Ende des Tages nach dem Ergreifen in eigenem Gewahrsam halten."
Diese **Mindestanforderungen,** also
- Richterliche Entscheidung grundsätzlich von Anfang an
- wenn nicht, muß unverzüglich richterliche Entscheidung herbeigeführt werden;
- nicht länger als bis zum Ende des folgenden Tages ohne richterliche Entscheidung im Polizeigewahrsam festhalten,
- weder seelische noch körperliche Mißhandlung,

gelten für die Polizei im gesamten Bundesgebiet (also auch für die Bundespolizeien BGS und BKA) und sind unabhängig von der zulässigen Höchstdauer des Gewahrsams oder der U-Haft.

Vorläufige Festnahme *(nach Polizeirecht und nach § 127 StPO)*
Unter folgenden Voraussetzungen ist es möglich, zur Polizeiwache gebracht zu werden:
- wer auf frischer (Straf-)Tat angetroffen oder verfolgt wird,
- und der Flucht verdächtig ist, oder
- wer von der Polizei einer Straftat verdächtigt wird,
- wenn die Polizei der Meinung ist, daß an Ort und Stelle die Überprüfung der Identität nicht möglich ist.

Unterbindungsgewahrsam/Vorbeugehaft
Die *„vorbeugende Festnahme" zur Abwehr einer erheblichen Gefahr* nach den Polizeigesetzen ist insbesondere möglich, „um die unmittel-

bar bevorstehende Begehung oder Fortsetzung einer Straftat zu verhindern". Eine solche Maßnahme wird Unterbindungsgewahrsam oder Vorbeugehaft genannt.
Da es sich hier um *Präventivhaft* handelt, besteht gegen die Betroffenen in der Regel kein Straftatverdacht. Die Prognoseentscheidung der Polizei, die betreffende Person könne künftig Straftaten oder bestimmte Ordnungswidrigkeiten begehen, ist kaum verifizierbar. Unterbindungsgewahrsam ist also Präventivhaft gegen Unschuldige. Deshalb wird in der rechtswissenschaftlichen Literatur der Unterbindungsgewahrsam als „kurzfristige und vorläufige Maßnahme" charakterisiert, als ultima-ratio-Regelung, die nur zur Verhinderung einer unmittelbar bevorstehenden Gefahr bzw. Straftat zulässig ist.[16] Diese Voraussetzung muß zu jedem Zeitpunkt des Gewahrsams gegeben sein und von einem Richter überprüft werden; liegt sie nicht (mehr) vor, muß der Betroffene unverzüglich entlassen werden. Eine Richterliche Überprüfung ist unverzüglich herbeizuführen.

Voraussetzungen des polizeilichen Gewahrsams
Nach den einschlägigen Vorschriften der Polizeigesetze ist der Polizeigewahrsam zum Zwecke der Gefahrenabwehr zulässig, „wenn die Freiheitsentziehung unerläßlich ist, um die unmittelbar bevorstehende Begehung oder Fortsetzung
▶ einer Straftat
▶ einer Ordnungswidrigkeit von erheblicher Gefahr für die Allgemeinheit zu verhindern", oder
▶ wenn es unerläßlich ist, um eine Platzverweisung (ein Aufenthaltsverbot) durchzusetzen.
Diese Voraussetzungen sind in allen Polizeigesetzen des Bundes und der Länder nahezu gleichlautend geregelt.

Ingewahrsamnahme als äußerstes Mittel der Gefahrenabwehr ist nur zulässig,
▶ wenn kein milderes Mittel zur Verfügung steht, um die Begehung oder Fortsetzung einer Straftat/OWi zu verhindern (Beispiel: Sicherstellung von Waffen, teilweiser Platzverweis als mildere Mittel gegenüber der Ingewahrsamnahme).
▶ Die Freiheitsentziehung muß stets durch „gewichtige" Gründe gerechtfertigt sein. Das gilt besonders im Zusammenhang mit dem grundrechtlich geschützten Versammlungsrecht.
▶ Der in Gewahrsam genommenen Person müssen die unmittelbar bevorstehenden Straftaten/Ordnungswidrigkeiten zugerechnet werden können.

Rechts- und Verhaltenstips bei Festnahmen
▶ *Festnahmesituation:* Diese Situation ist nicht ungefährlich, kommt es doch in Einzelfällen vor, daß Festgenommene verletzt werden oder gar zu Tode kommen. Eine sog. Fehlhaltungserstickung kann die Ursache sein. Dabei wird die Sauerstoffversorgung unterbunden – etwa dadurch, daß der Polizeibeamte den Festgenommenen – in Bauchlage und auf seinem Rücken kniend – Hände und Füße hinter dem Rücken fesselt. Dabei kann ein so starker Druck auf die Atmungsorgane entstehen, daß der Betroffene keine Luft mehr bekommt. Deshalb: Möglichst keine starke Gegenwehr entfalten, langsam und so gründlich wie möglich ein- und ausatmen, den Polizeibeamten auf Atemnot und evtl. auf Erkrankungen bzw. Drogeneinnahmen (Risikofaktoren) aufmerksam machen. Ggfls. ärztliche Hilfe verlangen.[17]
▶ *„Widerstand gegen die Staatsgewalt":* Bei der vorläufigen Festnahme kommt es sehr leicht zum „Widerstand gegen die Staatsgewalt" bzw. gegen Vollstreckungsbeamte, wenn sich der Betroffene nicht gänzlich freiwillig abtransportieren läßt. Deshalb merke: Jedes Widersetzen, jede Anwendung oder Androhung von „Gewalt" (in den Polizeiprotokollen heißt dies: eine „drohende Haltung einnehmen") kann als Widerstand gegen Vollstreckungsbeamte angesehen werden und ist strafbar: Dazu kann auch bloßes Losreißen gehören. Passiver Widerstand ist straffrei, aber meist effektlos.
▶ Auf der Wache immer wieder nach Rechtsmittelbelehrung, Grund der Festnahme und der Rechtsgrundlage fragen.
▶ Auf das Recht pochen, einen Anwalt, Angehörigen oder eine Person des Vertrauens anzurufen (möglichst immer Kleingeld und Telefonnummern parat haben!) und nach dem Anruf auch jederzeit mit den entsprechenden Personen sprechen zu können.
▶ Keine Aussagen machen, nur Angaben zur Person (s.u.).
▶ *Bei Verletzungen:* Sollte man von Polizeibeamten verletzt worden sein, sofort einen Arzt verlangen, Verletzung attestieren und behandeln lassen. Später vom Hausarzt noch einmal attestieren lassen. Für eventuell zerrissene Kleidung Bestätigung fordern.
▶ Im Falle einer erkennungsdienstlichen Behandlung grundsätzlich Widerspruch einlegen (und zu Protokoll nehmen lassen)! (s. u.)
Der Festgenommene ist unverzüglich, spätestens am Tage nach der Festnahme dem zuständigen Amtsrichter vorzuführen, wo er vernommen wird. Entweder
▶ der Richter läßt ihn frei, weil er die Festnahme nicht für gerechtfertigt oder ihre Gründe für beseitigt hält, oder

> ▶ der Richter erläßt auf Antrag der Staatsanwaltschaft oder von Amts wegen einen Haftbefehl oder einen Unterbringungsbefehl.
> ▶ In diesem Fall ist der Betroffene umfassend über seine Rechte zu belehren (Beschwerde und andere Rechtsbehelfe, s.u.). Gegen die richterliche Entscheidung ist, solange die Freiheitsentziehung andauert, die sofortige Beschwerde zulässig.[18]
> Wird man nicht einem Richter vorgeführt, dann muß man spätestens um 24.00 Uhr des auf die Festnahme folgenden Tages wieder freigelassen werden.

▶ Die Straftat bzw. Ordnungswidrigkeit muß gerade begangen werden oder unmittelbar bevorstehen; sie steht dann unmittelbar bevor, wenn mit der Ausführung bereits begonnen wurde oder sie in allernächster Zeit mit an Sicherheit grenzender Wahrscheinlichkeit zu erwarten ist; es müssen im konkreten Fall nachvollziehbare Tatsachen für eine akute Bedrohung vorliegen. Der bloße „Eindruck" reicht nicht aus (vgl. Lisken/Denninger, S. 288; vgl. auch Böhrenz/Franke, Kommentar zum NGefAG, S. 79, 81).

▶ Wegen der Schwere des Eingriffs muß der Verhältnismäßigkeitsgrundsatz insbesondere bei bevorstehenden leichteren Straftaten und bei Ordnungswidrigkeiten (etwa des Versammlungsrechts) besonders beachtet werden (vgl. Lisken/Denninger, Handbuch des Polizeirechts, S. 285).

▶ Insbesondere die *Ingewahrsamnahme zwecks Verhinderung von Ordnungswidrigkeiten* ist rechtlich problematisch, wie ein Blick in die Europäische Menschenrechtskonvention (EMRK) bestätigt: Art. 5 Abs. 1 EMRK sieht die Möglichkeit des Ingewahrsamnahme nur zur Verhinderung von Straftaten, nicht aber von Ordnungswidrigkeiten vor. Die EMRK ist in der BRD geltendes Recht und geht den nationalen Gesetzen vor (Art. 31, vgl. Lisken/Denninger, a.a.O., S. 285).

▶ Die *Ingewahrsamnahme zur Durchsetzung eines Platzverweises* ist höchst problematisch, da der Platzverweis gegen jede (anwesende) Person möglich ist; von dieser Person selbst muß also keine Gefahr (etwa einer Straftat) ausgehen.

▶ *Unterbindungsgewahrsam* ist prinzipiell eine kurzfristige und vorläufige Maßnahme.

Verbringungsgewahrsam

Vom sog. Unterbindungsgewahrsam ist der sog. Verbringungsgewahrsam zu unterscheiden: Verbringungsgewahrsam meint die polizeiliche

"Verschleppung" und Aussetzung von Personen im Polizeifahrzeug weit abseits des Aufenthaltsortes bzw. Geschehens, an dem sie anwesend bzw. teilnehmen (wollen) – etwa zur Durchsetzung eines Platzverweises oder Aufenthaltsverbotes. Verbringungsgewahrsam wurde und wird zunehmend vollzogen gegen Demonstrationsteilnehmer, lärmende Alkoholiker, Nichtseßhafte und Bettler, die das Stadtbild "stören", aber auch gegen Fußballfans. Die Rechtmäßigkeit ist umstritten, da es keine Rechtsgrundlage gibt: Lisken/Denninger, Handbuch des Polizeirechts (S. 283 f),[19] verneinen die Rechtmäßigkeit mit guten Gründen. Würden die Kriterien des Gewahrsams angelegt, dann wäre die Maßnahme bereits bei Freilassung des Betroffenen an entlegenem Ort unverhältnismäßig, und bedürfte ohnehin der richterlichen Entscheidung. Die oft gefährliche "Verbringung" von nicht selten hilflosen Personen kann einen entwürdigenden und diskriminierenden Strafcharakter annehmen.[20]

Richterliche Entscheidung
Als Umsetzung des Art. 104 Abs. 2 GG ist in allen Polizeigesetzen des Bundes und der Länder vorgeschrieben, daß die Polizei im Falle einer Gewahrsamnahme *"unverzüglich* eine richterliche Entscheidung über Zulässigkeit und Fortdauer der Freiheitsentziehung herbeizuführen" hat (z.B. § 19 Abs. 1 S. 1 NGefAG). Die Herbeiführung ist eine Amtspflicht.
Grundsätzlich ist die richterliche Entscheidung
▶ bereits vor der Freiheitsentziehung herbeizuführen.
▶ Gelingt dies, wie üblich, nicht, so ist sie von Amts wegen (hier durch die Polizei) unverzüglich nachträglich herbeizuführen.
Unverzüglich heißt: "ohne jede Verzögerung, die nicht aus sachlichen Gründen geboten ist" (Nds. Ausführungsbestimmungen zu § 19). Als sachlich gebotene Verzögerung gilt nach den Ausführungsbestimmungen etwa ein Nichterreichen des zuständigen Gerichts (Amtsgericht).
▶ In jedem Fall hat die Polizei unverzüglich einen Antrag auf richterliche Entscheidung zu stellen.
▶ Ein Verstoß gegen das Gebot der unverzüglichen Herbeiführung einer richterlichen Entscheidung hat die Rechtwidrigkeit der Ingewahrsamnahme zur Folge. Die Ingewahrsamnahme ist in diesem Fall aufzuheben und der Betroffene freizulassen (so u.a. Lisken/Denninger, a.a.0., S. 295).
▶ Der zuständige Richter hat eine Einzelfallprüfung bezüglich jedes einzelnen Betroffenen vorzunehmen. Dabei hat er nicht allein die Polizeiwünsche zu berücksichtigen, sondern auch entlastende Mo-

mente und insbesondere den Verhältnismäßigkeitsgrundsatz zu beachten.

Dauer der Freiheitsentziehung (z.B. § 21 NGefAG)
Die festgehaltene Person ist zu entlassen,
▶ wenn der Grund für die Maßnahme weggefallen ist,
▶ wenn die Fortdauer der Maßnahme durch richterliche Entscheidung für unzulässig erklärt wird,
▶ und in jedem dieser Fälle spätestens bis zum Ende des Tages nach dem Ergreifen – das bedeutet im längsten Fall 48 Stunden (falls jemand um 0 Uhr 01 des einen Tages festgenommen und um 24 Uhr des folgenden Tages entlassen wird); diese Höchstfrist reduziert sich entsprechend, wenn der/die Betroffene im Laufe eines Tages festgenommen wird. Ein Überschreiten dieser Frist wäre in jedem Fall unzulässig.

Im Falle einer richterlichen Entscheidung gibt es in den Bundesländern und auf Bundesebene unterschiedliche Höchstfristen für den Unterbindungsgewahrsam:
▶ Die meisten Bundesländer lassen eine Höchstdauer von nur 24 Stunden (Rheinland-Pfalz, Saarland)
▶ oder 48 Stunden zu, wie es auch in Art. 104 Abs. 2 GG als Standard vorgesehen ist.
▶ Im Bundesgrenzschutz-Gesetz sind 4 Tage vorgesehen, ebenso in Niedersachsen und Sachsen-Anhalt.
▶ Thüringen hat eine Höchstfrist von 10 Tagen und
▶ nur Bayern, Baden-Württemberg und Sachsen haben eine von 14 Tagen.[21]

Das rechtswidrige Festhalten kann nach § 239 StGB (Freiheitsberaubung – im Amt) strafbar sein (v. Münch, Grundgesetzkommentar zu Art. 104 Rdnr. 22). Außerdem können die Betroffenen in einem solchen Fall Schadensersatzansprüche geltend machen.

Nachträgliche Rechtmäßigkeitsprüfung: Eine gerichtliche Untersuchung der Rechtmäßigkeit ist auch nach Beendigung einer richterlich entschiedenen Ingewahrsamnahme noch möglich (vgl. BVerfG-Beschluß v. 30.4.97; NJW 1997, S. 2163).

Abschiebehaft und Abschiebung
Abgeschobene oder ausgewiesene Asylbewerber werden im INPOL-System der Polizei zur Festnahme durch und für das zuständige Ausländeramt ausgeschrieben (Festnahmegrund: „Verdacht des unerlaubten Aufenthalts/unerlaubter Einreise"). Falls der Ausländer zwischenzeitlich einen Asylantrag gestellt hat, so geht dies der Aus-

schreibung vor und legalisiert seinen vorübergehenden Aufenthalt (Aufenthaltsgestattung) bis zu einem bestandskräftigen Abschluß der Bearbeitung (das gilt nicht für einen zweiten oder dritten Asylantrag). Deshalb ist es wichtig, die entsprechenden Papiere, aus denen der (erste) Asylantrag hervorgeht, mit sich zu führen. Sonst wird der Betroffene festgenommen, ggfls. ed-behandelt.[22]

Die „Sicherungshaft zum Zwecke der Abschiebung" kann bis zu 18 Monate dauern,
▶ weil die Herkunft der Betroffenen nicht geklärt werden kann,
▶ weil sich die Abschiebung aus technischen oder rechtlichen Gründen verschiebt oder aber
▶ weil die Herkunftsstaaten nicht gewillt sind, die Häftlinge zu übernehmen.

Abschiebehäftlinge, die finanziell dazu in der Lage sind, müssen sogar für die Kosten ihrer Haft und ihrer Abschiebung häufig selbst aufkommen. Mitunter werden zu diesem Zweck Wertsachen der Betroffenen beschlagnahmt und sichergestellt. Für einen Hafttag wurden etwa im Regierungsbezirk Hannover 116 DM berechnet (1994; Bayern berechnet 96 DM pro Hafttag). Als Rechtsgrundlage für dieses Preisniveau eines Mittelklasse-Hotels dient das Ausländergesetz, wonach abgelehnte Asylbewerber die Kosten ihrer Abschiebung grundsätzlich selbst tragen müssen, falls die zuständigen Landesbehörden dies verlangen.[23]

Zu den Kosten werden gezählt: die Aufwendungen für die Haft, die Kosten der innerdeutschen Beförderung, die Kosten der Auslandsflugreise und die Kosten für die Flugbegleitung des Abschiebehäftlings durch BGS-Beamte.

Immer häufiger wird die Abschiebehaft außer in Justizvollzugsanstalten auch im Polizeigewahrsam vollzogen. Die Haftbedingungen für die prinzipiell unschuldigen Betroffenen sind nicht selten schlechter als im (normalen) Strafvollzug, teilweise sind sie katastrophal. Die Betroffenen werden wie Kriminelle behandelt, zumeist aber erheblich schlechter. Sie haben
▶ keinen Anspruch auf psychosoziale Betreuung,
▶ kein Recht auf einen Verteidiger, und
▶ noch nicht einmal der Mindeststandard ihrer Unterbringung ist gesetzlich geregelt.
▶ Die Gefängniszellen sind oft überfüllt.

Die psychischen Belastungen in der Extrem-Situation der Abschiebehaft und die Angst vor der drohenden Abschiebung sind groß und führen nicht selten zu Verzweiflungstaten – zu Gefängnisrevolten, Hungerstreik, Suizidversuchen und Selbsttötungen. Über 30 Menschen haben sich seit 1993 bis 1997 in Abschiebehaft oder aus Angst

vor der Abschiebung das Leben genommen oder sind während der Abschiebung umgekommen.
Bundesweit sind ständig etwa 3.000 bis 5.000 Menschen in Abschiebehaft.[24] Die Zahl der sog. Schüblinge (Amtsdeutsch für Abzuschiebende) geht mittlerweile pro Jahr in die Tausende (Größenordnung von ca. 35.000).[25]

Exkurs: Kirchenasyl

Immer mehr AusländerInnen suchen in Kirchen Schutz: 1997 waren es fast 350. Um abgelehnte Asylbewerber vor einer drohenden Abschiebung und vor Abschiebehaft zu schützen, gewähren manche Kirchengemeinden oder Klöster in der Bundesrepublik den Betroffenen und ihren Familien sog. Kirchenasyl – häufig mehrere Monate lang. Dies ist und gilt als ein Akt der Solidarität und des Zivilen Ungehorsams.

Kirchenasyl ist zwar „unrechtmäßig", denn nur der Staat kann Asyl gewähren; Kirchenasyl stellt auch juristisch einen Verstoß gegen das Ausländergesetz dar, und wird immer häufiger mit Polizeigewalt beendet: Die betroffenen Ausländer, die auszureisen haben, dieser Aufforderung aber nicht nachkommen, machen sich strafbar. Die kirchenasylgewährenden Stellen und Mitarbeiter leisten zu dieser strafbaren Tat zwar Beihilfe, was grundsätzlich ebenfalls strafbar ist. Doch da die Strafandrohung wegen Verstoßes gegen das Ausländergesetz verhältnismäßig gering ausfällt, ist die Strafandrohung wegen Beihilfe noch niedriger. Eine Freiheitsstrafe kommt also nicht in Betracht, allenfalls eine (geringere) Geldstrafe.

In letzter Zeit häufen sich Ermittlungsverfahren gegen Pastoren und andere Kirchenverantwortliche. Bislang sind eingeleitete Ermittlungsverfahren allerdings wegen geringer Schuld häufig eingestellt worden. Ausnahmen: Gegen einen niedersächsischen Pastor wurde auf Betreiben der Staatsanwaltschaft Braunschweig ein Strafbefehl in Höhe von 3.000 DM erlassen. Der Vorsitzende des Kirchenvorstandes sollte sogar 4.500 DM bezahlen.[26]

Noch schärfer kann die strafrechtliche Beurteilung im Wiederholungsfalle ausfallen oder dann, wenn eigens für das Kirchenasyl Räume angemietet werden. Die Polizei in den Ländern geht mit dem Kirchenasyl recht unterschiedlich um. Polizeibeamte machen sich jedoch prinzipiell – auch im Falle eines vorliegenden Haftbefehls – nicht strafbar, wenn sie sich *keinen* (gewaltsamen) Zugang zu den kirchlichen Räumen verschaffen, nur um eine Ausreiseverfügung zu vollstrecken.

Für die Zugriffsentscheidung scheint dabei entscheidend zu sein, ob die Betroffenen in kirchlichen Räumen im engeren Sinne (Andachtsräume, sakrale Räume) oder in kirchlichen Räumen im weiteren Sinne unterbracht sind (z.B. Gemeindesaal). Im übrigen werden polizeiliche Vollzugsmaßnahmen aber in der Regel spätestens dann nachgeholt, wenn ein auszuweisender Ausländer die kirchlichen Räume verläßt. Deshalb wird von kirchlicher Seite an neue Aktionsformen, wie etwa das „Wanderkirchenasyl", gedacht.

Literatur-Auswahl
Burghardt, Deutsche Asylpraxis versus internationale Normen. Der Einstieg in den Ausstieg aus dem Völkerrecht, in: Müller-Heidelberg u.a. (Hg.), Grundrechte-Report 1998, Reinbek 1998, S. 169
Dufner, Immer öfter kommt die Polizei, in: Frankfurter Rundschau v. 2.3.98.
Ev. und kath. Kirche, „Ihr wißt doch, wie es einem Fremden zumute ist" – gemeinsames Wort zu Migration und Flucht, in: Frankfurter Rundschau vo. 26.7.1997, S. 9.
Singe, Ziviler Ungehorsam für Asylrecht! Hrg. vom Komitee für Grundrechte und Demokratie, Sensbachtal 1996

Untersuchungshaft (U-Haft)

„Jeder wegen des Verdachts einer strafbaren Handlung vorläufig Festgenommene ist spätestens am Tage nach der Festnahme dem Richter vorzuführen, der ihm die Gründe der Festnahme mitzuteilen, ihn zu vernehmen und ihm Gelegenheit zu Einwendungen zu geben hat. Der Richter hat unverzüglich entweder einen mit Gründen versehenen schriftlichen Haftbefehl zu erlassen oder die Freilassung anzuordnen... Von jeder richterlichen Entscheidung über die Anordnung oder Fortdauer einer Freiheitsentziehung ist unverzüglich ein Angehöriger des Festgehaltenen oder eine Person seines Vertrauens zu benachrichtigen" (Art. 104 Abs. 3 und 4 GG).

Stellt der Haftrichter nach der Festnahme eines Tatverdächtigen einen Haftbefehl aus oder existiert bereits ein solcher, so kommt der Betroffene in U-Haft. Sie darf nur mittels Haftbefehl angeordnet werden, wenn

▶ „dringender Tatverdacht" besteht sowie
▶ ein Haftgrund vorliegt: Der Beschuldigte ist flüchtig, es besteht Fluchtgefahr oder Verdunkelungsgefahr; oder
▶ wenn eine Beschuldigung wegen schwerer Straftaten vorliegt (Mord, Totschlag, § 129a – Mitgliedschaft in „Terroristischer Vereinigung"), dann bedarf es keines der o.g. Haftgründe, genauso wenig wie bei
▶ Wiederholungsgefahr bezüglich bestimmter schwerer Delikte.

Die U-Haft wird voll auf eine spätere Freiheitsstrafe in derselben Sache angerechnet. Ergeht Freispruch: Strafentschädigung beantragen.

Exkurs:
Sonderhaftbedingungen für „Terrorismusverdächtige"

Im Zuge der sog. Antiterrorgesetzgebung der Jahre 1976/77 kreierte der Gesetzgeber für „Terrorismus-Verdächtige" in einer zusätzlichen Sondervorschrift (§§ 112 Abs. 3, 112a StPO) die Möglichkeit, unter erleichterten Voraussetzungen – nämlich ohne Feststellung eines Haftgrundes – U-Haft anzuordnen, wenn der/die Beschuldigte einer Straftat nach § 129a StGB (Mitgliedschaft in oder Unterstützung einer bzw. Werbung für eine „terroristische Vereinigung") dringend verdächtig ist. Darüber hinaus wurden/werden solche Tatverdächtige in aller Regel isolierenden Sonderhaftbedingungen ausgeliefert und weitgehenden Einschränkungen ihrer Verteidigungsrechte unterworfen, die z.T. verheerende Folgen für die Betroffenen hatten/haben.[27]

Zu den *Sonderbedingungen* gehören u. a.:

▶ Trennscheibe für Besprechungen zwischen Verteidigern und Untersuchungsgefangenen (§ 148 Abs. 2 StPO).
▶ Überwachung des Schriftverkehrs zwischen Inhaftierten und Verteidigern (§§ 148 Abs. 2,148a StPO).
▶ Tote Trakte, Hochsicherheitstrakte, Isolationshaftbedingungen nach Sonderhaftstatuten des Generalbundesanwalts bzw. der Ermittlungsrichter des BGH.
▶ Vollständige Isolierung (Kontaktsperre) ausgewählter Gefangener von der Außenwelt und innerhalb der Anstalt auf Anordnung einer Landes- oder der Bundesregierung (nach §§ 31 bis 38 EGGVG-Kontaktsperregesetz) unter bestimmten Voraussetzungen.

Nach den Sonderhaftstatuten des Generalbundesanwalts bzw. der Ermittlungsrichter des BGH werden die Betroffenen in strenger Einzelhaft und -isolation gehalten. Teilnahme an Veranstaltungen der Justizvollzugsanstalt und am Gottesdienst sind ausgeschlossen; Kontakte zu anderen Gefangenen sind streng untersagt; es erfolgt täglich Durchsuchung der Zellen und der darin befindlichen Sachen sowie unauffällige Beobachtung der Beschuldigten bei Tag und bei Nacht; Besuch ist nur unter Aufsicht (meist behindert durch Trennscheiben) und nach vorheriger und nachheriger Durchsuchung z.T. bei völliger Entkleidung und Umkleidung erlaubt; des weiteren wird Post grundsätzlich überprüft und zensiert.

Diese und noch weitergehende Sonderbedingungen führ(t)en einzeln und besonders in ihrem Zusammenwirken zu einer weitgehenden Beschränkung, streckenweise Zerschlagung der Verteidigung sowie zu einer Entrechtung und schwerwiegenden physischen und psychischen Beeinträchtigung der betroffenen Beschuldigten. Sie verstoßen gegen Normen des internationalen Menschenrechtsschutzes.

Verhaltensregeln/Rechte bei Haftbefehlen:

▶ Wird der Haftbefehl präsentiert, sogleich den *Grund der Verhaftung* erfragen;

▶ *(Form- und fristlose) Beschwerde* beim zuständigen Amtsgericht einlegen bzw. zu Protokoll geben. Sie hat Erfolg, wenn eine der Voraussetzungen (s.o.) nicht (mehr) vorliegt.

▶ Von der Verhaftung und jeder weiteren Entscheidung über die Fortdauer ist ein Angehöriger oder eine Person des Vertrauens unverzüglich zu benachrichtigen. Außerdem ist dem Verhafteten selbst Gelegenheit zu geben, einen Angehörigen oder eine Person des Vertrauens zu benachrichtigen, „sofern der Zweck der Untersuchung dadurch nicht gefährdet wird" (§ 114 b StPO).

▶ Unverzüglich, spätestens am Tag nach der Verhaftung muß der Betroffene dem zuständigen oder dem nächsten *Amtsrichter* vorgeführt werden. Dieser hat ihm eine Abschrift des Haftbefehls auszuhändigen und ihn unverzüglich, spätestens am Tag danach zu vernehmen.

▶ Statt Haftbeschwerde kann auch gleich der Antrag gestellt werden, den Haftbefehl *aufzuheben oder außer Vollzug zu setzen,* bzw. Antrag auf mündliche Haftprüfung (im Protokoll vermerken lassen). Die mündliche Haftprüfung muß binnen 2 Wochen erfolgen.

▶ Bei längerer U-Haft gibt es weitere besondere Haftprüfungen. Auf Hinzuziehung eines *Anwalts* bestehen, mit dem das weitere Aussageverhalten abzuklären ist. Falls bisher kein Anwalt beauftragt/erreicht werden konnte, so schnell wie möglich folgendes Protokoll anfertigen lassen:

1. Ich beauftrage hiermit Rechtsanwalt X, Ort, Straße, mit meiner Verteidigung
2. Ich beantrage, diesem Anwalt
   a) einen Sprechschein
   b) eine Abschrift des Haftbefehls
   c) eine Abschrift des Vorführungsprotokolls zuzusenden
3. Ich beantrage, die Personen A, B, C von meiner Verhaftung zu benachrichtigen.
Unterschrift

▶ Für die Vernehmung durch den Richter gilt dasselbe wie bei der Polizei: nach Belehrung vom Aussageverweigerungsrecht

bezüglich des Tatvorwurfs Gebrauch machen, nur Angaben zur Person (Personalien). Der Beschuldigte kann allerdings die Verdachts- und Haftgründe entkräften.
► Ist der Haftbefehl auf „*Fluchtgefahr*" gestützt, so kann dies entkräftet werden mit dem Hinweis auf festen Wohnsitz und soziale Bindungen (Verwandtschaft, Partner, Kinder, Arbeitsplatz etc.); für die Beschaffung der notwendigen Nachweise sind unbedingt Angehörige oder Anwalt einzuschalten.
► Ist der Haftbefehl auf „*Verdunkelungsgefahr*" gestützt, also besteht der Verdacht, daß der Beschuldigte Zeugen beeinflussen oder Beweismittel unterdrücken könnte: Dieser Haftgrund kommt nur bei Straftaten in Betracht, die mit mehr als 6 Monaten Freiheitsstrafe oder mit einer höheren Geldstrafe als 180 Tagessätzen bedroht sind (§ 113 StPO).

Mildere Maßnahmen
Der Haftrichter muß den „Grundsatz der Verhältnismäßigkeit" beachten, d. h. die Haft muß zur Bedeutung der Sache und zu der zu erwartenden Strafe in angemessenem Verhältnis stehen.[28] Hierauf sollte sich der Betroffene berufen. D.h. möglicherweise reicht es im Fall der Fluchtgefahr aus, daß der Verdächtige jederzeit erreicht werden kann: Dann ist an eine
– Kaution (vom Richter festzusetzende Sicherheitsleistung),
– an Paßablieferung oder/und
– an Meldeauflagen zu denken.
Dies wäre weniger einschneidend als die U-Haft.

Im Falle des Haftgrunds „Verdunklungsgefahr" wäre die richterliche Anweisung, mit Mitbeschuldigten, Zeugen oder Sachverständigen keine Verbindung aufzunehmen, ebenfalls eine Möglichkeit, den Haftbefehl außer Vollzug zu setzen.
Wird auf Antrag oder von Amts wegen ein Haftbefehl gegen Sicherheitsleistung außer Vollzug gesetzt, verfällt die Sicherheit (meist Geld, Wertpapiere, Bürgschaften) der Staatskasse, wenn sich der Beschuldigte dem Verfahren entzieht, ansonsten wird sie freigegeben nach Aufhebung des Haftbefehls, nach Freispruch oder aber spätestens nachdem der Verurteilte in Strafhaft überführt worden ist.
Handelt der Betroffene den Anweisungen und Anordnungen des Richters zuwider oder begeht er neue Straftaten, kann der Vollzug des Haftbefehls wieder angeordnet werden.

U-Haftvollzug

▶ Der Verhaftete darf grundsätzlich nicht mit Strafgefangenen zusammen und – „soweit möglich" – auch nicht mit anderen Untersuchungsgefangenen in demselben Raum untergebracht werden (§ 119 StPO). Auf schriftlichen Antrag des Betroffenen darf er mit anderen Untersuchungsgefangenen untergebracht werden.

▶ Der Verhaftete darf sich Bequemlichkeiten und Beschäftigungen auf seine Kosten verschaffen, soweit sie mit dem Zweck der U-Haft vereinbar sind und nicht die Ordnung in der Justizvollzugsanstalt stören.

▶ Der Verhaftete darf unter bestimmten engen Voraussetzungen auf Anordnung des Richters (in dringenden Fällen der StA oder der Anstalt) gefesselt werden (Gefahr der Gewaltanwendung, Fluchtgefahr, Selbstmordgefahr, § 119 Abs. 5 StPO).

▶ Sämtliche Post, außer Verteidigerpost, wird vom Richter gelesen.

▶ Besuche, außer vom Anwalt, müssen durch den Richter genehmigt werden.

U-Haftdauer

▶ Nach 3 Monaten wird – auf Antrag – ein Pflichtverteidiger beigeordnet (über das Antragsrecht ist der Betroffene zu belehren); ferner findet dann automatisch eine Haftprüfung statt.

Der Haftbefehl ist aufzuheben, sobald die Voraussetzungen nicht mehr gegeben sind (Wegfall der Haftgründe, Verfahrenseinstellung, Freispruch) bzw. die U-Haft im Vergleich zur vorgeworfenen Tat unverhältnismäßig wird.

▶ Ist nach 6 Monaten noch kein Urteil ergangen, das auf Freiheitsstrafe erkennt, darf der Vollzug der U-Haft nur aufrechterhalten werden, wenn die „besondere Schwierigkeit oder der besondere Umfang der Ermittlungen oder ein anderer wichtiger Grund das Urteil noch nicht zulassen und die Fortdauer der Haft rechtfertigen" (§ 121 StPO).

▶ Auf alle Fälle hat nach 6 Monaten eine besondere Haftprüfung durch das Oberlandesgericht (OLG) zu erfolgen: Von der zuständigen Staatsanwaltschaft ist eine Entscheidung des OLG über die Fortdauer der U-Haft herbeizuführen. Vor der Entscheidung sind Beschuldigter und Verteidiger zu hören. Nach spätestens 3 Monaten muß die Überprüfung wiederholt werden.

▶ Bei langer U-Haftdauer wesentlich über 6 Monate hinaus ist ggfls. an eine Verfassungsbeschwerde oder (Europ.) Menschenrechtsbeschwerde zu denken *(s. Kapitel „Rechtsschutz")*.

Hauptverhandlungshaft für Bagatell-Taten wegen „vermuteten Ungehorsams"[29] *(§ 127b StPO)*

Diese Neuregelung aus dem Jahre 1997 sieht vor, daß auf frischer Tat ertappte (mutmaßliche) Straftäter für eine Woche in Untersuchungshaft genommen werden können, wenn in dieser Zeit die Hauptverhandlung durchgeführt werden kann.[30] Ein traditioneller Haftgrund, wie Flucht- oder Verdunkelungsgefahr, muß nicht gegeben sein, sondern nur
▶ ein dringender Tatverdacht,
▶ die auf „bestimmte Tatsachen gegründete" bloße Befürchtung, der Festgenommenen werde der Hauptverhandlung fernbleiben;
▶ die Sache muß einfach gelagert sein.
Über den Erlaß des höchstens auf eine Woche befristeten Haftbefehls entscheidet der für die Durchführung des beschleunigten Verfahrens zuständige Richter.
Insbesondere „Kleinkriminelle" – Ladendiebe, Schwarzfahrer, sog. reisende Demo-Täter, Verdächtige ohne festen Wohnsitz – sollen mit dieser Möglichkeit zur Sicherung der Hauptverhandlung im beschleunigten Verfahren in Windeseile verurteilt werden können. Dies habe, so die Gesetzesbegründung, „erhebliche erzieherische und abschreckende Wirkung" – vor allem auch auf „gewalttätige Demonstranten" oder auf Fußballrowdies.
Die Hauptverhandlungshaft ist verfassungsrechtlich höchst problematisch:[31]
▶ Denn die Unschuldsvermutung schließt es nach einer Entscheidung des Bundesverfassungsgerichts aus, selbst bei noch so dringendem Tatverdacht im Vorgriff auf die Strafe Maßregeln zu verhängen, die ihrer Wirkung nach einer Freiheitsstrafe gleichkommen.
▶ Die Hauptverhandlungshaft verstößt gegen den verfassungsrechtlichen Verhältnismäßigkeitsgrundsatz, denn sie trifft vorwiegend diejenigen, gegen die ansonsten – mangels Haftgrund – keine U-Haft verhängt werden könnte, und die als „Bagatell-Täter" zu keiner Freiheitsstrafe (ohne Bewährung) verurteilt werden.
▶ Selbst bei schweren Tatvorwürfen müssen zum dringenden Tatverdacht noch spezielle Haftgründe kommen, um eine U-Haft zu rechtfertigen. Das heißt: Der wegen eines Bagatelldelikts beschuldigte Täter, dessen mutmaßliche Tat sogar nur einen Strafbefehl rechtfertigen würde, kann leichter inhaftiert werden, als der einer schweren Tat Verdächtiger. Dies verstößt gegen das Gleichheitsprinzip des Art. 3 GG sowie gegen den Grundsatz, daß die Freiheitsentziehung im Verhältnis zur „Bedeutung der Sache und der zu erwartenden Strafe" steht.[32]
Im übrigen wird in der Bundesrepublik schon ohne diese Möglichkeit

viel zuviel U-Haft verhängt; die Gefängnisse sind ohnehin längst überfüllt. Eine verfassungsrechtliche Überprüfung der Hauptverhandlungshaft hat noch nicht stattgefunden.

Wichtiger Hinweis:

> Eine Hauptverhandlungshaft kann nicht verhängt werden, wenn der Betroffene nicht geständig ist. Denn bei einem fehlenden Geständnis und wenn der Betroffene die Straftat bestreitet, kann nicht ohne Beweisaufnahme verurteilt werden; die Sache ist dann nicht mehr einfach gelagert.

Literatur-Auswahl
Asbrock, in: Strafverteidiger 1997, S. 43 ff.
Hartenbach, in: ZRP 1997, S. 227 f.
Hecker, Abschreckung durch Hauptverhandlungshaft? – Der neue Haftgrund des „vermuteten Ungehorsams", in: NStZ 12/1997, S. 569 ff.
Lübkemann, Die vorläufige Festnahme zur Sicherung der Hauptverhandlungshaft gemäß § 127b StPO, in: Polizei-heute 1/98, S. 19 f.
Soost, Erste Erfahrungen mit der Hauptverhandlungshaft, in: Müller-Heidelberg u.a. (Hg.), Grundrechte-Report 1998, Reinbek 1998, S. 262 ff.

Beschleunigtes Verfahren
Diese neue Haftmöglichkeit baut auf einer bereits mit dem sog. Verbrechensbekämpfungsgesetz von 1994 (BGBl. I 1994, S. 3186 ff.) legalisierten Beschleunigung des Strafverfahrens auf (§ 417 ff StPO): Mit den Beschuldigten kann auf Antrag der Staatsanwaltschaft kurzer Prozeß gemacht werden *(„sofortige Verhandlung")* bei
▶ „einfachen Sachverhalten" und
▶ „klarer Beweislage" und
▶ sofern dem Angeklagten im Höchstfall ein Jahr Freiheitsentzug oder eine Maßregel der Besserung oder Sicherung droht (auch die Entziehung der Fahrerlaubnis).
In einem solchen Fall gelten folgende Sonderregelungen:
▶ eine Anklageschrift muß nicht eingereicht werden (mündliche Klageerhebung reicht);
▶ die Frist zur Ladung des Angeklagten beträgt nur 24 Stunden (§ 418 Abs. 2 StPO), statt mindestens eine Woche im normalen Verfahren (§ 217 StPO);
▶ die gerichtliche Bestellung eines Verteidigers ist erst von einem Strafrahmen von sechs Monaten an vorgesehen, sofern der Angeklagte noch keinen Verteidiger hat;
▶ vereinfachte Beweisaufnahme (§ 420): Das Beweisantragsrecht kann mit Zustimmung der Angeklagten, Verteidiger und der Staats-

anwaltschaft eingeschränkt, Zeugen und Sachverständige brauchen vor Gericht dann nicht mehr gehört zu werden (nur noch Verlesung von Vernehmungsprotokollen).
Damit wurden wesentliche Grundsätze des Strafprozeßrechts ausgehebelt und die Beschuldigtenrechte eingeschränkt.

> **Rechtstips zum beschleunigten Verfahren**
>
> ▶ Gegen Jugendliche ist das beschleunigte Verfahren nicht zulässig (§ 79 II JGG); für sie gilt ggfls. das „vereinfachte Jugendverfahren" nach §§ 76 ff JGG.
> ▶ Da in der Praxis die meisten beschleunigten Verfahren – zu Lasten der Angeklagten – ohne Verteidiger stattfinden, sollten Betroffene auf alle Fälle darauf bestehen, einen Anwalt beizuziehen.
> ▶ Berufung und Revision sind auch im beschleunigten Verfahren zulässig.
> ▶ Im Fall einer Verurteilung nicht ohne weiteres sofort auf Rechtsmittel verzichten, damit das Urteil nicht gleich rechtskräftig wird – sonst können Fehler, die im beschleunigten Verfahren leicht passieren, nicht mehr in einer Berufungsverhandlung korrigiert werden.
> ▶ Also: vor einem Rechtsmittelverzicht einen Anwalt konsultieren.

1.5 Erkennungsdienstliche (ED-)Behandlung und Genetischer Fingerabdruck

Folgende ED-Maßnahmen und -Untersuchungen können unter bestimmten Voraussetzungen auf Anordnung der Polizei oder der Staatsanwaltschaft vorgenommen werden (§§ 81b ff. StPO; Polizeigesetze):
▶ Aufnahme von Lichtbildern von allen Seiten (Fotografien),
▶ von Fingerabdrücken (Daktyloskopie),
▶ evtl. Handflächen- und Fußsohlenabdrücke,
▶ Körpermessungen (Körpergröße, -gewicht etc.),
▶ körperliche Untersuchungen, Blutproben, Molekulargenetische Untersuchungen,
▶ ggfls. Tonband-Aufnahmen (Sonogramm-Stimmabdruck),

- ▶ Film-Aufnahmen,
- ▶ Handschriftenvergleich.
- ▶ Zur Vorbereitung von Identifizierungsmaßnahmen kann die Veränderung des äußeren Erscheinungsbildes des Beschuldigten angeordnet und zwangsweise durchgeführt werden: z.B. Entfernen oder Aufsetzen einer Perücke, Entfernen von Schminke, Veränderung der Haar- oder Barttracht.

Prinzipiell dürfen nur
- ▶ *Beschuldigte* erkennungsdienstlich behandelt werden (zur Bestimmung der Identität des Beschuldigten zur Durchführung des gegen ihn in Gang befindlichen Verfahrens). Die Polizeipraxis hat den Beschuldigtenbegriff generell auch auf Verdächtigte ausgedehnt;
- ▶ *Verdächtigte* dürfen jedoch eigentlich nur erkennungsdienstlich behandelt werden, wenn ihre Identität sonst nicht oder nur unter erheblichen Schwierigkeiten festgestellt werden kann (gilt auch für auf frischer Tat Betroffene).
- ▶ Gegen *Nicht-Tatverdächtige* sind erkennungsdienstliche Maßnahmen nur im Rahmen der Identitätsfeststellung zulässig, wenn und soweit dies zur Aufklärung (irgend)einer Straftat geboten ist. Die Unterlagen sind in diesem Fall sofort nach Feststellung der Identität zu vernichten.

Grundsätzlich sollten Betroffene **gegen die ED-Behandlung sofort Widerspruch** einlegen!

Prinzipiell ist auch hier der Grundsatz der Verhältnismäßigkeit durch Polizei und Staatsanwalt zu beachten. *Blutproben* und andere körperliche Eingriffe/Untersuchungen dürfen zwangsweise nur von einem approbierten Arzt vorgenommen werden.

Für erkennungsdienstliche Maßnahmen (Fingerabdrücke und Lichtbildaufnahmen), die auf § 81b 2. Alt. StPO (zur Strafverfolgung) oder auf die Polizeigesetze (als vorbeugende Maßnahme zur „Abwehr einer konkreten Gefahr") gestützt werden, gibt es erweiterte Möglichkeiten („zum Zweck des Erkennungsdienstes") gegen Beschuldigte und Verdächtigte auch gegen deren Willen.

Genom-Analyse bzw. „Genetischer Fingerabdruck",
Massenscreening („Genetische Rasterfahndung")
und GEN-Analyse-Dateien

„Der wohl bedeutendste Fortschritt in der Verbrechensbekämpfung seit Einführung der Daktyloskopie wurde mit der DNA-Analyse, dem sogenannten ‚Genetischen Fingerabdruck' erzielt", so sieht es das Polizeipräsidium Wiesbaden in einer Verschlußsache vom 23. Januar 1997. Weiter heißt es in dem Geheimpapier: „Der Personenbeweis,

Rechts- und Verhaltenstips:

Körperliche Untersuchung des Beschuldigten (§ 81a StPO):

▶ Eine körperliche Untersuchung des Beschuldigten (physischer oder psychischer Zustand, Arbeitsweise des Gehirns; Röntgen, EKG) sowie körperliche Eingriffe (Blutprobe und Entnahme anderer Körperflüssigkeiten) dürfen zur Feststellung von Tatsachen angeordnet werden, die für das Verfahren von Bedeutung sind.

▶ Entnahme von Blutproben und andere körperliche Eingriffe müssen von einem Arzt nach den Regeln der ärztlichen Kunst vorgenommen werden,

▶ sind ohne Einwilligung des Beschuldigten nur zulässig, wenn kein Nachteil für die Gesundheit zu befürchten ist.

▶ Die Maßnahme muß von einem Richter angeordnet werden, nur bei Gefährdung des Untersuchungserfolgs durch Verzögerung kann auch die Staatsanwaltschaft und ihre Hilfsbeamten (Polizei) anordnen.

▶ Immer richterliche Entscheidung verlangen und gegen diese ggfls. *Beschwerde* einlegen.

▶ Willigt der Betroffene in die Untersuchung ein, so bedarf es keiner Anordnung und können auch Untersuchungen durchgeführt werden, die unzulässig sind (weil gesundheitsgefährdend).

▶ Schwerwiegende Eingriffe dürfen trotz Einwilligung nur auf richterliche Anordnung vorgenommen werden. Hypnose und Narkose sind immer unzulässig.

▶ Der Beschuldigte muß die Untersuchungen dulden.

▶ Der Beschuldigte muß nicht aktiv mitwirken, weil niemand sich freiwillig zum Beweismittel gegen sich selbst machen zu lassen braucht. Zu einer aktiven Beteiligung kann er auch nicht gezwungen werden (auch nicht zu einem Alkoholtest, einem Belastungs-EKG oder einer Gehprobe). D.h. er ist nicht verpflichtet, eine erforderliche Körperhaltung einzunehmen: Er muß z.B. nicht den Mund für eine Zahnuntersuchung zur Altersbestimmung aufmachen, kann die Hand bei Röntgenuntersuchungen zur Faust ballen und muß auch keinen Text für eine Tonaufnahme sprechen, noch eine Schriftprobe liefern.

▶ Der Beschuldigte braucht keine Fragen zu beantworten.

▶ Der Verhältnismäßigkeitsgrundsatz ist zu beachten.

▶ Gegen eine noch nicht vollzogene richterliche Anordnung ist

Beschwerde nach § 304 I zulässig. Gegen sofort vollziehbare Anordnungen der StA und Polizei kann nur die nachträgliche Feststellung der Rechtswidrigkeit erreicht werden, wenn hieran noch ein rechtliches Interesse besteht (§ 23 EGGVG). Dies gilt auch für Vorführungsanordnungen.

ED-Behandlung, § 81b StPO:
▶ Die rechtmäßig angeordneten Maßnahmen müssen erduldet werden (bei Gegenwehr: Strafbarkeit wegen Widerstands gegen Vollstreckungsbeamte). Sie können auch zwangsweise durchgesetzt werden (z.b. festhalten für Fotoaufnahmen, notfalls Fesselung).
▶ Eine aktive Mitwirkung bei den Foto- oder Tonaufnahmen ist jedoch keineswegs erforderlich.
▶ Im Strafverfahren getroffene Anordnungen des Gerichts sind nach § 304 I StPO mit der Beschwerde anfechtbar, wenn die ED-Maßnahme noch bevorsteht.
▶ Bei vorbeugenden ED-Maßnahmen für ED-Zwecke bzw. nach Polizeirecht: Gegen die Aufforderung zur ED-Behandlung ist Anfechtungsklage vor dem Verwaltungsgericht möglich. Auch gegen die Durchführung der Maßnahmen: Feststellungsklage.
▶ *Widerspruch* einlegen und zu Protokoll geben; wenn nicht die sofortige Vollziehung angeordnet wurde, hat der Widerspruch (nach § 68 VwGO) aufschiebende Wirkung (d.h. darf vor einer Überprüfung und Entscheidung nicht vollzogen werden).
▶ Bei Beanstandungen der Art und Weise der Durchführung: ggfls. Dienstaufsichtsbeschwerde oder/und Strafanzeige bzw. Strafantrag.
▶ Zusätzlich: schriftlichen Antrag auf Vernichtung der Unterlagen bei der zuständigen Polizeidienststelle bzw. Staatsanwaltschaft stellen (die Vernichtung muß erfolgen, sobald das Ermittlungsverfahren eingestellt wird oder das Verfahren mit Freispruch endet; ohne Antrag passiert dies jedoch selten; keine Vernichtung, wenn „erheblicher Restverdacht" besteht).
▶ Schriftlichen Bescheid über die erfolgte Löschung der ED-Daten beantragen.
▶ Klage auf Vernichtung der ED-Unterlagen vor dem Verwaltungsgericht (Verpflichtungsklage).

Untersuchungen anderer Personen als Beschuldigter (§ 81c StPO):
Diese dürfen – wenn sie als Zeugen in Betracht kommen – ohne ihre Einwilligung nur untersucht werden, soweit zur Erforschung

> der Wahrheit festgestellt werden muß, ob sich an ihrem Körper eine bestimmte Spur oder Folge einer Straftat befindet.
> ▶ Untersuchungen oder Entnahmen von Blutproben können aus den gleichen Gründen wie das Zeugnis verweigert werden.
> ▶ Untersuchungsmaßnahmen sind dann unzulässig, wenn sie dem Betroffenen bei Würdigung aller Umstände nicht zugemutet werden können.
> ▶ Körperliche Eingriffe sind verboten, nicht aber Untersuchung der Körperöffnungen, deren Inneres ohne ärztliche Hilfe sichtbar gemacht werden kann.
> ▶ Bei polizeilich oder staatsanwaltlich angeordneter Untersuchung: Antrag auf richterliche Entscheidung beim Amtsgericht stellen (§ 81c Abs. V StPO).
> ▶ Körperlicher Zwang darf nur auf besondere Anordung des Richters angewandt werden. Dies gilt auch für Ordnungsgeld und -haft zur Erzwingung.
> ▶ Gegen die richterliche Anordnung ist die sofortige Beschwerde zulässig, sofern die Maßnahmen nicht schon vorgenommen worden ist.

insbesondere ein Geständnis, gestaltet sich im Ermittlungsverfahren zunehmend schwieriger, da der Tatverdächtige mehr und mehr von seinem Aussageverweigerungsrecht Gebrauch macht. Umso größere Bedeutung kommt daher bei der polizeilichen Ermittlungsarbeit dem Sachbeweis zu."
Mehrere aufsehenerregende Sexualstraftaten haben im Jahre 1998 die öffentliche Debatte um den genetischen Fingerabdruck und die Einrichtung einer zentralen Gen-Identifizierungsdatei entfacht. Sicherheitspolitiker fast aller Couleur sowie die Sicherheitspraktiker der Polizei wußten die massenmedial aufgeheizte Stimmungslage zu nutzen und haben sich des Themas mit Inbrunst angenommen. Im gleichen Jahr sind – unter diesem öffentlichen Druck und während der heißen Phase des Bundestagswahlkampfes – weitreichende Entscheidungen gefallen: Zum einen verfügte der Bundesinnenminister die Einrichtung einer zentralen Gen-Datei beim Bundeskriminalamt – ohne spezielle gesetzliche Grundlage; zum anderen handelte die CDU/FDP-Regierungskoalition mit der „oppositionellen" SPD einen „Kompromiß" aus, der damals zu einer gesetzlichen Ausweitung der genetischen Datenerhebung geführt hat.

Genetische Rasterfahndung:
Umkehr der Beweislast per Massenscreening

In der niedersächsischen Region Cloppenburg wurde zu Beginn des Jahres 1998 ein Sexualmörder gesucht, der ein 11jähriges Mädchen mißbraucht und getötet hatte. Eine reale Chance, den Mörder zu fassen, bevor er ein weiteres Kind mißbrauchen konnte, bot die Identifizierung des Täters mit Hilfe des „genetischen Fingerabdrucks".

In Fällen, in denen am Tatort oder am Opfer einer Straftat genetische Spuren des Täters gefunden werden, stellt sich für die Ermittlungsbehörden das Problem, wie der dazugehörige Täter ausfindig gemacht werden kann. Der „genetische Fingerabdruck" des Täters ist als Tatspur vorhanden – wer aber hat ihn hinterlassen?

Die Polizei veranstaltete zur Beantwortung dieser Frage die größte Massen-Gen-Untersuchung in der deutschen Kriminalgeschichte: Über 16.000 Männer zwischen 18 und 30 Jahren waren zur Abgabe einer freiwilligen Speichelprobe aufgefordert worden. Noch nie wurden in einem Ermittlungsverfahren Angehörige einer so großen Bevölkerungsgruppe zu (potentiell) Verdächtigen gemacht und systematisch registriert.

Tatsächlich konnte der Täter identifiziert werden: Er hatte sich angesichts des Fahndungsdrucks der Speichelprobe unterzogen – und nach der Auswertung die Tat gestanden. Er war bereits einschlägig vorbestraft.

Angesichts dieses begrüßenswerten Fahndungserfolges wagt kaum noch jemand, an die schlichte Tatsache zu erinnern, daß diese Massenerfassung ohne gesetzliche Grundlage durchgeführt wurde. Kaum noch jemand wagt es, in diesem Zusammenhang dringliche verfassungsrechtliche Fragen aufzuwerfen. Denn mit solchen Massenabgleichstests (genetische „Rasterfahndung") wird

▶ der Verfassungsgrundsatz der Unschuldsvermutung praktisch in sein Gegenteil verkehrt und

▶ „jedermann" – im vorliegenden Fall: jeder jüngere Mann der Region – zum potentiellen Mörder und zum generellen Sicherheitsrisiko gestempelt.

▶ „Freiwillig" muß er die Verletzung seiner Persönlichkeitsrechte in Kauf nehmen und seine Unschuld durch seine aktive Mithilfe beweisen – ansonsten sieht er sich einem enormen öffentlichen (Fahndungs-)Druck ausgesetzt, denn wer nicht zum Speicheltest kommt, gerät in den engsten Kreis der „qualifiziert" Mord-Verdächtigen und sieht sich gezwungen, seine Unschuld nachzuweisen.

Abgesehen von solchen verfassungsrechtlichen Bedenken ist diese Fahndungsmethode auch keineswegs so überaus „eindeutig" und

„zuverlässig", wie der „gen-gläubigen" Bevölkerung bei Gelegenheit weisgemacht wird: Abgesehen davon, daß dieses so zuverlässige Beweismittel die Polizei dazu verleiten könnte, herkömmliche Fahndungsansätze und kriminalistisches Gespür zu vernachlässigen, können auch gravierende Fehler, Unsicherheiten und gezielte Manipulationen dazu führen, daß Unschuldige zu „Schuldigen" „befördert" werden,
▶ wenn etwa die Herkunft der Vergleichsspur am Tatort, die genanalytisch mit hoher Wahrscheinlichkeit identisch ist mit dem Gen-Material des Betroffenen, nicht geklärt werden kann oder interpretierbar ist;
▶ wenn möglicherweise „Tatspuren" – Haare, Zigarettenkippen mit Speichelanhaftung – an einem Ort des Verbrechens hinterlassen werden, die gezielt eine bestimmte Person in einen qualifizierten Gen-Verdacht bringen sollen, die mit dem Verbrechen nichts zu tun hat;
▶ wenn die Mengen an menschlichen Zellen, die am Tatort gefunden wurden, zu klein sind oder wenn Hitze, Feuchtigkeit, Witterung die Spuren, wenn nicht zersetzt, so möglicherweise verfälscht haben;
▶ oder wenn das Untersuchungslabor unsauber arbeitet (was bereits in solchem Zusammenhang vorgekommen sein soll).
Personen können in Verdacht geraten, die vor Jahren mit einem späteren Tatwerkzeug in Berührung geraten sind, die mit der Tat jedoch absolut nichts zu tun haben. Sie sehen sich einem qualifizierten Vorwurf ausgesetzt, den sie in einem solchen Fall früher erfolgter zufälliger „Kontaminierung" zu entkräften haben – sie finden sich also in der mißlichen und bürgerrechtswidrigen Situation, ihre Unschuld gegenüber den Ermittlungsbehörden nachweisen zu müssen. „Aus gutem Grund will es die Verfassung genau andersherum", schreibt der schleswig-holsteinische Landesdatenschutzbeauftragte Helmut Bäumler zum Thema „Unschuldsvermutung".[33]

Der „genetische Fingerabdruck"
Die Strafprozeßordnung läßt es seit 1997 zu, an aufgefundenem, sichergestelltem oder beschlagnahmtem Spurenmaterial sowie bei körperlichen Untersuchungen gewonnenes Material molekulargenetisch zu untersuchen (§ 81e StPO). Als Ausgangsmaterial sind kleinste Spuren von Körperflüssigkeiten oder Gewebeteilen tauglich, u.a. von
▶ Haaren und Fingernägeln,
▶ Hautschuppen (etwa unter den Fingernägeln),
▶ Speichel (etwa an Zigarettenfilter),
▶ Urin und Sperma,
▶ Blut und sonstigen Körperzellen.

Jeder Mensch besitzt eine einzigartige, unverwechselbare Kombination von genetische Strukturen; deshalb genügt ein Haar oder ein Hautschüppchen, um ihn aufgrund von vergleichenden Analysen zu identifizieren bzw. einer Straftat zu überführen. Dazu wird die Struktur von Zellen, die in Spuren am Tatort oder beim Tatopfer gefunden wurden, molekulargenetisch analysiert und digitalisiert, um anschließend per automatisiertem, computergesteuertem Abgleich mit den Genstrukturen Verdächtiger, die sich bereits in der Gen-Datei befinden, verglichen zu werden. Der genetische „Fingerabdruck" kann im Vergleich mit den Tatspuren sowohl zu einer Überführung Schuldiger als auch zu einer Entlastung Unschuldiger führen.

Der genetische „Fingerabdruck" ist gemäß §§ 81 e, 81 f StPO an gewisse Voraussetzungen gebunden:

1. Molekulargenetische Untersuchungen dürfen nur durch den Richter angeordnet werden. Dagegen ist die Beschwerde an das Landgericht möglich, die immer eingelegt werden sollte; gegen die Entscheidung ggfls. weitere Beschwerde an das Oberlandesgericht.

2. Mit der Durchführung der Untersuchung sind Sachverständige zu beauftragen, die öffentlich bestellt oder verpflichtet oder Amtsträger sind, die aber der ermittlungsführenden Behörde nicht angehören dürfen.

3. Die Untersuchung durch den Sachverständigen hat mit anonymisiertem Untersuchungsmaterial zu erfolgen.

4. Die Erhebung von Gen-Daten durfte *bislang* für erkennungsdienstliche Maßnahmen nur im Zusammenhang mit anhängigen Strafverfahren erfolgen,

– also nicht auf Vorrat ohne einen solchen konkreten Bezug, etwa zum Zweck der „Vorsorge für künftige Strafverfolgung", und
– auch nicht nach Abschluß eines Strafverfahrens zur nachträglichen Gen-Erfassung von bereits Verurteilten.

Die erregte öffentliche Diskussion des Jahres 1998 führte zur Aufhebung dieser Schranken. Bei der Entgrenzung der Gen-Erfassung sind die Sicherheitspolitiker der Regierungskoalition und der SPD weit über das ursprüngliche Ausgangsziel hinausgeschossen, ausschließlich (mutmaßliche) Sexualverbrecher mit solchen Mitteln und Methoden zu erfassen.

Nach dem neuen DNA-Identitätsfeststellungsgesetz zur Änderung der Strafprozeßordnung,[34] das im Juni/Juli 1998 von Bundestag und Bundesrat beschlossen wurde, darf der genetische „Fingerabdruck" erhoben – und dann auch gespeichert – werden:

▶ nicht mehr nur im Rahmen eines laufenden Strafverfahrens, sondern – bei Anhaltspunkten für Wiederholungsgefahr wegen der Art oder Ausführung der Tat, der Persönlichkeit des Beschuldigten oder sonstiger Erkenntnisse – auch zum Zwecke der *Identitätsfeststellung in künftigen Strafverfahren;*[35]

► nicht nur im Falle des Verdachts einer schweren Sexualstraftat darf der genetische „Fingerabdruck" erhoben und gespeichert werden, sondern auch bei anderen Delikten und mutmaßlichen Tätern, denen eine *„Straftat von erheblicher Bedeutung"* angelastet wird; das kann auch schon bei Verdacht auf (gewerbsmäßige) Bandendelikte oder auf Einbruchsdiebstahl vorliegen.

► Die unbestimmte Formel „Straftat von erheblicher Bedeutung" ist nicht deutlich eingrenzbar – auch nicht durch die im Gesetz benannten Beispiele eines ansonsten offenen Katalogs (Verbrechen oder Vergehen gegen die sexuelle Selbstbestimmung, gefährliche Körperverletzung, Diebstahl in besonders schwerem Fall, Erpressung). Dies widerspricht dem verfassungsrechtlichen Gebot der Normenklarheit, „an das im Hinblick auf die Eingriffstiefe in das Persönlichkeitsrecht bei der Durchführung einer molekulargenetischen Untersuchung besonders hohe Anforderungen zu stellen ist", wie der Niedersächsische Landesdatenschutzbeauftragte Dr. Dronsch festgestellt hat.[36]

► Nicht nur Tatverdächtige, sondern auch bereits verurteilte Straftäter und Häftlinge dürfen genetisch erfaßt und in der Gen-Datei mit ihren (teilweise erst noch zu erhebenden) genetischen Fingerabdrücken erfaßt werden (auch rückwirkende Erfassung von „Altfällen"), wenn sie wegen „Straftaten von erheblicher Bedeutung" rechtskräftig verurteilt worden sind und die entsprechende Eintragung im Bundeszentralregister oder Erziehungsregister noch nicht getilgt ist.

DNA-Analysen haben gegenüber herkömmlichen Erkennungsdienstlichen Maßnahmen (normaler Fingerabdruck, Fotos, Körpermessungen etc.) eine völlig neuwertige Aussagekraft und enthalten daher auch ein entsprechendes Gefährdungspotential und eine eigene Rechtsqualität. Der „genetische Fingerabdruck", der über einen Menschen wesentlich mehr „verraten" kann, als etwa der herkömmliche Fingerabdruck, soll nach der gegenwärtigen Rechtslage nur Verwendung finden

► zur Feststellung der Abstammung (Verwandtschaft),
► zur Feststellung der Identität oder
► um aufgefundenes Spurenmaterial zuzuordnen (medizinischer Sachbeweis), was insbesondere bei Sexualstraftaten, aber auch bei Einbruchsdiebstahl und anderen „Kontakt"-Delikten von Bedeutung ist.
► Weitergehenden Zwecken darf eine molekulargenetische Untersuchung nach der jetzigen Rechtslage nicht dienen.

Durch eine Änderung der Untersuchungsmethode und eine Ausweitung der Zweckbestimmung wäre es aber durchaus möglich, in Kombination mit anderen Überwachungsdaten, tatsächliche oder vermeintliche Rückschlüsse zu ziehen auf persönlichkeitsbezogene Merkmale und Dispositionen, wie Erbanlagen, (Erb-)Krankheiten, Charaktereigenschaften (Aggressionspotential, Intelligenz etc.) oder etwa Anlagen zu einer angeblichen „Sozialschädlichkeit" des Betroffenen. Dieses Risiko ist deshalb nicht von der Hand zu weisen, weil gegenwärtig weltweit die Entschlüsselung des gesamten menschlichen Genoms vorangetrieben wird. Die Gefahr, den „Gläsernen Menschen" mit Hilfe von Persönlichkeits- und Risikoprofilen aus DNA-Analysen zu schaffen, schwebt über den Methoden der modernen, medizin- und computergestützten Kriminalistik. Denn diese Methoden sind geeignet, in die intimste Persönlichkeitssphäre des Menschen einzudringen, sie bis auf den Zellkern durchsichtig zu machen, sie zu kategorisieren und ggfls. nach bestimmten Rastern zu „selektieren". Eine Stellungnahme des „Bundes Deutscher Kriminalbeamter" (BDK) belegt, daß solche Befürchtungen keineswegs von der Hand zu weisen sind; die kriminalistischen Begehrlichkeiten der organisierten Kriminalbeamten zielen auf den – bislang versperrten – codierten Teil der DNA:
„Das kriminalistische Interesse auch an diesem Bereich liegt auf der Hand. Bei einem entsprechenden wissenschaftlichen Stand könnten dann allein aus aufgefundenen Körperzellen Rückschlüsse auf die Hautfarbe, die Haar- und Augenfarbe, die Statur usw. gezogen werden. Dies wäre bei Straftaten unbekannter Täter eine wertvolle Fahndungshilfe... Die Diskussion hierüber sollte nicht tabuisiert werden..." (Stellungnahme vom 15.06.1998).

Die Gen-Identifizierungsdatei als Massenspeicher
Mit der Verrechtlichung des genetischen Fingerabdrucks ist zwar die Erhebung genetischer Daten gesetzlich geregelt und inzwischen ausgeweitet worden; nicht gesetzlich geregelt ist aber
▶ das Massenscreening – also die Erfassung ganzer Bevölkerungsgruppen, um mögliche Straftäter herauszufiltern;
▶ die Errichtung und Arbeitsweise der sog. Gen-Datei;
▶ die Speicherung, Verarbeitung, Nutzung und Weitergabe der erhobenen sensiblen Daten(sätze) aus DNA-Analysen in Gen-Dateien.

Mit einer schlichten „Errichtungsanordnung" hat der Bundesinnenminister Anfang 1998 – zunächst vollkommen am Parlament vorbei – den Startschuß für eine bundesweite Gen/DNA-Analyse-Datei beim

Bundeskriminalamt abgegeben und diese Zentraldatei lediglich auf das BKA-Gesetz gestützt.[37] Inzwischen wird in dem neuen DNA-Identitätsfeststellungsgesetz die Speicherung, Verarbeitung und Nutzung der erhobenen Gen-Merkmale beim Bundeskriminalamt für zulässig erklärt, aber nicht mit einer speziellen einschränkenden Rechtsgrundlage, sondern mit Verweis auf das Bundeskriminalamtsgesetz.

Die Gen-Datei wird als fallübergreifende Verbunddatei zur Vorsorge für die künftige Strafverfolgung geführt. Nicht geklärt ist bislang allerdings, was mit den auf „freiwilliger" Basis massenhaft erfaßten Gen-Daten und daraus gefertigten DNA-Analysen (DNA-Profilen) aus den Massenabgleichstests passieren soll. Angeblich sollen die Ausgangsmaterialien nach der DNA-Analyse vernichtet werden – nicht jedoch die Analysen selbst.

Daten aus der Gen-Datei können unter bestimmten Bedingungen auch an „sonstige öffentliche Stellen" – etwa an Sozialämter, Ausländerbehörden, Geheimdienste oder Stellen anderer Staaten – übermittelt werden (nach BKA-Gesetz). Im neuen DNA-Identitätsfeststellungsgesetz wird lediglich „einschränkend" bestimmt, daß „Auskünfte... nur für Zwecke eines Strafverfahrens, der Gefahrenabwehr und der internationalen Rechtshilfe hierfür erteilt werden" dürfen. Folgt man der Begründung des Rechtsausschusses, so umfaßt der Begriff „Strafverfahren" auch Zwecke des Strafvollzugs und der Strafvollstreckung; und der Begriff „Gefahrenabwehr" umfaßt nicht nur die Abwehr konkreter Gefahren, sondern ist im „weiten Sinne zu verstehen" (also „Gefahrenvorsorge" und „Straftatenverhütung").[38]

Wegen der Gefahr einer ausufernden Verdachtsspeicherung auf Vorrat, die jederzeit auf dem Verordnungswege noch ausgeweitet werden kann, fordern Bündnis 90/Die Grünen im Bundestag sowie die Mehrheit der Datenschutzbeauftragten der Länder eine einschränkende klare gesetzliche Grundlage für die Führung von GEN-Dateien, um auch der Gefahr zu begegnen, mit Persönlichkeits- und Risikoprofilen den „gläsernen Menschen" zu schaffen. Gefordert werden u. a.[39]

1. eine enge Festlegung der Deliktsgruppen und Personen, die in die Gen-Datei aufgenommen werden mit Hilfe eines numerus clausus von schweren Sexualdelikten und Verbrechen gegen Leib und Leben (d.h. keine bloßen Vergehen),

2. eine strenge Zweckbindung auf die Strafverfolgung im Zusammenhang mit bestimmten schweren Verbrechen,

3. ein Speicher- und Nutzungsverbot für persönlichkeitsrelevante Informationen, die Rückschlüsse auf Erbanlagen, Krankheiten oder Charaktereigenschaften zulassen,

4. das Vorliegen eines qualifizierten Verdachts als Voraussetzung der Speicherung in der GEN-Datei (nicht lediglich ein einfacher Anfangsverdacht)
5. Aufnahme von restriktiven Regelungen über Datenabgleich, Datenübermittlungen und Vernetzungen mit anderen Dateien sowie die Regelung von abgestuften Löschungsfristen.
6. Die Zugriffs- und Übermittlungsbefugnis ist gegenüber den unspezifischen rechtlichen Möglichkeiten des BKA-Gesetzes wesentlich einzuschränken.
7. Es muß gesetzlich geregelt werden, daß die aus „freiwilligen" Massentests gewonnenen DNA-Daten und -Analysen nicht in der Gen-Datei gespeichert noch mit ihr beliebig abgeglichen werden dürfen.

Bürgerrechtliche Kosten –
Gen-Mutationen zum „gläsernen Menschen"?
Genetischer Fingerabdruck, Massen-Screening und Gen-Dateien sind nur drei sich ergänzende moderne Mittel der sich rasant entwickelnden wissenschaftlichen Polizeifahndung. Weitere sensitive computergestützte Identifikationsverfahren, die – alternativ oder kumulativ angewandt – ein noch nicht abschätzbares Gefährdungspotential für die Bürgerrechte darstellen können, sind u.a.
▶ die Auswertung der gesamten Telekommunikationsmöglichkeiten zur Spracherkennung (Sonogramm-Abgleich) und teilweise zu dem Zweck, Bewegungsbilder zu erstellen (etwa über Mobilfunk-Überwachung);
▶ die Zugangskontrollen durch visuelle bzw. sensorische Erhebungen sowie
▶ der elektronische Abgleich unterschiedlicher Körpermerkmale (Fingerabdruck, Augen- bzw. Iris-Diagnose, elektronische Gesichtserkennung etc.).
Die Schreckensvision von einem Staat, dessen BürgerInnen (möglicherweise bereits mit der Geburt) biometrisch vermessen, genetisch erfaßt und analysiert werden, ist mit der Gen-Forschung und den Möglichkeiten moderner Kriminalistik ein ganzes Stück näher gerückt: Die Menschen würden in einem solchen Szenario zu „gläsernen" Menschen mutieren, die jederzeit identifizierbar sind und per Datenabgleich nach bestimmten Rastern „selektiert" werden könnten (Gen-Rasterfahndung). Das erschreckendste daran: Die Bevölkerung scheint – zumal in Zeiten hitziger Debatten um spektakuläre Sexualverbrechen – bereit, jeden neuen „erfolgversprechenden" polizeilichen Eingriff und jedes neue Fahndungsinstrument lauthals zu

begrüßen – und damit verbundene Risiken und Bürgerrechtsverletzungen großzügig hinzunehmen. Mit der Umkehrung der Beweislast scheint sich der „Normalbürger" längst abgefunden zu haben – jedenfalls solange er nicht unmittelbar selbst davon betroffen ist. Dies allerdings kann nach Abkehr von der Unschuldsvermutung schneller passieren, als er offenbar zu erahnen in der Lage ist.

Literatur
Bäumler, Im Visier der Gen-Fahnder, in: Der Spiegel 18/1998, S. 194 f.
Bula, Neue gesetzliche Bestimmungen zur DNA-Analyse, in: Polizei-heute 4/97, S. 126 ff.
Buse, Killerfreie Zone, in: Der Spiegel 17/1998, S. 42 f.
Dalka, Griff in die Gen-Datei, in: Frankfurter Rundschau v. 21.4.98, S. 3
Gill, Der „Genetische Fingerabdruck", in: Bürgerrechte & Polizei 33, S. 52 ff.
ders., Genetischer Fingerabdruck wird Allzweck-Methode – auf dem Weg zur genetischen Rasterfahndung? In: Bürgerrechte & Polizei 40 (1991), S. 73 ff.
Gössner, Bürgerrechtliche Kosten der „genetischen Rasterfahndung", in: Blätter für deutsche und internationale Politik 9/1998, S. 1105 ff.; Kurzfassung in: Ossietzky 15 v. 8.8.1998, S. 454 ff.
Gössner/Stokar, Wunderwaffe Gen-Datei? Chancen und Risiken einer neuen Fahndungsmethode, Reader von Bündnis 90/Die Grünen im Niedersächsischen Landtag (Nr. 1, Juli 1998).
Rademacher, Verhinderung der genetischen Inquisition, in: ZRP 1990, S. 380 ff.
Stochern im Heuhaufen. Beim Bundeskriminalamt wird eine Gen-Datenbank für Straftäter eingerichtet, in: Der Spiegel 17/1998, S. 38 ff.
Vesting/Müller, DNA-Analyse und Recht: Pleiten, Pech und Pannen? In: Kritische Justiz 4/1996, S. 466 ff.

Weitere Beweis(sicherungs)verfahren
Bei bestimmten Menschen werden bestimmte Merkmale routinemäßig erfaßt:

▶ Bei Asylbewerbern wird die ED-Behandlung seit 1992 generell durchgeführt[40] (um „Asylmißbrauch" zu verhindern), ihre Fingerabdrücke werden bundesweit in *AFIS*, einer Spezialdatei des BKA, gespeichert.

▶ Jugendliche Flüchtlinge werden zudem häufig zwangsweise *geröntgt,* um ihr Alter zu bestimmen (wie etwa in Bremen und Frankfurt 1994/95 ff. geschehen).[41]

▶ In verschiedenen Städten, so etwa in Bremen, verabreicht die Polizei festgenommenen mutmaßlichen Drogen(klein)dealern zwangsweise sog. **Brechmittel.** Diese oft qualvolle Prozedur, bei der den Verdächtigten entweder über eine Nasen-Magensonde das Medikament „Apomorphin" (oder „Ipecacuana"; inzwischen ein pflanzlicher Brechsirup) verabreicht oder gespritzt wird, dient der polizeilichen Beweissicherung – sie soll eventuell verschluckte Drogenpäckchen bzw. „Crack"-Bömbchen durch Erbrechen wieder zutage fördern.

Diese Maßnahme wird auf § 81a StPO gestützt, eine Vorschrift, die allerdings die „körperliche Untersuchung" und die „Blutprobe" zuläßt und regelt, nicht aber, wie es hier der Fall ist, eine Durchsuchung des Körperinneren, um an eine Sache als Beweismittel zu gelangen.
Die eingesetzten Medikamente, die zum Teil als Doppeldosis oder in Kombination mit Abführmitteln oder Salzwasser verabreicht werden, gelten als gesundheitsgefährdend und führen nicht selten zu erheblichen gesundheitlichen Komplikationen (z.B. unstillbares Erbrechen und Durchfall, Bluterbrechen, Verletzungen der Magenschleimhaut, Risse in Magen und Speiseröhre, lebensbedrohender Flüssigkeitsverlust, Kreislaufschwäche). Die Art der Verabreichung durch Nasen-Magen-Sonden ist für die Betroffenen äußerst qualvoll; dieses Verfahren dürfte deshalb zumindest gegen den verfassungsmäßigen Grundsatz der Verhältnismäßigkeit verstoßen.
Nach Angaben des Bremer Anti-Rassismus-Büros sollen in Bremen von 1992 bis 1994 in etwa 400 Fällen Brechmittel verabreicht worden sein; in etlichen dieser Fälle soll es zu Mißhandlungen gekommen sein. Die Bremer Strafrechtsprofessorin Edda Weßlau hält die Routinepraxis der Brechmittelgabe überwiegend für unverhältnismäßig und rechtswidrig.[42] Auch das Oberlandesgericht Frankfurt hat die Zwangseinführung des Brechmittels „Emetica", wie sie bis dahin in Frankfurt/M. vorgenommen worden war, verworfen.[43]
Mit dem „alternativen" Verfahren, die Verdächtigten so lange in Haft zu nehmen, bis die vermuteten Drogenkügelchen als Beweismittel auf natürlichem Wege ausgeschieden werden, wird eine unverhältnismäßige Prozedur durch eine andere ersetzt. Sicher ist dieses Verfahren nicht derart qualvoll, wie die zwangsweise Verabreichung von Brechmitteln, aber die Warte-Methode hat ebenfalls gravierende und in keinem Verhältnis zum Tatvorwurf stehende Auswirkungen:

▶ Zum einen hat dies eine Inhaftierungsdauer von etlichen Stunden und möglicherweise von Tagen zur Folge,

▶ zum zweiten ist der Tatverdächtige ununterbrochen von der Polizei zu beobachten, inklusive des Ausscheidevorgangs auf einem Spezialklo.

Diese gravierenden Eingriffe in die Intimsphäre von Tatverdächtigen stehen außer Verhältnis zu der in aller Regel geringen Menge Betäubungsmittel, die damit sichergestellt werden soll und die insbesondere bei den zumeist betroffenen Jugendlichen nur zu einer vergleichsweise geringen Strafe führen würde. Dies hat auch das Landeskriminalamt Hamburg in einem internen Vermerk vom 16. Januar 1995 festgestellt und dabei beide Methoden – die Verabreichung von Brechmitteln sowie die Inhaftierung – als unverhältnismäßig abgelehnt. Das LKA rät, die Tatverdächtigen, ggfls. nach Fertigung einer Strafanzeige, zu entlassen, „da alle weitergehenden Maßnahmen rechtswidrig wären".

Literatur-Auswahl

Antirassismusbüro Bremen, Polizisten, die zum Brechen reizen – Verabreichung von Emetika am Beispiel Bremen, Bremen März 1995 (Bezug: Antirassismusbüro, Sielwall 38, 28203 Bremen).

Antirassismusbüro, „Bevor die Polizisten uns schlagen, sagen sie, daß sie es tun, weil sie die Schwarzen hassen", Protokolle, Einschätzungen, Erfahrungsberichte über Folter und Polizeigewalt auf Bremer Polizeiwachen, Bremen (Bezug: s.o.).

1.6 Vorladung zur Vernehmung durch Polizei (Staatsanwaltschaft/Richter)

Es gibt zwei mögliche Arten der Vorladung:

Vorladung zur Vernehmung als „Beschuldigter":
▶ Sofort Rechtsanwalt des Vertrauens benachrichtigen (oder Ermittlungsausschuß).
▶ Grundsätzlich muß man zu einer polizeilichen Vernehmung nach der Strafprozeßordnung (z.T. anders zur „Gefahrenabwehr" nach den Polizeigesetzen) nicht erscheinen.
▶ Beschuldigtem muß zu Beginn der Vernehmung die ihm zur Last gelegte Tat und möglichst auch die entsprechende Strafnorm erklärt werden (Tatvorhalt).
▶ Schriftliche oder mündliche Rechtsbelehrung durch die Vernehmungsbeamten erforderlich (aktenkundig zu machen),
▶ daß der Beschuldigte – in jeder Phase der Verfahrens – *keine Angaben zur Sache* zu machen braucht (nur Angaben zur Person: Name, Vorname, Geburtsdatum, -ort, Wohnort, Beruf); ist diese Belehrung nachweislich nicht erfolgt, so dürfen Aussagen, die der Beschuldigte in dieser Vernehmung gemacht hat, nicht verwertet werden;
▶ daß er *jederzeit einen Anwalt* konsultieren kann (vor einer Aussage, aber auch vor keiner Aussage).
▶ Der Beschuldigte sollte tatsächlich *keinerlei Aussagen zur Sache* machen, bevor er einen Anwalt konsultiert hat.[44] Die Aussageverweigerung kann in einem Strafverfahren nicht negativ angelastet werden (ggfls. aber eine Teil-Aussage).

Rechts- und Verhaltenstips bei Vorladungen

▶ Bei einer polizeilichen Vorladung (des Bundes- oder Landeskriminalamtes oder der örtlichen Polizei) am besten gar nicht reagieren (allerdings: Zweckmäßig ist es, sich zu melden und schriftlich oder telefonisch Personalien anzugeben, um einen Hausbesuch der Polizei zu vermeiden).
▶ Grundsätzlich: Keine Aussagen vor der Polizei, nur Angaben zur Person!
▶ Falls der Vorladung doch Folge geleistet wird: Anwalt sollte zuvor konsultiert werden und bei allen Vernehmungen des Beschuldigten anwesend sein. Über den Anwalt kann und sollte schnellstmöglich Akteneinsicht beantragt werden.
▶ Pflicht zum Erscheinen nur vor der Staatsanwaltschaft und vor dem (Ermittlungs-) Richter, denn hier droht zwangsweise Vorführung (im Verhinderungsfall also Begründung liefern, z.B. unaufschiebbarer Arzttermin und ggfls. Attest bzw. andere Bescheinigung) oder bescheinigte Vernehmungsunfähigkeit.
▶ Es müssen nur die Personalien angegeben werden.

▶ Falls doch inhaltliche Aussagen gemacht werden, so ist der Beschuldigte nicht an die „Wahrheit" gebunden (braucht sich insbesondere nicht selbst zu belasten, da er ein Aussageverweigerungsrecht hat).
▶ Jedes Geständnis ist frei widerrufbar. Allerdings unterliegt es später der sog. freien Beweiswürdigung des Gerichts, ob es dem Geständnis oder dem Widerruf glaubt.

Vorladung zur Vernehmung als Zeuge
(einer Straftat bzw. von Beobachtungen, die sich auf eine beschuldigte Person beziehen):
▶ Der Zeuge braucht grundsätzlich (unter den gleichen Voraussetzungen wie oben) vor der Polizei nicht zu erscheinen und auch keine Aussagen zur Sache zu machen *(Als Zeuge vor Gericht: s. Kapitel Rechtsbehelfe.);*
▶ entsprechende Rechtsbelehrung durch die Polizei erforderlich; falls doch Aussage: generelle Verpflichtung zu wahrheitsgemäßen Angaben
▶ *Auskunftsverweigerungsrecht* aus persönlichen oder beruflichen Gründen für bestimmte zeugnisverweigerungsberechtige Personen (s. Kasten). Daher ist es vernünftig, vor einer Aussage einen Anwalt zu

Zeugnisverweigerungsberechtigte Personen
sind über ihr Recht zur Verweigerung des Zeugnisses von Amts wegen zu belehren.

Zur Verweigerung des Zeugnisses sind berechtigt
1. aus persönlichen Gründen (§ 52 StPO):
▶ Verlobte und Ehegatten des Beschludigten, auch wenn die Ehe nicht mehr besteht;
▶ wer mit dem Beschuldigten in gerader Linie verwandt (.....) oder verschwägert (...), in der Seitenlinie bis zum dritten Grad verwandt (...) oder bis zum zweiten Grad verschwägert ist oder war (...);
▶ Sonderregelung für Minderjährige und Betreute (Abs. 2 f).
2. aus beruflichen Gründen (§ 53 StPO), jeweils was den Betroffenen in ihrer Eigenschaft als Berufsgeheimnisträgern anvertraut worden oder bekanntgeworden ist:
▶ Geistliche,
▶ Verteidiger des Beschuldigten (sofern nicht von Verschwiegenheitspflicht entbunden),
▶ Rechtsanwälte, Patentanwälte, Notare (Mandatsgeheimnis), (sofern nicht von Verschwiegenheitspflicht entbunden),
▶ Wirtschaftsprüfer, vereidigte Buchprüfer, Steuerberater und Steuerbevollmächtigte (sofern nicht von Verschwiegenheitspflicht entbunden),
▶ Ärzte, Zahnärzte, Apotheker und Hebammen (sofern nicht von Verschwiegenheitspflicht entbunden),
▶ Mitglieder oder Beauftragte einer anerkannten Beratungsstelle nach dem Schwangerschaftskonfliktgesetz (sofern nicht von Verschwiegenheitspflicht entbunden),
▶ Berater für Fragen der Betäubungsmittelabhängigkeit in einer Beratungsstelle (Drogenberater), die eine Behörde oder eine Körperschaft, Anstalt oder Stiftung des öffentlichen Rechts anerkannt oder bei sich eingerichtet hat (sofern nicht von Verschwiegenheitspflicht entbunden),
▶ Abgeordnete des Bundestages, des Bundesrates und der Landtage,
▶ Journalisten und Redakteure u.a.: Personen, die bei der Vorbereitung, Herstellung oder Verbreitung von periodischen Druckwerken (also nicht Büchern) oder Rundfunksendungen (also nicht Dokumentarfilmen) berufsmäßig mitwirken oder mitgewirkt haben, über die Person des Verfassers, Einsenders

> oder Gewährsmanns von Beiträgen und Unterlagen sowie über die ihnen im Hinblick auf ihre Tätigkeit gemachten Mitteilungen, soweit es sich um Beiträge, Unterlagen und Mitteilungen für den redaktionellen Teil handelt (Informantenschutz). „Die bei einem Informations- oder Hintergrundgespräch vereinbarte Vertraulichkeit ist grundsätzlich zu wahren" (Pressekodex).
> **3. Zeugnisverweigerungsrecht der Berufshelfer (§ 53a StPO):**
> Den zeugnisverweigerungsberechtigten Geistlichen, Strafverteidigern, Rechtsanwälten, Patentanwälten, Notaren, Wirtschaftsprüfern, Buchprüfern, Steuerberatern, Steuerbevollmächtigten, Ärzten, Zahnärzten, Apothekern, Hebammen, Schwangerschaftsberatern, Drogenberatern, und Abgeordneten stehen ihre Gehilfen und jene Personen gleich, die zur Vorbereitung auf den Beruf an der berufsmäßigen Tätigkeit teilnehmen.
> **4. Auskunftsverweigerungsrecht nach § 55 StPO**
> hat jede/r, die/der mit ihrer/seiner Aussage sich selbst oder Angehörige belasten würde (Gefahr, wegen einer Straftat oder einer Ordnungswidrigkeit verfolgt zu werden).

konsultieren. Insbesondere muß vor jeder Aussage klar sein, wer beschuldigt wird. Dies ist wichtig für die zu allererst zu klärende Frage, ob ein Zeugnisverweigerungsrecht besteht, etwa weil ein Angehöriger beschuldigt ist.

Prinzipiell gilt also: Auch der Zeuge braucht **vor der Polizei** keine Aussage zu machen, gleichgültig, ob ihm ein Zeugnis- oder Aussageverweigerungsrecht zusteht oder nicht. Die der Polizei auferlegte Pflicht zur Belehrung des zu Vernehmenden täuscht jedoch in der Regel über dieses Aussageverweigerungsrecht hinweg. Denn der als Zeuge Vorgeladene wird regelmäßig nur über sein Zeugnisverweigerungsrecht aus persönlichen Gründen und sein Auskunftsverweigerungsrecht wegen der Gefahr der Strafverfolgung belehrt, was fälschlicherweise den Schluß nahelegt, in allen anderen Fällen, wenn also die Voraussetzungen nicht vorliegen, müsse der Zeuge vor der Polizei aussagen.

Vor der Staatsanwaltschaft und dem Richter gibt es kein generelles Aussageverweigerungsrecht. Hier kann die Aussage erzwungen werden (Zwangsgeld, Beugehaft, § 70 StPO). Es gibt lediglich ein spezielles Aussageverweigerungsrecht im Fall möglicher Selbstbelastung oder möglicher Belastung von Angehörigen, oder als Berufsgeheimnisträger (bezüglich beruflicher Wahrnehmungen).

"Aussageverweigerung als Teil des politischen Selbstverständnisses":
Manche vertreten – insbesondere für den Bereich der politischen Strafjustiz – die Position, auch als Zeuge von Anfang an niemals auszusagen und lieber Zwangsmittel in Kauf zu nehmen, um andere nicht der strafrechtlichen Verfolgung auszusetzen und die politischen Zusammenhänge nicht zu verraten *(s. Literatur-Hinweis)*.

Häufig läßt die Polizei den Vorgeladenen im unklaren darüber, in welcher Rolle er vernommen werden soll, ob als Beschuldigter, Verdächtigter oder als Informant. In einem solchen Fall obliegen der Polizei nämlich keine Belehrungspflichten. Auch dann gilt jedoch: Keine Aussagen vor der Polizei! (Eine Pflicht zur Auskunft gegenüber der Polizei besteht lediglich, wenn es im Rahmen polizeilicher Präventivtätigkeit um die Abwehr einer konkreten, also im Einzelfall bevorstehenden Gefahr geht). Im übrigen: Sich niemals in sogenannte informatorische Gespräche mit der Polizei außerhalb der eigentlichen Vernehmung verwickeln lassen.

Verbotene Vernehmungsmethoden (§ 136a StPO):
Die Freiheit der Willensentscheidung und der Willensbetätigung der Beschuldigten und Zeugen darf nicht beeinträchtigt werden. Absolut verbotene Vernehmungsmethoden (auch wenn sie via Fernsehkrimi bereits zum Standard gehören, um „Geständnisse" zu erpressen, und auch die Polizei-Wirklichkeit keineswegs frei von ihnen ist):
▶ Mißhandlungen (etwa Ohrfeigen, grelles Licht in die Augen, Hungern- oder Frierenlassen, Stehenlassen während der Vernehmung, ständiges Stören beim Einschlafen oder im Schlaf, Entkleiden...).
▶ Ermüdung: ununterbrochene stundenlange Vernehmung bis zur Erschöpfung.
▶ Körperliche Eingriffe oder Verabreichung von Mitteln (etwa Psychopharmaka; nur ggfls. Blutprobe durch Arzt zulässig).
▶ Täuschungen (z.B. Versprechen für den Fall eines Geständnisses): Vortäuschen, „Mittäter" habe bereits gestanden oder ohne Aussage folge U-Haft, da nicht die Polizei über die Verhängung von U-Haft entscheidet.
▶ Folter, Zwang, Drohung – etwa mit vorläufiger Festnahme.
▶ Versprechen von Vorteilen (Zigaretten, Kaffee etc., Verfahrensvorteile), wenn Beschuldigter gestehe.
Sollten solche Verhörmethoden vorgekommen sein, sofort einen Anwalt einschalten, um entsprechende rechtliche Schritte einzuleiten. Die unter den genannten Bedingungen gemachten Aussagen dürfen vor Gericht nicht verwertet werden, wenn ihrer Verwertung wider-

sprochen wird (ein Widerspruch zu Protokoll ist also nötig). Allerdings liegt die Beweislast bezüglich der Vernehmungsmethoden beim Vernommenen, was einen Nachweis nahezu unmöglich macht, da neutrale Zeugen in der Regel fehlen und die beteiligten Polizisten das Gegenteil auszusagen pflegen.
Abgesehen von dieser praktischen Schwierigkeit sind die eindeutige gesetzliche Regelung sowie die frühere Rechtsprechung zu den verbotenen Verhörmethoden von einer Entscheidung des Bundesgerichtshofes im „Böse"-Fall in Frage gestellt worden: Nach dieser Rechtsprechung wird auch das Erzielen von Aussagen unter folterähnlichen Bedingungen für zulässig erachtet.[45]
Vgl. auch im Kapitel „Rechtsbehelfe": Zeugen vor Gericht, Zeugenbelehrung sowie Androhung von Zwangsmitteln (Zwangsgeld, Beugehaft etc.)

Literatur-Hinweis:
Anna und Arthur halten's Maul – und du? Verhalten bei Vorladungen als ZeugIn oder Beschuldigte/r, hg. Von der Oldenburger Rechtshilfe, 26135 Oldenburg, Hermannstr. 83.
Anna und Arthur halten immer noch das Maul – Infos zur Aussageverweigerung, über bunte/lila hilfe, Buchladen Rote Straße, Nikolaikirchhof, 37073 Göttingen

1.7 Verhalten bei Hausdurchsuchungen und Beschlagnahme

Die Haus- bzw. Wohnungsdurchsuchung dient in der Regel der Festnahme verdächtiger Personen oder zur Beschlagnahme von Beweisgegenständen. Bei der Haus- oder Wohnungsdurchsuchung handelt es sich um einen schwerwiegenden Eingriff in die geschützte Privatsphäre der Betroffenen (Art. 13 GG: „Unverletzlichkeit der Wohnung").
Der Grundrechtseingriff Haus- oder Wohnungsdurchsuchung ist geregelt in den §§ 102 ff. StPO. Das Gesetz sieht vor, daß Durchsuchungen
▶ „nur durch den Richter,
▶ **bei Gefahr im Verzug** auch durch die Staatsanwaltschaft und ihre „Hilfsbeamten" (das sind Polizei- bzw. Kripo-Beamte)
angeordnet werden dürfen (§ 105 Abs.1 StPO). Was hier als Ausnahme formuliert ist, wird in der Rechtswirklichkeit zur Regel: Die Durchsuchungen wegen „Gefahr im Verzug" überwiegen – also ohne richterlichen „Durchsuchungsbefehl" bzw. -beschluß, ohne nähere Begründung, worin diese Gefahr zu sehen ist. Nachprüfbar sind die

dieser Legitimationsfloskel zugrundeliegenden Tatsachen für die Betroffenen so gut wie nicht.[46]
Noch eine weitere Konsequenz hat die Durchsuchung bei „Gefahr im Verzug": Das Gesetz sieht in § 104 StPO zwar generell vor, daß eine *Durchsuchung zur Nachtzeit (*also im Zeitraum vom 1. April bis 30. September von 21 Uhr bis 4 Uhr morgens, im Zeitraum vom 1. Oktober bis 31. März von 21 Uhr bis 6 Uhr morgens) nicht stattfinden darf – allerdings u. a. mit der Einschränkung, daß „bei Gefahr im Verzug" (oder bei Verfolgung auf frischer Tat oder zur Ergreifung eines entwichenen Gefangenen) die Durchsuchung *zu jeder Tag- und Nachtzeit* möglich und zulässig ist.

Begriffe
Durchsuchung/Beschlagnahme: Die Durchsuchung dient in der Regel
▶ der Ergreifung eines Tatverdächtigen oder
▶ der Beschlagnahme von Beweisgegenständen.
▶ Rechtsgrundlage sind die §§ 94 ff. (Beschlagnahme) und §§ 102 ff. (Durchsuchung) der Strafprozeßordnung (StPO).
„Durchsuchungsbefehl": Eine Durchsuchung und Beschlagnahme kann in der Regel nur durch den Richter angeordnet werden (Ausnahme: Gefahr im Verzug, siehe oben). Die richterliche Durchsuchungsanordnung muß enthalten:
▶ Vermutete Straftat, aufgrund deren der Durchsuchungsbeschluß ergeht
▶ Zweck und Ziel der Durchsuchung
▶ Ausmaß der Durchsuchung
▶ Genaue Umschreibung der Objekte, die durchsucht werden sollen (z.B. „Geschäftsräume des Buchladens") mit genauer Anschrift und Benennung des Inhabers
▶ Begründung des Durchsuchungsbeschlusses
▶ Unterschrift des Richters.
Die Begründung endet meist mit folgender Formel: „Es ist zu vermuten, daß die Durchsuchung zur Auffindung von Beweismitteln führen wird, die zur weiteren Aufklärung des Sachverhalts und der Tatbeteiligten dienen können."
Gefahr im Verzug: Auch ohne richterlichen „Durchsuchungsbefehl" kann der Staatsanwalt oder auch die Polizei aus eigener Initiative eine Durchsuchung durchführen, wenn "Gefahr im Verzug" ist. Das ist dann der Fall, wenn der Erfolg der Durchsuchung oder Beschlagnahme wegen Verzögerung durch Einholen des richterlichen Beschlusses gefährdet wäre. Eine gewisse Wahrscheinlichkeit für die Erfolgsvereitelung reicht schon aus (s. Löwe-Rosenberg, StPO-Kommentar, 23. Aufl. Band 1 zu § 98 Rnr.17).

Die Behauptung der „Gefahr im Verzug" verschiebt die Zuständigkeit für das Ingangsetzen der Durchsuchung vom Richter auf Staatsanwalt oder Polizei; bei der Durchsuchung selbst haben die Beteiligten aber die gleichen Rechte wie bei der richterlich angeordneten Aktion.

Verhältnismäßigkeit: Die Beamten haben sich bei Durchsuchung und Beschlagnahme nach dem Grundsatz der Verhältnismäßigkeit zu richten. Das bedeutet:
- Es muß immer der geringstmögliche Eingriff gewählt werden;
- Schonender Umgang mit dem Eigentum;
- Keine Beschädigungen, die außer Verhältnis zum Zweck der Untersuchung stehen;
- Beschlagnahme nur, wenn der Schwere der Straftat und der Stärke des Verdachts angemessen;
- Keine Beschlagnahme, wenn weniger einschneidende Maßnahmen zum Erfolg führen (z.B. Kopien von Unterlagen);
- Abwägung des Strafverfolgungsinteresses gegen die Grundrechte des Betroffenen und bei Druckwerken auch gegen das öffentliche Interesse an unverzögerter Verbreitung.

Insgesamt muß die Aktion der Bedeutung der Sache angemessen sein.

Rechte des Inhabers

Anwesenheit: Der Inhaber der Wohnung hat das Recht, bei der Durchsuchung anwesend zu sein. Die Durchsuchung darf nicht beginnen, bevor er eingetroffen ist, sofern er mit angemessenem Aufwand benachrichtigt werden kann.

Vertreter: Ist der Inhaber abwesend oder unauffindbar, so muß, „wenn möglich", ein Vertreter zugezogen werden – aus dem folgenden Personenkreis in dieser Reihenfolge:
- Stellvertreter im Betrieb
- Erwachsener Angehöriger
- Hausgenosse
- Nachbar.

Der Vertreter hat während der Durchsuchung die gleichen Rechte wie der Inhaber.

Anwalt: Sofort nach Bekanntwerden sollte ein Anwalt informiert und zugezogen werden. Allein seine Anwesenheit kann sich tendenziell positiv auf die Art und Weise der Durchführung auswirken. Allerdings: Die Hinzuziehung eines Anwalt hat keine aufschiebende Wirkung. Die Durchsuchung kann schon vor dessen Eintreffen beginnen.

Zeugen: Der Wohnungsinhaber darf Vertrauenspersonen als Zeugen zuziehen, was sich immer empfiehlt. Der Anruf von Zeugen hat jedoch keine aufschiebende Wirkung.

Durchsucher: Findet die Durchsuchung ohne Beisein eines Richters oder eines Staatsanwalts statt, also nur mit Polizeibeamten, so muß die Polizei, „wenn möglich", einen Gemeindebeamten oder zwei Gemeindemitglieder hinzuziehen. Die Gemeindemitglieder dürfen nicht Polizeibeamte oder Hilfsbeamte der Polizei sein (Diese Bestimmung wird häufig mißachtet, von ihrer Einhaltung hängt jedoch u.a. die Rechtmäßigkeit der Durchsuchung ab).

Legitimation: Es genügt, den Einsatzleiter nach seiner Legitimation zu befragen; er ist für die Durchführung verantwortlich. Folgende Angaben muß er machen, die man sich notieren sollte:
- ▶ Name
- ▶ Dienstgrad
- ▶ Dienstnummer
- ▶ Dienststelle.
- ▶ Außerdem muß er den Dienstausweis vorzeigen.

Durchsuchungsgrund: Die Durchsucher müssen den Grund der Durchsuchung dem Inhaber vorher bekanntgeben, es sei denn, der Inhaber ist selbst einer Straftat verdächtigt.

Vorgehen: Da der Inhaber oder sein Vertreter das Recht haben, bei der Durchsuchung anwesend zu sein, können sie verlangen, daß die Räume nacheinander und einzeln durchsucht werden, so daß sie alle Durchsuchungshandlungen beobachten können. Es dürfen nur die Räume des Beschuldigten durchsucht weren, also nicht Räume von Verwandten oder etwa Wohngemeinschafts-Mitgliedern.

Durchsicht von privaten Unterlagen und Geschäftspapieren: Nur Richter oder Staatsanwalt dürfen solche Papiere durchsehen. Polizeibeamte müssen Papiere in Gegenwart des Inhabers versiegeln (um festzustellen, ob es private Unterlagen sind oder nicht, überfliegen die Beamten die Unterlagen mehr oder weniger intensiv). Der Inhaber darf bei der späteren Entsiegelung (beim Staatsanwalt) zugegen sein.

Aussagen: Der von einer Durchsuchung Betroffene kann (und sollte) jegliche Aussage verweigern – es kann ansonsten alles gegen ihn verwendet werden. Volles Schweigen ist besser als Teil-Aussagen.

Mithilfe: Die von der Durchsuchung Betroffenen sind nicht verpflichtet, bei der Durchsuchung Mithilfe zu leisten. Eine Behinderung der Durchsuchung kann jedoch ggfls. als „Widerstand" gegen Vollstreckungsbeamte ausgelegt werden. Will der Betroffene vermeiden, daß seine gesamte Wohnung auf den Kopf gestellt wird, kann er versuchen, durch geeignetes Verhalten auf die Durchsuchungsart Einfluß zu nehmen.

Quittung: Die Durchsucher sind verpflichtet, ein genaues Verzeichnis der beschlagnahmten Gegenstände anzufertigen, mit Unterschrift zu

versehen und dem Betroffenen als Quittung auszuhändigen. Auch wenn nichts „Verdächtiges" gefunden wurde, sollte man sich diese Tatsache bescheinigen lassen.
Unterschrift: Der Betroffene ist nicht verpflichtet, von der Polizei vorgelegte Papiere, Verzeichnisse etc. zu unterschreiben.
Nach der Durchsuchung: Wenn die Untersuchung beendet ist, kann der Betroffene auf zwei Rechten bestehen:
▶ Schriftliche Mitteilung über den Grund und die Durchführung der Durchsuchung.
▶ Verzeichnis der beschlagnahmten Gegenstände bzw. Bescheinigung, daß nichts beschlagnahmt wurde.
▶ Jeder Sicherstellung sollte sofort widersprochen werden, damit eine richterliche Entscheidung eingeholt werden muß (unter Wahrung der gesetzlichen Frist).

Rechte der Polizei
Anmeldung: Die Durchsucher dürfen unangemeldet kommen. Solche Überraschungsaktionen sind auch die Regel, weil sonst der Zweck der Durchsuchung gefährdet wäre; der Betroffene hätte Gelegenheit, Beweismittel wegzuschaffen.
Zeitpunkt: Durchsuchungen dürfen in der Regel nicht während der Nachtzeit vorgenommen werden. Bei „Gefahr im Verzug" gilt diese Einschränkung allerdings nicht: Hier sind auch Nacht-und-Nebel-Aktionen rechtlich zulässig. Durchsuchungen finden in der Praxis häufig in der Zeit zwischen 6 und 8 Uhr morgens statt.
Gewaltanwendung: Die Polizei darf die Wohnung gewaltsam aufbrechen, wenn der Inhaber oder ein Stellvertreter mit Schlüssel nicht auffindbar ist. Auch während der Durchsuchung darf die Polizei Behältnisse aufbrechen, wenn sie nicht anders zu öffnen sind und die Vermutung besteht, daß sie Beweisstücke enthalten könnten. Der Grundsatz der Verhältnismäßigkeit (siehe oben) muß jedoch gewahrt bleiben.
Geschäftsbücher/-papiere: Die Durchsuchung (eines Geschäftes) darf sich auch auf Geschäftsbücher und -papiere erstrecken, auch auf die Kundenkartei, wenn sich daraus Anhaltspunkte über Lieferanten, Buchbestand etc. ergeben und Informationen darüber für den Zweck der Durchsuchung erforderlich sind. Einblick nehmen dürfen jedoch nur Richter und Staatsanwalt, Polizisten müssen die Beweisstücke in Gegenwart des Inhabers mit dem Amtssiegel versiegeln und an die Staatsanwaltschaft weiterreichen.
Beschlagnahme von Dateien: Im Zeitalter der Informationstechnologie werden nicht nur körperliche Gegenstände, Schriftstücke etc. be-

schlagnahmt, sondern auch elektronisch gespeicherte Daten und Dateien. Zu diesem Zweck werden nicht selten ganze Computer oder Festplatten beschlagnahmt, wodurch die Arbeitsmöglichkeit der Betroffenen schwer beeinträchtigt wird. Milderes Mittel ist das Abspeichern der Dateien auf Diskette oder aber das elektronische „Absaugen" der Festplatten. Hier sind dann allerdings private Daten und Geschäftsdaten nicht mehr von dem übrigen Datenmaterial zu trennen, genauso wenig etwa Daten von Zeugnisverweigerungsberechtigten (z.B. Informanten, Anwälten, Angehörigen).

Umfang der Durchsuchung/Privaträume/Wohngemeinschaften:
► Die Durchsucher dürfen bei einer Durchsuchung von Geschäftsräumen auch Privaträume – oder umgekehrt – einbeziehen, wenn sich der „Durchsuchungsbefehl" ausdrücklich auch darauf erstreckt.
► Bei „Gefahr im Verzug", also ohne „Durchsuchungsbefehl", wird jedoch auch ohne diese Bedingung ein Betreten kaum zu verhindern sein: Im Zweifel ist die Durchsuchung der Privaträume rechtmäßig, wenn sich die „Gefahr im Verzug" auch auf diese Räume bezieht.
► Bei Wohngemeinschaften darf nur der Raum durchsucht werden, gegen dessen Bewohner der „Durchsuchungsbefehl" ausgestellt ist, was häufig mißachtet wird. In Wohngemeinschaften gehören dazu auch die Gemeinschaftsräume (Küche, Flur etc.).
► Dachböden und Keller werden in aller Regel auch durchsucht, ebenfalls PKW, Brief-, Hand- und Aktentaschen.
► Auch die beschuldigte Person wird durchsucht.
► Selbst bei anderen Personen als dem Verdächtigen kann durchsucht werden, allerdings nur zur Ergreifung des Beschuldigten oder zur Verfolgung von Spuren oder zur Beschlagnahme bestimmter Gegenstände, wenn Tatsachen vorliegen, daß sich solche in der zu durchsuchenden Wohnung befinden (§ 103 Abs. 1 StPO).
► Zum Zweck der Ergreifung eines Beschuldigten, der dringend verdächtig ist, eine Straftat nach § 129a StGB („Terroristische Vereinigung") oder eine der in dieser Norm enthaltenen Straftaten (von Mord bis Sachbeschädigung) begangen zu haben, ist die Durchsuchung auch einer Vielzahl von Wohnungen und Räumen zulässig (Großrazzien), wenn diese sich in einem Gebäude befinden, von dem aufgrund von Tatsachen anzunehmen ist, daß sich der Beschuldigte in ihm aufhält (§ 103 Abs. 1 StPO). Auf diese Weise können ganze Wohnblocks durchsucht werden.

Beschlagnahme: Beweismittel oder vermeintliche Beweismittel dürfen die Durchsucher beschlagnahmen, also aus den Räumen der Wohnung entfernen, wenn sich keine weniger einschneidende Möglichkeit ergibt und wenn die Gegenstände quittiert werden.

Zufallsfunde: Auch Gegenstände, die eigentlich gar nicht gesucht wurden und in keiner Beziehung zur Durchsuchung stehen, aber auf eine andere Straftat hindeuten, können bei der Durchsuchung einstweilen beschlagnahmt werden.

Rechtsbehelfe *(ggfls. Anwalt hinzuziehen)*
Beschwerde gegen Durchsuchung: Diese Beschwerde sollte der Betroffene schon während der Durchsuchung einlegen, am besten schriftlich. Adressat ist der Einsatzleiter oder das Amtsgericht. Eine Beschwerde sollte grundsätzlich vorliegen, damit es nachher (etwa im Zusammenhang mit Schadensersatzforderungen) nicht heißt, die Durchsuchung habe mit Einverständnis des Betroffenen stattgefunden.
„Antrag auf gerichtliche Entscheidung": Wird ohne richterlichen Beschluß durchsucht bzw. beschlagnahmt („Gefahr im Verzug"), ist der Beschwerde ein „Antrag auf gerichtliche Entscheidung" hinzuzufügen. Adressat ist das zuständige Amtsgericht.
Nachträgliche Rechtmäßigkeitsprüfung: Eine gerichtliche Untersuchung der Rechtmäßigkeit ist auch nach Beendigung einer richterlich angeordneten Durchsuchung noch möglich (BVerfG-Beschluß v. 30.4.97; NJW 1997, S. 2163).
Beschlagnahme: Gegen eine richterliche Beschlagnahme-Anordnung oder eine spätere Bestätigung der Beschlagnahme ist Beschwerde bei der Staatsanwaltschaft einzulegen. Die Beschwerde soll einen Antrag auf Aufhebung der Beschlagnahmeanordnung und auf Herausgabe der beschlagnahmten Sachen enthalten.
Beschädigungen: Kommt es bei der Durchsuchung zu Beschädigungen oder ist auf andere Weise gegen den Grundsatz der Verhältnismäßigkeit verstoßen worden, kann Dienstaufsichtsbeschwerde gegen den Einsatzleiter eingelegt werden. Oder auch Strafanzeige gegen die handelnden Beamten wegen Sachbeschädigung (ggfls. auch Körperverletzung im Amt etc.). Adressat ist die Staatsanwaltschaft. Damit zu verbinden ist ein Antrag auf Feststellung der Rechtswidrigkeit der Maßnahmen sowie die Forderung von Schadensersatz.

Schadensersatz: War der Betroffene selbst Beschuldigter, förderte die Durchsuchung jedoch nichts Belastendes gegen ihn zutage und wurde das Ermittlungsverfahren eingestellt oder der Betroffene freigesprochen, so besteht unter gewissen Voraussetzungen ein Schadensersatzanspruch nach dem Gesetz über die Entschädigung für Strafverfolgungsmaßnahmen (StrEG).
War der Betroffene nicht selbst Beschuldigter, mußte er aber eine Durchsuchung über sich ergehen lassen und sind ihm daraus Kosten

Check-Liste „Hausdurchsuchungen" und „Beschlagnahme"

▶ Anwalt und Zeugen herbeirufen (evtl. per Boten, da Telefonanschlüsse häufig blockiert werden).
▶ Richterlichen „Durchsuchungsbefehl" (Anordnung) verlangen; wenn nicht vorhanden: „Gefahr im Verzug"? (s. oben)
▶ Grund der Durchsuchung nennen lassen.
▶ Name, Dienstnummer des Einsatzleiters erfragen und notieren.
▶ Beschwerde (schriftlich) gegen Durchsuchung einlegen.
▶ Verlangen, daß nur unter den Augen des Wohnungsinhabers durchsucht wird (ein Raum nach dem anderen, nicht alle gleichzeitig).
▶ Falls Inhaber abwesend: seinen Vertreter, erwachsene Angehörige, Hausgenossen oder Nachbarn hinzuziehen.
▶ Keine Aussagen machen, in kein „Gespräch" mit den Durchsuchern verwickeln lassen.
▶ Keine Mitwirkungspflicht bei der Durchsuchung (evtl. läßt sich durch gezielte „Mithilfe" die Durchsuchung abkürzen/eindämmen).
▶ Überwachen, daß Umfang der Prüfung den im Durchsuchungsbefehl genannten Rahmen nicht überschreitet (bzw. der mündlichen Anordnung).
▶ Überwachen, daß nur Staatsanwalt oder Richter Einblick in persönliche Unterlagen bekommen. Bei Adreßbüchern u.a. Kopien verlangen.
▶ Beschlagnahme: Bei Beschlagnahme mit „Gefahr im Verzug" sollen Polizei bzw. StA innerhalb von 3 Tagen eine richterliche Bestätigung beantragen, wenn der Betroffene ausdrücklich Widerspruch gegen die Beschlagnahme eingelegt hat. Der Betroffene kann im übrigen jederzeit die richterliche Entscheidung beim Amtsgericht beantragen (§ 98 Abs. 2 StPO).
▶ Beschlagnahmte Gegenstände quittieren lassen; wenn nichts beschlagnahmt wurde, dies schriftlich bestätigen lassen. Außerdem schriftliche Mitteilung über den Grund der Hausdurchsuchung verlangen.
▶ Selber nichts unterschreiben (außer der eigenen Beschwerde).
▶ Bei Beschädigungen: unter Zeugen Fotos zu Beweiszwecken anfertigen. Entstandene Kosten (z. B. Reinigung) belegen.
▶ Nach der Durchsuchung Widerspruch einlegen (am besten über Anwalt).
▶ Weitergehende Schadensersatzansprüche.

entstanden (z. B. Anwaltskosten), so kann er unter bestimmten Voraussetzungen Ersatz für diese Kosten über die Staatsanwaltschaft von der Staatskasse verlangen *(vgl. dazu auch das Kapitel „Rechtsschutz")*

Beschlagnahme bei Zeugnisverweigerungsberechtigten bzw. von Mitteilungen zwischen Beschuldigtem und zeugnisverweigerungsberechtigten Personen
Die Beschlagnahme von Unterlagen, die etwa Mitteilungen zwischen Beschuldigtem und zeugnisverweigerungsberechtigten Personen (Eltern, Arzt, Psychotherapeut, Anwalt etc.) enthalten, dürfen weder im Original noch in Kopie gegen den Willen des Betroffenen beschlagnahmt werden, solange sie sich in seinem Besitz oder im Besitz der Zeugnisverweigerungsberechtigten befinden.
Die Beschlagnahme von Unterlagen bei einer zeugnisverweigerungsberechtigten Person (u.a. Anwalt, Arzt, Journalist, Seelsorger, Abgeordnete etc.) ist grundsätzlich nur so weit möglich, wie das Recht einer zeugnisverweigerungsberechtigten Person reicht, Aussagen zu verweigern: „Der Hand darf nicht entrissen werden, was der Mund zu verschweigen berechtigt ist", lautet der Grundsatz. Also dürfen etwa Unterlagen eines Journalisten, aus denen der Informant hervorgeht, nicht beschlagnahmt werden. Dies gilt allerdings nicht (§ 97 Abs. 2 S. 3, Abs. 5 S. 2),
▶ wenn die von der Durchsuchung bzw. Beschlagnahme betroffenen Personen der Teilnahme, Begünstigung, Strafvereitelung oder Hehlerei verdächtig sind;
▶ wenn die zu beschlagnahmenden Gegenstände oder Unterlagen durch eine Straftat erlangt wurden oder zur Begehung einer Straftat gebraucht oder bestimmt sind.
Bislang gibt es für Journalisten kein Zeugnisverweigerungsrecht,
▶ wenn sie das Merkmal „berufsmäßig" nicht erfüllen, also nur unregelmäßig oder nebenberuflich journalistisch arbeiten,
▶ wenn sie an nichtperiodischen Druckwerken und Sendungen arbeiten – etwa an aktuellen Sachbüchern oder Filmdokumentationen,
▶ für selbst recherchiertes bzw. selbst erarbeitetes Material bzw. Unterlagen über eigene Wahrnehmungen (das gilt auch für selbstgemachte Fotos, Film- und Tonaufnahmen).[47]
D.h. solches Material kann beschlagnahmt werden und die Ermittlungsbehörden sind, wie viele Beispiele aus den vergangenen Jahren belegen, nicht zimperlich, bei der Durchsuchung von Redaktionen und der Beschlagnahme von Redaktionsmaterial. Die IG Medien, die gewerkschaftliche Interessenvertretung von JournalistInnen, rät,

▶ Fotonegative und -positive sowie selbstrecherchierte schriftliche Materialien in aufgearbeiteter Form ins Archiv zu sortieren.
▶ Gesichter und andere Identifizierungsmerkmale auf Abzügen und Negativen sollten unkenntlich gemacht werden.
▶ Elektronische Dateien über InformantInnen sollten im Computer verschlüsselt aufbewahrt werden.

Geschützt ist nur, was Dritte einem Journalisten mitgeteilt haben und die Person des Informanten (Informantenschutz); das geschützte Rechtsgut ist hier das Vertrauensverhältnis zum Informanten. Rechercheunterlagen sind allerdings – wenn überhaupt – nur im Gewahrsam berufsmäßiger JournalistInnen, der Redaktion, des Verlages, der Druckerei oder Rundfunkanstalt vor Beschlagnahme geschützt.

Literaturhinweise zu Durchsuchungen

Kant, „Gefahr im Vollzuge" statt „Gefahr im Verzuge" – Grundrechtsverletzungen durch polizeiliche Wohnungsdurchsuchungen, in: Müller-Heidelberg u.a. (Hg.), Grundrechte-Report 1998, Reinbek 1998, S. 158 ff.
Nelles, Wie fest sind die persönlichen Rechte? Das Beispiel Hausdurchsuchungen in: Bürgerrechte und Polizei 16/1983, S. 20ff
IG Medien (Hg.), Hände weg von den Medien, Teil 1 und 2, Stuttgart 1995, 1998
Journalistenschule Ruhr/NRW-Innenministerium (Hg.), Vom richtigen Umgang miteinander – Das Verhältnis von Presse und Polizei, Essen/Düsseldorf 1997

1.8 Was tun als Zeugin/Zeuge von Polizeigewalt und Polizeiübergriffen?

Im Falle eines gewaltsamen Polizeieinsatzes (insbesondere gegen AusländerInnen):
▶ stehen bleiben und sich ruhig, sachlich und beharrlich nach dem Grund des Einsatzes bei den Polizeibeamten bzw. dem Einsatzleiter erkundigen,
▶ nach der Dienstnummer des Einsatzleiters und der unmittelbar handelnden Polizisten fragen. Die Verweigerung wäre unrechtmäßig,
▶ bei Zivilbeamten auf unverzüglicher Identifizierung bestehen (Dienstausweis),
▶ Ggfls. selbst als Zeuginnen/Zeugen zur Verfügung stellen und andere Umstehende dazu animieren und dies protokollieren lassen,
▶ Polizei kann möglicherweise Platzverweis erteilen unter dem Vorwand des „Eingriffs in eine Amtshandlung",
▶ Eigenes Protokoll/Gedächtnisprotokoll anfertigen mit folgenden Angaben: Ort und Zeitpunkt des Vorfalls, beobachtete Handlungen, Personenbeschreibungen, Kontakte zu möglichen ZeugInnen, Dienstnummern, evtl. Helmnummern von Polizisten, Autonummern der Dienstwagen; ggfls. Fotos machen,
▶ Im Falle einer Verhaftung: Namen und Adressen der Betroffenen erfragen,
▶ Falls der Polizeieinsatz offenkundig unrechtmäßig oder unverhältnismäßig erscheint: Dienstaufsichtsbeschwerde beim Polizeipräsidium und/oder Strafanzeige gegen die Beamten vor Ort oder beim nächsten Polizeirevier oder bei der Staatsanwaltschaft *(s. Kapitel Rechtsschutz)*.

Literaturhinweise zum Polizeirecht
Böhrenz/Franke, Niedersächsisches Gefahrenabwehrgesetz (NGefAG), 3. neubearbeitete Aufl., Hannover 1994.
Gallwas, Polizei und Bürger. Rechtsfragen zu polizeilichem Handeln, Beck-Rechtsberater im dtv, München 1993
Gusy, Christoph: Polizeirecht, 2. neubearbeitete Aufl., Tübingen 1994.
Habermehl, Kai: Polizei- und Ordnungsrecht, 2. Aufl., Baden-Baden 1993.
Honnacker, Heinz / Beinhofer, Paul: Polizeiaufgabengesetz, 16. Aufl., Stuttgart u.a. 1995.
Lisken, Hans / Denninger, Erhard (Hg.): Handbuch des Polizeirechts, 2. neu bearbeitete und erweiterte Aufl., München 1996.

Exkurs:
Eingriffsbefugnisse Privater Sicherheitsdienste
**Schwarze Sheriffs, Private Streifen, „Sicherheitswachten",
Detektive im öffentlichen und halböffentlichen Raum**
Uniformierte „Privat-Sheriffs" gehören längst zum Alltag: In Bahnhöfen und U-Bahnen, in Fußgängerzonen und Passarellen, in Kaufhäusern und Banken, in Fußballstadien und bei Rock-Konzerten werden sie eingesetzt. Mittlerweile gibt es in der Bundesrepublik mehr private Sicherheitskräfte als Polizeibeamte (ca. 300.000 : 270.000).[48] Dabei stellt sich immer wieder die Frage, was die „Privaten" eigentlich dürfen und was nicht.

Grundsätzlich bewegt sich das private Sicherheitsgewerbe im Rahmen der allgemeinen Handlungsfreiheit und der Berufsfreiheit, die durch Art. 2 und 12 GG geschützt sind. Die Ausübung des Gewerbes ist gemäß § 34a Gewerbeordnung erlaubnispflichtig. Die Erlaubnis kann mit Auflagen zum Schutz der Allgemeinheit oder der Auftraggeber versehen oder aber – mangels Eignung und Zuverlässigkeit – versagt werden. In einem Erlaß des Bundeswirtschaftsministers „Verordnung über das Bewachungsgewerbe" sind Befugnisse und Verpflichtungen bei der Gewerbeausübung festgelegt. Diese beziehen sich insbesondere auf die Pflichten des Gewerbetreibenden bei der Einstellung und Entlassung der Bediensteten (Anforderungen):

- ▶ Verpflichtung, eine Haftpflichtversicherung abzuschließen
- ▶ Verpflichtung, Betriebsgeheimnisse zu wahren
- ▶ Beschäftigung von zuverlässigen Personen, insbesondere beim Führen von Schußwaffen
- ▶ Pflicht des Wachpersonals, Ausweise mit sich zu führen
- ▶ Aufsichts- und Dokumentationspflichten etc.
- ▶ Die Unterrichtung der Mitarbeiter soll danach in 24 Stunden abgeschlossen sein.

Konkrete Umschreibungen oder Begrenzungen des Aufgabenfeldes zulässiger Gefahrenabwehr sucht man vergebens. Ebensowenig enthält die Verordnung Regelungen darüber, welche Befugnisse privaten Wachleuten gegenüber Dritten zustehen oder wie der Datenschutz gewährleistet werden soll.

Anders als die privaten Sicherheitsdienste in militärischen und kerntechnischen Bereichen (Atomanlagen etc.) sowie in Luftfahrtunternehmen und Flughäfen ist die Rechtsstellung von privaten Detektiven und Wachleuten in sonstigen Bereichen weitgehend ungeklärt – obwohl gerade deren Tätigkeit geeignet ist, alltäglich Rechte Dritter zu verletzen.

Private Sicherheitskräfte haben **keinerlei Hoheitsrechte,** wie sie der Polizei zustehen, weshalb sie ausschließlich privatrechtlich tätig werden. Sie dürfen in aller Regel **nicht bewaffnet** sein (keine Schußwaffen;[49] häufig jedoch mit Gummiknüppeln, Handschellen und Funkgeräten ausgerüstet). Prinzipiell stehen solchen privaten Sicherheitskräften nur die sog. *Not- und Jedermannsrechte* zu, d.h.

▶ die zivilrechtlichen Schutz- und Selbsthilferechte (§§ 859, 226 ff BGB),
▶ die strafrechtlichen Notwehr-, Nothilfe- und Notstandsrechte nach §§ 32 ff StGB:
▶ also das Nothilferecht: In einer akuten Notsituationen dürfen bzw. müssen sie hilfesuchenden Menschen auf angemessene Art und Weise helfen,
▶ gegen einen akuten rechtswidrigen Angriff dürfen sie sich angemessen zur Wehr setzen und mit den erforderlichen Mitteln abwehren *(Notwehrrecht).*
▶ Für solche Notrechte, die von professionellen Privaten Sicherheitskräften routinemäßig geltend gemacht werden, müßte richtigerweise das Verhältnismäßigkeitsprinzip gelten (umstritten).
▶ *Festnahmerecht:* Private Sicherheitskräfte dürfen – wie alle BürgerInnen – einen auf frischer Tat ertappten Straftäter auch ohne richterliche Anordnung festnehmen, wenn er der Flucht verdächtig ist oder seine Identität nicht sofort festgestellt werden kann (§ 127 StPO; allerdings umstritten, wegen des Ausnahmecharakters dieser Vorschrift, die auf diese Weise routinemäßig als Rechtsgrundlage dient – deshalb gilt auch hier zumindest der Verhältnismäßigkeitsgrundsatz).
▶ Die betreffende Person darf zwangsweise festgehalten werden bis die Polizei eintrifft und die Personalien aufnimmt.
▶ Bloßer Tatverdacht reicht für eine solche Festnahme allerdings nicht aus. Die begangene Tat muß rechtswidrig sein. Im übrigen dürfen Private niemanden zu präventiven Zwecken – der Gefahrenabwehr – festnehmen.
▶ Das Festnahmerecht umfaßt auch die Anwendung von Zwang (festes Zupacken, auch Fesseln, wenn es angemessen erscheint im Verhältnis zur Bedeutung der Straftat). Eine Gesundheitsbeschädigung ist nicht erlaubt.
▶ In einem Fall von Festnahmerecht haben sie auch das Recht der *Identitätsfeststellung.*
▶ Die Befugnis der Festnahme schließt die Befugnis ein, den Betroffenen anzuhalten (weniger einschneidender Eingriff). Durch das Anhalten kann sich die Freiheitsentziehung durch vorläufige Festnahme erübrigen.
▶ Eine *körperliche Durchsuchung* der Person und mitgeführter

Sachen ist zwar prinzipiell nicht erlaubt, aber aus Gründen der Sicherheit und der Beweissicherung zulässig.
► Sobald der Zweck der Festnahme erreicht ist (Identitätsfeststellung, Übergabe an Polizei) muß der Betroffene von der privaten Sicherheitskraft freigelassen werden.
Häufig kommt es vor, daß private Sicherheitskräfte unzulässigerweise über diese Eingriffsbefugnisse hinausgehen:
► Allgemeine Personalienfeststellungen und Befragungen mit Zwangscharakter,
► Einbehalten der Ausweispapiere und Speicherung der personenbezogenen Daten,
► Langfristige Observationen und Abhöraktionen; Anlegen von Foto-Mappen mit Porträts von Verdächtigen,
► Körperliche Durchsuchungen auf öffentlichen Flächen,
► Einsatz moderner Informationstechnologie,
► Beweisdokumentation (Video),
► Kontrollen, Überwachungen und Verwarnungen,
► Vertreibung von sozialen Randgruppen,
► Platzverweise und Aufenthaltsverbote.
Vielfach geschehen solche Eingriffe und auch Übergriffe im halböffentlichen Raum (z.B. Einkaufspassagen, Bahnhöfe) oder im privaten Raum (Kaufhäuser), in dem sie sich auf das Hausrecht berufen, das sie im Dienste ihrer privaten Auftraggeber ausüben. In Ausübung dieser Funktion sind sie befugt, unbefugtes Eindringen zu unterbinden (etwa im Falle eines ausgesprochenen Hausverbots), das Eigentum und den Besitz zu schützen und „Störer" bzw. Straftäter festzunehmen bzw. zu entfernen (Selbsthilferecht des Besitzers). Das gleiche gilt für den privaten Personen- und Objektschutz. Ob die Durchsetzung des Hausrechts auch zur Anwendung von körperlichem Zwang bzw. Gewalt legitimiert, ist umstritten. Ebenso umstritten ist, ob private Sicherheitsunternehmen von öffentlichen Verkehrsflächen aus operativ oder präventiv tätig werden dürfen.

Ungeklärt ist das Verhältnis der Privaten zur Polizei (etwa beim Datenaustausch); immer wieder kommt es zu einer Vermischung und zur Entstehung von Grauzonen zwischen Staat und Privaten. Die Polizei kann sich praktisch der Privaten bedienen, die an weniger Restriktionen gebunden sind als sie selbst. Es gibt praktisch keine effektive Kontrolle der privaten Sicherheitsdienste. Ungeklärt ist die Rechtsgrundlage für die Beschaffung und Speicherung von Informationen bzw. personenbezogenen Daten bzw. deren Erfassung in Akten. Grenze bzw. Schranke für die Informationsbeschaffung ist allein das

allgemeine Persönlichkeitsrecht der Betroffenen (§ 823 I BGB). Zum Schutzbereich dieses Rechts gehören:
- die persönliche Ehre
- die Privat- und Intimsphäre
- das Recht auf informationelle Selbstbestimmung
- das Recht am eigenen Bild sowie am gesprochenen privaten Wort.

Rechtliche Gegenwehr
▶ Voraussetzung für rechtliche Gegenwehr ist, daß Betroffene den Eingriff durch Private Sicherheitskräfte beweisen können. Sie müssen also möglichst Zeugen, die Namen der Sicherheitskräfte sowie das Sicherheitsunternehmen benennen können.
▶ Von Eingriffen durch private Sicherheitskräfte Betroffene oder Geschädigte müssen ihre Rechte im Wege des Zivilprozesses einklagen (Schadensersatzklage etc.) – ein teurer und langwieriger Vorgang. Hier gilt nicht, wie beim Straf- oder Verwaltungsgerichtsverfahren der Amtsermittlungsgrundsatz.
▶ Bei strafrechtlich relevantem Verhalten von privaten Sicherheitskräften (z.b. Körperverletzung, Freiheitsberaubung, Nötigung, Amtsanmaßung etc.): Strafanzeige oder Strafantrag bei der Staatsanwaltschaft einreichen.

Literatur-Auswahl

Bürgerrechte & Polizei 3/1992, Schwerpunkt: Private Sicherheitsdienste (Berlin)
Bueß, Private Sicherheitsdienste, Stuttgart 1997
Das Geschäft mit der Sicherheit blüht, in: Deutsche Richterzeitung 7/1995, S. 277 ff.
Deutsche Polizei, Wachstumsbranche mit lädiertem Image, Heft 4/1995, S. 6 ff.
Die Polizei 2/1994: Schwerpunkt „Privates Sicherheitsgewerbe und Polizei"
GAL-Fraktion, Mehr Sicherheit durch private Wachdienste, Reader hg. von Fraktion Bündnis 90/Die Grünen in der Hamburgischen Bürgerschaft, Hamburg 1994
Such, Private Sicherheitsdienste – oder: Die Grenzen des staatlichen Gewaltmonopols, in: Die Neue Gesellschaft/Frankfurter Hefte 2/1998, S. 45 ff.
Voß, Private Sicherheitsdienste, in: Neue Kriminalpolitik 2/93, S. 39 ff.
Weichert, Die Privatisierung der öffentlichen Sicherheit, in: Gössner (Hg.), Mythos Sicherheit, Baden-Baden 1995, S. 263 ff.

Anmerkungen

(1) z.B. nach § 12 NGefAG oder vergleichbaren Vorschriften der Polizeigesetze der Länder und des Bundes.
(2) BVerfGE vom 7.3.95 – 1 BvR 1564/92
(3) Vgl. Spörl, Zur Einführung einer verdachts- und ereignisunabhängigen Personenkontrolle („Schleierfahndung") in Bayern, in: Die Polizei 8/1997, S. 217 ff.; Die Grünen

im Landtag Baden-Württemberg (Hg.), Anlaßunabhängige Polizeikontrollen im Spannungsfeld zwischen Polizeipraxis und Bürgerrechten, Stuttgart 1996.
(4) Ebda.; vgl. auch Schnupp, Personalienfeststellung: § 111 OWiG vor dem Bundesverfassungsgericht, in: Deutsche Polizei 2/1996, S. 27 ff.
(5) Das können dann allerdings im Zweifel auch alle Straßen des Landes sein.
(6) So: Die Polizei 8/97, S. 220.
(7) Vgl. dazu Wittig, Schleppnetzfahndung, Rasterfahndung und Datenabgleich, in: Juristische Schulung 11/1997, S. 961 ff.
(8) Becker, Zwangsweise Anhalten: Nicht um jeden Preis hinterherjagen, in: Deutsche Polizei 2/1996, S. 18 ff.
(9) Vgl. Lisken, Zum Vollzug verdachtsloser Jedermannkontrollen, in: Polizei-heute 2/98, S. 41 ff.
(10) Ebda., S. 43.
(11) Ebda.
(12) Vgl. Weser-Kurier 29.7.1997: Keine Tabu-Zonen für Drogenabhängige; Urteil des VG Bremen (Az. A 149/96) vom 29.5.96.
(13) Urteil des AG Stuttgart (Amtsrichter Wolf) vom 16.04.1997, Az. B 8 OWi 25 Js 70/97. Vgl. dazu auch: Bettler: Dreckspatzen und Drecksarbeit, in: Der Spiegel 24/1997, S. 48 ff.; Rada, Die City ist nicht für alle da, in: die tageszeitung v. 31.5./1.6.1997, S. 11.
(14) Pressemitteilung vom 4.12.1995. Die NRV schildert einen Fall, in dem ein Betroffener, weil er sich nicht an das Betretungsverbot gehalten hatte, in etwa 50 Fällen in Gewahrsam genommen wurde, woraus eine Gesamtgewahrsamszeit von ca. drei Monaten resultierte.
(15) VG Gelsenkirchen vom 14.5.93, in: Die Polizei 1993, S. 194 f.
(16) Vgl. Rachor, in: Lisken/Denninger, Handbuch des Polizeirechts, 1992, S. 300 ff.
(17) Risiken bei Festnahmen: Positional Asphyxia bei Festgenommenen, in: Deutsche Polizei 12/1997, S. 17 ff.
(18) Zur Überprüfung nach Beendigung, vgl. BVerwG vom 8.1.88, NJW 1989, 1048 mit Hinweis auf landesgesetzliche Zuständigkeitszuweisungen an Gerichte.
(19) Vgl. auch Lisken, in Polizei – heute 7/94, S. 362 f.; a.A. Köbschall, Der Verbringungsgewahrsam aus rechtlicher Sicht, in: Die Polizei 9/97, S. 263 ff.
(20) Vgl. dazu schon: Gössner/Herzog, Der Apparat – Ermittlungen in Sachen Polizei, Köln 1994, S. 15 ff.
(21) Vgl. Übersicht bei: Rößler, Sechzehn Polizeigesetze regeln den Unterbringungsgewahrsam in sehr unterschiedlicher Weise, in: Frankfurter Allg. Zeitung vom 22.8.1995.
(22) Vgl. dazu Buik, Grundlagen des Ausländerrechts und Bearbeitung von Ausländerhaftsachen, in: Polizeispiegel 6/98, S. 143 ff.
(23) SPD-regierte Länder verzichteten bislang in der Regel auf Kostenerstattung.
(24) Angaben nach Komitee für Grundrechte und Demokratie (Bonn/Köln) 6/1995; vgl. auch Der Spiegel 42/1994, S. 29.
(25) Angaben des Bundesinnenministeriums, lt. die tageszeitung vom 4.8.95, S. 12; für 1995 lt. dpa-Umfrage bei den 16 Innenministerien, s. Weser-Kurier vom 28.7.95 (darunter etwa 11.700 abgelehnte Asylbewerber).
(26) Brunnert, Kirchenasyl hat für Pastor strafrechtliche Folgen, in: FR 26.2.1998.
(27) Vgl. dazu ausführlich: Gössner, Das Anti-Terror-System – Politische Justiz in einem präventiven Sicherheitsstaat", Hamburg 1991, S. 42 ff.
(28) BVerfGE 20, 144, 148
(29) So Hecker, Abschreckung durch Hauptverhandlungshaft? – Der neue Haftgrund des „vermuteten Ungehorsams", in: NStZ 12/1997, S. 570
(30) BGBl. I 1997, S. 1822 (Gesetz vom 17.07.1997).
(31) S. zu den verfassungsrechtlichen Bedenken: Hecker, a.a.O., S. 569 ff.
(32) BVerfGE 20, 144, 148.
(33) Bäumler, Im Visier der Gen-Fahnder, in: Der Spiegel 18/1998, S. 194, 195.

(34) Vgl. BR-Drucks. 389/98 v. 29.4.98; BT-Drucks. 13/10791; vgl. dazu Beschlußempfehlung und Bericht des Rechtsausschusses im Dt. Bundestag, BT-Drucks. 13/11116 v. 22.6.1998.
(35) vgl. dazu schon: Start frei für zentrale DNA-Analyse-Datei, in: Innenpolitik – Informationen des Bundesministeriums des Innern Nr. II/1998, 19.5.98, S. 3.
(36) Mitteilung vom 11.6.1998.
(37) BKA-Gesetz vom 1.8.1997. Dies geschah mit Rückendeckung der Innenministerkonferenz.
(38) Beschlußempfehlung und Bericht des Rechtsausschusses im Dt. Bundestag, BT-Drucks. 13/11116 v. 22.6.1998, S. 10.
(39) Vgl. Antrag von Bündnis 90/Die Grünen im Bundestag, BT-Drucks. 13/10656 v. 7.5.1998; sowie Presseerklärung der Deutschen Vereinigung für Datenschutz e.V. vom 14.4.1998.
(40) sog. Automatische Fingerabdruckidentifizierungssystem (AFIS).
(41) Flüchtlinge zwangsweise geröntgt, in: Frankfurter Rundschau vom 12.8.95: Diese Methode ist umstritten und wurde in Frankfurt nach heftigen öffentlichen Protesten eingestellt.
(42) Ausführlich dazu: Antirassismusbüro Bremen, Polizisten, die zum Brechen reizen, Bremen 1995; Juristische Stellungnahme von Dr. Edda Weßlau vom 1.3.1995, ebda., S. 20a (Anlage).
(43) Urteil des OLG Ffm vom 11.10.96 – 1 Ss 28/96 -, teilweise abgedruckt zusammen mit einer Anmerkung von Lisken, in: Polizei-heute 1/1997, S. 9ff.
(44) Grund: „Die Polizei kennt praktisch nur ein Ziel: die Überführung des Verdächtigen, möglichst durch Ablegung eines Geständnisses. Dies begründet den persönlichen Erfolg des einzelnen Polizeibeamten und der Institution, die jedes ihrer Mitglieder unter strukturellen Druck setzt, solche Erfolge zu erzielen. Zur Erreichung ihres Ziels ist der Polizei fast jedes Mittel recht. (. . .) Für den Verdächtigten bleibt nur eine Konsequenz: Er muß jede Kooperation mit der Polizei verweigern." (Brühl, Die Rechte der Verdächtigten und Angeklagten, S. 28 f.).
(45) BGH-Urteil aus dem Jahre 1979 (unveröffentlicht).
(46) Ursula Nelles, Wie fest sind die persönlichen Rechte? Das Beispiel Hausdurchsuchungen in: Bürgerrechte und Polizei 16/1983, S. 20ff. Die Autorin weist nach, daß zwischen 70 und über 90 Prozent der von ihr untersuchten Hausdurchsuchungsfälle durch Polizeibeamte bzw. Staatsanwälte wegen „Gefahr im Verzug" angeordnet und durchgeführt wurden. Sie kommt zu dem Schluß: „Man muß daher zusammenfassend feststellen, daß nicht nur die anordnenden Beamten die gesetzlichen Grenzen (Gefahr im Verzug) mißachten, sondern daß die Richter die Kontrolle darüber, ob ihre (verfassungs-)rechtlichen Kontrollbefugnisse und -pflichten respektiert werden, selbst aus der Hand gegeben haben."
(47) Vgl. BVerfGE 56, 247; BVerfGE 77, 65; Kunert, MDR 1975, 887 m.w.N.; IG Medien, Hände weg von den Medien, Stuttgart o.J., S. XII., Gast, Medien als Helfer der Staatsmacht? In: die tageszeitung vom 13.12.96; Bündnis 90/Die Grünen im Bundestag haben einen Gesetzentwurf zur Ausweitung des Zeugnisverweigerungsrechts für JournalistInnen vorgelegt (BT-Drucks. 13/5285 v. 15.7.96)
(48) Deutsche Polizei, Wachstumsbranche mit lädiertem Image, Heft 4/1995, S. 6 ff (7).
(49) Nur mit Sondergenehmigung in bestimmten Sicherungsbereichen mit erhöhter Gefährdung zugelassen. Doch etliche private Sicherheitskräfte sind gleichwohl mit Schußwaffen ausgerüstet.

Kapitel 2

Demonstrationseinsätze der Polizei

Gerade im Zusammenhang mit Demonstrationen und polizeilichen Demonstrationseinsätzen ist es sinnvoll für TeilnehmerInnen, sich möglichst vor der Teilnahme und vor geplanten Aktionen mit Rechten, Pflichten und Rechtsmitteln bzw. Rechtsschutzmöglichkeiten vertraut zu machen. Dies kann nicht zuletzt in Festnahmesituationen hilfreich sein.
Prinzipiell ist das Recht auf Versammlungsfreiheit grundgesetzlich geschützt:

Art. 8 GG „Versammlungsfreiheit":
(1) Alle Deutschen haben das Recht, sich ohne Anmeldung oder Erlaubnis friedlich und ohne Waffen zu versammeln.
(2) Für Versammlungen unter freiem Himmel kann dieses Recht durch Gesetz oder auf Grund eines Gesetzes beschränkt werden."

Das Grundrecht der Versammlungsfreiheit ist mehr als nur ein klassisches Abwehrrecht gegen Eingriffe des Staates in Grundrechtspositionen. Es ist zugleich ein Mitwirkungs- und Teilhaberecht. Das Recht, sich ungehindert und ohne besondere Erlaubnis mit anderen zu versammeln, gilt seit jeher als Zeichen der Freiheitlichkeit eines Gesellschaftssystems. Dies begründet eine vorrangige Pflicht des demokratischen Rechtsstaates zum Schutz von Versammlungen, der insbesondere bei der Abwägung unter Verhältnismäßigkeitsaspekten Rechnung getragen werden muß.

2.1 Versammlungsfreiheit – Schranken, Demonstrationsverbote und -Auflagen

2.1.1 Grundrechtsimmanente Schranken

Die grundrechtsimmanenten Schranken der Versammlungsfreiheit für Öffentliche Versammlungen in geschlossenen Räumen und unter freiem Himmel:
▶ Art. 8 GG gewährt *nur allen Deutschen* die Versammlungsfreiheit. Nach der Europäischen Menschenrechtskonvention, nach Art. 2 GG

(Handlungsfreiheit) und dem Versammlungsgesetz (VersG) haben jedoch alle Menschen das Recht, sich zu versammeln.
▶ Versammlungen müssen *„friedlich"* sein, d.h. sie dürfen zu keiner „Störung des Rechtsfriedens" führen, die über die formale Verletzung von Rechtsnormen hinausgeht.[1]
▶ Ohne Waffen – sowohl im technischen Sinne (etwa Schußwaffen), aber auch im nichttechnischen Sinne, also Gegenstände, die nach ihrer Beschaffenheit objektiv geeignet und von der mitführenden Person subjektiv dazu bestimmt sind, der Verletzung von Personen oder der Beschädigung von Sachen zu dienen (z.B. Spazierstock); vgl. § 2 III VersG.
Nichtöffentliche Versammlungen in geschlossenen Räumen bzw. Wohnungen genießen über den Grundrechtsschutz des Art. 8 GG hinaus regelmäßig zugleich den Schutz des Art. 13 GG (Unverletzlichkeit der Wohnung). Ein polizeilicher Eingriff in das Grundrecht nach Art. 13 kommt nur in Betracht im Falle einer Lebens- bzw. „Gemeingefahr" für hochrangige Rechtsgüter (Leib, Leben, Freiheit) gem. Art. 13 III GG.
Die Möglichkeiten zur **Beschränkung der Versammlungsfreiheit** im Fall von Versammlungen unter freiem Himmel gem. Art. 8 Abs. 2 GG werden im wesentlichen gestützt
▶ auf die sog. Bannmeilengesetze des Bundes und der meisten Bundesländer;
▶ auf das Versammlungsgesetz (VersG) – gefahrenabwehrende Maßnahmen;
▶ ergänzend auf die Polizeigesetze des Bundes und der Länder (z.B. im Vorfeld von Versammlungen und soweit das VersG keine Regelung enthält).

Exkurs:
Versammlungsverbot
in der (vordemokratischen) Bannmeile

Die Bannmeilengesetze des Bundes und der meisten Bundesländer konstituieren rund um die Parlamente (und das Bundesverfassungsgericht in Karlsruhe) einen räumlich festgelegten „befriedeten Bannkreis", in dem gemäß § 16 Abs. 1 Versammlungsgesetz (VersG) öffentliche Versammlungen unter freiem Himmel und Aufzüge generell verboten sind. Dies gilt auch für sog. Spontanversammlungen. Eine verbotene, aber dennoch stattfindende Versammlung ist gem. § 15 Abs. 3 VersG aufzulösen; dabei spielt es keine Rolle, ob diese fried-

lich ist oder die parlamentarische Arbeit tatsächlich stört bzw. beeinträchtigt. Dieses generelle Verbot ist gemäß § 106a StGB strafbewehrt:
▶ Ein Verstoß kann mit Freiheitsstrafe bis zu sechs Monaten bzw.
▶ im Falle einer Aufforderung zur Bannkreisverletzung mit bis zu zwei Jahren oder mit Geldstrafe geahndet werden.

Ausnahmen von diesem Versammlungsverbot können – auf Antrag – nur in Einzelfällen durch den Innenminister im Einvernehmen mit dem Präsidenten/der Präsidentin des jeweiligen Parlamentes zugelassen werden. Die Entscheidung liegt im behördlichen Ermessen, ein Rechtsanspruch auf eine Ausnahmegenehmigung besteht nicht.

Dieses Versammlungsverbot dient nach herrschender Auffassung dem besonderen Schutz der Arbeits- und Funktionsfähigkeit des Parlaments als Gesetzgebungsorgan des Landes. Als Schutzziel gilt dabei der Schutz der Abgeordneten vor physischer Gewalt und vor dem sog. Druck von der Straße. Die „Unabhängigkeit und Würde" des gesetzgebenden Verfassungsorgans sollen gewährleistet werden.

Kritik: Ein generelles vorbeugendes Versammlungsverbot ist unverhältnismäßig und nicht vereinbar mit dem Staats- und Demokratieverständnis des Grundgesetzes und dem Wesensgehalt der Meinungs- und Versammlungsfreiheit:

▶ Bannmeilengesetze stammen aus den Anfängen der Bundesrepublik und verraten vordemokratischen Geist. Sie widersprechen grundsätzlichen demokratischen Prinzipien und offenbaren die Angst der „Volksvertreter" vor dem Volk. Den Parlamentariern wird damit die unmittelbare Konfrontation mit Menschen „erspart", die für ihre eigenen oder für übergeordnete Interessen auf die Straße gehen, um ihre Argumente nicht zuletzt den Abgeordneten – im Wortsinne – nahebringen zu können. Das Parlament kapselt sich gegen solche, offensichtlich als „störend" empfundenen Einflüsse in einem „befriedeten" Sperrbezirk ab, an dessen Grenzen der demokratische Sektor für politisch aktive Bürger und Bürgerinnen zu enden scheint.

▶ Die in einer repräsentativen Demokratie ohnehin große Kluft zwischen Parlament/Abgeordneten und Bevölkerung wird durch diese generelle Abschottung noch erheblich verstärkt. In einer Zeit, in der die sogenannte Politik(er-)Verdrossenheit und die Unzulänglichkeiten einer bloßen „Zuschauerdemokratie" beklagt werden, ist die Verbannung von demonstrierenden Bürgern und Bürgerinnen von den Vorplätzen der Parlamente besonders widersinnig. Die Forderung nach Aufhebung der Bannmeilengesetze muß im Zusammenhang gesehen werden mit der notwendigen Demokratisierung in Staat und Gesellschaft und der Einfügung von plebiszitären Elementen in die Verfassungen (*s. dazu Kapitel über Parlamentarische Mittel*).

Die Bannmeilenregelungen werden der verfassungsrechtlichen Bedeutung der Versammlungs- und Meinungsfreiheit in einer repräsentativen Demokratie nicht gerecht:
▶ Generelle Versammlungsverbote und drastische Strafen für gewaltfreie Handlungen, wie etwa das Zeigen von Plakaten, schränken die in Art. 8 des Grundgesetzes garantierte Versammlungsfreiheit in unverhältnismäßiger Art und Weise ein. Schließlich schützt Art. 8 auch das Selbstbestimmungsrecht bezüglich Ort, Zeit, Art und Inhalt einer Versammlung.
▶ Nach der grundlegenden Brokdorf-Entscheidung des Bundesverfassungsgerichts (1985) kann das Grundrecht der Versammlungsfreiheit wegen seiner hohen Bedeutung nur zum Schutz anderer, gleichwertiger Rechtsgüter und unter strenger Einhaltung der Verhältnismäßigkeit begrenzt werden. Der Schutz des Parlaments vor dem „Druck der Straße" läßt sich aus dem Grundgesetz jedoch nicht als gleichwertiges Rechtsgut ableiten: Die in Art. 38 Abs.1 GG postulierte Unabhängigkeit der Abgeordneten („an Aufträge und Weisungen nicht gebunden und nur ihrem Gewissen unterworfen"; freies Mandat) kann durch die offene und direkte Konfrontation mit DemonstrationsteilnehmerInnen vor dem Parlament in der Regel nicht verletzt werden; viel eher – und wesentlich subtiler und effektiver – ist die Unabhängigkeit im Wege indirekter, heimlicher und unkontrollierbarer Willensbeeinflussung durch organisierte Wirtschaftsinteressen und Lobbyisten-Verbände bedroht. Zwar sind öffentliche Versammlungen prinzipiell geeignet, die politische Willensbildung zu beeinflussen; doch gehört gerade dies zum Kern, zum legitimen Sinn und Zweck des Demonstrationsrechts als Kampfinstrument des homo politicus. Neben der Meinungs(äußerungs-)freiheit und der Teilnahme an Wahlen sind Versammlungen eine der wenigen Möglichkeiten der BürgerInnen, im Rahmen der repräsentativen Demokratie an der politischen Willensbildung mitzuwirken.
▶ Gerade in einem repräsentativen System spielen Kommunikationsgrundrechte wie Art. 8 und Art. 5 GG eine herausragende Rolle. Diese Möglichkeit in bestimmten Bereichen (außerhalb des engen Hausrechts) generell zu verbieten, verletzt daher den verfassungsmäßigen Grundsatz der Verhältnismäßigkeit.
Sollten sich im Einzelfall Gefahren für das Parlament und die Abgeordneten konkretisieren, so bietet das Gefahrenabwehr-, Versammlungs- und Strafrecht genügend, z.T. äußerst weitreichende Möglichkeiten, eine Demonstration gegebenenfalls einzuschränken, Auflagen zu erteilen oder – als ultima ratio – auch zu verbieten. Auch aus diesem Grund ist eine Bannmeilenregelung nicht erforderlich,

zumal diese nicht die konkrete Störung der Parlamentsarbeit oder die Behinderung bzw. Nötigung von Abgeordneten verbietet, sondern generell jede (friedliche) Versammlung und jegliche organisierte Meinungsäußerung im Umkreis des Parlaments.
Längst nicht alle Bundesländer halten eine Bannmeilenregelung für erforderlich:
► So hat Bremen von Anfang an hierauf verzichtet; dort finden traditionellerweise die wichtigsten Demonstrationen und Kundgebungen direkt vor dem Parlament auf dem Marktplatz statt; negative Erfahrungen sind damit nicht gemacht worden.
► Schleswig-Holstein hat 1990 seine Bannkreisregelung ersatzlos gestrichen.
► Von besonderer Bedeutung ist die Tatsache, daß fast alle neuen Bundesländer auf eine Bannmeilenregelung verzichtet haben (mit Ausnahme von Thüringen). Hier spielen die Erfahrungen mit Demonstrationen im Rahmen der sog. friedlichen Revolution in der ehemaligen DDR („Wir sind das Volk") eine entscheidende Rolle. „Abgeordnete der Landtage der neuen Bundesländer sahen sich nicht dazu in der Lage, ein Recht, das sich das Volk durch Ausübung desselben erkämpft hat, nun durch ein Gesetz wieder zu beschneiden" (Tsatsos/Wietschel, a.a.O., S. 214 m.w.N.).
Auch andere westliche Demokratien kommen ohne strafbewehrte Bannmeilen aus: Die meisten europäischen Staaten, mit Ausnahme von Belgien, England und Österreich, haben auf ein generelles Verbot von Demonstrationen in der Nähe ihrer Parlamente verzichtet. In den Niederlanden wird es aus verfassungsrechtlicher Sicht und zur Förderung der politischen Kultur sogar als wesentlich angesehen, Demonstrationen gerade in der Nähe des Parlaments zuzulassen.

2.1.2 Die Beschränkungen der Versammlungsfreiheit (Gebote und Verbote) durch das Versammlungsgesetz (VersG)

(1) Verbot der Teilnahme: Nach den Vorschriften des VersG dürfen an einer öffentlichen Versammlung nicht teilnehmen:
► Personen, die das Grundrecht auf Versammlungsfreiheit gem. Art. 18 GG verwirkt haben (festzustellen vom Bundesverfassungsgericht), § 1 II Nr. 1 VersG. Kam bislang noch nicht vor.
► Personen, die das Recht auf Versammlung zur Förderung der Ziele einer gemäß Art. 21 II GG vom Bundesverfassungsgericht für verfassungswidrig erklärten Partei einsetzen wollen (§ 1 II Nr. 2). Hatte bislang auch noch keine praktischen Auswirkungen.

▶ Vereinigungen, die wegen ihrer gegen die verfassungsgemäße Ordnung oder die Völkerverständigung gerichteten Ziele oder den Strafgesetzen zuwiderlaufenden Aktivitäten durch den Bundesinnenminister oder einen Landesinnenminister verboten wurden (nach Art. 9 II GG iVm. § 3 I Vereinsgesetz, § 1 II Nr. 4 VersG). Diese Vorschrift wird in der Praxis erfolgreich dadurch umgangen, daß statt der verbotenen Vereinigung eines ihrer Mitglieder oder eine der Vereinigung nahestehende anderweitige Person oder Gruppe die Versammlung organisiert und anmeldet.

Der Veranstalter von öffentlichen Veranstaltungen muß in öffentlichen Einladungen seinen Namen (und ggfls. Funktion, Partei, nicht unbedingt Adresse) so angeben, daß die dahinterstehende Person identifizierbar ist (§ 2 I VersG).

(2) Störungsverbot: Die Versammlung darf nicht gestört werden. Dieses sog. Störungsverbot des § 2 II VersG richtet sich an „jedermann". Danach müssen solche Störungen unterlassen werden, die die ordnungsgemäße Durchführung der Versammlung verhindern. Als Durchführungsstörungen gelten u.a.
- maskiertes Auftreten
- Niederbrüllen des Redners
- Anhaltendes Pfeif- oder Hupkonzert.

Gegen solche Störungen kann die Polizei mit gefahrenabwehrenden Maßnahmen und mit strafrechtlichen Ermittlungen wegen eines Vergehens nach § 21 VersG reagieren. Zumindest kommt eine Verfolgung nach dem Bußgeldtatbestand des § 29 I Nr. 4 VersG in Betracht. Hier gilt allerdings das sogenannte Opportunitätsprinzip, d.h. die Polizei muß nicht, kann aber nach ihrem Ermessen einschreiten.

(3) Waffenverbot (nach § 2 III VersG): Hierunter fällt das Verbot von Waffen (nach dem Kriegswaffenkontrollgesetz) und von „sonstigen Gegenständen, die ihrer Art nach zur Verletzung von Personen oder zur Beschädigung von Sachen geeignet und bestimmt sind" (Waffen im nichttechnischen Sinne, jedoch keine sog. Schutzwaffen, s. dazu weiter unten).

Die Einbeziehung von weichen Gegenständen unter den Begriff der „nichttechnischen" Waffe, wie z.B. Tomaten oder Eier, ist umstritten. Die Kommentatoren Meyer/Köhler und Ott rechnen sie nicht dazu, weil sie nicht zur Sachbeschädigung geeignet seien, bzw. „nicht dazu bestimmt sind, sondern eine schon historische Form des Protestes und in einer Kundgebung zulässigen Widerspruch darstellen, allenfalls lächerlich machen sollen".[2]

Nach anderer Auffassung seien selbst Papierschlangen oder Wattebäusche als Waffen im nichttechnischen Sinne einzubeziehen.[3]
Unter *„mit sich führen"* wird verstanden (vgl. § 2 III VersG):
▶ Das Mitsichführen bei öffentlichen Versammlungen und Aufzügen
▶ das Mitsichführen auf dem Wege zu öffentlichen Versammlungen und Aufzügen
▶ das Hinschaffen zu öffentlichen Versammlungen und Aufzügen
▶ das Bereithalten zur Verwendung bei öffentlichen Versammlungen und Aufzügen
▶ das Verteilen zur Verwendung bei öffentlichen Versammlungen und Aufzügen.

Verstöße gegen das Waffenverbot führen
▶ zum Ausschluß der betreffenden Personen durch den Leiter der Versammlung
▶ oder zum Ausschluß der betreffenden Personen durch die Polizei
▶ zur Einleitung strafprozessualer Ermittlungen wegen eines Vergehens gem. § 27 I VersG (ggfls. in Tateinheit mit einem Vergehen gegen das Waffengesetz).

(4) Uniformverbot (nach § 3 I VersG): Verboten ist danach das Tragen gleichartiger Kleidung als Ausdruck einer gemeinsamen politischen Gesinnung.
Der Begriff der „gleichartigen Kleidung" in § 3 I VersG ist so restriktiv auszulegen, daß nur mit einer Uniform vergleichbare Kleidung darunter fällt, zumindest muß sie den Eindruck von Uniformen hervorrufen.
Das Bundesverfassungsgericht rechtfertigt das Uniformverbot folgendermaßen: „Das Tragen speziell von Uniformen als Ausdruck politischer Gesinnung ist ... – wie historische Erfahrungen bestätigen – geeignet, nicht nur die Außenwirkung kollektiver Äußerungen zu verstärken, sondern darüber hinaus suggestiv-militante Effekte in Richtung auf einschüchternde uniforme Militanz auszulösen. Wegen der damit verbundenen Beeinträchtigung des freien Meinungskampfes ist der Gesetzgeber von Verfassungs wegen nicht gehindert, die Meinungsäußerungsform des öffentlichen Uniformtragens schon in den Ansätzen und auch in ihren Umgehungsformen zu unterbinden."[4]
Das Tragen von uniformer Kleidung ist nur dann verboten, wenn es als Ausdruck einer gemeinsamen politischen – nicht nur parteipolitischen – Gesinnung erfolgt.
Dies wurde bejaht:
▶ für die gleichartige schwarze Kleidung des sog. Schwarzen Blocks der Autonomen;

▶ für schwarze Lederjacken, Hosen, Stiefel mit schwarzem oder braunem Hemd unter Zusatz von Armbinden, Totenkopfemblem oder Koppel von Mitgliedern bzw. Sympathisanten neonazistischer Gruppen (BVerfGE NJW 1982, 1803);
▶ für blaue FDJ-Hemden mit Brusttaschen und Schulterklappen auch ohne FDJ-Emblem in einem Demonstrationszug (BayObLG NJW 1987, 1778).

Verneint wurde dies:
▶ für blau-gelbe Anoraks von FDP-Mitgliedern bei Wahlveranstaltungen, weil es am Uniformcharakter der Kleidung fehle (StA Konstanz, NStZ 1984, 322);
▶ für die Kleidung von Hostessen bei einem Parteitag;
▶ für Heilsarmee, Wach- und Schließdienste, Schützenvereine, Trachtenvereine, Studentenverbindungen, Karnevalsgesellschaften, Musikkapellen, für Bundeswehr, Feuerwehr und Bahn-Bedienstete.
▶ Möglichkeiten einer Ausnahme vom Uniformverbot sind vorgesehen.

Bei Zuwiderhandlung gegen das Uniformverbot
▶ muß der Versammlungsleiter einschreiten und der Zuwiderhandlung abhelfen
▶ hat die Polizei die Möglichkeit, gefahrenabwehrend einzuschreiten und
▶ die Pflicht, strafprozessuale Ermittlungen wegen eines Vergehens nach § 28 VersG einzuleiten.

(5) „**Vermummungsverbot**" und **Verbot von „Schutzwaffen"**: Nach § 17a Versammlungsgesetz ist es verboten, bei öffentlichen Versammlungen unter freiem Himmel, Aufzügen oder sonstigen öffentlichen Veranstaltungen unter freiem Himmel oder auf dem Weg dorthin
▶ „Schutzwaffen oder Gegenstände" mit zu führen, „die als Schutzwaffen geeignet und den Umständen nach dazu bestimmt sind, Vollstreckungsmaßnahmen eines Trägers von Hoheitsbefugnissen abzuwehren" (*„passive Bewaffnung"*);
▶ „in einer Aufmachung" teilzunehmen, „die geeignet und den Umständen nach darauf gerichtet ist, die Feststellung der Identität zu verhindern... oder den Weg zu derartigen Veranstaltungen in einer solchen Aufmachung zurückzulegen" (*„Vermummung"*);
▶ „bei derartigen Veranstaltungen oder auf dem Weg dorthin Gegenstände mit sich zu führen, die geeignet und den Umständen nach dazu bestimmt sind, die Feststellung der Identität zu verhindern" (*„Vermummung"*).
Diese Vorschrift ist verfassungsrechtlich höchst umstritten.[5]

Passive Bewaffung/Schutzwaffen

(1) Beispiele für Schutzwaffen im technischen Sinne – d.h. die schon von ihrer Konstruktion her dazu bestimmt sind, den Körper gegen Gewalteinwirkungen zu schützen, sind: Schutzschilde, Stahlhelme, Schutzmasken, Schutzwesten, Atemschutzgeräte, Panzerungen, Ausrüstung für Kampfsportarten.
(2) Beispiele für Schutzwaffen im nichttechnischen Sinne – d.h. Gegenstände, die – auch – als Schutzwaffen geeignet und den Umständen nach dazu bestimmt sind, Vollstreckungsmaßnahmen der Polizei abzuwehren, sind: Motorradhelme, Arbeits-Schutzhelme, Polsterungen in bzw. unter der Kleidung (Ausstopfen mit Kissen), Eishockey-Ausrüstung, Sicherheitsanzüge, Lederkleidung.
(3) Keine Schutzwaffen im nichttechnischen Sinne sind: Regenmäntel, wohl aber Ölzeug bei sommerlicher Hitze und wolkenlosem Himmel.

Vermummung

Entscheidend ist die objektive Eignung und die subjektive Zweckbestimmung der Gegenstände bzw. Aufmachung, das Erkennen der Identität unmöglich zu machen. „Die Aufmachung wird deshalb in erster Linie durch Verändern bzw. Verbergen des Gesichts erfolgen, ist aber darauf nicht beschränkt, sondern kann auch das übrige Erscheinungsbild der Person betreffen."[6]

---

(1) Beispiele für Vermummung:
– Verhüllen des Gesichts bei Windstille und Wärme mit einem Schal
– Tragen einer Skimaske/"Haßmaske" mit Sehschlitz im Sommer in der Stadt
– Bemalen des Gesichts
– Tragen falscher Bärte
– Tragen von Pappnasen, Gesichtsmasken
– Tragen von Perücken
(2) Keine verbotene Vermummung,
– wenn Vermummung das Thema der Versammlung betrifft (z.B. Maulkörbe beim Thema Zensur) bzw. wenn dies von der Art der Versammlung angezeigt ist.
– Verbergen des Gesichts hinter den Händen, Grimassenschneiden, Veränderung der Frisur oder des Bartes fallen auch nicht unter den Begriff der Vermummung.

Angedrohte Maßnahmen und Strafen (§§ 17a, 27 VersG)
bei Verstoß gegen Vermummungs- oder Schutzwaffen-Verbot:
▶ Die Polizei kann Demonstranten auffordern, eine Vermummung abzulegen oder Schutzwaffen in amtliche Verwahrung zu geben (ggfls. sowohl zur Sicherstellung als auch als Beweismittel).
▶ Die zuständige Behörde/Polizei kann Personen, die diesen Verboten zuwiderhandeln, von der Veranstaltung ausschließen, festnehmen und ggfls. ed-behandeln.
▶ Zuwiderhandeln kann mit bis zu einem Jahr Freiheitsstrafe oder mit Geldstrafe geahndet werden.
Ausnahmen gelten für (§ 17 VersG)
– religiöse Feiern, Prozessionen, Wallfahrten
– „hergebrachte" Volksfeste, Fasching
– Hochzeiten, Züge von Hochzeitsgesellschaften
– „gewöhnliche" Leichenbegräbnisse etc.
– Die zuständige Behörde kann weitere Ausnahmen von den Verboten zulassen, „wenn eine Gefährdung der öffentlichen Sicherheit und Ordnung nicht zu besorgen ist". Dies ist u.U. gegeben, wenn Ausländer aus Sorge vor Repressalien durch ihre Heimatstaaten vermummt demonstrieren wollen.

Das Verbot der „passiven Bewaffnung" und das „Vermummungsverbot" haben eines gemeinsam: Beide Verbote sollen verhindern, daß staatliche Überwachungs- bzw. Zwangsmaßnahmen ins Leere laufen. Sie stehen praktisch symbolisch für die Durchsetzung der ganzen Bandbreite polizeilicher Einsatzmethoden und -mittel: „Demonstrationsfreiheit" zwischen Knüppel und Videoüberwachung, zwischen CS/CN-Gas-Einsatz und Computer.

2.1.3 Spezielle Regelungen für Öffentliche Versammlungen in geschlossenen Räumen
(z.B. Informations- oder Diskussionsveranstaltungen)

(1) Pflichten der VeranstalterInnen und TeilnehmerInnen:
Veranstalter haben folgendes zu beachten (§§ 6 ff VersG):
▶ Sie können in der Einladung bestimmte Personen oder Personenkreise trotz des öffentlichen Charakters der Versammlung ausschließen oder sich nur an bestimmte Personenkreise richten (Schüler, Studenten, Berufsgruppen, Frauen...). Die Grenze bildet das Diskriminierungsverbot des Art. 3 III GG und des in §§ 130, 185 StGB enthaltenen Rechtsgedankens. Danach ist es nicht zulässig, bestimmte

Personengruppen wegen ihrer Rasse, Sprache, Abstammung oder ihres Glaubens von der Teilnahme auszuschließen (vgl. auch § 6 I VersG).
► Pressevertreter können nicht ausgeschlossen werden (Pressefreiheit, Art. 5 I 2 GG). Dies gilt auch im Falle der polizeilichen Auflösung einer Veranstaltung.
► Die Versammlung muß einen Leiter / eine Leiterin haben, der oder die während der Versammlung anwesend ist. Dies gilt nicht für sog. Spontanversammlungen (entsprechend § 14 I VersG).
► Dem Leiter obliegt neben der Leitung der Versammlung auch eine Ordnungsaufgabe: er muß Gefahren verhindern, wenn dies nicht möglich ist, polizeiliche Hilfe hinzuziehen. Er kann die Versammlung unterbrechen, Teilnehmer ausschließen, die die „Ordnung gröblich stören" (muß also über normale Störung hinausgehen) und die Versammlung schließen.
► Zur Unterstützung kann der Leiter ehrenamtliche, unbewaffnete, gekennzeichnete (weiße Armbinde mit Aufschrift „Ordner") und volljährige Ordnungskräfte in angemessener Zahl einsetzen. Ggfls. kann die Polizei verlangen, ihr die Anzahl der Ordner mitzuteilen, die sie u.U. auch reduzieren kann (per versammlungsrechtlicher Verfügung).
► (Nur) der Versammlungsleiter ist der Polizei gegenüber auskunftspflichtig. Kommt er dieser Pflicht nicht nach, kann die Auskunft auch im Wege des Verwaltungszwangs erzwungen werden: durch Androhung und Beitreibung eines Zwangsgeldes. Die Verweigerung der Auskunft ist – ebenso wie eine falsche Angabe – als Ordnungswidrigkeit gem. § 29 I Nr. 6 VersG mit Geldbuße bedroht.
Die Versammlungsteilnehmer (auch anwesende Medienvertreter) haben die Pflicht (§§ 5 ff. VersG),
► den Anweisungen des Leiters oder der von ihm bestellten Ordner zu folgen, sofern diese Anweisungen der Aufrechterhaltung der Ordnung dienen. Versammlungsleiter und Ordner haben jedoch kein Recht, die Anweisungen zwangsweise durchzusetzen; dazu sind sie auf die Polizei angewiesen;
► sich nach Ausschluß durch den Versammlungsleiter (im Falle einer erheblichen Störung) oder nach Auflösung der Versammlung aus dieser zu entfernen (§§ 11, 13 VersG); dies kann ohne Polizei nicht zwangsweise durchgesetzt werden.

(2) Auflösung/Verbot von Versammlungen in geschlossenen Räumen:
Die Versammlung in geschlossenen Räumen kann – im zeitlichen Vorfeld – verboten oder – falls sie bereits begonnen hat – aufgelöst werden. Ein Versammlungsverbot kann gem. § 5 VersG nur im Einzel-

fall – also bezogen auf die konkrete Veranstaltung – ausgesprochen werden. Ein Verbot muß nicht, sondern kann ausgesprochen werden, d.h. die zuständige Behörde hat einen Ermessensspielraum, den sie bei ihrer Entscheidung unter Berücksichtigung des Verhältnismäßigkeitsgrundsatzes auszunutzen hat. Im Zweifel haben bestimmte Auflagen als minderschwere Maßnahmen Vorrang vor einem Verbot.
Die verfassungsrechtlich bedenklichen *Verbotsgründe* im einzelnen (abschließender Katalog):
▶ wenn ein nach § 1 II VersG ausgeschlossener Veranstalter die Versammlung organisiert oder eine verfassungswidrige Partei oder verbotene Vereinigung. Deren Mitglieder können als „natürliche Personen" gleichwohl die Versammlung durchführen;
▶ wenn der Veranstaltungsleiter bewaffneten Personen den Zutritt gestattet (dann aber ggfls. Auflösung der Versammlung);
▶ wenn Veranstalter (oder sein Anhang) einen gewalttätigen Verlauf der Versammlung anstreben, wobei eine unmittelbare Gefahr für Leib oder Leben von Personen (keine bloßen Rangeleien) oder für erhebliche Sachwerte (keine einfache Sachbeschädigung) herbeigeführt werden soll. Unter „sein Anhang" werden Gesinnungsgenossen und Sympathisanten verstanden. Gewalttätige Absichten anderer Teilnehmer reichen für ein Verbot nach § 5 VersG nicht aus.
Nicht jede „Unfriedlichkeit" rechtfertigt ein Versammlungsverbot;
▶ wenn Veranstalter oder sein Anhang strafbare („kriminelle") Ansichten vertreten, äußern oder dulden werden (reine Prognoseentscheidung mit erheblichem Unsicherheitsfaktor). Es muß sich um potentielle Äußerungen handeln, die sich als von Amts wegen zu verfolgende Delikte darstellen (strafrechtliche Meinungsäußerungsdelikte, wie z.B. Staatsverunglimpfung); Ordnungswidrigkeiten oder Antragsdelikte reichen nicht. Die Ankündigung einer (Sitz-)Blockade ohne aktiven Widerstand reicht hierfür ebenfalls nicht aus (VGH München NJW 1987, 2101), da auch nur ein symbolischer Blockadeakt unterhalb der Strafbarkeitsschwelle der Nötigung (§ 240 StGB) möglich ist. Als strafbare Ansichten gelten – neben einschlägigen Staatsschutzdelikten – insbesondere Äußerungen, die als Werben oder Unterstützen einer sog. Terroristischen oder Kriminellen Vereinigung oder als Zuwiderhandlung gegen ein Vereinsverbot strafbar sind. Höchst problematisch angesichts des Zensurverbots, Art. 5 I GG.

(3) Versammlungsverlauf in geschlossenen Räumen:
Anwesende Polizeibeamte in dienstlicher Eigenschaft haben ein Zutrittsrecht, einen Anspruch auf einen angemessenen Platz und müssen sich gegenüber dem Versammlungsleiter von sich aus zu erkennen geben (müssen sich ggfls. ausweisen; Angabe von Name, Dienstgrad, Dienststelle), § 12 VersG.
▶ Die Anwesenheit von Polizeibeamten ist eine Überwachungsmaßnahme mit Eingriffscharakter. Sie kann als eine gegenüber der Auflösung minderschwere Maßnahme gem. § 13 I 2 VersG angesehen werden. Voraussetzung ist das Vorliegen konkreter Anhaltspunkte für die Gefahr eines unfriedlichen Verlaufs.
▶ Bei und im Zusammenhang mit Versammlungen dürfen unter bestimmten Voraussetzungen *Bild- und Tonaufnahmen durch die Polizei* gemacht werden (§ 12a I 1 VersG; wird z.T. in der rechtswissenschaftlichen Literatur als verfassungswidrig angesehen);[7] dies gilt nicht nur während der Versammlung, sondern auch für den Weg zu und von der Versammlung. Die Maßnahme darf sich nur gegen (potentielle) Teilnehmer richten. Die Zulässigkeit personenbezogener Aufzeichnungen ist an die Voraussetzung geknüpft, daß tatsächliche Anhaltspunkte die Annahme rechtfertigen, daß von den betroffenen Personen erhebliche Gefahren (hohe Schutzgüter) für die öffentliche Sicherheit und Ordnung ausgehen (Prognoseentscheidung). Mögliche Bagatelldelikte reichen nicht aus, sondern es muß sich insbesondere um Gefahren für das Leben, die körperliche Integrität und die Freiheit einer Person handeln. Dritte dürfen von den Überwachungsmaßnahmen („unvermeidbar") betroffen sein.
▶ Die *personenbezogenen Aufzeichnungen* sind unverzüglich nach Beendigung der Versammlung von Amts wegen zu vernichten (ohne Antrag der Betroffenen). Ausgenommen sind solche Aufzeichnungen, die zur weiteren Gefahrenabwehr im Zusammenhang mit der Veranstaltung und zur Verfolgung von Straftaten von Teilnehmern benötigt werden (nicht bloße Ordnungswidrigkeiten), wobei sich das Strafermittlungsverfahren nicht unbedingt gegen die abgebildete Person richten muß. Dies stellt eine problematische Zweckdurchbrechung dar, weil hier Unterlagen, die zu Zwecken der Gefahrenabwehr gefertigt wurden, nun aber für Zwecke der Strafverfolgung Verwendung finden. Die Aufbewahrungsdauer beträgt höchstens drei Jahre (Höchstfrist).
▶ Betroffene können nach den Polizeigesetzen des Bundes bzw. der Bundesländer auf Antrag *Auskunft über die in diesem Zusammenhang gespeicherten personenbezogenen Daten* erhalten[8] (allerdings eingeschränkte Auskunftspflicht der Polizei); *s. im Kapitel „Datenschutz".*

(4) Auflösung von Versammlungen in geschlossenen Räumen
(§ 13 I VersG): Zulässig ist eine Auflösung erst nach Beginn der Veranstaltung. Eine Auflösung *kann* unter bestimmten Voraussetzung erfolgen, ist also von einer Ermessensentscheidung abhängig. Auflösungsgründe (von denen einer oder mehrere in einer Auflösungsverfügung ausdrücklich angegeben werden müssen):
▶ wenn dem Veranstalter das Versammlungsrecht nicht zusteht (vgl. § 1 II VersG);
▶ wenn die Versammlung einen „gewalttätigen oder aufrührerischen Verlauf" annimmt (Gewalttätigkeiten mehrerer Einzelpersonen reichen hierfür nicht);
▶ wenn eine unmittelbare Gefahr für Leben und (oder) Gesundheit der Teilnehmer besteht (auch hier reicht eine Gefahr für einzelne Personen nicht aus);
▶ wenn Personen mit Waffen anwesend sind und vom Versammlungsleiter nicht des Saales verwiesen werden (können);
▶ wenn durch den Verlauf des Versammlungsgeschehens gegen Strafgesetze verstoßen oder dazu aufgefordert oder „angereizt" wird (Verbrechen oder von Amts wegen zu verfolgende Delikte); die Begehung solcher Delikte durch einzelne Personen reicht nicht aus, wohl aber nach herrschender Meinung das Auffordern oder „Anreizen" durch einzelne Teilnehmer.[9]
▶ Eine Auflösungsverfügung muß unter Angabe des Auflösungsgrundes ausdrücklich erklärt werden.
Auch bei Vorliegen der genannten Auflösungsgründe, müssen vor einer Auflösung jeweils weniger gravierende Eingriffe versucht worden sein (§ 13 I 2 VersG; Verhältnismäßigkeitsgrundsatz): z.B. Entfernen von „Störern", Entwaffnung; polizeiliche Unterstützung des Versammlungsleiters bei Ordnungsmaßnahmen etc. Erst wenn solche Maßnahmen nicht greifen, ist eine Auflösung zulässig. Im Falle einer Gegendemonstration gegen die Versammlung, kann letztere nur bei Vorliegen eines „polizeilichen Notstandes" aufgelöst werden.
Im Falle einer Auflösung durch die Polizei haben sich alle Versammlungsteilnehmer sofort – das heißt: auf der Stelle – zu entfernen (§ 13 II VersG). Ein Verstoß gegen diese Pflicht kann gem. § 29 I Nr. 2 VersG als Ordnungswidrigkeit geahndet werden.
Rechtsbehelf: Widerspruch der Betroffenen/Veranstalter gegen die Auflösungsverfügung des Polizeivollzugsdienstes gem. § 80 II Nr. 2 VwGO (ggfls. nach § 80 II Nr. 4 VwGO, wenn landesrechtlich eine Zuständigkeit der Polizeibehörde gegeben ist). Der Widerspruch hat allerdings keine aufschiebende Wirkung. Ggfls. Eilantrag auf Herstellung der aufschiebenden Wirkung.

2.1.4 Spezielle Regelungen für Öffentliche Versammlungen unter freiem Himmel sowie Aufzüge/Demos

(1) Pflichten der Versammlungsleiter und -teilnehmer
Bestimmte Vorschriften für Versammlungen in geschlossenen Räumen gelten auch für solche unter freiem Himmel. Dies gilt u.a. für folgende Regelungsbereiche:
► Erfordernis eines Versammlungsleiters und dessen Befugnisse (§ 18 I VersG)
► Folgepflicht der Versammlungsteilnehmer
► Erstellung von Bild- und Tonaufnahmen durch die Polizei[10]
► Entfernungspflicht der Teilnehmer nach Versammlungsabschluß und nach Versammlungsauflösung
► Eine Versammlungsauflösung darf nur dann erfolgen, wenn durch weniger einschneidende Maßnahmen die Gefahrensituation nicht bewältigt werden kann.
Für öffentliche Versammlungen unter freiem Himmel gilt speziell:
► *Anmeldepflicht* durch Veranstalter oder Leiter (§ 14 VersG) spätestens 48 Stunden vor der Bekanntgabe (Aufruf, Einladung) gegenüber zuständiger (Ordnungs-) Behörde unter Angabe des Gegenstandes (Thema) der Versammlung, des Ortes, der Zeit und der Demonstrationsroute. In der formlosen Anmeldung ist anzugeben, welche Person für die Leitung der Versammlung verantwortlich sein soll (Name, Anschrift. Die Frist gilt nicht bzw. verkürzt sich bei sog. *Eilversammlungen.*
Keiner Anmeldung bedürfen Spontanversammlungen („die sich aus einem momentanen Anlaß ungeplant und ohne Veranstalter entwickeln").[11] Ggfls. Anmeldung direkt vor Ort bei der Polizei (Einsatzleiter).
► Eine Genehmigungspflicht gibt es nicht, d.h. öffentliche Versammlungen unter freiem Himmel *müssen* von den Behörden nicht erlaubt oder genehmigt werden.
► Wer als Veranstalter oder Leiter eine Versammlung *ohne* Anmeldung durchführt, wird mit Freiheitsstrafe bis zu einem Jahr oder mit Geldstrafe bedroht (§ 26 VersG).
► Der Versammlungsleiter kann im Falle von Störungen keine (störenden) Teilnehmer von der Versammlung ausschließen; dies gilt auch für eingesetzte Ordner. Diese Befugnis steht ausschließlich der Polizei zu.
► Der Einsatz von Ordnern durch den Versammlungsleiter bedarf der Genehmigung. Diese ist zusammen mit der erforderlichen Anmeldung der Versammlung formlos zu beantragen.
► *Ausschluß von Teilnehmern* (§§ 18 I iV. 11 II, 18 III VersG) darf

nicht durch den Versammlungsleiter, sondern – eigenständig und nach Ermessensentscheidung – nur durch die Polizei ausgesprochen werden. Voraussetzung ist eine „gröbliche Störung" der Versammlung durch den betreffenden Teilnehmer. Der Grundsatz der Verhältnismäßigkeit gebietet, daß nicht ausgeschlossen werden darf, wenn eine Abmahnung genügt.
Rechtsfolgen: Bei nicht unverzüglicher Befolgung der Pflicht zum sofortigen Entfernen kann der Teilnehmer zwangsweise entfernt werden. Außerdem kann gegen ihn eine Geldbuße verhängt werden (bis zu 1.000 DM).

(2) Veranstaltungsverbote und Veranstaltungsauflösung *(§ 15 VersG)*
Über den Landkreis Lüchow-Dannenberg, in dem sich das Zwischenlager für abgebrannte Brennelemente aus Atomkraftwerken befindet, wird in Zeiten von Castor-Transporten regelmäßig von der Bezirksregierung bzw. vom Landkreis per Allgemeinverfügung ein flächendeckendes Demonstrationsverbot verhängt. Damit sind dann – so lange das Verbot nicht vom zuständigen Verwaltungsgericht aufgehoben wird – alle Demonstrationen, die sich gegen die Castor-Transporte oder gegen die Entsorgungsanlagen richten, verboten. Solche pauschalen Demonstrationsverbote, wie sie etwa 1995 ff über den Landkreis Lüchow-Dannenberg verhängt worden sind, dürften in ihrer räumlichen und zeitlichen Ausdehnung einmalig sein in der Geschichte der Bundesrepublik: 1995, 1996 und 1997 galt jeweils acht Tage lang ein Versammlungsverbot für den Umkreis von 50 Metern um alle Schienenstrecken von Uelzen und Lüneburg nach Dannenberg sowie um alle Straßen im Landkreis Lüchow-Dannenberg, die für den Castor-Transport in Frage kommen konnten.[12]
Die Begründung für diese Versammlungsverbote klingt recht vage: allgemeine Gefahrenvermutung bzw. Gefährdung der öffentlichen Sicherheit (und Ordnung). Mit einer solchen Argumentation antizipierter Gewalt und Gefahren ließen sich alle Demonstrationen verbieten, denn Gewalt und Gefahren sind nie von vornherein auszuschließen – auch wenn die Demonstrationsstatistik etwa des Jahres 1994 von insgesamt 7.405 Demonstrationen in der Bundesrepublik gerade mal knappe 3 Prozent als „unfriedlich" ausweist (213) oder andersherum ausgedrückt: Fast 98 Prozent aller Demonstrationen verliefen „friedlich". Doch potentieller Gewalt kann nicht mit Demonstrationsverboten begegnet werden – im Gegenteil, solche gewaltsam durchgesetzten Restriktionen erzeugen geradezu, was sie verhindern wollen, nämlich (Gegen-)Gewalt. Legt man das richtungsweisende „Brokdorf-Urteil" zugrunde, so dürften sich Demonstrationsverbote

als unzulässig erweisen, wenn sie per Allgemeinverfügung flächendeckend und über längere Zeit ergehen. Denn in einem solchen Fall ist die Demonstrationsfreiheit praktisch suspendiert, die Freizügigkeit gemäß Art. 11 GG drastisch eingeschränkt, die Polizeifestigkeit von Demonstrationen von vornherein ausgehebelt, denn ohne Einzelfallprüfung hat die Polizei im Geltungsbereich der Versammlungsverbote eine generelle Eingriffbefugnis, die sie nach Opportunitätsgesichtspunkten ausübt.

§ 15 I VersG verlangt als Voraussetzungen für ein *präventives Verbot* (oder eine Auflösung)
▶ nicht das Vorliegen einer konkreten Gefahr,
▶ sondern lediglich das Vorliegen einer *unmittelbaren Gefahr* – d.h. eine rein abstrakte Gefahr reicht nicht aus, sondern es bedarf einer relativen Nähe des Schadenseintritts.
▶ Diese Gefahrenprognose mit hoher Wahrscheinlichkeit des Schadenseintritts muß auf erkennbare, konkrete Fakten und Umstände gestützt werden. Allgemeine Erfahrungsgrundsätze reichen nicht.
▶ Nach der Rechtsprechung des Bundesverfassungsgerichts kommen Verbote und Versammlungsauflösungen als „ultima ratio" „im wesentlichen nur zum Schutz elementarer Rechtsgüter in Betracht..., während eine bloße Gefährdung der öffentlichen Ordnung im allgemeinen nicht genügen wird".[13] Belästigungen, insbesondere im Ablauf des Straßenverkehrs, reichen jedenfalls nicht.
▶ Auch wenn einzelne Demonstrationsteilnehmer oder eine Minderheit „Ausschreitungen" begehen, reicht dies für ein Verbot oder eine Auflösung der gesamten Veranstaltung in aller Regel nicht aus.[14]
▶ Das Verbot öffentlicher Versammlungen unter freiem Himmel ist eine Ermessensentscheidung unter besonderer Beachtung des Verhältnismäßigkeitsgrundsatzes, da das vorbeugende Verbot den schwersten Eingriff in das Grundrecht der Versammlungsfreiheit (und der Meinungsfreiheit) darstellt. Sämtliche weniger einschneidenden Maßnahmen (u.a. Auflagen, Kooperation) müssen zuvor ausgeschöpft werden.
▶ Das Verbot bzw. die Auflösung müssen – schriftlich oder per polizeilicher Durchsage – eindeutig und unmißverständlich bekanntgegeben werden; bei Allgemeinverfügungen reicht die öffentliche Bekanntgabe in der Tagespresse. Die Verfügungen sind zu begründen. Alle (potentiellen) Teilnehmer müssen Gelegenheit haben, von der Bekanntgabe Kenntnis zu nehmen.
▶ Erst nach der Bekanntgabe des Verbots und nachdem den Versammelten Gelegenheit und genügend Zeit gelassen wurde, sich (unverzüglich) freiwillig zu entfernen, sind polizeiliche Zwangsmaßnahmen erlaubt (Personalienfeststellung, Platzverweise, Räumungen, In-

gewahrsamnahmen). Zu fluchtartigem Aufbruch besteht keine Verpflichtung.

Rechtsfolgen eines Verbots/einer Auflösung
▶ Die Teilnahme an einer verbotenen oder aufgelösten Versammlung kann mit einer Geldbuße bis zu 1.000 DM geahndet werden (§ 29 VersG); die Leiter von verbotenen bzw. aufgelösten Versammlungen müssen bei einer Fortsetzung der Versammlung gar mit Freiheitsstrafe bis zu einem Jahr oder mit Geldstrafe rechnen (§ 26 VersG).
▶ Üblicherweise richtet sich die Höhe der Geldbuße nach dem Einkommen der betreffenden Person.
▶ Gegen den Bußgeldbescheid kann innerhalb von zwei Wochen *Einspruch* eingelegt werden *(s. dazu im Kapitel Rechtsbehelfe).*
▶ Zur Durchsetzung der Auflösung können Platzverweise und Aufenthaltsverbote, ggfls. Ingewahrsam verhängt werden.
In Gorleben finden Demonstrationsverbote in der Regel wenig Beachtung, d.h. die dortige Bevölkerung sowie die angereisten Demonstranten lassen sich davon kaum einschüchtern. Die daraufhin massenhaft verhängten Anzeigen wegen Ordnungswidrigkeiten müssen im Falle des Einspruchs von den zuständigen Gerichten mühsam abgearbeitet werden. Dabei kann es ohne weiteres vorkommen, daß die verhängten Bußgelder wegen Rechtswidrigkeit des Demonstrationsverbotes[15] aufgehoben bzw. die Betroffenen freigesprochen werden.

Rechtsbehelfe gegen das Verbot/die Auflösung
▶ Gegen ein Verbot oder eine Auflösung kann Widerspruch eingelegt werden, und zwar mündlich (unter Zeugen) bzw. zu Protokoll vor Ort gegenüber der Polizei oder schriftlich. Trotz Widerspruchs kann das Verbot/die Auflösung durchgesetzt werden (zwangsweise Räumung).
▶ Gegen ein Demonstrationsverbot und eine Versammlungsauflösung können die zuständigen Verwaltungsgerichte im Eilverfahren und in der Hauptsache angerufen werden (von den Veranstaltern bzw. Bürgerinitiativen).
▶ Auch nachträglich ist eine Überprüfung der Rechtmäßigkeit eines Versammlungsverbots/einer Auflösung im Wege der sog. Fortsetzungsfeststellungsklage (§ 113 I 4 VwGO) möglich.

(3) Versammlungsrechtliche Auflagen *(§ 15 I VersG)*
Voraussetzung auch hier wie bei Versammlungen in geschlossenen Räumen:
▶ zum Zeitpunkt des Erlasses
▶ muß aufgrund erkennbarer Umstände

▶ eine unmittelbare Gefahr für die öffentliche Sicherheit und Ordnung bestehen.

Mit geeigneten Auflagen soll die Durchführbarkeit der Versammlung trotz der bestehenden unmittelbaren Gefahr gewährleistet werden. Auflagenerlaß hat als weniger einschneidende Maßnahme Vorrang vor einem Verbot oder einer Auflösung. D.h. mit Auflagen werden Verbote und Auflösungen vermieden.

Auflagen müssen folgende Merkmale erfüllen:
▶ sie müssen inhaltlich hinreichend bestimmt sein,
▶ aufgrund einer Ermessensentscheidung mit Verhältnismäßigkeitsprüfung ergangen sein,
▶ in Schriftform oder in mündlicher oder konkludenter (Zeichen u.a.) Form ergehen,
▶ mit Begründung versehen und öffentlich bekanntgegeben werden,
▶ mit Anordung des sofortigen Vollzugs.

Beispiele zulässiger Auflagen
▶ Einhaltung zeitlicher Vorgaben
▶ Auferlegung räumlicher Vorgaben (Marschweg, bestimmte Plätze etc.)
▶ Pflicht zum Einsatz von Ordnern
▶ Entfernen von Spruchbändern, Transparenten und Plakaten strafbaren Inhalts
▶ offene Begleitung eines Demonstrationszuges durch Polizeikräfte.

Beispiel unzulässiger Auflagen
▶ Verlegung des Demonstrationsweges in unbewohntes Gebiet bzw. in Industriegebiete
▶ Kundgebungsort an schwer erreichbarem Platz
▶ Verbot des Einsatzes von Lautsprechern, wenn dies erforderlich ist
▶ Einflußnahme auf Auswahl der Redner oder auf Inhalt der Ansprachen
▶ Einschließende Begleitung eines Demonstrationszuges durch Polizeiketten, die es praktisch unmöglich macht, sich dem Zug anzuschließen oder ihn zu verlassen
▶ Verbot, demonstrationsbezogene Flugblätter zu verteilen oder entsprechende Druckerzeugnisse zum Selbstkostenpreis zu verkaufen
▶ Reinigungsverpflichtung für Versammlungsleiter (Flugblätter, Abfälle etc.)

Adressaten von Auflagen sind der Veranstalter bzw. Versammlungsleiter und in zweiter Linie ggfls. auch die einzelnen Teilnehmer.

Zuwiderhandlungen gegen bekanntgemachte Auflagen sind
▶ für den Versammlungsleiter gem. § 25 Nr. VersG strafbar (mit Freiheitsstrafe bis zu sechs Monaten oder Geldstrafe bis zu 180 Tagessätzen,
▶ für die Teilnehmer gem. § 29 I Nr. 3 VersG bußgeldbewehrt mit Geldbuße bis zu 1.000 DM.
▶ Die Rechtmäßigkeit dieser Rechtsfolgen kann vom Widerspruch bzw. von der anschließenden verwaltungsgerichtlichen Klage gegen die Auflagen abhängen. Werden sie nämlich für rechtswidrig erklärt, dann kann auch nicht bestraft werden.

Rechtsbehelfe
▶ Mündlicher (unter Zeugen) oder schriftlicher Widerspruch (innerhalb eines Monats), der jedoch keine aufschiebende Wirkung hat.
▶ Ggfls. Eilantrag beim zuständigen Verwaltungsgericht zur Wiederherstellung bzw. Anordnung der Aufschiebenden Wirkung (über Anwalt).
▶ Verwaltungsgerichtliche Klage zur (nachträglichen) Überprüfung der Rechtmäßigkeit (über Anwalt).

(4) Auflösung einer Versammlung *(§ 15 II, III VersG)*
Die Versammlungsauflösung ist das äußerste Mittel der Gefahrenabwehr. Es gibt insgesamt fünf Auflösungsgründe, einen zwingenden Grund und vier fakultative Gründe:
▶ Zwingend vorgeschrieben ist die Auflösung (§ 15 III) im Falle eines Verbots (z.B. in Bannmeile oder bei nach § 15 I VersG ergangenen und vollstreckbaren Verboten).[16]
▶ Eine Versammlung *kann* unmittelbar aufgelöst werden, wenn die Voraussetzungen für ein Verbot gemäß § 15 I VersG vorliegen.
▶ Bei unterlassener Anmeldung einer Versammlung,
im Falle einer von den Angaben in der Anmeldung abweichenden
▶ Durchführung der Versammlung und
▶ bei Verstoß gegen erteilte Auflagen
darf nicht unmittelbar aufgelöst werden (keine automatische Auflösung). Erst wenn zusätzlich eine unmittelbare Gefahr droht, ist eine Auflösung, u.U. auch nur eine Teil-Auflösung möglich.
Die Auflösung muß für alle Versammlungsteilnehmer vernehmbar kundgetan werden. Ohne eine *wirksame Bekanntgabe* können auch die Rechtsfolgen der Auflösung nicht eintreten.

Rechtliche Hinweise:
▶ Für die Verfolgung versammlungsrechtlicher Verstöße sind sowohl die Staatsanwaltschaften als auch die Polizeibehörden und der Polizeivollzugsdienst zuständig.
▶ Wegen der Einzelheiten des Ordnungswidrigkeiten-Verfahrens, des Strafermittlungs- und Strafverfahrens sei auf das Kapitel „Rechtsbehelfe" verwiesen.
▶ Grundsätzlich gilt bei allen Verstößen gegen das Versammlungsrecht: Eine Verurteilung bzw. die Verhängung einer Geldbuße kommt nur dann in Betracht, wenn der Strafrichter auch die Rechtmäßigkeit der dem Verstoß zu Grunde liegenden versammlungsrechtlichen Verfügungen geprüft hat und feststellt.[17]

2.2 Polizei-Einsatz-Grundsätze: Deeskalation und Versammlungsfreundlichkeit

Es hat sich zwar immer noch nicht überall herumgesprochen, aber es ist eine verfassungsrechtliche Forderung: Die Polizei ist im Zusammenhang mit Demonstrationen und Versammlungen dem Prinzip der Deeskalation verpflichtet, wie bereits die sog. Brokdorf-Entscheidung des Bundesverfassungsgerichts von 1985 (BVerGE 69, 315 ff.; NJW 1985, S. 2398 ff) festgestellt hat. Danach sind die staatlichen Behörden, also insbesondere die Polizei, prinzipiell gehalten,
▶ „versammlungsfreundlich zu verfahren" und sich kooperativ gegenüber der Versammlungsleitung zu verhalten,
▶ Provokationen, übermäßige Reaktionen und Aggressionsanreize zu vermeiden,
▶ besonnene Zurückhaltung zu üben,
▶ ggfls. auch polizeifreie Räume zu schaffen,
▶ das bedeutet unter Umständen auch weitestgehenden Verzicht auf staatliche Machtdemonstrationen und unmittelbare Polizeipräsenz: u.a. Zurücknahme provozierender technischer Polizeigeräte, wie Hubschrauber, Wasserwerfer, Sonderfahrzeuge.
Die Polizei soll also, um deeskalierend zu wirken, mit einem Minimum an Gewalt und einem Maximum an Selbstbeherrschung und kommunikativer Konfliktbewältigungskompetenz handeln. Die *grundsätzliche Kooperationspflicht* führt dazu, daß vor dem Erlaß von einschränkenden Auflagen und vor Erwägung eines Verbots oder der Auflösung einer Versammlung sämtliche Kooperationsmöglichkeiten auszuschöpfen sind, um eine unmittelbare Gefahr zu beseitigen.

Als Preis für die Demo-Veranstalter fordert das Gericht: Sie müssen
▶ sich kooperativ zeigen (Kooperationspflicht)
▶ und ihrerseits für Deeskalation und Gewaltfreiheit sorgen.
Im übrigen bleibt es der Polizei unbenommen, „lageangepaßt" und entsprechend dosiert – kurz: verhältnismäßig – zu handeln und einzuschreiten. Das bedeutet: Nutzung von Spielräumen und flexibles Vorgehen. Die verdeckte Vorfeldarbeit und verdeckte Maßnahmen der Beweissicherung durch die Polizei sind von dieser Deeskalationskonzeption ebenfalls nicht berührt, solange sie von den Betroffenen nicht bemerkt werden und somit nicht eskalierend wirken.
Im Zuge dieser Konzeption kommt es wegen des Gebots polizeilicher Zurückhaltung gelegentlich zu einer Kollision zwischen den Belangen der Gefahrenabwehr und der Strafverfolgung. Diese Kollisionsentscheidung muß zugunsten der Gefahrenabwehr ausfallen, wenn durch Maßnahmen der Strafverfolgung Eskalationen, neue Gefahren mit schwerwiegenden Verletzungen von Rechtsgütern unbeteiligter Dritter, eingesetzter Beamter und von polizeilichen Maßnahmen Betroffener drohen. Dies ist dem Verfassungsgrundsatz der Verhältnismäßigkeit geschuldet. „Der Polizeiführer vor Ort, der diese Entscheidung zu treffen hat, verstößt nicht gegen das Legalitätsprinzip (also die Pflicht zur Verfolgung jeder Straftat), wenn er gegen Vermummte (trotz strafbewehrten Vermummungsverbots) nicht sofort einschreitet, weil ansonsten etwa ein „latent vorhandenes Gewaltpotential zur Explosion gebracht" werden könnte. Eine nachträgliche strafrechtliche Ermittlung, ggfls. gegen Unbekannt, reicht bei solchen Konstellationen aus.[18]

2.3 Aufenthaltsverbot und Platzverweis

Zu „Zwecken der Gefahrenabwehr" kann die Polizei nach den Polizeigesetzen sog. Platzverweise oder Aufenthaltsverbote anordnen *(s. dazu auch unter Offene Polizeiliche Alltagseinsätze)*, d. h. sie kann einzelne Personen oder Gruppen vorübergehend von einem Ort (z. B. Demo/Blockade) verweisen (Platzverweis) oder ihnen das Betreten eines Ortes verbieten (Aufenthaltsverbot).

Voraussetzungen:
▶ Gefahr muß vorliegen (nachhaken: welche...?);
▶ Platzverweis bzw. Aufenthaltsverbot muß zur Abwehr der Gefahr erforderlich sein;

▶ es darf kein weniger einschneidendes Mittel verfügbar sein (Verhältnismäßigkeitsgrundsatz).
▶ Im Falle des Aufenthaltsverbots werden bestimmte Stadtgebiete zu Verbotszonen erklärt, deren Betreten für bestimmte Personen untersagt wird.
▶ Ein Aufenthaltsverbot darf nicht gegen eine Person verhängt werden, die in der entsprechenden Verbotszone ihren ständigen Wohnsitz hat.

Aufenthaltsverbote können auch zu einer faktischen Beeinträchtigung der Versammlungs- bzw. Demonstrationsfreiheit führen, können diese im Extremfall sogar aushebeln – besonders im Falle von aktionsorientierten demonstrativen Ereignissen, wie Sitzblockaden oder Besetzungen.

Kommen die Betreffenden dem Aufenthaltsverbot bzw. der Platzverweisung nicht nach, so kann die Polizei – nach vorheriger Androhung – zur Durchsetzung *Zwangsmittel* anwenden:

▶ Androhung und Verhängung eines Zwangsgeldes (ggfls. Zwangshaft);
▶ Wegtragen, Wasserwerfer-, Knüppeleinsatz;
▶ Ingewahrsamnahme/Unterbindungsgewahrsam etc;
▶ *Verbringungsgewahrsam:* In den letzten Jahren kam es immer wieder vor, daß die Polizei die betreffenden Personen in Polizeifahrzeugen an entlegene Orte verschleppt und ausgesetzt hat. Dazu ein Berufungsurteil des Oberverwaltungsgerichts Bremen vom 21.10.1986 (Az.: OVG I BA 15/86, in: Strafverteidiger 3/1987, S.115ff.):
„1. Die Vorschriften über Platzverweisung und Ingewahrsamnahme nach den Landespolizeigesetzen sind nur dann anwendbar, wenn die betroffene Personenansammlung keine Versammlung i.S.d. VersG darstellt.
2. Der Transport von Demonstrationsteilnehmern durch Polizeibeamte zu entlegenen Stätten ist bei fehlender Auflösung einer Versammlung rechtswidrig.
3. Eine Ingewahrsamnahme in Form eines zwangsweisen Transports zu einer vom Demonstrationsort entfernt gelegenen Stelle bedarf sorgfältiger Abwägung aller bekannten und voraussehbaren Umstände."

Mit Hilfe von sog. Aufenthaltsverboten kann die Polizei ohne gerichtliche Anordnung ganze (Groß-)Städte, Stadt- und Gebietsteile gegen unliebsame Individuen und Bevölkerungsgruppen abschotten – so etwa gegen Punks, die während sog. Chaos-Tage Randale machen könnten, wie in den Jahren 1995 und 1996 in Hannover in Tausenden von Fällen geschehen. Das Aufenthaltsverbot kann verbunden werden mit einem aufgrund einer Allgemeinverfügung des Polizeipräsidenten angedrohten Zwangsgeldes (etwa in Höhe von DM 500) bei Nichtbefolgung.

Nach den „Chaos-Tagen" 1996 hat das Verwaltungsgericht Hannover aufgrund von entsprechenden Klagen Betroffener in mehreren Fällen die verhängten Platzverweise für rechtswidrig erklärt. Grund: Verletzung des Verhältnismäßigkeitsprinzips (zu großräumige Verbotsbereiche).[19]

Verhaltenstips bei Aufenthaltsverboten und Platzverweisen

Ausgehend von der Erkenntnis, daß, wer sich etwa in der Drogenszene bewegt, kein Dealer, und wer wie ein Punk aussieht, kein Gewalttäter sein muß – aber von der Polizei im Zweifel jeweils so eingeordnet und behandelt wird –, könnte daran gedacht werden,
▶ die äußere Aufmachung diesem Umstand anzupassen und sich etwa so zu kleiden oder mit Haartracht zu versehen, daß man sein Versammlungsrecht ungehindert wahrnehmen kann, oder
▶ der Polizei zu versichern, man wolle sich gerade wegen der Gewaltbereitschaft anderer oder wegen der polizeilichen Platzverweise bzw. Aufenthaltsverbote spontan versammeln zum Zweck einer spontanen Gegendemonstration; dieses Begehren fällt unter den Schutz des Art. 8 GG, so daß nunmehr das Versammlungsrecht als höherrangiges Recht Vorrang hätte.

Rechtstips

▶ Die von (vorübergehenden) Platzverweisen oder (längerfristigen) Aufenthaltsverboten Betroffenen sollten gleich vor Ort auf einer schriftlichen Anordnung bestehen und sofort – spätestens innerhalb eines Monats nach Bekanntgabe – schriftlich oder zur Niederschrift Widerspruch gegen die Maßnahme einlegen – entweder direkt bei den handelnden Polizisten, beim Einsatzleiter oder am besten bei der Polizeidirektion. Darauf bestehen, daß der Widerspruch zu Protokoll genommen wird und sich eine Abschrift mit polizeilicher Bestätigung aushändigen lassen. Der Widerspruch hat keine aufschiebende Wirkung, d.h. das Aufenthaltsverbot bzw. die Platzverweisung muß befolgt werden.
▶ Auf Antrag kann das zuständige Verwaltungsgericht allerdings (gemäß § 80 Abs. 5 VwGO) die aufschiebende Wirkung ganz oder teilweise anordnen bzw. wiederherstellen.

▶ Falls dem Widerspruch nicht entsprochen wird, läßt sich rechtlich gegen ein Aufenthalts- und Durchquerungsverbot im Wege der verwaltungsgerichtlichen Klage (Anfechtungsklage) vorgehen, ggfls. auch mit Eilantrag (einstweilige Anordnung).
▶ Insbesondere in Bundesländern, die das Aufenthaltsverbot nicht speziell legalisiert haben, sondern lediglich auf die Generalklausel des Polizeigesetzes stützen, ist eine Klage aussichtsreich. So hat beispielsweise das Verwaltungsgericht Bremen im Jahre 1997 geurteilt: Da das Verbot ein Eingriff in das Grundrecht auf Freizügigkeit sei, jeder Deutsche sich aber dort aufhalten dürfe, wo es ihm paßt, reiche eine derart allgemein gehaltene Polizeivorschrift wie die Generalklausel nicht aus, um eine Einschränkung dieses Grundrechtes zu rechtfertigen.[20]
▶ Rechtliche Gegenwehr mit Hilfe von Klagen vor den zuständigen Verwaltungsgerichten ist auch sinnvoll, wenn der Betroffene seine Wohnung in der Verbotszone hat, wenn sich dort wichtige Versorgungseinrichtungen befinden, wenn die Dauer der Maßnahme über zu lange Zeit oder die Verbotszone zu großräumig angeordnet worden ist.
▶ Dabei ist für das sog. Rechtsschutzbedürfnis Voraussetzung, daß der Kläger, etwa wegen Wiederholungsgefahr, eine ausdrückliche Feststellung der Rechtswidrigkeit begehrt.

Literatur-Auswahl

Gössner, Soziale „Säuberung" per Platzverweis, in: Müller-Heidelberg u.a. (Hg.), Grundrechte-Report – Zur Lage der Bürger- und Menschenrechte in Deutschland, Reinbek 1997, S. 120 ff.
Gössner, „Chaos-Tage" Hannover 1995 – Fatale Folgen eines umstrittenen Polizei-Einsatzes, in: GEHEIM 4/1995, S. 22 ff.
Gössner, „Chaos-Tage" 1996: Polizeiliche Abschreckung zur „Szene-Bekämpfung" und „Säuberung" von Städten; Bilanz der „Chaos-Tage" 1996, in: GEHEIM 4/1996, S. 12 ff.
Gössner, Vom Mißbrauch des Polizeirechts – Experten sagen „Nein" zur SPD-Novelle rückwärts, in: GEHEIM 1/1996, S. 5 ff
Gössner, „Chaos-Tage" 1995: Das Elend der Polizeilichen „Lösung" – Fatale Folgen eines umstrittenen Polizeieinsatzes, in: POLIZEI-HEUTE, Stuttgart, Juli/Aug. 1996, S. 110 ff.
Seifert, Modell Hannover. Aufenthaltsverbot als Instrument zur Durchsetzung von Versammlungsverboten, in: Kritische Justiz 3/1996, S. 356 ff.
Stokar/Gössner (Hg.), Vom Mißbrauch des Polizeirechts, Fraktion Bündnis 90/Die Grünen im Niedersächsischen Landtag, Hannover 1996
Stokar/Gössner, Das Elend der polizeilichen „Lösung" – Abweichende Stellungnahme der Fraktion Bündnis 90/Die Grünen im niedersächsischen Landtag, 16. Parlamentarischer Untersuchungsausschuß zu den „Chaos-Tagen" 1995, Hannover 1996

2.4 Festnahmen und Einkesselungen

Die Freiheitsentziehung bzw. der Gewahrsam ist eine der einschneidendsten polizeilichen Maßnahmen bzw. der intensivste polizeiliche Eingriff in die Freiheit der Person. Die Grundsätze, Bedingungen und Beschränkungen für die Freiheitsentziehung sind als sog. Rechtsgarantien im Grundgesetz, Art. 104, geregelt. Danach ist Mindeststandard:
▶ Richterliche Entscheidung grundsätzlich von Anfang an;
▶ wenn nicht, muß unverzüglich richterliche Entscheidung herbeigeführt werden;
▶ nicht länger als bis zum Ende des folgenden Tages ohne richterliche Entscheidung im Polizeigewahrsam festhalten.

Dies gilt für die Polizei im gesamten Bundesgebiet (also auch für Bayern und für die Bundespolizeien BGS und BKA) und ist unabhängig von der zulässigen Höchstdauer des Gewahrsams, die in den Bundesländern und im Bund unterschiedlich ist. Doch in den meisten Fällen des Alltags wird die Freiheitsentziehung ohne richterliche Entscheidung vollzogen.

Diese Rechtsgarantien nach GG müssen jeweils – zusammen mit näheren Ausführungen – spezialgesetzlich geregelt werden, also in unserem Fall für den Polizeigewahrsam in den Polizeigesetzen der Länder. Dabei ist zu bedenken, daß vom Unterbindungsgewahrsam bzw. von der Präventivhaft prinzipiell Unschuldige betroffen sind, gegen die in der Regel (noch) kein Straftatverdacht besteht. *(Siehe hierzu und zum Folgenden auch Kapitel 2.)*

(1) Gesetzliche Voraussetzungen der Ingewahrsam-/Festnahme:
▶ Auf „frischer Tat betroffen" (= ertappt) und der Flucht verdächtig;
▶ einer Straftat verdächtig;
▶ wenn die Polizei der Ansicht ist, daß an Ort und Stelle eine Überprüfung der Identität nicht möglich sei;
▶ nicht selten: *Vorbeugehaft* zur Verhinderung möglicherweise bevorstehender Straftaten (nach Polizeirecht);

Ingewahrsamnahme als äußerstes Mittel der *Gefahrenabwehr* ist nur zulässig, wenn kein milderes Mittel zur Verfügung steht, um die Begehung oder Fortsetzung einer Straftat/OWi zu verhindern (Beispiel: Sicherstellung von Waffen, teilweiser Platzverweis als mildere Mittel gegenüber der Ingewahrsamnahme). Die Freiheitsentziehung muß stets durch „gewichtige" Gründe gerechtfertigt sein. Das gilt besonders im Zusammenhang mit dem grundrechtlich geschützten Versammlungsrecht.

▶ Der in Gewahrsam genommenen Person müssen die *unmittelbar bevorstehenden* Straftaten/Ordnungswidrigkeiten zugerechnet werden können.
▶ Straftat bzw. Ordnungswidrigkeit muß gerade begangen werden oder unmittelbar bevorstehen; sie stehen dann unmittelbar bevor, wenn mit der Ausführung bereits begonnen wurde oder sie in allernächster Zeit mit an Sicherheit grenzender Wahrscheinlichkeit zu erwarten ist; es müssen im konkreten Fall nachvollziehbare Tatsachen für eine akute Bedrohung vorliegen. Der bloße „Eindruck" reicht nicht (vgl. Lisken/Denninger, S. 288; vgl. auch Böhrenz/Franke, Kommentar zum NGefAG, S. 79, 81).
▶ Wegen der Schwere des Eingriffs muß der Verhältnismäßigkeitsgrundsatz insbesondere bei bevorstehenden leichteren Straftaten und bei Ordnungswidrigkeiten (etwa des Versammlungsrechts) besonders beachtet werden (vgl. Lisken/Denninger, Handbuch des Polizeirechts, München 1992, S. 285). Insbesondere die Ingewahrsamnahme zwecks Verhinderung von Ordnungswidrigkeiten ist rechtlich problematisch, wie ein Blick in die Europäische Menschenrechtskonvention (EMRK) bestätigt: Art. 5 Abs. 1 EMRK sieht die Möglichkeit der Ingewahrsamnahme nur zur Verhinderung von Straftaten, nicht aber von Ordnungswidrigkeiten vor. Die EMRK ist in der BRD geltendes Recht und geht den nationalen Gesetzen vor.
▶ Die Ingewahrsamnahme zur Durchsetzung eines Platzverweises ist höchst problematisch, da der Platzverweis gegen jede (anwesende) Person möglich ist; von dieser Person muß also keine Gefahr (etwa einer Straftat) ausgehen.
▶ Diese Voraussetzungen sind in allen Polizeigesetzen des Bundes und der Länder fast gleichlautend.
▶ Ein spezieller (präventiver) **Untersuchungshaftgrund** besteht nach § 112a StPO, wenn der Beschuldigte dringend verdächtig ist, „wiederholt oder fortgesetzt" eine Straftat nach § 125a StGB – das ist *schwerer Landfriedensbruch* – begangen zu haben und „bestimmte Tatsachen die Gefahr begründen", daß er eine solche Straftat wieder begehen wird. Eine einschlägige Vorstrafe ist nicht Voraussetzung.

Verhaltenstips bei Festnahme
▶ Wehrt sich der Festzunehmende, so ist das „Widerstand gegen Vollstreckungsbeamte".
▶ Möglichst laut seinen Namen rufen, damit die Umstehenden auf die Festnahme aufmerksam werden und sich als Zeugen des Vorfalls melden und ggfls. einen Anwalt aktivieren können.

(2) Unterbringung in Gefangenensammelstellen

Der Polizeigewahrsam kann in Räumen, in Kraftfahrzeugen („Wannen") oder in sog. Polizeikesseln vollzogen werden. Unterbringung in Gefangenensammelstellen, wie sie bei Demonstrationen in der Regel praktiziert wird, ist häufig menschenunwürdig und damit rechtswidrig. So werden in Gewahrsam genommene Personen z.B. in zweckentfremdeten Arrestäumen untergebracht, etwa in Kasernen mit kaltem Betonboden, ohne Mobiliar, ohne Schlafmöglichkeiten und Decken. Trinkwasser wird, wenn überhaupt, in Plastikwannen bereitgestellt – mit Plastikbechern zum Schöpfen. Die klimatischen und hygienischen Verhältnisse sind oft haarsträubend. Zu Essen gibt es mitunter erst nach Stunden. Nicht selten werden den gefangengenommenen Personen über längere Zeit Einweghandfesseln angelegt. Den Betroffenen wird allzu häufig nicht gestattet, Angehörige oder Rechtsanwälte zu informieren, was ihnen gesetzlich jedoch zusteht. All dies widerspricht den rechtlichen Vorgaben und dem Grundsatz der Verhältnismäßigkeit.

(3) Entlassungsvoraussetzungen und Höchstdauer:

Die festgehaltene Person ist zu entlassen,

▶ wenn der Grund für die Maßnahme weggefallen ist;

▶ wenn die Fortdauer der Maßnahme durch richterliche Entscheidung für unzulässig erklärt wird;

▶ und in jedem dieser Fälle spätestens bis zum Ende des Tages nach dem Ergreifen – das bedeutet im längsten Fall 48 Stunden (falls jemand um 0 Uhr 01 des einen Tages festgenommen und um 24 Uhr des folgenden Tages entlassen wird); diese Höchstfrist reduziert sich entsprechend, wenn der/die Betroffene im Laufe eines Tages festgenommen wird. Ein Überschreiten dieser Frist wäre in jedem Fall unzulässig.

Das *rechtswidrige Festhalten* kann nach § 239 StGB (Freiheitsberaubung – im Amt) strafbar sein. Außerdem können die Betroffenen in einem solchen Fall Schadensersatzansprüche geltend machen.

Kann die Polizei nicht gewährleisten, eine Masseningewahrsamnahme in angemessener Art und Weise ordnungsgemäß durchzuführen, muß sie nach der Rechtsprechung gänzlich von dieser Maßnahme absehen (VG Hamburg, NVwZ 1987, 829). Meines Erachtens ist Masseningewahrsamnahme in aller Regel unverhältnismäßig und schon deshalb prinzipiell zu unterlassen.[21]

Im Falle einer **richterlichen Entscheidung** gibt es in den Bundesländern und auf Bundesebene unterschiedliche Höchstfristen für den Unterbindungsgewahrsam.[22]

Höchstdauer 24 Stunden	Rheinland-Pfalz, Saarland
Höchstdauer bis zum Ende des nächstfolgenden Tages (maximal 48 Stunden)	Berlin, Hamburg, Nordrhein-Westfalen, Hessen
Höchstdauer 4 Tage	Brandenburg, Sachsen-Anhalt, Niedersachsen, Bund (BGS, BKA)
Höchstdauer 10 Tage	Thüringen
Höchstdauer 14 Tage	Baden-Württemberg, Bayern, Sachsen[23]
Ohne Bestimmungen im allgemeinen Polizeigesetz	Schleswig-Holstein, Mecklenburg-Vorpommern, Bremen

(4) Einkesselungen ganzer Demonstrationen durch Polizeikräfte unter freiem Himmel erfreuen sich – als Form der Ingewahrsamnahme – seit Jahren zunehmender Beliebtheit – ob „stationär" oder „mobil" in Form der einschließenden Begleitung. Gleichwohl sind solche Maßnahmen zumeist, das zeigen einige Gerichtsentscheidungen, rechtswidrig, zumal wenn sie im Zusammenhang mit einer (nicht verbotenen) Versammlung erfolgen. „Gerichtsbekannt" wurden u.a. der Hamburger, Mainzer, Münchner, Berliner, Karwitzer Kessel. So entschied beispielsweise das Verwaltungs- und das Landgericht Hamburg im Fall des berühmt-berüchtigten „Hamburger Kessels", in dem sich grundrechtswidrige Szenen abspielten: „Das Versammlungsgesetz enthält keine Rechtsgrundlage dafür, die Teilnehmer einer nicht aufgelösten Versammlung am Ort festzuhalten oder in Gewahrsam zu nehmen und im Zusammenhang hiermit ihre Identität festzustellen."

Das Landgericht hat den Eingekesselten einen *Schmerzensgeldanspruch* zuerkannt. (Urteil vom 6. 3.1987 – 3 0 229/86, in: NJW 1987, 3141; VG Hamburg, NJW 1987, 3150 L). Die verantwortlichen Einsatz- und Polizeiführungskräfte wurden jedoch nicht belangt.

Auch bei Einkesselungen gelten im übrigen die gesetzlichen Voraussetzungen der Ingewahrsamnahme bzw. des Unterbindungsgewahrsams (z.B. unverzügliche richterliche Entscheidung herbeiführen; s.o.)

Die sog. ***Einschließende polizeiliche Begleitung („Wanderkessel")*** von Demonstrationszügen, die verhindert, daß Teilnehmer den Demonstrationsort verlassen oder sich der Demonstration anschließen können, stellt einen schwerwiegenden Eingriff in Art. 8 GG dar und entbehrt in allen Ländern einer versammlungsrechtlichen Ermächtigung. Sie ist rechtswidrig.

Die *Offene polizeiliche Begleitung* kann jedoch auch rechtswidrig sein, insbesondere dann, wenn es sich um eine beidseitige Begleitung der Demonstration durch mit Kampfanzügen, Helmen und Schlagstöcken ausgerüstete Polizeikräfte handelt.[24] Auch sie beeinflußt in einem solchen Fall nachteilig die Selbstdarstellung der Versammlungsteilnehmer und errichtet erhebliche psychische Barrieren für die (potentiellen) Teilnehmer und die Kommunikation zwischen Demonstranten und Passanten.[25] Eine solche Maßnahme kommt prinzipiell erst nach Auflösung einer Versammlung in Betracht (gestützt auf das Polizeigesetz).

Weitere Ratschläge

▶ Mit anderen Festgenommenen Personalien austauschen, um evtl. später Zeugen benennen zu können.

▶ Vorsicht vor Polizeispitzeln, die als angeblich Festgenommene eingeschleust werden. Mit anderen Mitgefangenen nur das Allernotwendigste reden.

▶ Nach der Freilassung Gedächtnisprotokoll anfertigen (möglichst präzise Angaben wie Uhrzeit, Örtlichkeiten, genaue Umstände, Abläufe, Polizeiverhalten, inclusive Zeugen, Fotos etc.).

▶ evtl. Verletzungen von einem Arzt des Vertrauens attestieren lassen.

▶ Den Anwalt aufsuchen und mit ihm die weiteren Schritte der Verteidigung bzw. Gegenwehr besprechen.

▶ In Fällen einer *erkennungsdienstlichen Behandlung*: schriftlichen Antrag auf Vernichtung der Unterlagen bei der zuständigen Polizeidienststelle stellen (die Vernichtung muß erfolgen, sobald das Ermittlungsverfahren eingestellt wird oder das Verfahren mit Freispruch endet; ohne Antrag passiert dies jedoch selten; keine Vernichtung, wenn „erheblicher Restverdacht" besteht).

▶ Als Zeuge oder Betroffener einer Festnahme umgehend bei einem Ermittlungsausschuß oder bei der Bürgerinitiative melden. Ebenfalls bei allen sonstigen Vorfällen in Zusammenhang mit Polizeieinsätzen.

▶ Erforderlichenfalls Medien informieren.

Check-Liste

Festgenommene haben das Recht:
▶ den Grund und die Rechtsgrundlage der vorläufigen Festnahme zu erfahren.
▶ auf einer Belehrung über ihr Recht, sich zur Sache nicht zu äußern, zu bestehen.
▶ auf einer Rechtsmittelbelehrung zu bestehen (zulässige Rechtsbehelfe).
▶ nur Angaben der Personalien zu machen (Name, Meldeadresse, Geburtstag und -ort, Beruf, Staatsangehörigkeit), ansonsten alle weiteren Aussagen (zur Person wie zur Sache) zu verweigern (sowohl gegenüber der Polizei, als auch gegenüber der Staatsanwaltschaft und dem Haftrichter). Allen Versuchen (Tricks, Versprechungen, Drohungen) zu widerstehen.
▶ nichts zu unterschreiben.
▶ einen Anwalt und nächste Angehörige anzurufen und bei Weigerung (etwa wegen „organisatorischer Gründe") unbedingt darauf bestehen (möglichst die notwendigen Telefonnummern und Telefongeld mitführen).
▶ gegen eine erkennungsdienstliche Behandlung (Fingerabdrücke, Lichtbilder etc.) schriftlich Widerspruch einzulegen *(s. o. im Kapitel Offene Polizeimaßnahmen).*
▶ im Falle einer Verletzung einen Arzt zu verlangen und die Verletzungen von diesem attestieren zu lassen.
▶ auf ein schriftliches Protokoll/Quittung der beschlagnahmten Sachen (z.B. Helme, Autowerkzeug, aber auch Brille und andere Dinge des täglichen Gebrauchs etc.) zu bestehen, das der Betroffene nicht selbst unterschreiben sollte. Widerspruch gegen Beschlagnahme einlegen.
▶ Dienstnummern bzw. Namen der an der Festnahme beteiligten Polizeibeamten zu verlangen.
▶ Die Polizei muß unverzüglich eine richterliche Entscheidung über das weitere Festhalten herbeiführen.
▶ Spätestens bis zum Ablauf des nächsten Tages muß die Freilassung – oder aber die Vorführung vor den (Haft-)Richter erfolgen (s. o. unter „U-Haft").
▶ Bei Minderjährigen muß die Polizei von sich aus sofort und in jedem Fall die Sorgeberechtigten benachrichtigen.

2.5 Polizeieinsatzkosten und Schadensersatzforderungen für Demonstrationsschäden

Demonstrationsteilnehmer werden mitunter auf zivil- oder verwaltungsrechtlichem Wege mit Schadensersatzforderungen überzogen, oder es werden ihnen die Kosten für Polizeieinsätze aufgebürdet (letzteres mangels Rechtsgrundlage rechtswidrig). Mit Schadensersatzforderungen – etwa für beschädigte Polizeiausrüstung, für Dienstbezüge verletzter Polizisten, für zerrissene Polizei-Unterhosen oder verlorengegangene Uhren – kann auf zivilrechtlichem Wege jeder belangt werden, der an einer Demonstration mit Polizeieinsatz teilgenommen hat und dem ein Verschulden an einem Schaden nachgewiesen werden kann (wobei Eigenhändigkeit nicht erforderlich ist). Solche Schadensersatzforderungen, zum Teil in existenzgefährdender Höhe, sind u.a. in Westberlin, Hamburg, Bremen, Niedersachsen, Nordrhein-Westfalen, Hessen, Baden-Württemberg und Bayern erhoben worden.

Verhaltenstip bei Schadensersatzforderungen

Schriftlichen Widerspruch innerhalb von zwei Wochen einlegen. Möglichst rechtzeitig einen Anwalt hinzuziehen.

Verhaltenstips bei Leistungsbescheiden

▶ Rechtsmittelbelehrung lesen.
▶ Gegen den Leistungsbescheid innerhalb eines Monats schriftlich Widerspruch bei der Behörde einlegen, die den Bescheid erlassen hat. Entweder dem Widerspruch wird abgeholfen (der Bescheid also aufgehoben), wenn nicht (Widerspruch wird zurückgewiesen), dann:
▶ Klage vor dem Verwaltungsgericht erheben. In einem solchen Fall empfiehlt es sich, einen Anwalt zu Rate zu ziehen. Kostenbescheide wurden mehrfach von Verwaltungsgerichten mangels gesetzlicher Grundlage aufgehoben.[26]

In Niedersachsen werden nach §§ 29 Abs. 3, 66 Abs. 1 NGefAG (neu) den sog. Polizeipflichtigen bei polizeilichen Sicherstellungen (etwa von Gegenständen im Zusammenhang mit Demonstrationen) und bei sog. Ersatzvornahmen nicht mehr – wie zuvor – ausschließlich *Auslagen* berechnet – also die tatsächlich entstandenen Kosten -, sondern auch noch darüber hinaus *Gebühren* für den Verwaltungsaufwand. Damit können etwa Demonstranten – nach Räumung und Abbau eines Protest-Hüttendorfes durch die Polizei im Wege der Ersatzvornahme – zur Gebührenzahlung herangezogen werden.

2.6 Allgemeine Rechts- und Verhaltenstips für DemonstrantInnen

Check-Liste „Mitnehmen"
▶ Personalausweis (PA). Läßt man den PA zu Hause, so kann dies Unannehmlichkeiten nach sich ziehen: Vorläufige Festnahme/Mitnahme zur Wache zur Identifizierung, ggfls. sogar ED-Behandlung;
▶ Gut überlegen, ob Kinder (oder auch Haustiere) auf die Demo mitgenommen werden sollen (wegen ihrer möglichen Gefährdung);
▶ Kleingeld zum Telefonieren (möglichst abgezählt) oder/und Telefonkarte;
▶ Medikamente, die regelmäßig eingenommen werden müssen; evtl. Verbandsmaterial;
▶ Adressen/Telefonnummern von RechtsanwältInnen und Bekannten/Verwandten, Ermittlungsausschüssen, Bürgerinitiativen (evtl. auf den Arm bzw. anderen Körperteil schreiben);
▶ Proviant;
▶ Stift und Notizblock für Gedächtnisstützen;
▶ Augenspülflasche (Plastik) mit klarem Wasser im Falle von CN/CS-Gas-Einsätzen;
▶ Wasserdichte Kleidung (Wasserwerfer- und wetterfest) sowie feste Schuhe;
▶ Halstücher als Mund- und Nasenschutz gegen sämtliche Witterungseinflüsse...

Check-Liste „Daheimlassen"
▶ Möglicherweise Kinder und Haustiere;
▶ Auf jeden Fall Notiz-/Tagebücher, Adreßbücher, private Fotos;
▶ Schminke, Cremes, Lippenfett, Kontaktlinsen (wegen CN/CS, das sich in Fetten und unter Kontaktlinsen besonders anreichert);
▶ Zitronen(saft) nicht anwenden bei CN/CS-Augenverletzungen, nur mit klarem Wasser spülen.

Achtung! Tips...
▶ Sich immer in der Nähe von Freunden bzw. Bekannten aufhalten (auch nach der Demonstration nur in größeren Gruppen gehen – schon aus Schutz- und Beweisgründen);
▶ auf Polizeispitzel achten und andere aufmerksam machen (als Demonstranten verkleidete polizeiliche Zivilkräfte mischen sich unter Demonstranten);
▶ ggfls. mit hoher Wahrscheinlichkeit erkannte Zivilbeamte (Zivis) oder V-Leute unter Mithilfe von mehreren Demonstrationsteilnehmern zur Rede stellen;
▶ Provokationen aus dem Weg gehen – auf polizeiliche oder geheimdienstliche agents provocateurs achten;
▶ Auf sog. „Kletten" achten: Sie heften sich an die Fersen verdächtigter Personen und verfolgen sie bis zu ihren Wohnungen. Greifen meist selbst nicht zu, sondern übermitteln ihre Beobachtungen per Funk an andere Polizeieinheiten (z.B. Festnahmetrupps);
▶ auf Polizei-Spezialeinheiten achten (u.a. Greiftrupps des SEK, die in der Regel recht brutal gegen Demonstranten vorgehen);
▶ auf alle Fälle: Keine unbedachten Handlungen, keine Alleingänge;
▶ Auf offene (Video, Foto, Mikrofone; Dokumentationstrupps) und verdeckte Observationen achten: ggfls. Autonummern notieren, Gedächtnisprotokolle über Einsätze, Aussehen, Aktionen etc. anfertigen;
▶ Das Bundesverfassungsgericht hat es als unzulässig bezeichnet, den „staatsfreien Charakter" von Versammlungen durch „exzessive Observationen und Reglementierungen" zu verändern;[27] auch die optische Dokumentation einer Demonstration durch Video- und Fotoaufnahmen (gem. § 12a VersG; Übersichts- und Einzelaufnahmen) stelle einen Eingriff in den Schutzbereich des Art. 8 GG dar.[28]
▶ Ggfls. gegenfotografieren und Polizeieinsatz dokumentieren – Achtung: Polizeibeamte machen gerne vom „Recht am eigenen Bild" Gebrauch (§ 22 Kunsturhebergesetz, KUG), was zu sofortiger Beschlagnahme des Filmes führen kann (Gefahrenabwehr), obwohl nur die öffentliche Verbreitung einer Porträtaufnahme ohne Einwilligung ggfls. strafbar sein kann und auch nur dann, wenn es sich nicht um Bildnisse aus dem Bereich der Zeitgeschichte handelt oder um Bilder von Versammlungen etc., an denen die dargestellten Personen teilgenommen haben (§ 23 KUG).

► Für Fotojournalisten gilt grundsätzlich: „Das Fotografieren und Filmen polizeilicher Einsätze unterliegt grundsätzlich keinen rechtlichen Schranken. Auch Filmen und Fotografieren mehrerer oder einzelner Polizeibeamter ist bei aufsehenerregenden Einsätzen im allgemeinen zulässig... Die Medien wahren die berechtigten Interessen der Abgebildeten und beachten insbesondere die Vorschriften des Kunsturhebergesetzes bei Veröffentlichung des Film- und Fotomaterials" (Nr. 9 der Verhaltensgrundsätze für Presse und Polizei).

► Beobachtung von Polizeiverhalten in Einzelfällen (Übergriffe), aber auch Beobachtung von Einsatzstrategien und -taktiken sowie von Waffeneinsätzen; Notizen und/oder Fotos machen (Vorsicht: „Recht am eigenen Bild" des einzelnen Polizeibeamten), ggfls. Zeugen namhaft machen, anschließend Gedächtnisprotokoll schreiben und an Bürgerinitiativen, Ermittlungsausschüsse und/oder Anwälte, die in Demonstrationsfällen tätig sind, weiterreichen (s. dazu weiter unten).

Im Falle von Verletzungen
► Möglichst rasch an die gekennzeichneten Sanitäter wenden; Verletzte vor weiteren Angriffen schützen.
► *Kopfverletzungen:* Etwa nach Knüppelschlägen auf den Kopf, auch wenn nicht viel zu sehen ist, besteht immer die Gefahr einer Gehirnerschütterung. Wenn sofort, Stunden, Tage oder auch Wochen danach Symptome wie Erinnerungsverlust, Kopfschmerzen oder Übelkeit auftreten, ist dies ein Fall für ärztliche Behandlung.
► *CN/CS-Verletzungen:* Augen und Haut sofort mit klarem Wasser gründlich spülen (Augen von innen nach außen bei zur Seite geneigtem Kopf). Bei Atembeschwerden und anhaltenden Augenrötungen sollte möglichst sofort ärztliche Hilfe aufgesucht werden (schriftlich attestieren lassen). So bald wie möglich: erst mit kaltem Wasser (ca. 5 Minuten) duschen, mit neutraler Seife waschen, dann warm abduschen. Kontaminierte Kleidungsstücke schnell wechseln und in Plastiktüten stecken.
► *Hundebisse:* innerhalb von 24 Stunden in ärztliche Behandlung begeben (Tetanusspritze).

2.7 Demonstrationsbeobachtung und Gedächtnisprotokolle

Anläßlich von größeren Demonstrationen sollte von seiten der Demonstrationsleitung an die Aufstellung von Demo-Beobachtungsgruppen gedacht werden. Hierzu kann z.b. die Bürgerrechtsgruppe „Komitee für Grundrechte und Demokratie" (s. *Anhang mit den Gruppen-Kurzporträts*) eingeschaltet werden, die regelmäßig mit mehreren Komitee-Mitgliedern die Demonstrationseinsätze der Polizei im Zuge von Castor-Transporten beobachtet und anschließend öffentlich Bericht erstattet hat. Das Komitee hat dem Demonstrationsgeschehen in der Bundesrepublik schon lange besondere Aufmerksamkeit gewidmet, weil das Grundrecht auf Demonstration „demokratisches Urrecht der Bürgerinnen und Bürger" darstelle und der Grad seiner Geltung den „Zustand lebendiger Verfassung" signalisiere.[29] Eine kontinuierliche und genaue Beobachtung polizeilicher Demonstrationseinsätze sei schon deshalb so notwendig, weil dieses demokratische Kernrecht Demonstrationsfreiheit in der Bundesrepublik „vielfach gefährdet ist", oft „eingeschränkt und angegriffen wurde".[30]

Darüber hinaus oder alternativ ist daran zu denken, eigene Demonstrationsbeobachtungsgruppen zusammenzustellen – etwa aus Abgeordneten, Anwälten, kritischen Polizisten, Bürgerrechtsgruppen etc. Auch sie sollten sich vor Ort begeben, ggfls. zwischen Demonstranten und Polizeiführung vermitteln, aber in jedem Fall *Gedächtnisprotokolle* anfertigen und *fotografieren,* um anschließend einen auswertenden Bericht erstellen und der Öffentlichkeit präsentieren zu können.

Auch einzelne Demonstrationsteilnehmer, die Zeuge oder Opfer von Polizeiübergriffen oder unverhältnismäßigen Polizeieinsätzen geworden sind, sollten so rasch wie möglich (weitere) Zeugen ausfindig machen, Gedächtnisprotokolle anfertigen und Fotos machen, um später ggfls. im Zusammenhang mit Strafanzeigen und Öffentlichkeitsarbeit Beweise liefern zu können.

Die Gedächtnisprotokolle sollten folgende Punkte festhalten:
- ▶ Was (z.B. Festnahmen, Wasserwerfereinsatz, gewaltsames Wegräumen, CN-/CS-Gas- oder Knüppeleinsatz etc.) ist wann (mit Datum und genauer Uhrzeit) und wo (Ort, Straße) passiert?
- ▶ Polizeiopfer identifizieren, zumindest genau beschreiben.
- ▶ Gab es Verletzungen und wenn ja, welche?
- ▶ Gab es Festnahmen und ED-Behandlung, und ggfls. mit welchem Vorwurf?

- ▶ Identifizierung der agierenden Polizeibeamten oder genaue Beschreibung (Uniform, Landesabzeichen, Kennzeichen am Helm oder sonstiges, Körperbau, Gesichtsform, Haarfarbe, Bart, Auffälligkeiten).
- ▶ Autokennzeichen des Polizeifahrzeuges notieren.
- ▶ Zeugen ausfindig und namhaft (Adresse) machen und sich selbst ggfls. als Zeuge zur Verfügung stellen.
- ▶ Sichere Aufbewahrung der Gedächtnisprotokolle.
- ▶ Unverzügliche Aufarbeitung von Beschwerden und Aufklärung von Polizeiübergriffen (frühere Erfahrungen zeigen, daß dies nicht selbstverständlich ist) über Ermittlungsausschüsse, Demo-Beobachtungsgruppen und Anwälte.
- ▶ Ggfls. Dienstaufsichtsbeschwerden und Strafanzeigen/-anträge stellen.

Exkurs:

Formen Zivilen Ungehorsams:

Sitzblockaden, Verkehrsblockaden, unerlaubte Begehungen, Entzäunungsaktionen etc.

Die Teilnahme an einer Sitz- oder Verkehrsblockade kann als Nötigung nach § 240 StGB geahndet werden, wenn die Blockade wegen ihrer Dauer und Intensität über reine Symbolik und eine begrenzte Regelverletzung hinausgeht. Im Falle einer Verkehrs- bzw. Schienenblockade kommt
▶ neben einer Nötigung (Freiheitsstrafe bis zu 3 Jahren oder Geldstrafe)
▶ auch ein gefährlicher Eingriff in den Straßen- bzw. Bahnverkehr (§§ 315, 315a, b, c StGB) in Betracht (Freiheitsstrafe bis zu 5 Jahren oder Geldstrafe).
▶ Auch Bußgelder für Blockaden von Schienen gelten selbst dann als rechtmäßig, wenn die Demonstration selbst rechtmäßig war und die Blockade z.B. gegen die Betriebsordnung der Eisenbahn verstoße (BVerfGE Az. 1 BvR 222/97).
▶ Auch zivilrechtliche Ansprüche der durch die Blockaden geschädigten Unternehmen oder Personen können auf Blockadeure zukommen und beträchtliche Ausmaße annehmen (etwa durch Produktionsausfall oder Bauverzögerungen).

Auf diese Weise kann auch über zivilrechtliche Schadenersatzansprüche das Grundrecht auf Versammlungsfreiheit ausgehebelt werden.
Nach der *neueren Rechtsprechung* des Bundesverfassungsgerichts von 1995 wird die Anwendung des § 240 StGB bei friedlichen Blockaden grundsätzlich abgelehnt (Az. 1 BvR 718/89; BVerfG NJW 1995, 1141). Danach gelten friedliche Sitzblockaden – wie etwa im Zusammenhang mit der Blockade militärischer Anlagen (Mutlangen) oder den Castor-Transporten (u.a. Gorleben) – nicht mehr als Gewalt im Sinne des Nötigungsparagraphen, wenn es lediglich um psychischen Zwang (mit geringem körperlichen Aufwand) geht. Blockaden sind also nicht mehr per se rechtswidrig und verboten. Damit rügte das Bundesverfassungsgericht die Ausweitung des Gewaltbegriffs („vergeistigter Gewaltbegriff", psychische „Gewalt") als verfassungswidrig.
Mit diesem Urteil wurde die bis 1995 in diesem Zusammenhang übliche Verurteilungspraxis der Strafgerichte zur Strafbarkeit friedlicher, gewaltfreier Sitzblockaden, die zu weit über 5.000 rechtskräftigen Verurteilungen geführt hatte (Schätzungen gehen bis 10.000), für verfassungswidrig erklärt. Die damals verhängten Geldstrafen lagen im Schnitt zwischen 300 und 500 DM.
Das Urteil des BVerfG hat dazu geführt, daß laufende Strafverfahren wegen friedlicher Blockaden eingestellt wurden. Es eröffnete für bereits Verurteilte die Möglichkeit der *Wiederaufnahme* ihres Verfahrens, der *Aufhebung des Urteils* und damit ihrer *Rehabilitierung*.
▶ In Hessen, Rheinland-Pfalz und Nordrhein-Westfalen sind die Staatsanwaltschaften angewiesen worden, von Amts wegen die damaligen Urteile zu überprüfen und ggfls. auf eine gerichtliche Aufhebung mit Entschädigung (für Bußgelder und Geldstrafen, Haft, Verfahrenskosten) hinzuwirken.
▶ In anderen Bundesländern mußten die wegen Nötigung durch Sitzblockaden verurteilten Friedensdemonstranten selber die Aufhebung des Urteils beantragen.[32]
▶ Die Aufhebung gilt jedoch in jedem Fall nur für den Nötigungstatbestand, nicht für gleichzeitig begangene Körperverletzungen, Beleidigungen etc.
▶ Auch soweit Verurteilungen wegen Vergehens der „Aufforderung zu Straftaten" (§ 111 StGB) ausschließlich den Aufruf zu Nötigungen zum Gegenstand hatten, ist eine Aufhebung des Urteils möglich.
Die Verurteilungen wegen der Teilnahme an Sitzblockaden beruhen nach dem Beschluß des Bundesverfassungsgerichts auf der rechtswidrigen Auslegung einer Verfassungsnorm. § 79 Abs. 1 BVerfGG enthält für diese Fälle einen absoluten Wiederaufnahmegrund.

Für die Polizei ergibt sich aus dem BVerfG-Urteil die Folge, daß der unbedingte Strafverfolgungszwang des § 163 StPO nicht mehr besteht. Ein Einschreiten der Polizei gegen Blockaden bleibt gleichwohl auch weiterhin im Einzelfall möglich, soweit die rechtlichen Voraussetzungen gegeben sind und Belange der öffentlichen Sicherheit berührt werden. Zu den rechtlichen Möglichkeiten zählen u.a.:
▶ die im Versammlungsrecht geregelten Auflagen, mit denen auf Blockaden mit beschränkender Wirkung reagiert werden kann (im Falle des Verstoßes: bußgeldbewehrte Ordnungswidrigkeit, s.o.);
▶ die Platzverweisung oder das Aufenthaltsverbot, die im Falle der Auflösung durch die Anwendung unmittelbaren Zwangs – etwa Wegtragen der Blockierer – durchgesetzt werden können;
▶ eventuell vorliegende Straftaten aufgrund anderer Strafnormen – z.B. Gefährdung des Bahnverkehrs, Sachbeschädigung – bleiben von der neuen Rechtslage unberührt;
▶ Zielgerichtete Blockaden von Autobahnen sind nach der Rechtsprechung des Bundesgerichtshofs weiterhin strafbare Nötigung: „Haben die Teilnehmer an einer Straßenblockade dadurch, daß sie sich auf die Fahrbahn begeben, Kraftfahrer an der Weiterfahrt gehindert und deren Fahrzeuge bewußt dazu benutzt, die Durchfahrt für weitere Kraftfahrer tatsächlich zu versperren, so kann diesen gegenüber im Herbeiführen eines solchen physischen Hindernisses eine strafbare Nötigung liegen" (BGH NStZ 1995, S. 541 Leitsatz).
▶ Wer in der Absicht, die Benutzung eines Schienenwegs zu unterbinden, auf den Gleisen ein Hindernis anbringt, das mit diesen fest verbunden und nur mit erheblichem Aufwand zu entfernen ist, macht sich wegen Sachbeschädigung und wegen (versuchter oder vollendeter) Nötigung strafbar (BGH-Urteil vom 12.2.98 – 4- StR 428/97 – LG Paderborn).[33]

Rechts- und Verhaltenstips zu Sitzblockaden

Oberstes Gebot im Falle der polizeilichen Räumung einer Sitzblockade:
▶ Ruhe bewahren und sich der Solidarität in der Bezugsgruppe, der man sich frühzeitig zuordnen sollte, versichern;
▶ keine Alleingänge;
▶ wer starke Angst verspürt, sollte seine Beteiligung an der Blockade lieber beenden.
▶ Es empfiehlt sich, zuvor an gewaltfreien Aktionstrainings teil-

zunehmen, um zu lernen, zwar entschlossen, aber (schon zum eigenen Schutz) möglichst nicht aggressiv zu blockieren und sich nicht provozieren zu lassen. Auch der Umgang mit der eigenen Angst vor polizeilicher Gewalt ist zu erlernen.
▶ Es empfiehlt sich auch, vor der Blockade Namen und Adressen auszutauschen.
▶ Zur gewaltfreien Blockade des Castor-Transportes nach Gorleben im Jahr 1997 haben sich Tausende in einer schriftlichen *Selbstverpflichtung* zu folgendem Handeln verpflichtet:
„Wir beteiligen uns an der gewaltfreien Sitzblockade auf der Straße zwischen dem Verladekran in Dannenberg und dem Zwischenlager in Gorleben am Tag des nächsten Castor-Transportes im Rahmen der Übereinkunft von ‚X-tausendmal quer'... Wir werden die Straße nicht freiwillig verlassen. Bei polizeilichen Räumungen werden wir besonnen und ohne Gewalt handeln. Wir wollen deutlich machen, wie der gewaltfreie Widerstand von Tausenden von BürgerInnen massiv in den Transport des Castors eingreifen kann und ihn somit dieses oder ein späteres Mal unmöglich machen wird. Wir werden zeigen, daß mögliche Demonstrationsverbote oder Verurteilungen der Dannenberger Justiz uns nicht abschrecken können, sondern vielmehr eine bundesweite Solidarität erzeugen."
▶ Üblicherweise fordert die Polizei dreimal dazu auf, die Blockade zu beenden – was allerdings nicht immer geschieht. Auch (unmittelbar) nach der dritten Aufforderung hat man noch die Möglichkeit, die Blockade selbständig zu verlassen (wobei allerdings auch das Am-Rande-der-Blockade-Stehen als – psychische – Unterstützung der Blockierer gewertet werden kann), ansonsten kommt es in der Regel zur mehr oder weniger gewaltsamen Räumung durch die Polizei (wegtragen oder wegprügeln oder per Wasserwerfer). Spätestens in dieser Phase ist für die körperliche Integrität nicht mehr zu garantieren.
▶ Manche Bundesländer fordern von Sitzblockierern, die nach mehrmaliger Aufforderung von der Polizei weggetragen werden mußten, eine umstrittene „Wegtragegebühr" (z.B. in Baden-Württemberg unter dem ehemaligen CDU-Innenminister und heutigen Bundespräsidenten Roman Herzog eingeführt; inzwischen wird sie in Baden-Württemberg nicht mehr verlangt).

> **Rechtlicher Hinweis**
> Im Fall von Verletzungen bei der Räumung etwa durch Wasserwerfer mit zu hohem Wasserdruck (13 bar) und zu geringer Entfernung (etwa 8 bis 10 m) ist Schmerzensgeldforderung beim zuständigen Landgericht einklagbar (z.B. LG Verden Az 8 0 186/87). Nach Ausschöpfung des Rechtsweges auch Verfassungsbeschwerde möglich.

Literatur:

Arnold, Die „neue" Auslegung des Gewaltbegriffs in § 240 StGB – eine Nötigung der Strafrechtsdogmatik? In: Juristische Schulung (JuS) 1997, S. 289 ff.

Buchwald, Die objektive Bindungswirkung der Sitzblockaden-Entscheidung des Bundesverfassungsgerichts, in: Deutsche Richterzeitung 1997, S. 513 ff.

Herzberg, Zum Gewaltbegriff in § 240 StGB und zu seiner „subjektiv-historischen Auslegung", in: JuS 1997, S. 1067 ff.

Exkurs:

Besonderheiten bei Streiks bzw. bei streikähnlichen Aktionen

(1) Allgemeines zum Arbeitskampfrecht

Das Arbeitskampfrecht – und dazu gehören das Streik- und das Aussperrungsrecht – gilt heute als ein notwendiger Bestandteil der verfassungsmäßig gewährleisteten Tarifautonomie (Art. 9 Abs. 3 GG Koalitionsfreiheit).[34] Streik und Aussperrung sind innerhalb bestimmter Grenzen, die z.T. noch strittig sind, als Bestandteile des einfachen Rechts anerkannt (vgl. Europäische Sozialcharta II, Art. 6 Nr. 4)[35].

Kein Streikrecht oder streikähnliche Leistungsverweigerungsrechte gibt es jedoch im Hinblick auf Art. 33 Abs. 5 GG (Grundsätze des Berufsbeamtentums)

▶ für Beamtinnen und Beamte (BVerfGE 44, 264; BVerwGE 73, 102),
▶ ebensowenig für Richter,
▶ Soldaten und Zivildienstpflichtige,
▶ Untersuchungs- und Strafgefangene.

Auszubildenden steht das Streikrecht grundsätzlich zu.

Ein Streikrecht gilt prinzipiell nur zur Auseinandersetzung über Lohn- und Arbeitsbedingungen, also für Ziele, die Gegenstand einer tariflichen Regelung sein können (BAGE 48, 168). Daher gibt es grundsätzlich *kein* verfassungsrechtlich oder einfachrechtlich verbrieftes Recht:

▶ zum *„Sympathiestreik"* oder *„Solidaritätsstreik"* oder

▶ zum *politischen Streik* oder Demonstrationsstreik, d.h. zu einem Streik, der das politische Geschehen beeinflussen soll; er gilt nach herrschender Meinung insbesondere dann als rechtswidrig, wenn der Streik sich gegen den Staat richtet und dessen Organe zu einem bestimmten Verhalten zwingen will, also die Grundsätze der Volkssouveränität und Unabhängigkeit der Abgeordneten tangiert.[36] Ist dies jedoch nicht der Fall, so dürfte der politische Streik nicht von vornherein rechtswidrig sein.[37]
▶ Als ebenso rechtswidrig gilt der *Generalstreik* zur Ausschaltung verfassungsgemäß bestellter oberster Staatsorgane (BGHSt 8, 105).
▶ Weiterhin verstoßen nach Auffassung des Bundesarbeitsgerichts (BAG) sämtliche sog. Nichtgewerkschaftlichen Arbeitsniederlegungen (sog. *Wilde Streiks*) gegen die Rechtsordnung (gilt nicht, wenn wilder Streik nachträglich von Gewerkschaft übernommen wird). Grund: Die Arbeitsniederlegung sei eine gefährliche Waffe und könne deshalb nur Instanzen anvertraut werden, die sich dieses Mittels in verantwortlicher Weise bedienen.[38]
Der politische Streik läßt sich nicht auf Art. 9 Abs. 3 stützen, jedoch ggfls. auf das Widerstandsrecht nach Art. 20 Abs. 4 GG. „Soll wie beim Kapp-Putsch des Jahres 1920 die verfassungsmäßige Regierung mit militärischer Gewalt ihrer Befugnisse beraubt werden, so ist ein dagegen gerichteter Generalstreik unbestritten legal".[39] Schwierig wird es in Fällen von heimlichen Verfassungsbrüchen, etwa bei einer mißbräuchlichen Uminterpretation der Verfassungsordnung oder bei der (permanenten) „rechtsstaatlichen" Demontage von Grundrechten, wie etwa des Asylgrundrechts (1993) und des Grundrechts auf Unverletzlichkeit der Wohnung durch die Legalisierung des Großen Lauschangriffs (1998).
Der Bremer Arbeitsrechtler Wolfgang Däubler vertritt im Gegensatz zur herrschenden Meinung die Auffassung, daß der politische Streik keine Gefährdung der Unabhängigkeit von Staatsorganen bedeute und daher zulässig sei. Für den Fall des sozial- und wirtschaftspolitisch motivierten Proteststreiks könnten sich die Streikenden zusätzlich auf Aussagen des ILO-Sachverständigenausschusses berufen.[40]
Gewerkschaftlich organisierte *Warnstreiks* und Schwerpunktstreiks, die in die Auseinandersetzung über Lohn- und Arbeitsbedingungen eingreifen, sind zulässig.[41]

(2) Verhalten staatlicher Organe bei Streiks
Bei rechtmäßigem Streik haben sich der Staat und seine Organe „neutral" zu verhalten, d.h. sie dürfen sich nicht auf die eine oder andere Seite der Auseinandersetzung schlagen und die Kampfmittel der bei-

den „Sozialpartner" nicht ungleichmäßig behandeln. Es gilt der Grundsatz der „Waffengleichheit" und der „Kampfparität" (BAGE 1, 308). Einseitige gesetzliche Verbote von Streiks oder Aussperrungen wären verfassungswidrig.[42]
Ein „Streik als solcher" rechtfertigt prinzipiell keinen polizeilichen Einsatz. Auch die bloße Rechtswidrigkeit eines Streiks rechtfertigt für sich genommen keinen Polizeieinsatz. *Die Polizei muß sich bei Arbeitskampfmaßnahmen „neutral" verhalten.*
Prinzipiell ist die Polizei nach den Polizeigesetzen des Bundes und der Länder zum Eingreifen befugt, um Gefahren für die Öffentliche Sicherheit und Ordnung abzuwehren und um Straftaten zu verhüten; sie ist außerdem – nach der Strafprozeßordnung – verpflichtet, begangene Straftaten aufzuklären.
Die *Polizeidienstverordnung 100 (PDV 100)* schreibt vor,
▶ daß „durch geeignete polizeiliche Maßnahmen... ein gesetzmäßiger und möglichst störungsfreier Verlauf des Arbeitskampfes zu gewährleisten" ist. Das heißt: Bei jedem Streik wird die Polizei, offen oder verdeckt, zugegen sein.
▶ „Durch ständige Aufklärung einschließlich der Auswertung sachbezogener Veröffentlichungen werden Arbeitskämpfe und ihr mutmaßlicher Verlauf rechtzeitig erkannt." Das bedeutet: Die Polizei wird von Anfang an präventiv tätig, beobachtet und versucht, „Gefahren für die öffentliche Sicherheit und Ordnung" aufzuspüren.
▶ Sofern „demonstrative Aktionen" erwartet werden, wird die Polizei – so sieht es die PDV 100 vor – rechtzeitige Observationen „radikaler Gruppen und mutmaßlicher Rädelsführer", „subversiver Kräfte", ihrer „Sammelpunkte, Verkehrslokale und Schlupfwinkel" sowie „vorbereitender Handlungen wie Zusammenkünfte, Herstellung oder Beschaffung von Wurfgeschossen" durchführen.
▶ Weiterhin wird die Polizei „rechtzeitig starke, mobile Eingreifkommandos offen oder verdeckt" bereithalten und im Falle von „Gefahren für die öffentliche Sicherheit und Ordnung" auch einsetzen. Solche „Gefahren" können schnell angenommen werden bei:
1. sog. *Streikexzessen* (etwa Einsatz körperlicher Gewalt, Schmährufen gegenüber Streikbrechern, die als Körperverletzung bzw. Beleidigung gewertet werden könnten; Sachbeschädigung, Landfriedensbruch, ordnungswidrige Verstöße gegen das Versammlungsrecht und die Straßenverkehrsordnung;
2. *Streikketten* (Streikposten als „Nötigung" gewertet, was unter Juristen allerdings strittig ist);
3. *Streikposten* wenden Gewalt an gegen Arbeitswillige/Streikbrecher (Übergriffe);

4. **Verkehrsblockaden** (lange Zeit von den Gerichten mehrheitlich als „Nötigung" gewertet; im Zusammenhang mit den Aktionen der Stahlarbeiter in Nordrhein-Westfalen 1987 wurden jedoch keine Gerichtsverfahren eingeleitet, allerdings polizeiliche Ermittlungen; *vgl. dazu Exkurs: Sitzblockaden);*
5. **Betriebsblockaden** und **Betriebsbesetzungen** (als Nötigung und/oder Hausfriedensbruch gewertet, was unter Juristen umstritten ist).

Im Rahmen der sog. Neutralitätspflicht des Staates bei Arbeitskämpfen ist die Polizei zur Nichteinmischung und Zurückhaltung verpflichtet. Sie hat bei der Frage des polizeilichen Einschreitens einen Beurteilungsspielraum, den sie nicht einseitig gegen die Interessen der Streikenden ausfüllen darf. Bei der „Gefahrenabwehr" ist sie dem „Opportunitätsprinzip" verpflichtet, d. h. die Entscheidung darüber, ob und mit welchen Mitteln sie einschreitet, muß sie nach pflichtgemäßem Ermessen treffen.

Eine Pflicht zum Einschreiten (nur im Fall von Straftaten gilt das Legalitätsprinzip) oder gar ein Anspruch des Arbeitgebers auf polizeiliches Eingreifen scheidet aus. Die Polizei ist im Falle eines Einschreitens – etwa zur Verfolgung von Straftätern – dem Verhältnismäßigkeitsgrundsatz unterworfen (sie muß das „schonendste Mittel" anwenden), der allerdings in der Praxis häufig mißachtet wird. Dieser Grundsatz schließt ein polizeiliches Einschreiten wegen leichter Straftaten (z.B. Beleidigung) aus, weil dadurch in der Regel die Wirksamkeit des verfassungsmäßig geschützten Streikrechts beeinträchtigt würde.

Rechtswidrig wäre ein Polizeieinsatz, mit dem einige Streikbrecher gewaltsam an ihren Arbeitsplatz gebracht werden und dafür Verletzte (Streikposten) in Kauf genommen würden. Es empfiehlt sich, bei Auseinandersetzungen bzw. Schwierigkeiten mit der Polizei die Gewerkschaft bzw. den Rechtsschutzsekretär einzuschalten.

Zum Schutz privater Rechte kann die Polizei nur eingreifen, wenn gerichtlicher Schutz nicht rechtzeitig erlangt werden kann und wenn andernfalls die Verwirklichung des Rechts unmöglich oder wesentlich erschwert würde.

Im Rahmen dieser „Rechts- und Verhaltenstips" konnten lediglich einige wenige Punkte des Konfliktbereichs „Streikrecht und Staatsgewalt" allgemein angesprochen werden. Im übrigen gelten hier auch die Ausführungen in den anderen Kapiteln.

Auswahl weiterführender Literatur zu „Demonstrationsrecht"

AutorInnenkollektiv aus Anti-Repressions-Gruppen, Durch die Wüste, Gießen-Münster 1989 (ff.), c/o Umweltzentrum, Scharnhorststr. 57, 48155 Münster
Bauer, Rechtsfibel für die politische Praxis. Tips für den richtigen Umgang mit Ämtern und Polizei, Nürnberg 1995.

Brenneisen/Wilksen, Die Versammlungsfreiheit und ihre Grenzen. Unterrichtsblatt der Landespolizei Schleswig-Holstein Nr. 148/96, Mai 1996
Cobler, Geulen, Narr, Das Demonstrationsrecht, Reinbek 1983
Däubler, Das Arbeitsrecht 1, Reinbek 1995 (darin: Streik und Polizeiliche Maßnahmen)
Der radioaktive Zerfall der Grundrechte – oder: Warum sich Menschen querstellen, wenn der Castor kommt, Köln 1995.
Dietel/Gintzel/Kniesel, Demonstrations- und Versammlungsfreiheit, Köln u.a., 10. Aufl., 1991
Ermittlungsausschuß Gorleben, Der Demo Ratgeber, Lüchow 1997
Göddeke, Zur Problematik von Masseningewahrsamnahmen, in: Die Polizei 6/1997, S. 166 ff.
Gössner (Hrsg.), Restrisiko Mensch, (Bürger kontrollieren die Polizei), Bremen 1986; darin: u.a. ders., Die polizeiliche Einkreisung der Demonstrationsfreiheit, S. 71 ff.;
Gössner/Herzog, Der Apparat – Ermittlungen in Sachen Polizei, Köln 1994; darin: Dossier 2: Die Herren der Lage – Großeinsätze, S. 78 ff.
Gössner, Das Elend der polizeilichen „Lösung" – Fatale Folgen eines umstrittenen Polizeieinsatzes, in: Polizei – heute (Stuttgart) 4/1996, S. 110 ff.
Gössner/Neß, Polizei im Zwielicht – Gerät der Apparat außer Kontrolle? Frankfurt/M.- New York 1996
Knape, Beweissicherung und Dokumentation: Strategie und Taktik zur Bekämpfung gewalttätiger Aktionen, in: Polizei-heute 1/98, S. 11 ff.
Kniesel, Einschreitemöglichkeit bei rechtsextremistischen Demonstrationen, in: Polizei-heute 4/1997, S. 124 ff.
Krüger, Versammlungsrecht, Stuttgart u.a. 1994
Kutscha (Hrsg.), Demonstrationsfreiheit – Kampf um ein Bürgerrecht, Köln 1986;
Meyer/Köhler, Das neue Demonstrations- und Versammlungsrecht, München, 3. Aufl., 1990
Ott/Wächtler, Gesetz über Versammlungen und Aufzüge – Taschenkommentar, Stuttgart u.a., 6. Aufl., 1996.
Ridder/Breitbach/Rühl/Steinmeier, Versammlungsrecht – Kommentar, Baden-Baden 1992
Rote Hilfe, Was tun, wenn es brennt? Rechtshilfetips auf Demonstrationen, bei Übergriffen, bei Festnahmen, auf der Wache, Kiel 1993 ff.
Seifert, Modell Hannover. Aufenthaltsverbot als Instrument zur Durchsetzung von Versammlungsverboten, in: Kritische Justiz 3/1996, S. 356 ff.
Ule, Streik und Polizei, Köln-Berlin u.a. 1972
Zechlin, Streik, Strafrecht, Polizei, Köln 1986

Anmerkungen

(1) Krüger, Versammlungsrecht, Stuttgart u.a. 1994, S. 25.
(2) Meyer/Köhler, Das neue Demonstrations- und Versammlungsrecht, München, 3. Aufl., 1990; Ott, Versammlungsrecht – Kommentar, Stuttgart u.a., 5. Aufl., 1987, mit Nachtrag 1989
(3) Dietel/Gintzel/Kniesel, Demonstrations- und Versammlungsfreiheit, Köln u.a., 10. Aufl., 1991
(4) Zit. nach Krüger, Versammlungsrecht, Stuttgart u.a. 1994, S. 51.
(5) Vgl. Krüger, Versammlungsrecht, a.a.O., S. 154 mit Verweis auf Ott, Versammlungsrecht, 1997, RN 1 zu § 17a VerG.
(6) Krüger, Versammlungsrecht, a.a.O., S. 153 m.w.N.
(7) So u.a. Dietel u.a., a.a.O., RN 7 zu § 12a VersG; Kniesel, NJW 1992, S. 14.
(8) Vgl. Krüger, Versammlungsrecht, a.a.O., S. 96.
(9) Krüger, a.a.O., S. 107.
(10) Vgl. dazu: Hoffmann, Im Visier – Videoüberwachung im öffentlichen Raum, Teil 1

und 2, in: Deutsche Polizei 2 und 3/1998, S. 6 ff, 21 ff.
(11) BVerfG NJW 1992, 890.
(12) Vgl. dazu u.a. Donat, Einschränkungen der Demonstrationsfreiheit bei Anti-Castor-Protesten, in: Müller-Heidelberg u.a. (Hg.), Grundrechte-Report 1998, Reinbek 1998, S. 119 ff.
(13) BVerfGE 69, 315 ff (353).
(14) Ebda., S. 361.
(15) So etwa das Verwaltungsgericht Lüneburg, Az. 7 A 50/95.
(16) Dies ist nicht unumstritten, vgl. Krüger, Versammlungsrecht, a.a.O., S. 136 m.w.N.
(17) BVerfG NJW 1993, 581.
(18) Vgl. dazu Gössner/Neß, Polizei im Zwielicht, Frankfurt/M-New York 1996, S. 140 ff.
(19) Vgl. Spoo, Gericht in Hannover kassiert polizeiliche Platzverweise, in: Frankfurter Rundschau 9.7.97.
(20) Vgl. Weser-Kurier 29.7.1997: Keine Tabu-Zonen für Drogenabhängige; Urteil des VG Bremen (Az. A 149/96) vom 29.5.97.
(21) Ähnlich: Göddeke, Zur Problematik von Masseningewahrsamnahmen, in: Die Polizei 6/97, S. 168.
(22) Vgl. Übersicht bei: Rößler, Sechzehn Polizeigesetze regeln den Unterbringungsgewahrsam in sehr unterschiedlicher Weise, in: Frankfurter Allgemeine Zeitung vom 22.8.1995.
(23) Hier mahnt der Sächsische Verfassungsgerichtshof eine Differenzierung der Tatbestände an, die zu einem Unterbindungsgewahrsam führen.
(24) Ebda.
(25) Vgl. OVG Bremen NVwZ 1990, 1188.
(26) Vgl. Ott/Wächtler, a.a.O., S. 68 f.
(27) BVerfGE 65, 1 ff (43); 69, 315 ff (349).
(28) OVG Bremen NVwZ 1990, 1188.
(29) Vgl. dazu Steven, Demonstrationsbeobachtung – eine exemplarische Aktionsform der Bürgerrechtsbewegung, in: Müller-Heidelberg u.a. (Hg.), Grundrechte-Reprot 1998, Reinbek 1998, S. 281 ff. Die bislang erschienenen drei Berichte über die Beobachtung der Demonstrationen während der Castor-Transporte 1995, 1996, 1997 des Komitees für Grundrechte und Demokratie sind zu beziehen über: Komitee..., An der Gasse 1, 64759 Sensbachtal.
(30) Castor eingelagert..., a.a.O., S. 5, 7.
(31) taz Weihnachten 1997; die Betroffen zogen bereits vor das Bundesverfassungsgericht.
(32) dpa 20.04.1995
(33) Teilweise abgedruckt in: der kriminalist 5/98, s. 221 ff.
(34) Vgl. Seifert/Hömig (Hg.), Grundgesetz für die Bundesrepublik Deutschland, Taschenkommentar, 4. Aufl. 1994, zu Art. 9 Rdnr. 14 (Seifert)
(35) BGBl. 1964 II S. 1262.
(36) Seifert/Hömig (Hg.), a.a.0.
(37) So u.a. Däubler, Das Arbeitsrecht 1, Reinbek 1995, 14. Aufl., Rdnr. 516.
(38) BAG AP Nr. 32 zu Art. 9 GG Arbeitskampf, Bl. 9 R. Vgl. dazu: Däubler, Das Arbeitsrecht 1, Reinbek 1995, 14. Aufl., Rdnr. 476.
(39) Däubler, a.a.O., Rdnr. 511; Vgl. zu diesem Beispiel: Krause, Arbeitereinheit rettet die Republik, Frankfurt/M. 1970. Zum Widerstandsrecht: Meyer u.a. (Hg.) Widerstandsrecht in der Demokratie, Köln 1984; Liedtke, Widerstand ist Bürgerpflicht, München 1984; Prantl, Sind wird noch zu retten. Anstiftung zum Widerstand gegen eine gefährliche Politik, München 1998.
(40) Däubler, Das Arbeitsrecht 1, Reinbek 1995, 14. Aufl., Rdnr. 517 m.w.N.
(41) ebda., Rdnr. 539 ff.
(42) Zum Problem der Aussperrung, Suspendierung und Wiedereinstellung von Streikenden, vgl. Däubler, Das Arbeitsrecht 1, Reinbek 1995, 14. Aufl., Rdnr. 600 ff.

Kapitel 3

Geheime polizeiliche Einsätze und verdeckte Polizei-Aktionen

Die Polizei – also Bundeskriminalamt, Bundesgrenzschutz, Länderpolizeien – und das Zollkriminalamt wenden mittlerweile systematisch nachrichtendienstliche Mittel an. Deshalb sind manche in diesem Kapitel behandelten Mittel und Methoden identisch mit den von Geheimdiensten angewandten Mitteln und Methoden im darauf folgenden Kapitel – teilweise auch was Rechtsbehelfe und Rechtsschutz anbelangt.
Anfang 1998 wurde nach langer Diskussion um das Für und Wider der *Große Lauschangriff zur Strafverfolgung* im Grundgesetz und in der Strafprozeßordnung verankert. Schon bislang gab es schwerwiegende polizeiliche bzw. strafverfolgende Eingriffe in das Grundrecht der „Unverletzlichkeit der Wohnung":
► die Wohnungsdurchsuchung *(s. Kapitel über Offene Polizeimaßnahmen);*
► die Telefonüberwachung (bei Mobiltelefonen mit der Möglichkeit, Bewegungsprofile zu erstellen);
► das Eindringen von Verdeckten Ermittlern in Wohnungen zur Gefahrenabwehr und Strafverfolgung;
► der sog. Kleine Lauschangriff zur Absicherung eines in einer Wohnung eingesetzten Verdeckten Ermittlers (die sog. „bemannte Wanze");
► der Lausch- und Spähangriff in Wohnungen zur Abwehr einer gegenwärtigen Gefahr nach den meisten Polizeigesetzen des Bundes und der Länder; Videokameras für Spähangriffe lassen sich entweder in Stiften, Feuerzeugen, Aktenkoffern, Brillen, Armbanduhren, Büchern, Gemälden, Lüftungsschächten, Lampen etc. verstecken oder aber – nur stecknadelgroß – durch Wände treiben, um Räume auszuspähen;
► der Lausch- und Spähangriff außerhalb von Wohnungen zu Strafverfolgungszwecken (seit 1992). In diesem Zusammenhang hat der Bundesgerichtshof (BGH) 1997 entschieden, daß auch das Auto eines einer schweren Straftat (hier: „Terroristische Vereinigung") Verdächtigen heimlich geöffnet und mit Wanzen ausgestattet werden darf (etwa auf dem Parkplatz, ohne das Auto allerdings in eine Werkstatt

zu fahren); das Auto falle nicht unter den Schutzbereich der Wohnung
(Az 1 BGs 88/97).[1]
▶ Ganz zu schweigen von den Lausch- und Spähangriffen der
Geheimdienste – des Verfassungsschutzes, Bundesnachrichtendienstes
und Militärischen Abschirmdienstes *(s. dazu nächstes Kapitel).*

3.1 Postkontrolle und Telefonüberwachung nach der Strafprozeßordnung (zur Strafverfolgung)

Postkontrolle
Die (Post-)Beschlagnahme der an einen Beschuldigten gerichteten
Briefe, Sendungen und Telegramme ist zulässig zur Strafverfolgung,
wenn sie vom Beschuldigten stammen oder für ihn bestimmt sind
und ihr Inhalt für die Untersuchung von Bedeutung ist (§ 99 StPO).
Die Beschlagnahme geschieht in der Regel im Postamt bzw. in der
Telegrafenanstalt. Der Verhältnismäßigkeitsgrundsatz setzt einen
„konkretisierten Verdacht für eine nicht nur geringfügige Straftat voraus".
Zur Postbeschlagnahme ist der Richter, bei „Gefahr im Verzug" auch
die Staatsanwaltschaft (StA) befugt. Die von der StA verfügte
Beschlagnahme tritt außer Kraft, wenn sie nicht binnen drei Tagen
vom Richter bestätigt wird (§ 100 Abs.1, 2 StPO).
Die Öffnung der Sendungen steht nur dem Richter zu, der sie jedoch
an die StA delegieren kann.

**Telefonüberwachung durch Polizei und Staatsanwaltschaft (StA)
zur Strafverfolgung** *(nach der Strafprozeßordnung)*[2]
Eine Telefonüberwachung durch die Polizei/StA darf nach der Strafprozeßordnung im Rahmen der Strafverfolgung richterlich angeordnet werden, wenn „bestimmte Tatsachen den Verdacht begründen,
daß jemand als Täter oder Teilnehmer" eines der in § 100a StPO genannten „schweren" Delikte begangen hat oder versucht hat zu begehen (falls schon der Versuch strafbar ist) oder durch eine Straftat vor-
bereitet hat. § 100a StPO enthält über 80 Anlaß-Straftatbestände.[3]
Zu den aufgeführten Straftaten, die eine Telefonüberwachung (= Aufnahme des Fernmeldeverkehrs auf Tonträger) rechtfertigen, gehören
u.a.
▶ „Straftaten der Gefährdung des demokratischen Rechtsstaates oder
des Landesverrates",

> **Rechtsbehelfe bei Postkontrolle** §
> ▶ Gegen den richterlichen Beschluß ist Beschwerde zum Landgericht möglich.
> ▶ Die Sendungen sind an den Berechtigten auszuhändigen, soweit nach der Öffnung die Zurückbehaltung nicht erforderlich ist (§ 101 II StPO).
> ▶ Eine Benachrichtigung des Betroffenen erfolgt erst, sobald dies „ohne Gefährdung des Untersuchungszweckes geschehen kann".
> ▶ Der Betroffene kann, solange die Beschlagnahme andauert, Beschwerde (§ 304 StPO) gegen die richterliche Beschlagnahmeanordnung einlegen mit dem Ziel der Aushändigung der beschlagnahmten Postsendungen (keine aufschiebende Wirkung).
> ▶ Ist die Maßnahme bereits beendet, so kann der Betroffene beim Amtsgericht beantragen, die Rechtswidrigkeit der durchgeführten Maßnahme festzustellen.
> ▶ Die Möglichkeit einer Verfassungsbeschwerde ist außerdem gegeben.

▶ „Straftaten gegen die Landesverteidigung", „Straftaten gegen die öffentliche Ordnung",
▶ Mord, Menschenhandel, Geiselnahme, Bandendiebstahl, Raub, Erpressung, Geldfälschung,
▶ Verstöße gegen das Betäubungsmittelgesetz (Drogenhandel etc.)
▶ „Kriminelle und terroristische Vereinigung", §§ 129, 129a StGB.
Gerade die Organisationsdelikte §§ 129, 129a spielen bei polizeilichen Abhöraktionen eine große Rolle: Wird nämlich von seiten der Polizei gegenüber dem anordnenden Richter plausibel dargelegt, bestimmte leichtere Straftaten, deretwegen eigentlich nicht abgehört werden darf (wie z.B. einfacher Diebstahl, Hehlerei, Sachbeschädigung etc.), seien organisiert – etwa im Rahmen einer „kriminellen" oder einer „terroristischen Vereinigung" – begangen worden, so kann dennoch im Rahmen des Gesetzes abgehört werden, weil die Organisationsnormen 129, 129a zu den Katalogtaten des Abhörparagraphen gehören.[4]
Häufig bestätigt sich der Verdacht nach §§ 129, 129a StGB später nicht, was allerdings die Verwertbarkeit der Telefonabhörerkenntnisse nicht beeinträchtigt.
Abhörbar sind außer Telefonen bzw. Telefonanschlüssen in Wohnungen oder Geschäftsräumen auch
▶ *Anrufbeantworter,*
▶ *Telefone in Telefonzellen* (evtl. auch über installierte Wanze),

▶ *Faxgeräte* bzw. Faxe, deren elektronische Übermittlungsspuren aufgefangen werden können,
▶ ebenso wie der *Computerverkehr* (PC-Faxe, E-Mail, Mailboxen, Internet) angezapft werden kann (z.b. über online-Durchsuchung; verdeckte Ermittlungen; anlaßunabhängige Ermittlungen).[5]
▶ *PC, Bildschirme und Verbindungskabel* strahlen elektromagnetische Wellen aus, z.T. durch Wände hindurch. Je schlechter der PC bzw. die Kabel strahlenabgeschirmt bzw. isoliert, desto leichter läßt sich die Strahlung abfangen und – relativ aufwendig – in Signale zusammensetzen. LCD-Bildschirme in Laptops oder Notebooks sind wegen ihrer geringen Strahlung praktisch „ablesesicher" (über die Abstrahlung, nicht aber über Telefon- bzw. ISDN-Verkehr).
Das heißt: Alles was über Telefon- bzw. ISDN-Leitungen übertragen werden kann, kann auch abgehört bzw. aufgenommen werden.[6] Voraussetzung ist nur, daß die Nachrichten nicht verschlüsselt sind.
▶ Auch *Handys und Autotelefone* können und dürfen polizeilich zu Strafverfolgungszwecken abgehört werden. Die Betreiber aller Mobilfunknetze – C-Netz, D1, D2 und E-Netz – sind, wie alle Telekommunikationsanbieter, gesetzlich verpflichtet, für die Polizei das Abhören zu besorgen bzw. ihr behilflich zu sein.[7]
Auch Standortmeldungen von Mobiltelefonen dürfen für Fahndungszwecke verwendet werden – das bedeutet letztlich: die **Erstellung von Bewegungsbildern** mit Hilfe der von den Telefonbetreibern gespeicherten Bewegungsdaten. So hat es das Landgericht Dortmund zugunsten der Fahnder entschieden, nachdem die Telekom-Tochter T-Mobil Beschwerde gegen die Herausgabe-Anordnung eingelegt hatte (Az. 79 Js 449/97).[8] Damit wird das Handy praktisch zum Peilsender – seine automatischen Standortmeldungen können zu einem (mehr oder weniger) dichten Bewegungsbild seines Inhabers verknüpft werden, selbst wenn nicht telefoniert wird. Denn das eingeschaltete, auf Empfang gestellte Handy (stand-by) meldet sich mit seiner Kennung in Abständen beim nächstgelegenen Sender (aktive Positionsmeldungen bei den Funkfeststationen), der das Signal an einen Computer weiterleitet, wo es bis zu 48 Stunden gespeichert bleibt. Die Telefongesellschaft weiß also zu jeder Zeit, wo sich ihr Kunde aufhält (ggfls. sogar punktgenau) – wie gesagt, auch wenn er kein Gespräch führt. Und diese Positionsmeldungen müssen unter bestimmten Voraussetzungen den Staatsanwaltschaften bzw. der Polizei zu Fahndungszwecken zugänglich gemacht werden. Diese Fahndungsmethode geht somit über das Abhören von Telefongesprächen hinaus.
Auch die *Verbindungsdaten* – also wer hat wann mit wem von wo nach wo telefoniert – sind computermäßig erfaßt und können von den

Ermittlungsbehörden per richterlicher Anordnung oder im Falle einer „Gefahr im Verzug" auch ohne Richteranordnung von den Telefongesellschaften angefordert werden (nach dem Fernmeldeanlagengesetz). Damit sind sog. Kommunikationsprofile zu erstellen (wie im Fall des damals flüchtigen „Baulöwen" Jürgen Schneider).[9]
Die für die Anordnung der Telefonüberwachung zuständigen Richter (bei „Gefahr im Verzug" ist es die StA, deren Verfügung binnen 3 Tagen vom Richter bestätigt werden muß) haben es mit ihrer gesetzlich bestimmten „Vorabkontrolle" nicht vermocht, dieses einschneidende Mittel der staatlichen Informationsbeschaffung einzudämmen bzw. sparsam zu benutzen. Die Bundesrepublik ist trotz Richtervorbehalts das westeuropäische Land mit den meisten abgehörten Telefonanschlüssen. Die Zahlen sind in den vergangenen Jahren deutlich angestiegen: Sie haben sich von 1989 bis 1993 nahezu verdoppelt auf knapp 4.000, um 1996 auf über 8.000 anzuwachsen (1997: ca. 7.800). Dabei ist zu bedenken, daß sich die Anordnung außer gegen Beschuldigte auch gegen Personen richten darf, von denen aufgrund bestimmter Tatsachen anzunehmen ist, daß sie für den Beschuldigten bestimmte oder von ihm herrührende Mitteilungen entgegennehmen oder weitergeben oder daß der Beschuldigte ihren Telefonanschluß benutzt (§ l00a S.1, 2 StPO).
Die Anordnung ist auf höchstens 3 Monate befristet, kann allerdings um jeweils 3 Monate verlängert werden. Die Überwachung ist erst zu beenden, wenn die „Voraussetzungen" nicht mehr vorliegen. Die angefertigten Unterlagen müssen unter Aufsicht der StA vernichtet werden, wenn sie zur Strafverfolgung nicht mehr erforderlich sind; über die Vernichtung ist eine Niederschrift zu erstellen (§ l00b Abs. 1-4 StPO). Gegen richterlichen Beschluß läßt – laut Information des „Spiegel" (52/1997, S. 17) – die Telekom per „Zielsuchlauf im digitalen Festnetz" alle deutschen Telefonanschlüsse daraufhin überprüfen, ob von diesen eine bestimmte gesuchte Nummer angerufen wurde. Mit dieser „Rasterfahndung" im Telefonnetz läßt sich herausfinden, wer mit einem Verdächtigen telefoniert hat. Diese Überwachungsmaßnahme ist bislang noch nicht verfassungsrechtlich überprüft worden. Die Überwachung der einer schweren Straftat verdächtigen Person (hier: „Terroristische Vereinigung") mit Hilfe eines satellitengestützten Ortungssystems ist nach Auffassung des Staatsschutzsenates des Oberlandesgerichts Düsseldorf zulässig (Az. VI 1/97, 12.12.1997; dpa 7.12.97).[10] Dieses Ortungssystem („Global-Position-System"), das keine spezielle Rechtsgrundlage hat, sei lediglich eine technische Weiterentwicklung von Peilsendern, weshalb der Einsatz auch nicht richterlich angeordnet werden müsse. Mit Hilfe des satelli-

> **Rechts- und Verhaltenstips zur Telefonüberwachung**
>
> Der/die Betroffene ist erst zu benachrichtigen, sobald dies ohne Gefährdung des Untersuchungszweckes geschehen kann (§ 101 Abs.1). Erst ab diesem Zeitpunkt der Kenntnisnahme kann er also in der Regel
> ▶ beim Amtsgericht beantragen, die Rechtswidrigkeit der durchgeführten Maßnahmen festzustellen.
> ▶ Erfährt er zufälligerweise bereits vorher von der Überwachung, so kann er Beschwerde (§ 304 StPO) gegen die richterliche Überwachungsanordnung einlegen mit dem Ziel der Vernichtung aller Telefongesprächsaufzeichnungen.
> ▶ Die Möglichkeit der Verfassungsbeschwerde ist darüber hinaus gegeben *(s. Kapitel über „Rechtsschutz")*.
>
> Es ist kaum feststellbar (etwa an Geräuschen oder Unregelmäßigkeiten), ob das Telefon abgehört wird. Unbeteiligte können sich ggfls. mit folgenden Gegenmaßnahmen vor dem Eindringen in die private Individualsphäre schützen:
> ▶ Generell kann man sich gegen mögliche Telefonabhöraktionen mit der Verschlüsselung/Verschleierung von Telefongesprächen oder des Datenverkehrs schützen. Dies ist allerdings kostspielig. Es gibt Geräte, die zwischen Telefon und Anschluß geschaltet werden und die die Sprache in einen unentzifferbaren (digitalen) Tonsalat umwandeln.[11] Einfacher ist es, die Gespräche in „unverdächtiger" Code-Form zu führen.
> ▶ Beim Mobiltelefonverkehr gibt es die Möglichkeit, durch Wechsel der für das jeweilige Handy benötigten Telefonkarte („SIM-Karte"), auf der die Telefonnummer gespeichert ist, praktisch auch die Telefonnummern zu wechseln. Oder man wechselt gleich das ganze Handy.
> ▶ Um Bewegungsbilder zu vermeiden, muß das Mobiltelefon abgeschaltet werden (also keine Betriebsbereitschaft).
> ▶ Um ein Abhören von Gesprächen bei laufendem Stand-by-Betrieb von Handys zu vermeiden, müßten Batterie, Akku oder/und Karte entfernt werden.

tengestützten Ortungssystems hatte das Bundeskriminalamt die Bewegung des PKW eines Verdächtigen über Monate hinweg verfolgt, so daß sämtliche Bewegungen und Standzeiten des Fahrzeugs registriert werden konnten.

3.2 Lausch- und Spähangriff zur Gefahrenabwehr
(nach den Polizeigesetzen des Bundes und der Länder)

Der Polizei ist der Lausch- und Spähangriff in oder aus Wohnungen mit verdeckten technischen Mitteln (Wanzen, Richtmikrophonen; Video) zur Gefahrenabwehr nach den Polizeigesetzen der meisten Bundesländer gestattet (recht unterschiedlich geregelt): Zumeist ist der präventive Lausch- und Spähangriff nur in mehr oder weniger eng begrenzten Fällen möglich,
▶ in denen es um die Abwehr einer gegenwärtigen schwerwiegenden Gefahr für Leben, Leib oder Freiheit einer Person geht – etwa bei Geiselnahmen.
▶ In vielen Bundesländern darf die Polizei diesen schweren Eingriff in die Unverletzlichkeit der Wohnung darüber hinaus auch schon durchführen zur „Abwehr der Gefahr, daß eine Person eine Straftat von erheblicher Bedeutung begehen wird" – also zur bloßen Straftatenverhütung weit im Vorfeld des konkreten Straftatverdachts (z.B. § 35 Abs. 2 NGefAG).
▶ Am weitesten ist der Lausch- und Spähangriff u.a. in Bayern geregelt: Schon bei „unmittelbar bevorstehender Gefahr für den Bestand oder die Sicherheit des Bundes oder eines Landes oder für das Leben, Gesundheit oder Freiheit einer Person oder für Sachen, deren Erhaltung im öffentlichen Interesse geboten erscheint..." ist er zulässig;
▶ und am engsten gefaßt ist er u.a. in Schleswig-Holstein: „wenn dies zur Abwehr einer gegenwärtigen Gefahr für Leib oder Leben einer Person unerläßlich ist".
▶ Bremen hat bislang (1998) keine entsprechende Befugnisnorm.
Die meisten der genannten Regelungen, insbesondere die zur Straftatenverhütung und zur Abwehr von Gefahren für Sachen, dürfte weit hinter den in Art. 13 GG geregelten Vorgaben zum präventiven Lausch- und Spähangriff zurückbleiben, der Anfang 1998 mit verfassungsändernder Zweidrittel-Mehrheit beschlossen worden ist. Danach darf der Große Lauschangriff in und aus Wohnungen zur Gefahrenabwehr
▶ nur zur Abwehr dringender Gefahren für die öffentliche Sicherheit, insbesondere einer gemeinen Gefahr oder einer Lebensgefahr erfolgen (Art. 13 Abs. 4 GG -Neufassung) und
▶ nicht schon bei einfacher Gefahr der Begehung einer Straftat von erheblicher Bedeutung.

Definitionen:
▶ Einfache „Gefahr" ist eine „konkrete Gefahr", d.h. eine Sachlage, bei

der im einzelnen Falle die hinreichende Wahrscheinlichkeit besteht, daß in absehbarer Zeit ein Schaden für die öffentliche Sicherheit eintreten wird.
▶ *Dringende Gefahr*, insbesondere eine gemeine Gefahr oder eine Lebensgefahr (Art. 13 Abs. 4 GG – Neufassung), sind konkrete Gefahren für eine unbestimmte Anzahl von Menschen („gemeine Gefahr"), wobei die „Dringlichkeit" der Gefahr nach herrschender Meinung auf die Wichtigkeit des bedrohten Rechtsgutes bezogen wird (deshalb das Beispiel Lebensgefahr als Gefahr für das höchste Rechtsgut).
▶ Eine andere Interpretation sieht bei gesteigerter Nähe und Wahrscheinlichkeit des Schadenseintritts eine „dringende Gefahr".
▶ Eine dritte, einschränkende Interpretation fordert beide Kriterien: Wichtigkeit des Rechtsgutes und zeitliche Nähe des Schadenseintritts. „Dringende Gefahr" erfordert jedenfalls immer mehr als eine einfache konkrete Gefahr.

3.3 Der Große Lauschangriff
„Elektronische Wohnraumüberwachung" zur Strafverfolgung

Beim „Großen Lauschangriff" handelt es sich bekanntlich um die heimliche elektronisch-akustische Ausforschung des nichtöffentlich gesprochenen Wortes, um die heimliche Ausforschung von Lebensäußerungen aller Art in oder aus einer Wohnung, einem Büro oder Hotelzimmer etc. zum Zwecke der Strafverfolgung. Anfang 1998 ist diese telefonunabhängige Abhörmöglichkeit legalisiert worden, wozu das Grundrecht der „Unverletzlichkeit der Wohnung" (Art. 13 GG) eingeschränkt werden mußte. Die Regelung erfaßt alle Räume, die nach der Rechtsprechung des Bundesverfassungsgerichts zum – weitgefaßten – Wohnungsbegriff dem Schutzbereich des Art. 13 GG unterfallen:
– Wohnräume, Keller, Böden,
– Wohnwagen, Wohnboote, Zelte,
– Hotel- und Krankenhauszimmer,
– Vereinsräume, Arbeits-, Betriebs-, Geschäftsräume, Werkstätten, Läden, Garagen etc.
– prinzipiell jedes befriedete Besitztum, d.h. jeder eingehegte Teil der Erdoberfläche (auch Gärten, Höfe, Veranden etc.).

Das Abhören und Aufzeichnen kann erfolgen[12]

▶ durch heimlich in der Wohnung versteckte Abhörgeräte (elektronische Wanzen, kleiner als ein Fingerhut bzw. Fingernagel, oder sog. piezoelektrisches Papier, das wie ein Mikro wirkt); dazu müssen die Lauscher die Wohnung heimlich oder getarnt – etwa als Telekom-Mitarbeiter – betreten (auch wieder zum Abbau der Geräte); abgehört und aufgenommen werden die Geräusche über Funk zumeist außerhalb der Wohnung; die Wanze arbeitet mit Batterie, die ein paar Wochen durchhalten kann.
▶ Das Abhören und Aufzeichnen kann auch erfolgen durch sog. frequency flooding (= Frequenzfluten): Damit ist über den Telefonhörer auch dann ein Raum abzuhören, wenn das Telefon nicht benutzt wird. Über die Telefonleitung wird ein Hochfrequenzsignal gesendet, das das Mikrophon im Telefonapparat aktiviert (dagegen hilft: Stecker aus dem Telefon ziehen oder einen Kondensator – 10nF – im Stecker oder in der Steckdose des Apparates anbringen).
▶ Auch der Anrufbeantworter mit Fernabfragefunktion kann von Dritten zur Raumüberwachung genutzt werden.
▶ Das Abhören und Aufzeichnen kann auch erfolgen durch hochempfindliche Richtmikrophone (Reichweite ca. 200 m), die von außen auf die abzuhörende Wohnung gerichtet werden;
▶ oder durch Kontaktmikrophone, die den Schall (Schwingungen), der in einem Zimmer erzeugt wird, durch die Wand hindurch (oder über Rohrleitungen) auffangen können;
▶ oder per Laserstrahl von außen (z.B. Abtasten von Fenster- oder Spiegelschwingungen mit Hilfe eines Laserstrahls aus bis zu 200 m Entfernung, der die Schwingungen auffängt, die dann in Töne umgewandelt werden). Der Laserstrahl kann – zumal in der Nacht – als „Sichtlinie" zwischen abzuhörendem Gebäude und dem Lasergerät sichtbar werden.

Grenzen des Abhörens
Nach dem Ausführungsgesetz zum Großen Lauschangriff dürfen Angehörige bestimmter Berufsgruppen nicht abgehört werden (Lauschverbot bzw. Beweiserhebungsverbot). Dazu gehören die nach § 53 StPO aus beruflichen Gründen zeugnisverweigerungsberechtigten Personen:
▶ Geistliche
▶ Strafverteidiger des Beschuldigten
▶ Rechtsanwälte, Patentanwälte, Notare (Mandatsgeheimnis),
▶ Wirtschaftsprüfer, vereidigte Buchprüfer, Steuerberater und Steuerbevollmächtigte
▶ Ärzte, Zahnärzte, Apotheker und Hebammen

- Mitglieder oder Beauftragte einer anerkannten Beratungsstelle nach dem Schwangerschaftskonfliktgesetz
- Berater für Fragen der Betäubungsmittelabhängigkeit in einer Beratungsstelle (Drogenberater), die eine Behörde oder eine Körperschaft, Anstalt oder Stiftung des öffentlichen Rechts anerkannt oder bei sich eingerichtet hat
- Abgeordnete des Bundestages, des Bundesrates und der Landtage
- Journalisten und Redakteure (Informantenschutz).
- Psychotherapeuten, die in dieser Norm nicht genannt werden, sind den Ärzten nach dem Psychotherapeutengesetz gleichgestellt.

Das Lauschverbot beschränkt sich jeweils prinzipiell auf die berufliche Funktion. Die Privatwohnung der Betroffenen kann also unter Umständen abgehört werden, wenn sie nicht beruflich genutzt wird. Andere nach der Strafprozeßordnung eigentlich ebenfalls zeugnisverweigerungsberechtigte Personen können dagegen in jeder Situation in der Wohnung abgehört werden – so z.B. Gespräche zwischen nahen Angehörigen. Die engste und intimste zwischenmenschliche Kommunikation ist somit nicht mehr lausch- und ausforschungsfest.

Bei der Schaffung *wanzenfreier Zonen* darf folgendes nicht übersehen werden:

1. daß es sich hier nur um eine Regelung in einem einfachen Gesetz handelt, das jederzeit von einer einfachen Parlamentsmehrheit wieder geändert werden kann. Solche Abhörverbote sind also keineswegs verfassungsfest;

2. daß andere zeugnisverweigerungsberechtigte Personen, wie Verlobte, Ehepartner, nahe Verwandte von Beschuldigten (§ 52 StPO)[13] oder Berufshelfer der o.g. Berufsgruppen (§ 53a StPO), wie etwa Rechtsanwaltsgehilfen, nicht geschützt werden, ihre strafprozessualen Rechte also verletzt werden können (hier könnte allenfalls ein sog. Beweisverwertungsverbot greifen);

3. daß zwar nach wie vor der Grundsatz gilt: Niemand muß sich selbst belasten und selbstbelastende Aussagen dürfen nicht verwertet werden, sofern eine Belehrung über das Schweigerecht ausgeblieben ist.[14] Doch diese Belehrungspflicht wird umgangen, wenn ein Verdächtiger im Gespräch innerhalb seiner Wohnung, gegenüber seiner Familie oder Angehörigen ein Geständnis ablegt und dabei gezielt (oder gar über eine sog. Hörfalle)[15] abgehört wird.

Mit der Legalisierung des Großen Lauschangriffs sind besondere Vertrauensverhältnisse grundsätzlich nicht mehr zu schützen – egal, ob sie nun mit einem Abhörverbot oder einem Beweisverwertungsverbot geschützt werden sollen oder nicht: Im Fall von Lauschangriffen können Zeugnisverweigerungsrechte von Anwälten, Ärzten,

Journalisten, Abgeordneten, Geistlichen, Drogenberatern etc. selbst dann zur Makulatur werden, wenn der Angriff nicht gezielt auf Wohnung oder Büro des Berufsgeheimnisträgers ausgeübt wird. So wird etwa das Vertrauensverhältnis auch dann gestört,
▶ wenn der Hausarzt seinen Patienten zu Hause behandelt, oder
▶ der Seelsorger den Gläubigen besucht, dessen Wohnung abgehört wird, oder
▶ der Journalist seinen Informanten trifft.
▶ Oder der freie Verkehr des Beschuldigten mit seinem Verteidiger wird auch dann beeinträchtigt, wenn dieser mehr oder weniger zufällig in der abgehörten Wohnung des Überwachten anwesend ist.
Selbst ein nachträgliches Verwertungsverbot in solchen Fällen würde nicht die bereits eingetretenen Nachteile beseitigen können – denn dann hätte die Polizei bzw. Staatsanwaltschaft schon Kenntnis erlangt etwa von der besprochenen Verteidigungsstrategie. Einmal erlangtes Wissen ist kaum noch aus dem Gedächtnis zu tilgen und kann zumindest als neuer Ermittlungsansatz dienen.

Einfacher Verdacht
Als Voraussetzung für den Großen Lauschangriff muß noch nicht einmal ein dringender Tatverdacht gegenüber dem Abzuhörenden erforderlich sein, sondern lediglich ein einfacher Verdacht – d.h. nach den bisherigen Ermittlungsergebnissen muß keine möglichst große Wahrscheinlichkeit für die Täterschaft des Beschuldigten sprechen (Art. 13 Abs. 3 GG, § 100c Abs. 1 Nr. 3 StP0). Die Verdachtsregelung, wonach lediglich „bestimmte Tatsachen" den Verdacht begründen müssen, daß „jemand" eine bestimmte Straftat begangen hat, ist wesentlich zu weit gefaßt. Es können also Wohnungen von (einfach) verdächtigen Personen abgehört werden, die bis zu einer rechtskräftigen Verurteilung eigentlich als unschuldig zu gelten haben (Unschuldsvermutung).
Zwar dürfen Abhörmaßnahmen grundsätzlich nur in Wohnungen und Geschäftsräumen des Beschuldigten oder in von ihm angemieteten Hotelzimmern durchgeführt werden. Aber auch in Wohnungen anderer Personen – also auch vollkommen unverdächtiger Dritter – sind solche Maßnahmen dann zulässig, wenn sich der Beschuldigte „vermutlich" darin aufhält bzw. „wenn auf Grund bestimmter Tatsachen anzunehmen ist, daß der Beschuldigte sich in dieser aufhält, die Maßnahmen in Wohnungen des Beschuldigten allein nicht zur Ermittlung des Aufenthaltsortes des Täters führen wird und dies auf andere Weise unverhältnismäßig erschwert oder aussichtslos wäre" („Subsidiaritätsklausel" nach § 100c Abs. 2 StPO; Art. 13 Abs. 3 GG).

Beispiel: Die Wohnung einer völlig unbescholtenen Familie kann abgehört werden, wenn dort etwa ein Fest gefeiert wird und möglicherweise jemand mitfeiert, der des Drogenhandels verdächtigt wird. Dabei werden Gespräche und sonstige Lebensäußerungen von einer Vielzahl von Personen erfaßt und anschließend ausgewertet: von Lebensgefährten, Freunden, Bekannten und sonstigen möglichen Kontaktpersonen des Verdächtigen (wobei dann auch sog. Zufallsfunde unter bestimmten Bedingungen verwertet werden dürfen).
Die offiziöse Sprachregelung, der Lauschangriff betreffe ausschließlich „Gangsterwohnungen", ist also falsch und bewußt irreführend. Denn auch Wohnungen vollkommen unbeteiligter und unverdächtiger Personen können nach dem vorliegenden Gesetz abgehört werden.
In der bisherigen Debatte wird kaum thematisiert, daß es dem Staat bzw. staatlichen Bediensteten mit der Legalisierung des Großen Lauschangriffs auch erlaubt sein soll,
▶ in Wohnungen einzubrechen oder aber
▶ sich per Täuschung Zutritt zu verschaffen („Ich komme von den Stadtwerken...", bin „Handwerker"), um die Wanze anzubringen und ggfls. wieder abzuholen.
Für einen solchen Einbruch oder eine Täuschung im Dienst existiert keine spezielle gesetzliche Grundlage, es wird lediglich denknotwendig vorausgesetzt: Der Staat als Täter, der Polizeibeamte als straflos gestellter Einbrecher im Dienste der „guten Sache", nämlich der Bekämpfung der sog. Organisierten Kriminalität. Die Betroffenen – ob beschuldigt oder in ihrer Mehrheit unverdächtig – haben keine Ahnung davon, daß ihr Privatraum möglicherweise bereits heimlich betreten worden ist, um elektronische Abhöreinrichtungen, wie etwa Wanzen hinter Schränken oder unter Betten zu installieren oder daß sie mit hochempfindlichen Richtmikrophonen oder Laserstrahlen in ihren intimsten Lebensbereichen überwacht und ausgeforscht werden.

Verdacht auf „besonders schwere Straftat"
Der Verdacht muß, so heißt es in Art. 13 Grundgesetz, eine „durch Gesetz einzeln bestimmte besonders schwere Straftat" betreffen. Der abgeschlossene Deliktskatalog im Ausführungsgesetzes (§ 100c Abs. 1 Nr. 3 StPO) enthält
▶ neben Kapitalverbrechen, wie Mord, Totschlag oder Völkermord
▶ auch Delikte des politischen Strafrechts – Friedensverrat, Hoch- und Landesverrat, Gefährdung des demokratischen Rechtsstaats, Verstoß gegen Vereinigungsverbote, Offenbaren von Staatsgeheimnissen – also auch rein verbale Taten;

▶ des weiteren Drogenhandel, (einfacher) Bandendiebstahl, gewerbsmäßige Hehlerei, Geldfälschung,
▶ die Mitgliedschaft in einer kriminellen oder terroristischen Vereinigung, die Unterstützung oder das Werben für eine solche – also wiederum auch nur rein verbale Delikte –,
▶ außerdem bestimmte Straftaten nach dem Ausländergesetz;
– insgesamt über 50 Anlaß-Delikte und rund 100 mögliche Begehungsformen[16]. Schwere Delikte aus dem Bereich der Oberweltkriminalität – der Wirtschafts-, Korruptions-, Steuerhinterziehungs- und Umweltkriminalität – sucht man hingegen vergebens. Viele der genannten Anlaßdelikte passen noch nicht einmal zur grundgesetzlichen Formulierung der „besonders schweren Straftat" (Art. 13 Abs. 3 S. 1 GG) – wären also von vornherein als verfassungswidrig anzusehen. Im übrigen kann der ohnehin sehr umfangreiche Straftaten-Katalog jederzeit mit einfacher Mehrheit per Gesetz noch ausgeweitet werden, ist also nicht verfassungsfest.

Bei den meisten der aufgeführten Anlaßdelikte des abschließenden Straftatenkatalogs ist sowohl die Telefonüberwachung als auch der große Lauschangriff zulässig. Oder anders ausgedrückt: Schon wenn der weniger gravierende Eingriff einer Telefonüberwachung zulässig ist, soll künftig auch der schwerwiegendere Lauschangriff mit Wanzen etc. zulässig sein. Das gilt selbst für jugendtypische Delikte, wenn der Verdacht besteht, daß sie etwa bandenmäßig durchgeführt worden sein sollen.

Nach der sog. *Ultima-Ratio-Klausel* (Art. 13 Abs. 3 GG; § 100c Abs. Abs. 1. Nr. 3 StPO) soll der Eingriff nur „als letztes Mittel" zulässig sein, wenn „die Erforschung des Sachverhalts (oder die Ermittlung des Aufenthaltsortes des Täters) auf andere Weise unverhältnismäßig erschwert oder aussichtslos wäre". Diese ultima-ratio-Bedingungen sind nicht neu: Sie werden in der StPO mehrfach verwendet, so z.B. bei der Telefonüberwachung, und haben gerade hier bekanntlich keine nennenswert einschränkende Wirkung entfaltet. Es ist ja im Einzelfall tatsächlich schwierig herauszufinden und überzeugend darzulegen, welches nun das „allerletzte Mittel" zur Erreichung des Zieles ist, wenn unterschiedliche Eingriffsmethoden jeweils das „letzte Mittel" sein sollen. Die Frage bleibt offen, welche Mittel und Methoden vor einem Großen Lauschangriff bereits versucht worden sein müßten.

Der „Große Lauschangriff" stellt einen Grundrechtseingriff von höchster Intensität dar, der mit seiner besonderen Eingriffsschwere über bisherige Eingriffe in die Unverletzlichkeit der Wohnung – Durchsuchung, Telefonüberwachung, Einsatz verdeckter Ermittler – weit hinausgeht. Bei der Telefonüberwachung nach § 100a StPO vertraut man seine Kommunikation immerhin einem technischen Mittel an, dessen Überwachung man als grundsätzliche Möglichkeit in Betracht zieht, während man in „seinen eigenen vier Wänden" jenen „unantastbaren Bereich privater Lebensgestaltung, der der Einwirkung der öffentlichen Gewalt entzogen ist", zu verwirklichen hofft, welchen das Bundesverfassungsgericht dem Einzelnen stets (aus Art. 2 Abs. 1 iVm. Art. 1 Abs. 1 GG) zuerkannt hat.[17]

Der „Große Lauschangriff" – ein Angriff auf die Verfassung
Voraussetzung für die Entfaltung des Individuums und seiner freien Entwicklung ist die Aufrechterhaltung eines privaten Raumes, in dem sich der Mensch vollkommen unbeobachtet bewegen kann und nicht befürchten muß, dort vom Staat überwacht und kontrolliert zu werden. Die Absicherung privater Räume vor staatlicher Überwachung war historischer Grund für die verfassungsrechtliche Verankerung des Grundrechts auf Unverletzlichkeit der Wohnung. Die freie Kommunikation – ohne Angst vor staatlichen Mithörern – ist eine der wesentlichen Voraussetzungen einer lebendigen Demokratie. Mit der Zulassung des Großen Lauschangriffs sind außer Art. 13 und Art. 2 GG noch weitere Grundrechte tangiert: Meinungsfreiheit (Art. 5), Schutz von Ehe und Familie (Art. 6), Versammlungsfreiheit (Art. 8), Vereinigungs- und Koalitionsfreiheit (Art. 9), Fernmeldegeheimnis (Art. 10) und das Recht auf freie Berufsausübung (Art. 12).

1. Prüfungsmaßstab „Ewigkeitsgarantie" (Art. 79 Abs. 3 GG): Nach Art. 79 Abs. 3 GG ist eine Grundgesetzänderung dann unzulässig, wenn die in Art. 1 (Menschenwürde) und Art. 20 (Demokratieprinzip) niedergelegten Grundsätze berührt werden. Das Grundrecht auf Unverletzlichkeit der Wohnung ist seinem Ursprung nach ein echtes Individualrecht, das dem einzelnen gerade im Hinblick auf seine Menschenwürde, im Interesse seiner freien Persönlichkeitsentfaltung und seiner körperlichen und psychischen Integrität einen „elementaren Lebensraum" gewährleisten soll.[18] Die Menschenwürde ist beeinträchtigt, wenn der Mensch unter Verletzung seines sozialen Wert- und Achtungsanspruchs zum bloßen Objekt staatlichen Handelns gemacht wird.[19] Das bedeutet: Mit der Demontage des Art. 13 werden auch Grundsätze des Art. 1 beeinträchtigt, was gem. Art. 79 unzulässig ist.

2. Prüfungsmaßstab „Wesensgehaltsgarantie" (Art. 19 Abs. 2 GG): Die Wesensgehaltsgarantie garantiert den Kernbestand der Grundrechte. Das heimliche Belauschen des privaten Wohnraums mit technischen Mitteln ist ein Eingriff in das Grundrecht aus Art. 13 und das

Abschirmungsmaßnahmen[20]
beim Lauschangriff

Die Profis der anderen Seite, die wirklich organisierten Kriminellen, um die es ja vorgeblich geht, werden sich gegen den Großen Lauschangriff schützen können: Sie werden entweder
► ihre Wohnungen und Arbeitsräume meiden, um problematische Gespräche zu führen, schließlich gibt es noch andere Orte auf weiter Flur (hier können allerdings Richtmikrophone zum Einsatz kommen, falls der Stadtlärm nicht zu groß ist);
► oder sie werden sich mit abhörsicheren Räumen zu schützen wissen – etwa in schalldichten Räumen. Mittlerweile wurde von der Firma Siemens und der „Marburger Tapetenfabrik" in Kirchhain eine „Anti-Lausch-Tapete" entwickelt, mit der Räume unauffällig gegen elektronische Störeinflüsse sowie elektronisches Abhören gesichert werden können;[21] für 16,40 DM pro qm soll die TÜV-geprüfte „Elektromagnetische Verträglichkeits-Tapete" mit „Multifunktionsbelag aus flexiblem Faservlies, elektrisch leitfähig bedruckt" von außen kommenden, gesundheitsschädlichen Elektrosmog schlucken. Weder Handy noch Wanze mit Sender nach außen funktionieren dann noch (nur noch eine Wanze, deren „Wahrnehmungen" im Raum selber gespeichert werden).
► Oder es werden elektronische Spürgeräte mit einem großen Spektrum an Funkfrequenzen (u.a. Feldstärkemesser, ggfls. zusammen mit Interzeptor; Hand-Funkscanner) eingesetzt, um Wanzen aufzuspüren und dann zu entfernen bzw. zu stören; häufig sind Wanzen – getarnt etwa als Transistor – in Steckdosen, im Telefon oder an der Telefonleitung oder in einem Schaltkasten versteckt, um sie mit Strom versorgen zu können. Zum Aufspüren von Wanzen werden häufig professionelle Wanzensuchtrupps engagiert.
► Oder es werden Störmanöver (Hintergrundgeräusche) veranstaltet – wie Wasser laufen lassen, Radio bzw. Musik oder per (kostspieliger) Sprachverschleierung etc. (allerdings ist es heute bereits möglich, bestimmte Geräusche herauszufiltern).
► Leise sprechen verstärkt die Abschirmwirkung.
Es läßt sich also voraussehen: Abgehört werden nicht die „Gangsterwohnungen", denn die sind im Zweifel bestens abgeschirmt; abgehört werden solche Wohnungen von Unverdächtigen, in denen sich mutmaßliche Täter aus welchen Gründen

> auch immer aufhalten könnten.
> Die Abwehr von „rechtmäßig" installierten Wanzen kann strafbar sein:[22]
> So darf eine entdeckte Wanze nicht ohne weiteres mit dem Hammer breitgeschlagen werden, da diese technische Einrichtung in der Regel Eigentum der installierenden Stellen (Polizei, StA) bleibt, falls das Gerät nicht fest in die Wohnung eingebaut worden ist. Die vorsätzliche Zerstörung kann also als Sachbeschädigung strafbar sein (es sei denn, die Voraussetzungen der Notwehr sind erfüllt).
> Der Einsatz kräftiger Breitband-Störsender zur Störung des Lauschangriffs kann wegen der Behinderung von (vorausgesetzt: rechtmäßigen) Ermittlungen u.U. als versuchte Strafvereitelung strafbar sein.

„informationelle Selbstbestimmungsrecht" (Art. 2), deren Wesensgehalt in keinem Fall angetastet werden darf. Mit der Zulassung des Großen Lauschangriffs ist der Wesensgehalt dieser Grundrechte jedoch tangiert, weil diese Befugnis tief in die Privat- und Intimsphäre des Einzelnen, aber auch eines kaum eingrenzbaren Kreises unverdächtiger BürgerInnen eingreift. Aus der Wesensgehaltsgarantie zu Art. 13 und 2 leitet sich nach der Rechtsprechung des BVerfG ein „letzter unantastbarer Bereich" der Privatsphäre ab, welcher der öffentlichen Gewalt schlechthin entzogen ist.[23] Selbst überwiegende Interessen der Allgemeinheit können einen Eingriff in diesen Kernbereich privater Lebensgestaltung nicht rechtfertigen. An dieser Stelle endet nach dieser Auffassung jeder Spielraum für Normgestaltungen des Staates.[24]

3. In diesem Zusammenhang ist an eine *zentrale Entscheidung des Bundesverfassungsgerichts* zu erinnern, die vor fast drei Jahrzehnten ergangen ist und auch heute noch – besser: gerade heute – Gültigkeit hat (haben müßte). Denn inzwischen wurde die Informationstechnologie mit all ihren Gefahren für das informationelle Selbstbestimmungsrecht der Bürger stark weiterentwickelt. Das Grundgesetz – so das Bundesverfassungsgericht damals – gewähre jedem einen „absolut geschützten Kernbereich", einen „unantastbaren Bereich privater Lebensgestaltung", der der Einwirkung der öffentlichen Gewalt entzogen ist... Dem Einzelnen müsse um der „freien und selbstverantwortlichen Entfaltung seiner Persönlichkeit" willen ein „Innenraum" verbleiben, in dem er „sich selbst besitzt" und „in den er sich zurückziehen kann, zu dem die Umwelt keinen Zutritt hat, in dem man in Ruhe gelassen wird und ein Recht auf Einsamkeit genießt".[25]

Keine effektiven verfahrenssichernden Maßnahmen
Auch die „rechtsstaatlichen Hürden" – also
- Vorabkontrolle durch ein Kollegium von drei Richtern beim Landgericht (Richtervorbehalt gem. Art. 13 Abs. 3 S. 3, 4 GG; § 100d Abs. 2 StPO) und
- Nachkontrolle durch spezielle Parlamentarische Kontrolle –,

die aufgebaut worden sind und mit denen für den Großen Lauschangriff geworben wurde, können an diesem Befund nichts mehr ändern. Der praktische Umgang mit sog. Richtervorbehalten zeigt, daß solche verfahrenssichernden Maßnahmen den Betroffenen keineswegs mehr Rechtssicherheit bringen. Denn an der Effektivität richterlicher Vorabprüfungen sind auch dann, wenn ein mit drei Richtern besetzter Spruchkörper tätig werden soll, generell erhebliche Zweifel angebracht:[26]

► Auch diese Richter werden ausschließlich auf die Darlegungen der Polizei angewiesen sein, der also allein die Definitionsmacht der Sachverhaltsdarstellung obliegt.

► Häufig werden ihnen – das zeigen die Erfahrungen bei Telefonabhöraktionen – „ausgezehrte" Akten präsentiert: Seit der Legalisierung des Verdeckten Ermittlers können bestimmte Aktenteile zu den Unterlagen der Staatsanwaltschaft genommen werden (§ 110d Abs. 2 StPO); zu den Akten sind sie erst zu nehmen, „wenn dies ohne Gefährdung des Untersuchungszweckes, der öffentlichen Sicherheit, von Leib oder Leben einer Person sowie der Möglichkeit der weiteren Verwendung des Verdeckten Ermittlers geschehen kann".

► In aller Regel werden die Richter den zugrundeliegenden Sachverhalt, der ihnen aus der einseitigen Strafverfolger-Perspektive präsentiert wird, nicht ausreichend und abwägend überprüfen können, zumal sie nicht die Möglichkeit haben, eigene Ermittlungen anzustellen. Auch zur Wahrscheinlichkeit, über den Lauschangriff Beweismittel zu gewinnen, werden sie kaum Stellung nehmen können.

► Daß der sog. Richtervorbehalt als rechtsstaatliche Sicherung bei verdeckten Maßnahmen immer Gefahr läuft, zu versagen, belegt in aller Deutlichkeit der exzessive Umgang mit der Telefonüberwachung in Deutschland, die trotz richterlicher „Kontrolle" jährlich über 8.000mal durchgeführt wird (1996).[27]

Eine richterliche Verlaufs- und Erfolgskontrolle – wie in den USA – ist genauso wenig vorgesehen, wie eine öffentliche Begründungspflicht. Im übrigen gibt es auch Lauschangriffe, die keiner kollegial-richterlichen Vorprüfung unterliegen:

► Bei *Gefahr im Verzug* entscheidet zunächst ein Einzelrichter. Die kollegialrichterliche Entscheidung ist unverzüglich nachzuholen (doch dann ist die Abhörmaßnahme schon gelaufen). Diese Regelung könnte – wie die Erfahrung mit solchen Eilkompetenzen zeigt – zur Regel werden, so daß dann drei Tage lang in der betreffenden Wohnung per Wanze gelauscht werden kann, bevor die Anordnung entweder außer Kraft tritt oder von der Strafkammer bestätigt wird. In dieser Zeit – etwa am Wochenende – kann die elektronische Ausforschung bereits schwerwiegenden Grundrechtsschaden angerichtet haben, ohne daß die mit Bedacht gewählte Sicherung eines anordnenden Richterkollegiums den Sachverhalt überprüft hat.

▶ Ganz ohne Richter geht es im Falle einer möglichen Gefährdung eines Verdeckten Ermittlers, die ihm in einer bestimmten Wohnung drohen könnte. Eine solche Wohnung kann per Lauschangriff ausgeforscht werden („bemannte Wanze", Personenschutzsender) – und dazu soll es keiner Richterentscheidung bedürfen, sondern die Polizeibehörde kann dies aus eigener Kompetenz anordnen. Da kann also erst einmal ohne Einschränkung gelauscht und ausgewertet werden; dann werden die so erlangten Informationen, die eigentlich nur dem Schutz des Verdeckten Ermittlers dienen sollten, im Falle ihrer Ergiebigkeit verdichtet und zu Beweiszwecken verwendet – alles legal, wenn hinterher auch die Richter mitmachen; und die werden wohl mitmachen, wenn ihnen erst die komprimierten O-Töne vorgespielt werden. Also: erst unter vereinfachten Bedingungen lauschen, dann auswerten, dann zweckentfremdet weiter verwenden, dann richterlich bestätigen lassen. Und selbst wenn nicht richterlich bestätigt werden sollte: Das einmal erlangte Wissen ist nicht revidierbar, sprich: ist nutzbar zumindest als neuer Ermittlungsansatz.

Es gibt keine wirksame Befristung der Anordnung/Maßnahme (§ 100d Abs. 3 StPO). Zwar ist eine zeitliche Befristung der einzelnen Abhörmaßnahme auf

▶ höchstens vier Wochen vorgesehen,

▶ doch keine Höchstfrist für den gesetzlich zulässigen Fall, daß Verlängerungen um jeweils nicht mehr als vier Wochen beantragt und angeordnet werden.

▶ Die Abhörmaßnahme kann immer wieder um jeweils vier Wochen verlängert werden, so daß letztlich Wohnungen – mangels einer Höchstfristregelung – auch monatelang, ja über ein Jahr lang ununterbrochen abgehört werden könnten.

Durchlöcherter Datenschutz: Durchbrechung der Zweckbindung
Generell ist die Zulässigkeit der Nutzung der aus einer Wohnraumüberwachung gewonnenen personenbezogenen Informationen zu Beweiszwecken auf die Katalogtaten des § 100c Abs. 1 Nr. 3 StPO beschränkt.

▶ Gem. Art 13. Abs. 5 GG ist unter bestimmten Voraussetzungen eine Zweckdurchbrechung bei Erkenntnissen aus Abhörmaßnahmen erlaubt, die „ausschließlich zum Schutze der bei einem polizeilichen Einsatz in Wohnungen tätigen Personen" – ohne Richtermitwirkung – angeordnet worden ist – also zum Schutz von Verdeckten Ermittlern (oder auch beauftragten und verpflichteten V-Leuten). Wenn die hierbei erlangten Erkenntnisse anderweitig – also für andere als Schutzzwecke – verwendet werden sollen, muß zuvor die „Rechtmäßigkeit der Maßnahme richterlich festgestellt" werden – bei „Gefahr im Verzug", also in Eilfällen können die gewonnenen Daten schon mal vorläufig zweckentfremdet verwendet werden; eine richterliche Entscheidung ist dann unverzüglich nachzuholen.

▶ Gem. § 100d Abs. 4 StPO dürfen personenbezogene Informationen, die durch den Lauschangriff erlangt worden sind, auch in anderen als den ursprünglich vorgesehenen Strafverfahren zu Beweiszwecken verwendet werden – also „Zufallsfunde", die der Aufklärung einer anderen Katalogtat dienen können.

▶ Gem. § 100f Abs. 1 StPO dürfen personenbezogene Informationen, die per Lauschangriff gewonnen wurden, für Zwecke eines Strafverfahrens und – zweckdurchbrechend auch gefahrenabwehrend – zur „Abwehr einer im Einzelfall bestehenden Gefahr für Leben, Leib oder Freiheit einer Person oder erhebliche Sach- oder Vermögenswerte" verwendet werden.

▶ Gem. § 100f Abs. 2 dürfen Erkenntnisse aus polizeirechtlichen, also präventiven Lauschangriffen zur Gefahrenwehr auch zu strafprozessualen Beweiszwecken verwendet werden, „soweit sich bei Gelegenheit der Auswertung Erkenntnisse ergeben (also: „Zufallsfunde"; R.G.), die zur Aufklärung einer in § 100c Abs. 1 Nr. 3 (Großer Lauschangriff; R.G.) bezeichneten Straftat benötigt werden".

Die Regelungen des Ausführungsgesetzes zum „Großen Lauschangriff" entsprechen nicht den Forderungen der Mehrheit der Datenschutzbeauftragten, die da lauten:

▶ Eine anderweitige Verwendung der erhobenen Daten darf prinzipiell nicht zu Beweiszwecken in anderen Strafverfahren dienen.

▶ Personenbezogene Erkenntnisse aus einem strafprozessualen Lauschangriff dürfen nur zur Abwehr von konkreten Gefahren für besonders gewichtige Rechtsgüter, wie Leib, Leben und Freiheit, verwendet werden, nicht aber zur Abwehr einer Gefahr für erhebliche Sach- oder Vermögenswerte.

▶ Daten aus einem polizeirechtlichen, also präventiven Lauschangriff, dürfen nicht zu strafprozessualen Beweiszwecken verwendet werden – da die Eingriffsvoraussetzungen beim präventiven Lauschangriff noch

prognostischer und vager sind als beim strafprozessualen.
▶ Insofern müßten Beweisverwertungsverbote normiert werden, um solche prekären Zweckdurchbrechungen zu verhindern.
Durch das im übrigen vorgesehene Verbot der Zweckentfremdung wird allerdings nicht verhindert, daß mögliche Zufallsfunde, die auch einfache Straftaten betreffen, als „Ermittlungsansätze" genutzt werden.

Benachrichtigungs- und Löschungspflicht
Mit Verweis auf § 101 StPO wird eine Pflicht zur Benachrichtigung der Betroffenen über die Abhörmaßnahmen statuiert – allerdings mit allerlei Einschränkungen: „sobald dies ohne Gefährdung
– des Untersuchungszweckes,
– der öffentlichen Sicherheit,
– von Leib oder Leben einer Person sowie
– der Möglichkeit der weiteren Verwendung eines eingesetzten nicht offen ermittelnden Beamten geschehen kann".
Damit wird dem Betroffenen in vielen Fällen die geplante Rechtsschutzmöglichkeit nach § 100d Abs. 5 StPO abgeschnitten. Laut Gesetzesbegründung sollen neben dem Beschuldigten auch Unbeteiligte bzw. Unverdächtige (Gesprächspartner, nichtbeschuldigte Wohnungsinhaber), die in die Maßnahme involviert wurden, ebenfalls benachrichtigt werden.
Werden Betroffene nicht spätestens nach einem halben Jahr über gegen sie gerichtete Abhörmaßnahmen informiert, muß ein Richter dies genehmigen. Für den Fall, daß sich der ursprünglich gehegte Verdacht, mit dem die Abhörmaßnahme gerechtfertigt wurde, nicht bestätigt (insbesondere nicht hinsichtlich der Katalogtat), ist keine gesetzliche Konsequenz verbunden. Die durch den Lauschangriff erhobenen Daten müßten dann eigentlich einem Beweisverwertungsverbot unterliegen und unverzüglich gelöscht werden; die Betroffenen müßten benachrichtigt werden. Der Verweis auf § 100b Abs. 4 und 6 reicht hierfür nicht.
Die Rechtsweggarantie des Art. 19 Abs. 4 GG wird mit dem Lauschangriff – entweder vorübergehend oder auch auf Dauer – ausgehebelt. Daran ändert auch die – mit etlichen Ausnahmen versehene – Benachrichtigungspflicht gegenüber Betroffenen nicht viel. Denn wer von der heimlichen Überwachung nichts erfährt oder erst sehr spät, kann sich nicht mehr angemessen und rechtzeitig gegen diesen Eingriff (gerichtlich) zur Wehr setzen, allenfalls, wenn die gesamte Aktion längst vorüber ist.

Ungenügende Nach-Kontrollen

1. Gem. § 100e Abs. 1 StPO berichtet die *Staatsanwaltschaft (StA)* der zuständigen obersten Justizbehörde spätestens drei Monate nach Beendigung einer Lauschangriffsmaßnahme über Anlaß, Umfang, Dauer, Ergebnis und Kosten der Maßnahme.
Der Bericht informiert laut Gesetzesbegründung über
   - die die Maßnahme veranlassende Katalogtat,
   - die betroffenen Wohnungen,
   - die Dauer der Durchführung der Maßnahme (Angabe der Gesamtdauer, vorauslaufende Eilanordnungen des Vorsitzenden und deren Bestätigung bzw. Nichtbestätigung),
   - ob und welche verfahrensrelevanten Erkenntnisse durch die Maßnahme gewonnen wurden.
   - Die StA kann auch Zwischenberichte erstatten.
2. Gem. Art. 13 Abs. 6 GG iVm. § 100e Abs. 2 StPO unterrichtet die *Bundesregierung* den Bundestag jährlich über alle in die Bundeszuständigkeit fallenden strafprozessualen und gefahrenabwehrenden Großen Lauschangriffe. „Ein vom Bundestag gewähltes Gremium übt auf der Grundlage dieses Berichtes die parlamentarische Kontrolle aus. Die Länder gewährleisten eine gleichwertige parlamentarische Kontrolle" (Art. 13 Abs. 6 S. 2, 3 GG).

Was die Befugnisse des neu zu wählenden *parlamentarischen Gremiums* anbelangt, so erfährt man über dessen Kompetenzen lediglich, daß es „auf der Grundlage dieses Berichtes" der Bundesregierung „die parlamentarische Kontrolle" ausübt. In der Begründung zum Gesetzentwurf (BT-Drucksache 13/8650, S. 5) ist zu lesen, daß die Effektivierung der parlamentarischen Kontrolle u.a. der gesetzgeberischen Beobachtung der Normeffizienz diene. Sie diene der Kontrolle gegenüber der Exekutive, nicht aber einer nachgehenden parlamentarischen Rechtmäßigkeitskontrolle der einzelnen Maßnahme. Zusammensetzung und Verfahren soll lt. Begründung der Regelung durch die Geschäftsordnung des Bundestages überlassen bleiben.

Der neue Art. 13 Abs. 6 S. 3 GG erlegt den *Ländern* eine „gleichwertige parlamentarische Kontrolle" auf. Doch da über die Kompetenzen für den Bund nichts in den Gesetzentwürfen gesagt ist, weiß man nicht, was „gleichwertig" ist – außer, daß ein spezielles Kontroll-Gremium geschaffen werden soll *(s. dazu auch Kapitel Parlamentarische Mittel).*

Literatur-Auswahl *zu Telefonabhöraktionen und Großem Lauschangriff*

Asbrock, „Zum Mythos des Richtervorbehalts" als wirksames Kontrollinstrument, in: „Organisierte Kriminalität" – Ein Phantombegriff mit hohem Gebrauchswert? Reader

(Nr. 9) der Fraktion Bündnis 90/Die Grünen im Nds. Landtag, Hannover 1997, S. 34 ff;
Bechtold, Befugnisse durch die Hintertür, in: Grundrechte-Report, Reinbek 1997, S. 142 ff.
Bechthold, Räume können leichter verwanzt als Führerscheine eingezogen werden, in: Frankfurter Rundschau v. 30.3.1998, S. 10.
Dies., Großer Lauschangriff: Ende der Privatsphäre, in: Müller-Heidelberg u.a. (Hg.), Grundrechte-Report 1998, Reinbek 1998, S. 153 ff.
Böttger/Pfeiffer, Der Lauschangriff in den USA und Deutschland, in: Zeitschrift für Rechtspolitik 1994, S. 1994, S. 7 ff.
Dickel, Überwachungspraxis in Deutschland, in: Kriminalistik 1994, S. 87 ff.
Diederichs, Die Telefonüberwachung, in: Bürgerrechte & Polizei 3/1994, S. 63 ff.
Goerdeler, Schweizer Käse mit großen Ohren, in: Forum Recht 2/1998, S. 54 ff.;
Gössner, Gutachterliche Stellungnahme im Rahmen der Öffentlichen Anhörung des Bundestags-Rechtsausschusses am 21. November 1997 zum Thema „Elektronische Wohnraumüberwachung" (Großer Lauschangriff), Kurzfassung in:
Gössner, Großer (Lausch-) Angriff auf die Verfassung, in: Geheim 4/1997, S. 11 ff m.w.N.
Ders., Die Verwanzung des Grundgesetzes, in: „Ossietzky" 1/1998, S. 4 ff.
Hartung, Internet: Die virtuelle Welt des Verbrechens, in: dp-special, Deutsche Polizei Nr. 4/98.
IG Medien (Hg.), Hände weg von den Medien, Teil 2, Stuttgart 1998
Hirsch, Ausufernde Telefonüberwachung im Strafverfahren? Bemerkungen zur Aushöhlung des Art. 10 GG, in: Müller-Heidelberg u.a. (Hg.), Grundrechte-Report 1998, Reinbek 1998, S. 131 ff.
Kiper/Ruhmann, Überwachung der Telekommunikation, in: Datenschutz und Datensicherheit 22 (1998), S. 155 ff.
Lisken, Der Große Lauschangriff im Rechtsausschuß, in: Kritische Justiz 1/1998, S. 106 ff.
Roxin, Zum Hörfallen-Beschluß des Großen Senats für Strafsachen, in: NStZ 1997, S. 18 ff.
Weßlau, Die polizeiliche Hörfalle – Über die Mitwirkungsfreiheit des Beschuldigten und ihre Grenzen, in: Müller-Heidelberg u.a. (Hg.), Grundrechte-Report 1998, Reinbek 1998, S. 211 ff.

3.4 Langfristige Observation

Unter einer Observation wird in aller Regel die unauffällige planmäßige – ggfls. unter Einsatz technischer Mittel, wie Video- oder Fotoapparaten erfolgende – Beobachtung einer Person oder eines Objektes verstanden mit dem Ziel der Erhebung von Erkenntnissen für die Strafermittlung oder zur Gefahrenabwehr („Beschatten"). Die Observation ist in der Strafprozeßordnung (§ 110c StPO) und in den Polizeigesetzen des Bundes und der Länder geregelt. Diese Maßnahme kann, je nach Dauer, Intensität und technischem Aufwand, tief in die Persönlichkeitssphäre der so ausgespähten Person eingreifen.

> Zur Abwehr laufender Observationen empfiehlt sich der *einstweilige Rechtsschutz im Eilverfahren* (am besten über einen geeigneten Anwalt):
> ► Erlaß einer einstweiligen Verfügung.
> ► Der Antrag wird gestellt beim zuständigen Verwaltungsgericht und zwar gegen die Bundesrepublik Deutschland (Bundesinnenminister) oder das betreffende Bundesland (Landesinnenminister).
> ► Der Antrag ist gerichtet auf Unterlassung: dem Antragsgegner zu untersagen, den Antragsteller observieren zu lassen, insbesondere in der Weise... (Art der Observation).
> ► Der Antrag bedarf einer Begründung und der Glaubhaftmachung der Observation (am besten Zeugen).
> Darüber hinaus ist auch Verfassungsbeschwerde beim Bundesverfassungsgericht möglich (nach Ausschöpfung des Rechtswegs vor den Verwaltungs- bzw. Oberverwaltungsgerichten).
> Antrag auf Auskunft und Löschung/Vernichtung der durch die Observation erlangten Unterlagen: *s. Kapitel über „Datenschutz".*

Tip: Das Problem „Observation" ist vielschichtig, es gibt unterschiedliche Arten und Vorgehensweisen, entsprechend sind die Möglichkeiten des Erkennens und der Enttarnung ebenfalls unterschiedlich. Wer sich damit näher befassen möchte, sei auf ein Kapitel aus dem Buch von Gössner/Herzog, „Im Schatten des Rechts – Methoden einer neuen Geheim-Polizei" (Köln 1984) verwiesen, in dem unter der Überschrift „Die kalten Augen des Gesetzes – Über das Handwerkszeug des Überwachungsstaates" (S. 168 ff) detailliertes Schulungsmaterial der Polizei für Observanten dokumentiert und ausgewertet wird.

Weitergehende Literatur *zu Observation und Polizeilicher Beobachtung*

Busch, Polizeiliche Beobachtung, in: Bürgerrechte & Polizei 3/1994, S. 42 ff.
Diederichs, Die Observation, in: Bürgerrechte & Polizei 3/1994, S. 50 ff.
Gössner/Herzog, „Im Schatten des Rechts – Methoden einer neuen Geheim-Polizei", Köln 1984, S. 168 ff.
Schäfer (Hg.), Technik und Taktik der Observation, Grundlagen der Kriminalistik Bd. 5, Fahndung und Observation, 2. Hb, Heidelberg 1980
von der Lage, Phototechnische Hilfsmittel bei der polizeilichen Observation, in: Kriminalistik 1989, S. 574 ff.
Wartemann/Wölker, Aufklärung und Observation, in: Kriminalistik 1989, S. 589 ff.

3.5 Verdeckte Ermittler, V-Leute und agents provocateurs / Lockspitzel

Dunkle Gestalten...
Sie scheuen das Licht der Öffentlichkeit, täuschen, lügen und betrügen im Dienste des Staates. Verdeckte Ermittler (VE) heißen die dunklen Gestalten mit Pensionsberechtigung. Im Unterschied zu V-Leuten, die aus dem verdächtigten Milieu (z.B. Drogenszene) stammen und Informationen an die Polizei liefern, handelt es sich bei VE um
▶ speziell ausgebildete Polizeibeamte,
▶ die mit neuer, auf Dauer angelegter Legende (Lebenslauf, Beruf etc.),
▶ mit Decknamen und falschen Papieren, ggfls. Scheinfirmen getarnt werden,
▶ um in den kriminellen Untergrund oder in politisch verdächtige Szenen eintauchen zu können.
▶ Ihre Identität kann auch nach Beendigung eines (konkreten) Einsatzes geheimgehalten werden (§ 110b Abs. 3 StPO), womit u.a. die weitere Verwendung des VE in anderen Fällen gewährleistet werden soll.

Diese Methode ist während der letzten Jahrzehnte zum wesentlichen Bestandteil der sog. verdeckten Ermittlung geworden. Beim VE handelt es sich um einen polizeilichen Geheimagenten, beim VE-Einsatz um eine geheimpolizeiliche bzw. nachrichtendienstliche Tätigkeit.

... erobern das Polizei- und Strafprozeßrecht
▶ Die ersten Verrechtlichungen wurden Ende der 80er Jahre in den neueren Polizeigesetzen der Bundesländer vorgenommen. Außer Schleswig-Holstein und Bremen haben inzwischen alle anderen Länder den VE in ihren Polizeigesetzen legalisiert – d.h. für den *Gefahrenabwehrbereich* im Vorfeld einer Gefahr oder zur Straftatenverhütung. Die vorläufig letzte Verrechtlichung erfolgte im SPD-regierten Niedersachsen (1997). Danach ist der Einsatz eines VE möglich, „wenn dies zur Abwehr einer (gegenwärtigen) Gefahr für Leib, Leben oder Freiheit einer Person erforderlich ist und die Aufklärung des Sachverhalts auf andere Weise nicht möglich erscheint".
Der VE-Einsatz und die damit verbundene heimliche Erhebung persönlicher Daten sind aber auch schon dann zulässig, wenn „Tatsachen die Annahme rechtfertigen", daß die betroffenen Personen künftig „Straftaten von erheblicher Bedeutung" begehen werden, und „wenn die Vorsorge für die Verfolgung oder die Verhütung dieser Straftaten

auf andere Weise nicht möglich erscheint" (so § 36a Abs. 1 Nr. 2 NGefAG).[28] Damit ist das vage Vorfeld von möglichen Straftaten für den VE-Einsatz zum Zwecke der Vorfeldaufklärung weit eröffnet – wobei unbeteiligte und unverdächtige Dritte zwangsläufig in die Ermittlungen involviert werden, denn es gibt ja im weiten Vorfeld, jenseits einer konkreten Gefahr und eines Straftatenverdachts, zumeist noch keine Verdächtigen. Der verdeckte Vorfeld-Ermittler ist quasi ein Gefahrenerforscher, ein Strukturermittler bzw. eine Art Perspektivagent mit dem Ziel der Verdachtsgewinnung.

▶ Zur **Strafverfolgung** ist der VE mit dem „Gesetz zur Bekämpfung der Organisierten Kriminalität" (OrgKG 1992) in die Strafprozeßordnung aufgenommen worden (§ 110a StPO). Danach darf ein VE erst eingesetzt werden, wenn bereits eine bestimmte „Straftat von erheblicher Bedeutung".

– auf dem Gebiet des unerlaubten Betäubungsmittel- oder Waffenverkehrs,
– der Geld- oder Wertzeichenfälschung,
– auf dem Gebiet des Staatsschutzes (§§ 74a, 120 GVG),
– gewerbs- oder gewohnheitsmäßig
– oder von einem Bandenmitglied oder in anderer Weise organisiert begangen worden ist. Diese Straftatbestände werden der sog. Organisierten Kriminalität (OK) zugerechnet.

Mit der Zulässigkeit des VE sind zwangsläufig auch weitere – rechtlich höchst problematische – Konsequenzen verbunden:
▶ Urkundenfälschungen im Amt zur Legendenbildung,
▶ Verwirklichung von Täuschungs- bzw. Betrugstatbeständen bei der Teilnahme am Rechtsverkehr und zur Aufrechterhaltung der neuen Legende,
▶ „Kontakt- und Begleitpersonen" (soziale Kontakte/soziales Umfeld) von möglichen Verdächtigen werden in die Ermittlungen einbezogen,
▶ Verdächtige werden über die Person des VE getäuscht (§ 136a StPO),
▶ Verdächtige werden vom VE ausgehorcht, nicht aber über ihr Aussageverweigerungsrecht aufgeklärt;
▶ das Recht, aufgrund der Täuschung des Wohnungsinhabers Wohnungen von Verdächtigen, Zeugen, Hinweisgebern etc. ohne richterlichen Durchsuchungsbefehl zu betreten,
▶ Lauschangriffe zur Sicherung des VE-Einsatzes in Wohnungen (bemannte Wanze; Personensender) etc.

Anti-OK-Sonderrechtssystem

Mit dem OrgKG, dem „Verbrechensbekämpfungsgesetz" und den neuen Länderpolizeigesetzen ist der Grundstein für ein neues, ausbaufähiges Anti-OK-Sonderrechtssystem gelegt worden, mit dem im wesentlichen geheimpolizeiliche bzw. nachrichtendienstliche Mittel und Methoden der staatlichen Überwachung, Konspiration und Infiltration weit im Vorfeld von strafbaren Handlungen legalisiert worden sind:

▶ Verdeckte Ermittler mit falscher Identität (Legenden), Tarnnamen und Tarnpapieren;

▶ V-Leute aus kriminellen Milieus,

▶ Lausch- und Spähangriffe mit Wanzen, Richtmikrophonen, Peilsendern, Videokameras etc.,

▶ Rasterfahndung und

▶ langfristige polizeiliche Beobachtung mit der Möglichkeit, Persönlichkeitsprofile und Bewegungsbilder von Verdächtigen, Kontakt- und Begleitpersonen zu erstellen;

▶ die bislang nur für den Drogen- und „Terrorismus"-Bereich geltende, höchst umstrittene Kronzeugenregelung sowie der Zeugenschutz, d.h. die Ermöglichung der Geheimhaltung der Identität und des Wohn- bzw. Aufenthaltsortes eines gefährdeten Verdeckten Ermittlers oder einer V-Person vor Gericht – mit der Folge tendenzieller Geheimprozesse.

▶ Der Einsatz geheimer polizeilicher bzw. nachrichtendienstlicher Methoden führt zwangsläufig zu geheimjustitiellen Folgen.

Solche Probleme, die mit dem verdeckten Polizeieinsatz verbunden sind bzw. sein können, nehmen seit geraumer Zeit erheblich zu, weil auch diese Art präventiver und kriminaltaktischer Maßnahmen bundesweit stetig anwächst. In der Zeit von 1982 bis 1990 wurden allein vom Bundeskriminalamt (BKA) 476 Einsätze von „zentralen" Verdeckten Ermittlern durchgeführt. Darüber hinaus wurde im selben Zeitraum vom BKA anlaßbezogen eine bislang unbekannte Anzahl von dezentralen Verdeckten Ermittlern eingesetzt – allein zwischen 1988 und 1990 waren es 279 zentrale und dezentrale VE-Einsätze.[29] Zu diesen durchschnittlich knapp 100 BKA-Einsätzen von Verdeckten Ermittlern pro Jahr müssen noch die Einsätze der Landeskriminalämter hinzugerechnet werden. Hierüber gibt es keine durchgängig verläßlichen Daten, doch wurden beispielsweise in Baden-Württemberg im Jahr 1993 allein im Bereich „organisierte Kriminalität" in 25 Fällen VE eingesetzt, in Rheinland-Pfalz von 1988 bis 1990 in 313 Fällen, überwiegend im Bereich der Drogenkriminalität (174 Fälle).[30] Seit der Legalisierung der VE zur Strafverfolgung im Jahre 1992 haben die VE-Einsätze weiter zugenommen.

Einsatz von Verdeckten Ermittlern und V-Leuten: Rechtsethisch verwerfliche Methode?

Angesichts der Legalisierung des VE (und des systematischen V-Leute-Einsatzes) stellt sich die Frage, ob sich der Staat unlauterer, rechtsethisch verwerflicher Methoden zur Erreichung seiner Ziele bedienen darf oder ob er damit gegen das Sittengesetz (Art. 2 GG) verstößt, das alle staatlichen Tätigkeiten bindet? Und ist der Einsatz Verdeckter Ermittler überhaupt kontrollierbar und abwehrfähig, oder unterläuft er mangels Kenntnis der Betroffenen Art. 19 Abs. 4 GG, der den Rechtsschutz gegenüber staatlichen Maßnahmen garantiert?

1. Geheimpolizeiliche Legendenbildung

Mit der Befugnis des VE, sich mit falschen Papieren am Rechtsverkehr zu beteiligen, wird ansonsten strafbares Unrecht als Mittel des „Rechtsgüterschutzes" eingesetzt, wird eine Vielzahl von Menschen über das polizeiliche Eindringen in ihre Intimsphäre getäuscht. Der baden-württembergische Polizeirechtler Ulrich Stephan weist darauf hin, daß eine vollständige Legende auch das Vorleben des VE bis zurück in seine Kindheit einschließen muß. Dies lasse sich „wasserdicht nicht erstellen, ohne daß dazu Echtdaten Dritter verwendet werden." So müsse der VE gegenüber den infiltrierten Szenen etwa angeben können, welche Schule er früher besucht hat und von welchen Lehrern er unterrichtet worden ist. Da seine Angaben überprüfbar sein müssen, muß es sich um eine real existierende Schule handeln und um Lehrer, die tatsächlich dort unterrichtet haben. Damit werden personenbezogene Daten der Lehrer verwendet, obwohl eine Rechtsgrundlage hierfür nicht ersichtlich ist. Stephan: „Ich kann mir nicht vorstellen, daß es verfassungsrechtlich zulässig wäre, auf diese Weise unbeteiligte Dritte ohne ihr Wissen in einen derart brisanten und für sie gefährlichen Bereich polizeilicher Ermittlungstätigkeit einzubeziehen. Dieser Aspekt führte in Baden-Württemberg zum politischen Streit, als bekannt geworden war, daß das Landeskriminalamt zum Zweck der Legendierung ohne Wissen der Eltern Daten eines tödlich verunglückten Kindes verwendet hat."

In der Vergangenheit sind in mehreren Fällen Verdeckte Ermittler für ihre Legenden mit der Identität Verstorbener (zumeist Kinder) ausgestattet worden. Die VE-"Legendierung" mit Hilfe der Identität Verstorbener kann letztlich dazu führen, daß die Angehörigen in erhebliche Gefahr gebracht werden; schon deshalb ist diese Praxis unverantwortlich. Mit diesem Vorgehen habe die Polizei, so die frühere baden-württembergische Datenschutzbeauftragte Ruth Leuze, „das verstorbene Kind für staatliches Handeln benutzt und dadurch seine

Würde, die nach unserer Verfassung jedem Menschen auch über den Tod hinaus zukommt, beeinträchtigt" (FR 3.11.95). Nach dem geltenden Polizeigesetz bleibe der Polizei nur die Möglichkeit, die falsche „Identität" eines VE frei zu erfinden. Nur dann komme es nicht mit der Würde Verstorbener und dem Persönlichkeitsrecht der ahnungslosen Angehörigen in Konflikt.

2. Trend zum agent provocateur

In fast allen größeren Rauschgiftfällen sind V-Leute und/oder Verdeckte Ermittler der Polizei als Anbieter oder Nachfrager, als agents provocateurs oder Drahtzieher beteiligt, die nicht selten ihr eigenes Spiel spielen. V-Leute haben, schon aus materiellen Eigeninteressen, einen Hang zum Lockspitzeltum; damit stiften diese staatlich in Gang gesetzten Dunkelmänner andere zu Straftaten an, anstatt Straftaten aufzuklären. Dies ist nicht nur rechtsstaatlich äußerst bedenklich, sondern dürfte schlicht verfassungswidrig sein. Speziell V-Leute sind letztlich nicht kontrollierbar, auch nicht von ihren sogenannten V-Leute-Führern der Polizei.

Bisher ist es kaum jemals gelungen, mit klandestinen Polizeimitteln etwa in den Kern von kriminellen Organisationen vorzustoßen – obwohl gerade dies ein Hauptziel des VE- und V-Leute-Einsatzes ist. Im Gegenteil: Diese Methoden bleiben meist bei den kleinen Kriminellen hängen, die nur selten wirklich professionell arbeiten und die oft – insbesondere im Drogenbereich – erst durch klandestine Polizeimethoden zu „großen Fischen" gekürt werden. Wie wir aus vielen Fallbeispielen der vergangenen Jahre wissen, ist der Übergang zwischen VE bzw. V-Leuten und agents provocateurs fließend. Es liegt in der Natur dieser Einsatzmittel, daß die Eingeschleusten Straftaten „anschieben" oder selbst begehen, um in der jeweiligen Szene glaubwürdig zu erscheinen – da hilft es nichts, wenn in den Richtlinien über den Einsatz von VE im Rahmen der Strafverfolgung steht, daß VE keine Straftaten begehen dürfen und daß sie nicht von der Strafverfolgungspflicht gemäß § 163 StPO befreit sind.[31] Dem steht in der Regel bereits die mögliche Gefährdung des VE entgegen.

3. Verflechtungsgefahr

Solche geheimpolizeilichen Ermittlungsmethoden – deren Kern der Einsatz von VE, V-Leuten und agents provocateurs bildet – neigen zu einer Angleichung von Kriminalpolizei und Kriminalität, nicht selten zu einer regelrechten Verflechtung. Diese Tendenz zeigte sich in jenen Bundesländern besonders deutlich, die geheimpolizeiliche Vorreiter sind bzw. waren: etwa im früheren CDU-regierten Niedersachsen

(Mauss-Affären, Fall Claude/Düe, SoKo Zitrone), in Baden-Württemberg (Glückspiel-Skandal; versuchte Gründung einer „terroristischen Vereinigung"; VE in der Tübinger Alternativszene) und im SPD-regierten Hamburg (Hamburger Polizeiskandale).
Diese Verflechtungsgefahr hängt mit der Tatsache zusammen, daß längerfristig eingesetzte VE, die in eine kriminelle Organisation eingeschleust werden, sich dort kaum als stille Teilhaber oder Beobachter halten können. Um nicht aufzufallen und sich nicht selbst zu gefährden, sehen sie sich häufig gezwungen, „milieuangepaßt" Straftaten zu begehen – auch wenn dies (noch) nicht legal ist. Ihm sei kein VE bekannt, versicherte etwa ein Richter am Amtsgericht Stuttgart, „der nicht Straftaten begehen oder decken mußte. Sei es zum Eigenschutz. Sei es, um seinen Ermittlungsauftrag nicht zu gefährden" (FR 11.11. 1991). Mitunter erliegen VE ihrer angenommenen Rolle und wechseln die Seiten: avancieren zu Drogendealern, Zuhältern, Waffenhändlern. Die in der modernen Sicherheitspolitik angestrebte „Waffengleichheit" mit der „Organisierten Kriminalität" neigt offenbar zur „Waffenbrüderschaft". Die Verflechtungen gehen häufig so weit, daß längerfristig als VE eingesetzte, rückkehrwillige Beamte im Anschluß an ihr Untergrund-Leben regelrecht resozialisiert werden müssen.

4. Außer Kontrolle

Der VE-Einsatz darf nach der StPO und einigen Polizeigesetzen prinzipiell schon nach Zustimmung der Staatsanwaltschaft durchgeführt werden; unter bestimmten Voraussetzungen ist die Zustimmung eines Richters vorgesehen. Doch an der Effektivität richterlicher Überprüfungen sind erhebliche Zweifel angebracht: Denn der Richter ist ausschließlich auf die Darlegungen der Polizei angewiesen; er kennt keine inhaltlichen Kriterien, an denen er die Rechtmäßigkeit der Maßnahme überprüfen könnte.
Zudem werden solche „Vorabkontrollen" in der Polizeipraxis häufig mit der Formel „Gefahr im Verzuge" umgangen oder aber mit der Behauptung, es habe sich lediglich um einen sog. nicht offen ermittelnden Polizeibeamten (NoeP) gehandelt, der nicht die Qualität eines VE habe. Dabei handele es sich um einen Polizeibeamten, der zur Gefahrenabwehr oder Strafverfolgung nur relativ kurzzeitig und nur im Einzelfall verdeckt auftritt und seine Funktion nicht offenlegt (z.B. polizeiliche Scheinaufkäufer von Drogen). Wie z.B. der zweijährige verdeckte Einsatz des Polizeibeamten „Stefan" in verschiedenen politischen Gruppen Hamburgs zeigt, werden auch solche langfristig eingesetzten Gefahrenerforschungsbeamte unter Legende als NoePse deklariert, um die gesetzliche Vorabkontrolle bzw. Anordnung zu

umgehen.[32] Abgesehen davon, daß der Übergang vom NoeP zum VE fließend ist, kann man in diesem Fall aber nur noch von einem eindeutig rechtswidrigen „Umgehungsgeschäft" reden.
Diese geheimpolizeiliche Entwicklung hat auch Auswirkungen auf die Qualität der externen Kontrolle, die wesentlich gemindert wird. Dort, wo immer mehr polizeiliche Organisations- und Tätigkeitsbereiche – ähnlich den Geheimdiensten – in abgeschottete Geheimzonen verlagert werden, ist mangels Transparenz eine öffentliche und demokratische Kontrolle kaum noch möglich. Weil der geheime VE-Einsatz letztlich auch mittels richterlicher Anordnung nicht kontrollierbar ist, verstößt er gegen das Demokratiegebot.

5. Trend zum Geheim-Prozeß
Die staatlichen Verstrickungen von VE und V-Leuten haben regelmäßig verhängnisvolle Auswirkungen auf die späteren Strafverfahren gegen die im Verlauf von Geheimaktionen verdächtigten Personen: Solche Einsätze führen nämlich zwangsläufig zu verfassungsrechtlich höchst problematischen Geheim-Verfahren, in denen Zeugen gesperrt, Aussagegenehmigungen beschränkt, „Zeugen vom Hörensagen" eingesetzt und geheime Ermittlungsakten dem Gericht sowie der Verteidigung vorenthalten werden.
Solche aus dem verdeckten Einsatz resultierenden Praktiken, die dem Zweck der weiteren Verheimlichung der Identität von VE/V-Leuten dienen (Vertraulichkeitszusage), verstoßen gegen Prinzipien des rechtsstaatlichen, fairen Strafverfahrens und gegen die Grundsätze der Unmittelbarkeit, der Mündlichkeit und Waffengleichheit im Prozeß. Sie gehen zu Lasten der Angeklagten und ihres verfassungsrechtlich garantierten „rechtlichen Gehörs".

6. Rechtsschutzlos
Spricht ein VE mit einem Verdächtigen, so wird letzterer naturgemäß vom VE nicht auf sein Aussageverweigerungsrecht hingewiesen. Damit wird ein Haupt-Verfahrensrecht des Beschuldigten mißachtet, nämlich das Recht zu Schweigen. Eine solche indirekt erzwungene Selbstbezichtigung verletzt die Menschenwürde. Außerdem verstößt ein Gespräch zwischen VE und Verdächtigem, das einer Vernehmung gleichkommen kann, möglicherweise gegen § 136a StPO (Verbotene Vernehmungsmethoden), wonach die Freiheit der Willensentschließung und -betätigung des Beschuldigten nicht beeinträchtigt werden darf. Der Beschuldigte wird zumindest über die wahre Identität des VE getäuscht.
Der Schutz der Grundrechte ist auf den offen handelnden Staat aus-

gerichtet, denn sonst liefe der Grundrechtsschutz – mangels Offenheit und Kenntnisnahmemöglichkeit – leer. Bei verdeckten Maßnahmen unter aktiver Täuschung durch staatliche Organe und Funktionsträger gibt es für die Betroffenen in der Regel keinen Rechtsschutz. Mangels Kenntnis von den geheimen Einsätzen unterlaufen solche Maßnahmen Art. 19 Abs. 4 GG, der den Rechtsschutz gegenüber polizeilichen Eingriffe garantiert. Damit verlieren die Grundrechte in diesen Fällen ihre Hauptfunktion als durchsetzbare Abwehrrechte der Bürger und Bürgerinnen gegen staatliche Eingriffe.

„Geheim-Polizei" im Vormarsch
In den vergangenen Jahrzehnten wurden der Polizei über die Abwehr konkreter Gefahren und über die Verfolgung von Straftaten hinaus neue Aufgaben zugewiesen: „Gefahrenvorsorge" und „Vorbeugende Verbrechensbekämpfung" sind die Aufgabenzuweisungen, mit denen sie weit im Vorfeld mit Hilfe nachrichtendienstlicher Mittel aktive Informationsbeschaffung betreiben kann – mit dem Ziel der systematischen Gefahrenerforschung, „Verdachtsgewinnung" und „Verdachtsverdichtung". Diese Aufgabenausweitung und die Geheimmethoden ließen die Polizei seit den 70er Jahren verfassungsrechtlich problematische geheimpolizeiliche Qualitäten gewinnen. Mit der Einrichtung von abgeschotteten Abteilungen und mit dem systematischen Einsatz von VE, V-Leuten, agents provocateurs und verdeckten technischen Mitteln für Lausch- und Spähangriffe ist innerhalb des Polizeiapparates eine geheimpolizeiliche Entwicklung in Gang gesetzt worden, die inzwischen weitgehend rechtlich abgesichert wurde.

Längst ist auf verschiedenen Ebenen der Kriminalpolizeien (BKA, LKÄ) ein geheimer Polizeiapparat mit Spezialabteilungen (z.B. BKA-EO/EA, OK) entwickelt worden, abgeschottet gegenüber dem normalen Polizeibetrieb.

Die Polizei hat also in ihren Händen neben ihren traditionellen Exekutivbefugnissen auch nachrichtendienstliche Machtmittel angehäuft. Mit dieser Kumulation ist eine bedenkliche Machtkonzentration entstanden, die nur noch schwer zu kontrollieren ist. In diesem Zusammenhang ist an einen historischen Hintergrund zu erinnern, der gerade in Deutschland von ganz besonderer Bedeutung ist: Aufgrund der leidvollen Erfahrungen mit der faschistischen Gestapo, der Geheimen Staatspolizei im Nationalsozialismus, die allumfassend nachrichtendienstlich und exekutiv-vollziehend tätig war, sollten nach 1945 – auf Veranlassung der Westalliierten – Polizei und Geheimdienste strikt voneinander getrennt eingerichtet und tätig werden. Es sollte mit diesem verfassungskräftigen „Trennungsgebot" eine staatliche Machtkonzentration vom Ansatz her verhindert werden. Geheimdienste sollten keine exekutiven Befugnisse haben, die Polizei keine nachrichtendienstlichen Mittel und Methoden anwenden dürfen; das Auftreten und Handeln der Polizei gegenüber den Bürgern sollte also prinzipiell offen, berechenbar und kontrollierbar sein. „Nur in Diktaturen muß der Bürger mit geheimer Polizeiarbeit ... rechnen", so der ehemalige schleswig-holsteinische Generalstaatsanwalt Heribert Ostendorf („Kriminalistik" 9/1985, S. 409 f.). Die politische Nonchalance, mit der die skizzierte Funktions- und Methodenvermengung betrieben und das Trennungsgebot über den Haufen geworfen wird, offenbart einen eklatanten Mangel an Sensibilität gegenüber der geschichtlichen Erfahrung und Verantwortung in Deutschland – inzwischen sollten auch die Stasi-Erfahrungen zu einem sensibleren Umgang mit dieser Problematik führen.

Rechtliche Hinweise zum Einsatz Verdeckter Ermittler §

▶ VE dürfen unter ihrer Legende am „Rechtsverkehr" teilnehmen, d.h. auch Verträge mit privaten Personen (z.B. Mietverträge) oder mit Unternehmen (z.B. Bankgeschäfte) abschließen.

▶ Über die Legendierung (und ggfls. Aufrechterhaltung der Legende) hinaus darf der VE keine Straftaten, auch keine sog. milieugerechten Straftaten begehen. Dieses generelle Verbot, dessen Aufweichung bereits debattiert wird, ist m.E. illusorisch, weil nicht einzuhalten. Straftaten sind – das zeigt die Praxis – mit dem Einsatz von VE nahezu zwangsläufig verbunden (schon zur Aufrechterhaltung der Legende bzw. um sich nicht in Gefahr zu bringen).

▶ VE dürfen unter Verwendung ihrer Legende auch eine Wohnung mit dem Einverständnis des Wohnungsinhabers betreten. Das Einverständnis darf aber nicht durch ein über die Nutzung der Legende hinausgehendes Vortäuschen eines Zutrittsrechts herbeigeführt werden (§ 110c StPO). Der VE darf demnach nicht als Stromableser, Gasmann etc. sich Zugang verschaffen (wenn seine Legende nicht gerade auf Stromableser oder Gasmann lautet). In der Wohnung darf der VE Informationen durch Gespräche, Beobachtung und Augenschein erheben; er darf die Wohnung jedoch nicht durchsuchen, d.h. nicht gezielt nach Dingen forschen, die der Wohnungsinhaber nicht von sich aus offenlegt, bzw. die nicht offen herumliegen (insofern wäre richterliche Durchsuchungsanordnung nötig, falls nicht „Gefahr im Verzuge" vorliegt).

▶ Personen, deren nicht allgemein zugängliche Wohnung der VE betreten hat, sind vom Einsatz zu benachrichtigen, „sobald dies ohne Gefährdung des Untersuchungszwecks, der öffentlichen Sicherheit, von Leib und Leben einer Person sowie der Möglichkeit der weiteren Verwendung des Verdeckten Ermittlers geschehen kann" (§ 110d StPO) – also fast nie.

▶ Die durch den VE-Einsatz erlangten personenbezogenen Informationen dürften in anderen Strafverfahren zu Beweiszwecken verwendet werden, aber nur wenn auch hierfür die Voraussetzungen für den VE-Einsatz gegeben sind, d.h. wenn es sich um den Verdacht einer „Straftat von erheblicher Bedeutung" handelt.

▶ Kommen Dritte durch Rechtsgeschäfte mit dem VE zu Schaden, so haben sie einen Schadensersatzanspruch gegen die Polizei bzw. den Staat.

▶ Die Identität des VE kann auch nach Abschluß seines Einsatzes geheimgehalten werden – unter bestimmten Voraussetzungen auch vor Gericht (u.a. §§ 96, 110b III StPO) – so z.B. wenn Nachteile für das „Wohl des Bundes oder eines Landes" drohen oder wenn Anlaß zu der Besorgnis besteht, daß die Offenbarung Leben, Leib oder Freiheit des VE oder einer anderen Person oder die Möglichkeit der weiteren Verwendung des VE gefährden würde. Soll der VE als Belastungszeuge vor Gericht erscheinen, wird er in solchen Fällen entweder als „nicht erreichbar" deklariert oder aber gesperrt.

Exkurs:

Rechtliche Gegenwehr
am Beispiel des VE-Einsatzes in Tübingen

Die Universitätsstadt Tübingen hat ein reges alternativ-politisches Leben. Zahlreiche linke Gruppen machen Oppositionspolitik und Flüchtlingsarbeit, unter ihnen der Nicaragua-Arbeitskreis der Evangelischen StudentInnengemeinde, das Palästina-Libanon-Komitee, die Roma-UnterstützerInnen und das Zentralamerika-Komitee.

Liebe, Schwangerschaft und ein Geständnis
Anna (Name geändert) war Aktivistin in diesen politischen Zusammenhängen. Im Nicaragua-Arbeitskreis lernte sie Anfang der neunziger Jahre Joachim (Jo) Armbruster kennen, in den sie sich schließlich verliebte und von dem sie nach einiger Zeit schwanger wird. Anna will das Kind austragen – und mit dieser Entscheidung kommt die Stunde der Wahrheit. Ihr Freund, der „engagierte linke Aktivist", kann es nun nicht länger verschweigen – er ist in Wirklichkeit engagierter Verdeckter Ermittler, aktiver Kriminalbeamter des baden-württembergischen Landeskriminalamtes (LKA) in geheimer Mission. Eingeschleust in die Tübinger alternative Polit-Szene, um diese nach verdächtigen Personen auszuforschen. „Joachim Armbruster" ist und hat eine Legende – angeblich arbeitet er als Sozialarbeiter (Teilzeitkraft) bei der Körperbehinderten Förderung in Mössingen. Kurze Zeit nach der Selbstenttarnung weiß es die ganze Tübinger Szene, deren Mitglieder selbstverständlich über diese geheime Wühlarbeit des polizeilichen Staatsschutzes hell entsetzt sind. Am 29. Juli 1992 ist es dann in der Boulevardpresse zu lesen: „Liebe beendet Polizeiaktion – Verdeckte Ermittler spionierten linke Gruppen aus."
„Joachim Armbruster" ist 1991, nach monatelangen Vorbereitungen, nicht allein in die Tübinger Szene eingeschleust worden. Sein Freund „Ralf Hausmann", mit dem er in einer Wohngemeinschaft lebt, ist auch nicht „echt" – auch er ein LKA-Undercover-Agent. Beide tauchten regelmäßig im Nicaragua-Arbeitskreis der Evangelischen Studentengemeinde auf und erschlichen sich auch in anderen politischen Gruppierungen das Vertrauen der Mitglieder. Beide zeigten sich politisch sehr engagiert, hilfsbereit, kooperativ, diszipliniert und eher zurückhaltend – so ein gemeinsames Papier verschiedener Tübinger Gruppen, in denen die Agenten aktiv waren. Sie bemalten Transparente mit linken Parolen, gingen auf Demonstrationen, z.B. gegen den Golf-Krieg und gegen den Weltwirtschaftsgipfel in München, halfen

beim Aufbau von Informationsständen auf dem Tübinger Marktplatz, verkehrten in alternativen Lokalen, beteiligten sich intensiv am Gruppenleben und an privaten Zusammenkünften.

Und es entstanden persönliche Beziehungen, auch enge Freundschaften zwischen den verdeckten amtlichen Ausforschern und ihren Opfern. Diese Kontakte sollten für einzelne Betroffene früher oder später auch manifeste Folgen zeitigen: Einer Frau, die im selben Haus wohnte wie die beiden Agenten, wurde die Arbeitsstelle gekündigt, weil ihr Arbeitgeber, wie auch immer, erfahren hatte, daß gegen sie angeblich wegen „Terrorismusverdachts" ermittelt werde. Ein anderer Kontakt mit einem der Agenten mündete in jene Schwangerschaft, die dem gesamten Geheimunternehmen schließlich zum Verhängnis wurde.

Trotz des abrupten Endes hatten die Ermittler anderthalb Jahre lang Zeit, ihre Beobachtungen und Erkenntnisse aus dem dichtgeknüpften Netz von Arbeitskontakten und privaten Beziehungen in zahlreichen Telefonaten und in 64 sogenannten Treff- bzw. Einsatzberichten an das LKA zusammenzufassen, die jeweils einen Zeitraum von ein bis zwei Wochen umfassen. Ihr Auftrag war ursprünglich auf drei bis vier Jahre angelegt.

Ausforschungsauftrag jenseits des Polizeirechts

Was suchten nun die Polit-Schnüffler des LKA, was war ihr eigentlicher Auftrag? Zum Zeitpunkt des Ende 1990 vom damaligen LKA-Präsidenten Dr. Krüger nur mündlich angeordneten Einsatzes der Verdeckten Ermittler erwartete das LKA Anschläge der Roten Armee Fraktion (RAF), der „Revolutionären Zellen" (RZ) oder aus deren Umfeld. Das Innenministerium spricht nachträglich von einer „sehr angespannten Gefährdungslage" in jener Zeit.[33] Die RAF habe sich damals mitten in einer „Neuen Offensive" befunden.

1990 und 1991 gab es nach dem Polizeirecht Baden-Württembergs noch keine spezielle gesetzliche Grundlage für den Einsatz von Verdeckten Ermittlern, so daß der Tübinger Einsatz anfänglich praktisch im rechtsfreien Raum stattgefunden hat, oder schärfer formuliert: in der Illegalität.[34] Am 1. Dezember 1991 ist in Baden-Württemberg das von der CDU-Regierung geschaffene neue Polizeigesetz in Kraft getreten, in dem der Einsatz von Verdeckten Ermittlern legalisiert wird. Noch am selben Tag formulierte das LKA eine schriftliche „Einsatzanordnung" und versah sie mit dem Geheimhaltungsvermerk „VS-Vertraulich – amtlich geheimgehalten" (Gz. 814-55 vom 1.12.1991). Nach dieser Anordnung, die als Standardtext konzipiert ist, sind die unter ihren Decknamen geführten Ermittler zur „vorbeugenden Bekämpfung der

Staatsschutzkriminalität" im Bereich Tübingen ins angeblich „linksextremistische/terroristische Spektrum" eingeschleust worden. Ziel dieser Aktion, so die Anordnung (S. 1) wörtlich, sollte es sein,
„durch die Erhebung von Informationen bei zur PB 07 (= Polizeiliche Beobachtung von Terrorismus-Verdächtigen; d.V.) ausgeschriebenen Personen, deren Umfeld sowie Personen, bei denen tatsächliche Anhaltspunkte vorliegen, daß sie künftig Staatsschutzdelikte begehen, vorbeugend Straftaten mit erheblicher Bedeutung zu bekämpfen".
Es handelte sich also um eine präventive Maßnahme nach Polizeirecht im weiten Vorfeld des Verdachts und nicht etwa um eine Maßnahme der Strafverfolgung. Es gab weder eine konkrete Straftat, die es aufzuklären galt, noch Tatverdächtige, die ermittelt werden sollten; und es gab auch keine unmittelbar bevorstehende konkrete Gefahr. Vielmehr sollte mit den verdeckten „Ermittlungen" insbesondere das „militante autonome Spektrum sowie das RAF-Umfeld im Bereich Tübingen aufgehellt" – sprich: ausgeforscht – werden, wobei es den Ermittlern angeblich in erster Linie um Erkenntnisse über sogenannte Nahtstellenpersonen zwischen legaler politischer Szene und der „Kommandoebene" der RAF ging. Mit herkömmlichen Ermittlungsmethoden, „ohne den Einsatz von Verdeckten Ermittlern", so die Einsatzanordnung (S. 2), „können diese Informationen nicht gewonnen werden..."
Das Innenministerium stilisiert später den Einsatz von Verdeckten Ermittlern zur derzeit „erfolgversprechendsten Präventionsmaßnahme" (LT-Drucks. 11/ 262, 6):
„Andere verdeckte Maßnahmen wie Observationen oder Ausschreibungen zur Polizeilichen Beobachtung (die in Tübingen auch zur Anwendung kamen; d.V.) führen zwar zu bestimmten Erkenntnissen über Personenverbindungen und Reisebewegungen, ermöglichen allerdings – im Gegensatz zu den Erkenntnissen Verdeckter Ermittler – keine inhaltlichen Informationen (z.B. über geplante Aktionen, über die Rangstufe von Umfeldpersonen oder über die Haltung zu sogenannten Kommandoerklärungen)."
Am Ende der groß und langfristig angelegten Geheimaktion mußte das LKA allerdings kleinlaut zugeben, daß die „Schwelle zum strafverfahrensrechtlichen Tatverdacht nicht erreicht wurde"; das bedeutet, daß sämtliche Verdächtigungen gegen einzelne Angehörige der ausgeforschten Gruppen sich letztlich als strafrechtlich irrelevant herausstellten.

Juristische Nachspiele
Der Einsatz von Verdeckten Ermittlern in Tübingen war von Anfang an rechtswidrig – das stellte das Verwaltungsgericht Stuttgart in sei-

nem Urteil vom 30. September 1993 fest (Az. 1 K 3212/92). „Deutlicher hätte das Urteil gar nicht ausfallen können", bekräftigt Ruth Leuze, die schon früher zu dem Ergebnis gekommen war, daß die Einsatzanordnung und damit der Einsatz insgesamt rechtswidrig waren und daß in diesem Zusammenhang schwere Verstöße gegen Datenschutzbestimmungen vorgekommen seien.

Geklagt hatten zwei Personen stellvertretend für alle Betroffenen – mit einer Feststellungsklage vor dem Verwaltungsgericht. Sie hatten über ihren Prozeßbevollmächtigten Martin Röll den Antrag gestellt,

▶ die Rechtswidrigkeit des Einsatzes der verdeckten Ermittler festzustellen, der einen massiven hoheitlichen Eingriff in die Grundrechte der Betroffenen darstelle, insbesondere in das allgemeine Persönlichkeitsrecht, in das „informationelle Selbstbestimmungsrecht", die Meinungsfreiheit, die Versammlungs- und Vereinigungsfreiheit sowie in die Unverletzlichkeit der Wohnung der Kläger;

▶ im übrigen stehe der gesamte Einsatz mit seinen „äußerst schwerwiegenden Eingriffen in die Menschenwürde" der Kläger „in einem krassen Mißverhältnis zu den mit einem solchen Einsatz verfolgten Zielen und schließlich erzielten Erfolgen"; der Einsatz sei daher unverhältnismäßig und rechtswidrig (Klageschrift vom 30.10.92).

Nach Auffassung des Verwaltungsgerichts Stuttgart ist die Einsatzanordnung den Anforderungen des Polizeigesetzes nicht gerecht geworden,

▶ weil der zu beobachtende Personenkreis darin nicht konkret bzw. individuell benannt worden war.

▶ Im Zeitpunkt der Anordnung des Einsatzes müßten der Polizei Tatsachen dafür vorliegen, daß gerade jene Person(en), auf die die Verdeckten Ermittler angesetzt werden, künftig Straftaten von erheblicher Bedeutung begehen werden.

▶ Da diese personenbezogene Eingrenzung nicht erfolgt ist, sei es schließlich den eingesetzten Ermittlern überlassen worden, den Kreis der Zielpersonen erst zu bestimmen.

▶ Die Anordnung war also zu unbestimmt und weitgefaßt, so daß eine Vielzahl unbescholtener Menschen ins Visier der Staatsschützer gerieten – also weit mehr, als wenn der Kreis der „Zielpersonen" von Anfang an eng begrenzt worden wäre.

▶ Das Gericht billigte den Klägern ein „Rehabilitierungsinteresse" zu, da durch die Ausforschung in deren „innerste Privatsphäre" massiv eingegriffen worden sei.

Das Innenministerium wollte diese Schmach nicht auf sich sitzen lassen und ging in Berufung. Doch der Verwaltungsgerichtshof (VGH) Baden-Württemberg in Mannheim segnete den Tübinger Einsatz nicht ab, denn er befaßte sich noch nicht einmal mit der Sache selbst; vielmehr ist er der Auffassung, daß die beiden Tübinger Kläger statt der erhobenen Feststellungsklage eine Leistungsklage auf Auskunft und Löschung der Daten bzw. auf Schadensersatz hätten erheben müssen (Urteil vom 24. November 1994; Az. 1 S 2909/93). Nur aus diesem prozessual-formalen Grund änderte der Gerichtshof das Stuttgarter Urteil, wies die Klagen ab und ließ zugleich die Revision zum Bundesverwaltungsgericht (BVerwG) zu.

Daraufhin hat das BVerwG das Urteil des VGH Mannheim aufgehoben und die Sache an den VGH mit der Maßgabe zurückverwiesen, die Rechtsauffassung des BVerwG der neuen Entscheidung zugrunde zulegen.[35] Das BVerwG stellte in seinem Beschluß fest, die Kläger hätten ein berechtigtes und schutzwürdiges Interesse an der Feststellung, daß der Einsatz der VE, der die Kläger unmittelbar betraf, rechtswidrig gewesen ist.[36] Dies gehöre, auch nach Abschluß des Einsatzes, zur Gewährleistung eines effektiven Grundrechtsschutzes (Art. 1 I, Art. 2 I, Art. 19 IV GG).

„Es ist mit den Grundsätzen des Rechtsstaates unvereinbar, der Klägerin A (mit der ein VE eine intime Beziehung einging, aus der ein gemeinsames Kind hervorgegangen ist; d.V.), der ein hohes Opfer für die Allgemeinheit abverlangt worden ist, den Zugang zum Gericht und damit die Chance zu versagen, über die gerichtliche Rechtswidrigkeitsfeststellung eine Art Genugtuung (Rehabilitation) und damit wenigstens einen – wenn auch unvollkommenen – Ausgleich für eine rechtswidrige Persönlichkeitsverletzung zu erlangen (vgl. BVerwGE 61, 164, 166)."

Insgesamt 104 Personen wandten sich nach der Enttarnung der Polizeiagenten mit Anträgen an das LKA, um Auskunft zu erhalten, ob und gegebenenfalls welche personenbezogenen Daten über sie in diesem Zusammenhang in Polizeidateien gespeichert sind. Das LKA gab sich zunächst recht wortkarg: Statt vollständiger Auskünfte schickte es einer ganzen Reihe von Personen, „die die Verdeckten Ermittler nie und nimmer ins Visier hätten nehmen dürfen" (Leuze), Ende 1992 bzw. Anfang 1993 „stereotyp völlig nichtssagende Bescheide ins Haus". Diese sahen z.B. so aus:

„Zu Ihrem Auskunftsbegehren wird folgendes mitgeteilt: Im Zusammenhang mit dem Einsatz Verdeckter Ermittler des Landeskriminalamtes in Tübingen wurden folgende Daten über Sie als unvermeidbar betroffener Dritter erhoben: – Name, Vorname. Sie sind in einem Vermerk vom 8.5.91, 23.10.91, 18.11.92... genannt."

Der Inhalt der Berichte wurde verschwiegen. Dieses Auskunftsgebaren beanstandete die damalige Landesdatenschutzbeauftragte, woraufhin das LKA im zweiten Anlauf „den Leuten allerlei sagen" mußte, „was es lieber für sich behalten hätte", schreibt Frau Leuze in ihrem Tätigkeitsbericht von 1993 (S. 39): „Das versteht man schon, wenn man in den Treffberichten z.B. liest, wie die beiden Verdeckten Ermittler über Monate hinweg die Mitglieder des AK-Nicaragua der Evangelischen Studentengemeinde und des Tübinger Palästina-Libanon-Komitees heimlich ausgeforscht hatten."

Insgesamt wurde von den 104 Antragstellern nur 21 Personen eine detailliertere Auskunft erteilt; 39 Personen erhielten lediglich eine Teilauskunft; 32 erhielten den Bescheid, daß keinerlei Daten über sie gespeichert seien; zwölf Personen wurde die Auskunft aus Geheimhaltungsgründen pauschal und vollständig verweigert. (Angaben des Innenministeriums, Az. 3-1220.5/21 vom 3.8.1993, S. 2). Als diese gegen die ablehnenden Bescheide Widerspruch einlegten, brummte das LKA jedem von ihnen für die Ablehnung des Widerspruchs eine Gebühr von 200 DM auf. Dazu die ehemalige Datenschutzbeauftragte: „Hier wäre wahrlich anderes am Platze gewesen: das Landeskriminalamt hat rechtswidrig Verdeckte Ermittler eingesetzt, es hat rechtswidrig Daten über die Bürger erhoben, es hat rechtswidrig Daten über die Bürger gespeichert – und jetzt sollen sie noch einmal büßen; diesmal mit klingender Münze." (Tätigkeitsbericht 1993, S. 41).

Das LKA ziert sich auch noch in den anschließenden Prozessen vor dem Verwaltungsgericht (VG) Sigmaringen, in denen die Betroffenen die Auskunftserteilung einzuklagen versuchen. Das LKA macht geltend, daß „gerade bezüglich der Konzeption des Einsatzes" weiterhin ein „nachhaltiges Geheimhaltungsbedürfnis" bestehe, „zumal die Kenntnis der konkreten Vorgehensweise der Verdeckten Ermittler künftige Einsätze erheblich erschweren, wenn nicht sogar unmöglich machen und damit die Aufgabenerfüllung der Polizei gefährden würde."

In seinem Schriftsatz vom 29.10.1993 an das Verwaltungsgericht (Az. 101-1237.5-1/1237.6-1) führt es weiter aus, daß darüber hinaus eine „nachwirkende persönliche Gefährdung der in anderen Einsatzräumen eingesetzt gewesenen Verdeckten Ermittler" bestehe. „Durch Parallelen im einsatztaktischen Vorgehen könnte das Bekanntwerden weiterer Einzelheiten des Tübinger Einsatzes ihre Gefährdung erhöhen" (S. 9). Hierbei müsse berücksichtigt werden, „daß in der linksextremistischen Szene der Einsatz der Verdeckten Ermittler systematisch aufgearbeitet wurde und noch wird." Ein wesentliches Ziel sei dabei die „Herausarbeitung von Merkmalen, Besonderheiten und Schwachpunkten in der Vorgehensweise der Verdeckten Ermittler, um damit die künftige Tätigkeit der Polizei zu erschweren" (LKA-Schriftsatz vom 29.10.93, S. 11 f).

Erst im Juli 1995 bequemt sich das LKA, einem Kläger „in vollem Umfang Auskunft über die anläßlich des Einsatzes Verdeckter Ermittler in Tübingen über ihn gespeicherten Daten in den VE-Akten zu erteilen" (Schriftsatz an das VG vom 14.7.95). Eine „sorgfältige Überprüfung des Vorliegens von Auskunftsverweigerungsgründen" habe ergeben, „daß nunmehr das Interesse des Klägers an der Auskunftserteilung überwiegt". Dann werden in dürren Worten acht Aktenvermerke referiert, in denen der Kläger genannt worden ist. Beispiel: „Aktenvermerk vom 18.12.91 Teilnehmer des ‚Internationalismus-Plenums' am 10.12.91, i.d.Z. zwischen 18.00 Uhr – 20.00 Uhr, in Tübingen, Erasmus-Haus..."

Daß dem Kläger diese dürftige Auskunft nicht ausreicht und daß er darauf besteht, auch den Inhalt der sogenannten Treffberichte der Verdeckten Ermittler zu erfahren, soweit sie Angaben zu seiner Person enthalten, liegt auf der Hand. Die Geschichte ist immer noch nicht abgeschlossen.

Zu den Verhaltenstips gegenüber Verdeckten Ermittlern, V-Leuten und agents provocateurs, s. nächstes Kapitel (Aktionen und Eingriffe der Geheimdienste – „Verfassungsschutz")

Literatur-Auswahl
zu geheimen Polizeimethoden und zum Trennungsgebot

Anonymus, VPs hinter Gittern, in: Bürgerrechte & Polizei, Nr. 2/1998, S. 70 ff.
Bürgerrechte & Polizei, Schwerpunkt: Polizeilicher Staatsschutz, Heft 2/1992;
Bürgerrechte & Polizei, Schwerpunkt: Operative Polizeimethoden, Berlin, Nr. 3/1994
Bürgerrechte & Polizei, Schwerpunkt: Überwachungstechnologien I, Berlin Nr. 2/1998.
Busch, Operative Zusammenarbeit über Grenzen, in: Bürgerrechte & Polizei 3/1994, S. 55 ff.
Busch/Pütter, Operative Polizeimethoden – Vergeheimpolizeilichung der Ermittlungen, in: Bürgerrechte & Polizei 3/1994, S. 6 ff.
Freiberg/Thamm, Das Mafia-Syndrom, Hilden 1992
Gössner, Waffengleichheit mit dem „Organisierten Verbrechen"? Kritik der Gesetze zur Bekämpfung der „Organisierten Kriminalität", in: ders. (Hg.), Mythos Sicherheit – Der Schrei nach dem starken Staat, Baden-Baden 1995, S. 65 ff.;
ders., Da wächst zusammen, was nicht zusammengehört – Die Verzahnung von Polizei und Geheimdiensten, in: ebda., S. 197 ff.
Gössner/Herzog, Im Schatten des Rechts – Methoden einer neuen Geheim-Polizei, Köln 1984;
Gössner, >Verdeckte Ermittler< unterwandern Grundrechte, in: Grundrechte-Report 1998 zur Lage der Bürger- und Menschenrechte in Deutschland, Reinbek 1998, S. 205 ff.
Kraushaar, in: Kriminalistik 1994, S. 481 ff.
Krey, Rechtsprobleme des strafprozessualen Einsatzes Verdeckter Ermittler, Sonderband der BKA-Forschungsreihe, Wiesbaden 1993;
Kutscha, Der Lauschangriff im Polizeirecht der Länder, in: Neue Juristische Wochenschrift (NJW) 1994, S. 85 ff.;
Lammer, Verdeckte Ermittlungen im Strafprozeß, 1992;

Lisken, Polizei zwischen Recht und Politik im demokratischen Rechtsstaat, in: Gössner (Hg.), Mythos Sicherheit , Baden-Baden 1995, S. 161 ff;
Lisken, Zusammenarbeit von Polizei und Nachrichtendiensten im „Kampf" gegen die „Organisierte Kriminalität", in: Gössner (Hg.), Mythos Sicherheit, Baden-Baden 1995, S. 79 ff.
Lisken/Denninger, Handbuch des Polizeirechts, München 1992; Neuauflage 1996;
Lüderssen (Hrg.), V-Leute – die Falle im Rechtsstaat, Frankfurt 1985;
Nachrichtendienste, Polizei und Verbrechensbekämpfung im Demokratischen Rechtsstaat, Dokumentation der Friedrich-Ebert-Stiftung Berliner Büro, Berlin 1994;
Nitz, Einsatzbedingte Straftaten Verdeckter Ermittler, Hamburg 1997
Nogala, Moderne Überwachungstechnologien, in: Bürgerrechte & Polizei, Nr. 2/1998, S. 6 ff.
Pütter, Fernmeldeüberwachung, in: Bürgerrechte & Polizei, Nr. 2/1998, S. 36 ff.
Pütter/Diederichs, V-Personen, Verdeckte Ermittler, NoePs, qualifizierte Scheinaufkäufer und andere, in: Bürgerrechte & Polizei 3/1994, S. 24 ff.
Ruhmann, Die telekommunikative Überwachungsspirale, in: Bürgerrechte & Polizei, Nr. 2/1998, S. 28 ff.
Scherp, Die polizeiliche Zusammenarbeit mit V-Personen, Heidelberg 1992;
Schmitz, Rechtliche Probleme des Einsatzes verdeckter Ermittler, 1996.
Schröm, Undercover gegen Neonazis, in: stern v. 8.4.98, S. 174 ff.
Schwan, Verbrechensbekämpfung im Rechtsstaat, in: Bürgerrechte & Polizei 2/1994, S. 13 ff.
Stokar/Gössner (Hg.), Schattenmänner – Kritik der Legalisierung des Verdeckten Vorfeld-Ermittlers, Reader Nr. 10 der Fraktion Bündnis 90/Die Grünen im Niedersächsischen Landtag, Hannover 1997
Weichert, Audio- und Videoüberwachung, in: Bürgerrechte & Polizei, Nr. 2/1998, S. 12 ff.
Weßlau, Vorfeldermittlungen, Berlin 1989.

Anmerkungen

(1) Vgl. Knapp, Auto-„Verwanzen" zulässig, in: Frankfurter Rundschau 2.7.97.
(2) Vgl. dazu ausführlich: Kiper/Ruhmann, Überwachung der Telekommunikation, in: Datenschutz und Datensicherheit 22 (1998), S. 155 ff.
(3) Seit Bestehen dieser Abhörnorm (1968) wurde der Straftatenkatalog enorm ausgeweitet, zuletzt mit dem Verbrechensbekämpfungsgesetz 1994.
(4) Vgl. Staechlin, in: Kritische Justiz 1995, S. 466 ff.
(5) U.a. nach dem Telediestegesetz (TDG); vgl. dazu u.a.Hartung, Internet: Die virtuelle Welt des Verbrechens, in: dp-special, Deutsche Polizei Nr. 4/98.
(6) S. dazu Fernmelde-Überwachungs-Verordnung, FÜV, BGBl. I 1995, S. 722 ff. und das Telekommunikationsgesetz (TKG).
(7) Nach der Fernmelde-Überwachungs-Verordnung (FÜV), BGBl. I 1995, S. 722 ff.
(8) Hilfssheriff Handy, in: Der Spiegel 17/1998, S. 37.
(9) In diesem Fall haben sich die Fahnder an die Fersen bzw. Handies von Journalisten und Anwälten gehängt, die angeblich Kontakt zu Schneider hatten; vgl. dazu Meng, Auf der Spur des Baulöwen schnurlos verheddert, in: Frankfurter Rundschau v. 23.12.1996; Antrag des Abg. Manfred Such und der Fraktion Bündnis 90/Die Grünen im Bundestag, BT-Drucks. 13/5196 v. 25.6.1996, S. 9 f.
(10) Vgl. dazu auch: Liliensiek, Gericht hält Überwachung per Satellit für rechtens, in: Deutsche Polizei 3/1998, S. 14.
(11) Vgl. Der Kleine Abhörratgeber, Edition ID-Archiv, Berlin-Amsterdam 1997, S. 38, 75, 113 ff. Die alte Bundesregierung wollte diese Möglichkeit mit einer entsprechenden Melde- und Registrierpflicht verbauen.

(12) Zu den Abwehrmaßnahmen s. weiter unten.
(13) Diese aus persönlichen Gründen mit einem Zeugnisverweigerungsrecht ausgestatteten Personen müßten nach dem Gleichheitsgrundsatz (Art. 3 GG) eigentlich den aus beruflichen Gründen Zeugnisverweigerungsberechtigten gleichgestellt werden (und dürften ebenfalls nicht abgehört werden).
(14) BGHST 38, S. 214; vgl. dazu: Weßlau, Die polizeiliche Hörfalle, in: Grundrechte-Report 1998, Reinbek 1998, S. 211 ff.
(15) Gezielte Abhöraktion zum Zweck, ein Geständnis zu erschleichen; vgl. Weßlau, ebda.; Roxin, Zum Hörfallen-Beschluß des Großen Senats für Strafsachen, in: NStZ 1997, S. 18 ff.
(16) Der Telefonabhör-§ 100a StPO enthält inzwischen über 70 Anlaß-Straftatbestände.
(17) Denninger, Normenkontrollantrag an das Verfassungsgericht des Freistaates Sachsen in Sachen Sächsisches Polizeigesetz, 2. August 1994, S. 25 mit Verweis auf BVerfGE 34, 238 ff, 245 f. m.w.N.; 65, 1 ff., 41 f. m.w.N.
(18) Hömig, Rdnr. 2 zu Art. 13 GG, in: Seifert/Hömig (Hg.), Grundgesetz für die Bundesrepublik Deutschland, Baden-Baden, 4. Aufl. 1994 mit Verweis auf BVerfGE 42, 219; 51, 110.
(19) BVerfGE 45, 187, 228; 57, 250, 275; 72, 105, 116.
(20) S. dazu auch: Der kleine Abhörratgeber, a.a.O., S. 23 ff.
(21) Vgl. Anfrage der Fraktion Bündnis 90/Die Grünen im Bundestag und Antwort der Bundesregierung, BT-Drucks. 13/6653 v. 27.12.96 mit Bezug auf dpa-Meldung vom 19.11.96. Laufner, Abhörsichere Tapete, in: die tageszeitung v. 17.6.98, S. 9.
(22) So der Sächsische Justizminister auf eine Anfrage der PDS, vgl. Mord an Wanzen steht unter Strafe, in: Junge Welt 11.3.1998.
(23) Vgl. Ernst/Kopp, in: BRAK-Mitteilungen 3/1996, S. 94 ff (95) mit Verweis auf BVerfGE 6, 389, 433; 34, 238, 245; 80, 367, 373.
(24) Ernst/Kopp, a.a.O., S. 95.
(25) BVerfGE 27, 1, 6 – Mikrozensus; 34, 238 ff, 245 f.
(26) Vgl. dazu: Asbrock, „Zum Mythos des Richtervorbehalts" als wirksames Kontrollinstrument, in: „Organisierte Kriminalität" – Ein Phantombegriff mit hohem Gebrauchswert? Reader (Nr. 9) der Fraktion Bündnis 90/Die Grünen im Nds. Landtag, Hannover 1997, S. 34 ff; Bechtold, Befugnisse durch die Hintertür, in: Grundrechte-Report, Reinbek 1997, S. 142 ff.
(27) Quelle: BT-Drucksache 13/7341 v. 26.3.1997.
(28) Niedersächsischen Gefahrenabwehrgesetz.
(29) Antwort der Bundesregierung auf die Kleine Anfrage der Abg. Ulla Jelpke und der Gruppe der PDS/Linke Liste im Bundestag zur Organisierten Kriminalität – BT-Drucks. 12/1255 vom 7.10.1991, S. 3.
(30) Vgl. dazu: Freiberg/Thamm, Das Mafia-Syndrom, Hilden 1992, S. 218 ff. m.w.N.; Bürgerrechte & Polizei 3/1994, S. 24 ff. m.w.N.
(31) Vgl. Richtlinien über die Inanspruchnahme von Informanten und über den Einsatz von Vertrauenspersonen und Verdeckten Ermittlern im Rahmen der Strafverfolgung, gem. Runderlaß des Innen- und Justizministeriums vom 31.8.1995.
(32) „Stefan" wurde Ende 1997 enttarnt, vgl. Mahr, Immer Ärger mit dem Staatsschutz, in: Unbequem Juni 1998, S. 17 f.
(33) In einer Antwort auf einen Antrag der SPD-Fraktion im baden-württembergischen Landtag, Drucks. 11/245 vom 30.7.92.
(34) Das Innenministerium stützte die Maßnahme für jene Zeit auf die polizeiliche Generalklausel (§§ 1, 3 PolizeiG BaWü) – eine recht dubiose „Rechtsgrundlage" für einen solch schweren Eingriff in die Grundrechte einer Vielzahl von – auch vollkommen unbescholteten – Menschen.
(35) Vgl. dazu auch: Sonnen, Einsatz verdeckter Ermittler, in: Neue Kriminalpolitik 4/1997, S. 36 f.
(36) Mit Verweis auf BVerwGE 61, 164 m.w.N.; BVerwGE 87, 23, 25.

Kapitel 4

Aktionen und Eingriffe der Geheimdienste

In der Bundesrepublik gibt es genaugenommen 19 Geheimdienste:
- ▶ Bundesnachrichtendienst (BND): im wesentlichen zur Auslandsaufklärung,
- ▶ Militärischer Abschirmdienst (MAD): für den Bereich der Bundeswehr,
- ▶ Bundesamt für Verfassungsschutz (BfV): Inlandsgeheimdienst des Bundes,
- ▶ 16 Ämter für Verfassungsschutz der Bundesländer (LfV): Inlandsgeheimdienste der Bundesländer, die direkt mit dem BfV zusammenarbeiten.

Die Aufgaben und Befugnisse dieser Geheimdienste sind in je unterschiedlichen Gesetzen geregelt (Verfassungsschutzgesetze des Bundes und der Länder; BND-, MAD-Gesetz; darüber hinaus im G-10-Abhör-Gesetz, in den Ausführungsgesetzen der Länder). Alle Geheimdienste sind an einem Informationsverbund beteiligt: dem Nachrichtendienstlichen Informationssystem NADIS.

Zu den sog. **Nachrichtendienstlichen Mitteln (nd-Mittel),** mit denen die Geheimdienste arbeiten dürfen, gehören u.a.:[1]
- Vertrauensleute (V-Leute, V-Personen), geheime Informanten und Gewährsleute,
- Verdeckt ermittelnde Beamte,
- (Längerfristige) Observationen,
- geheime Bildaufzeichnungen per Foto, Video etc. außerhalb von Wohnungen,
- heimliches Mithören ohne technische Hilfsmittel,
- heimliches Mithören und Aufzeichnen des nicht öffentlich gesprochenen Wortes unter Einsatz technischer Mittel außerhalb von Wohnungen...,
- ...und innerhalb von Wohnungen,
- Beobachtung des Funkverkehrs auf nicht für den allgemeinen Empfang bestimmten Kanälen,
- Verwendung fingierter biographischer, beruflicher oder gewerblicher Angaben (Legenden),

– Beschaffung, Herstellung und Verwendung von Tarnpapieren und Tarnkennzeichen,
– Überwachung des Brief-, Post- und Fernmeldeverkehrs gemäß Art. 10 GG.

4.1 Eingeschränkter Rechtsschutz

Gegen die meisten Maßnahmen der bundesdeutschen Geheimdienste gibt es gemäß Art. 19 Abs. 4 GG Rechtsschutz, der allerdings dadurch erschwert wird, daß die Betroffenen in aller Regel gar nichts von den geheimen Aktionen der Geheimdienste mitbekommen oder nur vage erahnen. Und wer nicht weiß, daß in seine Grundrechtssphäre eingebrochen wird, kann auch nichts dagegen unternehmen. Auch die Auskunftsrechte der Betroffenen hinsichtlich der erfaßten und verarbeiteten personenbezogenen Daten sind eingeschränkt *(s. Kapitel „Datenschutz").*
Mit geheimdienstlichen bzw. nachrichtendienstlichen Mitteln kann sehr einschneidend in die Grundrechte von Betroffenen eingegriffen werden. Fast immer wird ein Eingriff in das informationelle Selbstbestimmungsrecht vorliegen. Darüber hinaus kann etwa das langfristige Observieren, falls der Betroffene es „spürt", die Entschließungs- und Handlungsfreiheit beeinträchtigen und im Extremfall auch die Würde angreifen. Das heimliche Belauschen kann den Intimbereich, aber auch das Recht auf Freiheit vor Furcht tangieren.

4.2 Nachrichtendienstliche Maßnahmen

Telefonüberwachung/Postkontrolle durch Verfassungsschutz, BND, MAD

Eingriffsmöglichkeiten
Zu unterscheiden von der Überwachung und Kontrolle im strafprozessualen Ermittlungsverfahren sind die weitreichenden Eingriffsmöglichkeiten in das grundrechtlich geschützte Brief-, Post- und Fernmeldegeheimnis durch die Ämter für Verfassungsschutz, den Bundesnachrichtendienst und den Militärischen Abschirmdienst auf der Grundlage des sog. Abhörgesetzes (bzw. Gesetzes zur Beschränkung des Brief, Post- und Fernmeldegeheimnisses = G-10).

Aktionen der Geheimdienste 217

Allgemeine Rechtstips §

Jene, die von Eingriffen der Geheimdienste betroffen sind und dies merken, im besten Fall sogar belegen können, haben die Möglichkeit, sich gegen die Maßnahme im Verwaltungsrechtswege gerichtlich zur Wehr zu setzen:
- ► Einlegung eines Widerspruchs, dann
- ► Anfechtungsklage,
- ► oder später Feststellungsklage.
- ► Es ist auch möglich, im Eilverfahren (Einstweilige Anordnung auf Unterlassung) etwa gegen eine laufende Observation oder Abhöraktion vorzugehen.
- ► Nach Ausschöpfung des Rechtswegs ist auch an eine Verfassungsbeschwerde beim Bundesverfassungsgericht zu denken.
- ► *Zu diesen rechtlichen Möglichkeiten siehe die Kapitel über „Rechtsschutz" und „Datenschutz", teilweise auch im Kapitel über „Geheimpolizeiliche Einsätze".*

Wurde eine geheimdienstliche Anordnung (z.B. Observation, Abhöraktion) bereits vollzogen, so hat der Betroffene ein *Rehabilitierungsinteresse* und kann im nachhinein
- ► Feststellung der Rechtswidrigkeit der Maßnahme verlangen (sog. Fortsetzungsfeststellungsklage, § 113 VwGO).
- ► Voraussetzung ist ein berechtigtes Interesse an der Feststellung (z. B. Rehabilitierung bzw. im Falle einer Wiederholungsgefahr).

War die Anordnung der Maßnahme tatsächlich rechtswidrig (wenn etwa die Voraussetzungen für die Observation oder Abhöraktion etc. nicht vorlagen), so kann der Betroffene den dadurch entstandenen Schaden ersetzt verlangen (per Leistungsklage vor dem Verwaltungsgericht).
- ► *Entschädigung, siehe Kapitel „Rechtsschutz".*

Möchte der Betroffene wegen geheimdienstlicher Datenerfassung, -speicherung und -verarbeitung *Datenschutz-Ansprüche* geltend machen, so kann er zum einen
- ► Auskunft über die zu seiner Person gespeicherten Daten beantragen,
- ► Berichtigung, Löschung oder Sperrung der Daten beantragen,
- ► den Bundes- oder zuständigen Landesdatenschutzbeauftragten einschalten und die Rechtmäßigkeit der Datenverarbeitung überprüfen lassen.
- ► Falls Auskunft (oder Löschung, Sperrung) ganz oder teilweise vom Geheimdienst verweigert wurde, so ist die Durchsetzung dieser Rechte ggfls. auch mit einer Leistungsklage/Verpflichtungsklage beim Verwaltungsgericht einklagbar.
- ► *Dazu eingehender: Kapitel über „Datenschutz im inneren Sicherheitsbereich"*

Voraussetzungen
„Zur Abwehr von drohenden Gefahren
- für die freiheitliche demokratische Grundordnung oder
- den Bestand oder die Sicherheit des Bundes oder eines Landes
- einschließlich der Sicherheit der in der Bundesrepublik Deutschland stationierten Truppen der nichtdeutschen Vertragsstaaten des Nordatlantikvertrages..."

sind die deutschen Geheimdienste berechtigt,
- Briefe zu öffnen und einzusehen
- und den Fernmeldeverkehr zu überwachen und aufzuzeichnen.

Es genügen hierfür bereits *tatsächliche Anhaltspunkte für den Verdacht,* daß jemand schwerwiegende Straftaten im Staatsschutzbereich plant, begeht oder begangen hat. Dazu gehören
- Straftaten des Friedensverrats und des Hochverrats,
- Straftaten der Gefährdung des demokratischen Rechtsstaates (u.a. Offenbaren von Staatsgeheimnissen),
- Straftaten des Landesverrats und der Gefährdung der äußeren Sicherheit,
- Straftaten gegen die Landesverteidigung (u.a. Sabotagehandlungen, sicherheitsgefährdendes Abbilden),
- Straftaten gegen die Sicherheit der in Deutschland stationierten NATO-Truppen,
- Straftaten nach § 129a StGB („Terroristische Vereinigung"),
- bestimmte Straftaten nach dem Ausländergesetz.

Verpflichtungen der Post gegenüber den Geheimdiensten
Die Deutsche Post und andere Post- bzw. Fernmeldeunternehmen haben dem anordnenden Geheimdienst
- Auskunft über den Postverkehr zu erteilen sowie
- Sendungen, die ihnen zur Übermittlung auf dem Postweg anvertraut sind, auszuhändigen sowie
- die Überwachung und Aufzeichnung des Fernmeldeverkehrs zu ermöglichen.
- Sie haben für die Durchführung der Maßnahmen das erforderliche
- sicherheitsüberprüfte - Personal bereitzuhalten (G-10-Abhör-Gesetz, Änderung vom 28.4.1997, BGBl. I 1997, S. 966 f.)
- Das Personal ist zur Geheimhaltung verpflichtet: Wer dennoch den Betroffenen Mitteilung über Überwachungsmaßnahmen macht, wird mit Freiheitsstrafe bis zu 2 Jahren oder mit Geldstrafe bestraft.

Die Anordnung der zuständigen Stelle darf sich nur
- gegen den Verdächtigen oder

- gegen Personen richten, von denen aufgrund bestimmter Tatsachen anzunehmen ist, daß sie für den Verdächtigen bestimmte oder von ihm herrührende Mitteilungen entgegennehmen oder weitergeben oder daß der Verdächtige ihren Anschluß benutzt.
- Abgeordnetenpost von Mitgliedern der Bundes- und Länderparlamente darf nicht in eine Maßnahme einbezogen werden, die sich gegen einen Dritten richtet.

Der Bundesinnenminister hat über die angeordneten Beschränkungen eine Dreier-Kommission des Bundestages (Kontrollorgan „G-10-Kommission") monatlich zu unterrichten; diese Kommission hat über die Zulässigkeit von Beschränkungsmaßnahmen zu entscheiden (§ 9 G 10). Die Entscheidungsgrundlagen werden ihr allerdings von den Diensten geliefert; sie sind für die Kommissionsmitglieder kaum überprüfbar *(ausführlich dazu im Kapitel über Parlamentarische Mittel / Kontrolle).*

Eine *Unterrichtung des Betroffenen* erfolgt nach Beendigung der Abhörmaßnahme nur,
▶ wenn die Benachrichtigung ohne Gefährdung des Zwecks der Beschränkung möglich ist.
▶ Sollte dies auch nach fünf Jahren nicht der Fall sein, dann muß der Betroffene überhaupt nicht benachrichtigt werden.
Dem Betroffenen steht nach einer Mitteilung, also sofern er von den Maßnahmen überhaupt erfährt, der Rechtsweg offen:
▶ Feststellungsklage beim zuständigen Verwaltungsgericht.
▶ Auch Verfassungsbeschwerde nach Ausschöpfung des Rechtswegs ist möglich.
▶ Ansonsten ist gegen eine Abhöranordnung und ihren Vollzug der Rechtsweg nicht zulässig (§ 9 Abs. 6 G-10-AbhörG). Daher fehlt ein wirksamer Rechtsschutz für die Bürgerinnen und Bürger.
Die durch die Überwachungsmaßnahmen erlangten Unterlagen
▶ sind zu vernichten, sobald sie nicht mehr erforderlich sind.
▶ Über die Vernichtung ist eine Niederschrift anzufertigen. Sendungen des Postverkehrs, die zur Öffnung und Einsichtnahme der berechtigten Stelle ausgehändigt worden sind, sind unverzüglich dem Postverkehr wieder zuzuführen (als wäre nichts geschehen).
▶ Telegramme dürfen allerdings dem Postverkehr niemals entzogen werden (hier werden dann Abschriften angefertigt).

Die Anordnung ist auf höchstens drei Monate zu befristen, wobei Verlängerungen um jeweils nicht mehr als drei weitere Monate auf Antrag zulässig sind; wie viele Verlängerungen zulässig sind, ist gesetzlich nicht festgelegt, so daß mehrmonatige oder gar jahrelange Überwachungen denkbar sind.

Möglichkeiten des BND
Der Bundesnachrichtendienst (BND) wurde 1994 mit dem sog. Verbrechensbekämpfungsgesetz (BGBl. I S. 3194 ff.) gesetzlich ermächtigt, im Ausland bzw. durch das Abhören internationaler Fernmeldenetze (nicht-leitungsgebundener Telefon-, Fax- und Fernschreibverkehr mit dem Ausland) gewonnene geheimdienstliche Erkenntnisse über sog. Organisierte Kriminalität den Strafverfolgungsbehörden (Polizei/Staatsanwaltschaften) zuzuliefern. Bei folgenden Gefahren kann der BND danach entsprechend tätig werden:
– Terrorismus,
– internationale Verbreitung von Kriegswaffen, Proliferation, Rüstungshandel,
– Verstöße gegen das Außenwirtschaftsgesetz,
– Drogenhandel,
– im Ausland begangene Geldfälschungen und Geldwäsche.

Neben die sog. Strategische Überwachung des internationalen Fernmeldeverkehrs durch den BND zur Abwehr der Gefahr eines bewaffneten Angriffs tritt damit die gesetzliche Befugnis, mithilfe bestimmter verdächtig klingender „Suchbegriffe" (z.B. „Stoff", „Schnee" oder „Roter" für Drogen bzw. Kokain oder Haschisch) in angelegten und wechselnden *„Wortbanken"* aus den jeweiligen Deliktsbereichen entsprechende verdächtige Passagen bzw. Gespräche aus der Masse der Gespräche elektronisch herauszufiltern, zu erfassen, auszuwerten und anschließend den anderen Geheimdiensten, den Staatsanwaltschaften bzw. der Polizei oder dem Zollkriminalamt zu übermitteln.[2]
Es ist dabei grundsätzlich nicht vorhersehbar, welcher bestimmte Teilnehmer am internationalen Fernmeldeverkehr von einer wortbankgesteuerten Überwachung betroffen sein wird – es sollen täglich einige Tausend sein. Der auf diese Weise herausgefilterte Teilnehmer muß damit rechnen, daß solche Gespräche von Experten ausgewertet, die Strafverfolgungsbehörden oder andere Geheimdienste informiert werden und diese dann den Verdacht mit unterschiedlichen Mitteln und Methoden weiterverfolgen. Die Suchbegriffe, bei denen die Computeraufzeichnung automatisch anspringt, müssen in einer Anordnung des zuständigen Bundesministers bestimmt werden (Zustim-

mung des G-10-Gremiums erforderlich). Auch bestimmte, zuvor gespeicherte Stimmprofile oder (ausländische) Telefonnummern können den Computer aktivieren (Art „Stimm-Rasterfahndung").
Auf diese Weise wird der gesamte über Satelliten- und Mobilfunk abgewickelte Fernmeldeverkehr, inclusive Fernschreib- und Faxverkehr[3] und E-Mail, zwischen der Bundesrepublik und dem Ausland erfaßt – an dem täglich Hunderttausende beteiligt sind. Kein Richter und keine Kontrollkommission muß diese Überwachung anordnen, das macht der BND aus eigener Kompetenz. Es gibt lediglich eine jährliche Berichtspflicht des BND an die G-10-Kommission im Bundestag.
Das Bundesverfassungsgericht hat 1995 aufgrund einer Verfassungsbeschwerde durch eine einstweilige Anordnung jedoch festgelegt, daß die aufgrund der computergesteuerten Überwachung erlangten Daten nur dann verwendet oder an die Strafverfolgungsorgane weitergegeben werden dürfen, „wenn bestimmte Tatsachen den Verdacht begründen, daß jemand eine der in der Vorschrift genannten Straftaten plant, begeht oder begangen hat" (NJW 1996, S. 114).[4] Die endgültige Entscheidung des Gerichts steht noch aus.

Benachrichtigung von Betroffenen
Betroffenen, deren Daten durch die Abhörmaßnahmen erlangt worden sind, ist die Beschränkung des Fernmeldegeheimnisses mitzuteilen,
▶ sobald eine „Gefährdung des Zwecks der Beschränkung und der Verwendung ausgeschlossen werden kann".
▶ Eine Mitteilung unterbleibt allerdings, wenn die Daten innerhalb von drei Monaten nach Erlangung oder von den Empfänger-Behörden drei Monate nach Empfang vernichtet worden sind.
▶ Wenn die Daten nicht mehr erforderlich sind, werden sie unter Aufsicht vernichtet bzw. gelöscht.

Literatur-Auswahl
Lambrecht/Müller, Pullach hält die Ohren offen, in: stern v. 16.2.95, S. 138 ff.
Seifert, Der unheimliche Mithörer – Politische und verfassungsrechtliche Bedenken gegen die neuen Abhör-Befugnisse des BND, in: Gössner (Hg.), Mythos Sicherheit, Baden-Baden 1995, S. 83 ff.
ders., BND: Der unkontrollierte Mithörer, in: Müller-Heidelberg u.a. (Hg.), Grundrechte-Report, Reinbek 1997, S. 113 ff.

Elektronische „Aufklärung" in und aus Wohnungen
Siehe dazu das Kapitel „Verdeckte Polizei-Einsätze" (Großer Lauschangriff). Gilt – was Anwendung und Tips anbelangt – entsprechend für geheimdienstliche Lauschangriffe.

Langfristige Observationen
Siehe dazu Kapitel über „Verdeckte Polizei-Einsätze" (Langfristige Observationen). Gilt entsprechend für geheimdienstliche Observationen.

V-Leute und Informanten (Anwerbung)
Es gibt keine verläßlichen Zahlen über die in der Bundesrepublik oder in einzelnen Bundesländern tätigen V-Leute des Verfassungsschutzes(VS); aber es dürften bundesweit mehrere Tausend sein, Schätzungen gehen über 5.000 hinaus. Zu den V-Leuten, die in der Regel förmlich verpflichtet werden, kommt noch eine unbekannte Anzahl von sog. Informanten (auch: Hinweisgeber) hinzu, die im Einzelfall bzw. mehr oder weniger sporadisch dem VS Informationen liefern. Der Übergang zum Status einer V-Person ist allerdings fließend.

Geheimdienstlich geführte V-Leute werden in bestimmten politisch verdächtigen Szenen „angeworben", werden zur Zusammenarbeit mitunter genötigt oder bieten sich freiwillig an, um Informationen aus diesen Szenen, denen sie weiterhin angehören, zu liefern. In bestimmten politisch-oppositionellen Szenen, wie etwa in der Anti-Castor-Bewegung im Wendland oder in NRW, bei bestimmten AusländerInnen (Kurden, Iraner...), in Antifaschistischen Szenen, in Jugendszene bzw. Jugendzentren unternimmt der VS verstärkte Anstrengungen, sowohl V-Leute als auch Informanten zu gewinnen.

Exkurs

Geheimdienstliche Ausforschung des Anti-Atom-Widerstands

Bereits weit im Vorfeld von Castor-Einsätzen war das Bundesamt für Verfassungsschutz (BfV) im Wendland aktiv, schleuste Verdeckte Ermittler ein, warb V-Leute an, observierte und belauschte, um die kritischen Teile der Bevölkerung und den dortigen Anti-Atom-Widerstand auszuforschen. Ende 1996 lancierte das BfV ein vertrauliches Dossier mit dem Titel „Linksextremistische/militante Bestrebungen im Rahmen der Anti-Castor-Kampagne" an ausgewählte Journalisten und Politiker. Der Tenor des 30-seitigen Geheimdienst-Dossiers lautet: Wer sich dem Castor in den Weg stellt, ist ein Gewalttäter und gefährlicher Krimineller. Aktionen des zivilen Ungehorsams, wie etwa Blockaden, werden mit verdeckten Straftaten vermengt und unter dem Begriff „linksextremistische Militanz" verbucht. Wer vom Kampf gegen den „Atomstaat" auch nur spricht, wird als „Linksextremist" diffamiert. Warnend wird das „taktische Ziel der Atomkraftgegner" hervorgehoben, den Aufwand für Schutz- und Sicherungsmaßnahmen zur Durchführung von Castor-Transporten in eine wirtschaftlich und politisch nicht mehr vertretbare Höhe zu treiben – dies sei „Nötigung" der verantwortlichen Entscheidungsträger aus Politik und Wirtschaft.

Breiten Raum nimmt die Behandlung von Gruppen ein, die angeblich „Gewalt praktizieren, propagieren bzw. tolerieren". Dazu werden „Autonome", „Anarchistische" und „Revolutionär-marxistische" Gruppen gezählt, aber auch die PDS und die Bürgerinitiativen im Wendland. Selbst die „Föderation Gewaltfreier Aktionsgruppen" und andere gewaltfreie Vereine gelten dem BfV als militant und gewaltorientiert. Die sensibelsten Passagen behandeln sog. *„Szeneobjekte im Wendland"* – Wohngemeinschaften, Vereine, Tagungsstätten – mit Fotos, Adressen, baulichen Merkmalen und Aktivitäten. In regelrechten Personendossiers werden Daten zu Bewohnern und Mitgliedern von Bürgerinitiativen zusammengefaßt. Die Bürgerinitiative Lüchow-Dannenberg wird als logistisches Zentrum eines „linksextremistischen" Netzwerkes dargestellt; einige ihrer Mitglieder werden mit falschen Behauptungen in den Dunstkreis der „Militanz" gezerrt, ja sogar in den Dunstkreis des „Terrorismus", indem Kontakte zu RAF-Gefangenen bemüht werden.

Das „vertrauliche" Geheimdienst-Dossier wurde einigen Zeitungen – u.a. dem „Spiegel" und der „Welt" zugespielt, die den Inhalt ihren Lesern ziemlich unkritisch präsentierten. Auf diese Weise konnte Stimmungsmache gegen den in weiten Teilen der Bevölkerung als legitim angesehenen Anti-Atom-Widerstand betrieben werden.

Diese Feindbildproduktion per Desinformation und einseitiger Bewertung war dazu angetan, den berechtigten Anti-Atom-Widerstand zu delegitimieren, die Beteiligten zu verunsichern, Berührungsängste zu wecken. Der gigantische und gewaltsame Polizeieinsatz, mit dem die Castorbehälter später ins Wendland durchgeprügelt wurden, konnte so schon im vorhinein öffentlich gerechtfertigt werden; nicht zuletzt wurde die Polizei frühzeitig auf den angeblich „gewaltbereiten" Widerstand eingestimmt – was zu einem unverhältnismäßigen Durchgreifen, zur Eskalation und zu zahlreichen Polizeiübergriffen mit beigetragen haben dürfte.

Prinzipiell geht es dem VS als Geheimdienst um Strukturen und Gruppen, erst in zweiter Linie um einzelne Personen. Es ist davon auszugehen, daß der VS bemüht ist, den Anti-Castor-Widerstand langfristig zu infiltrieren und auszuforschen. Das niedersächsische Landesamt für Verfassungsschutz versuchte zeitweilig, hauptamtliche Verdeckte Mitarbeiter im Wendland (mitsamt Familien) anzusiedeln, um dort Fuß zu fassen. Dies ist jedoch weitgehend gescheitert an den Familien der VS-Mitarbeiter, die sich erfolgreich weigerten. Mit dem vorliegenden Dossier hat das Bundesamt für Verfassungsschutz dokumentiert, daß die Beobachtung im Wendland bereits länger währt – wobei gegen Gruppen und einzelne Personen wohl auch nachrichtendienstliche Mittel, wie V-Leute, Lockspitzel, Lausch- und Spähangriffe, zum Einsatz kamen. Mit dieser staatlichen Ausforschung muß sich die Anti-Castor-Bewegung auseinandersetzen.

Anwerbeversuch des „Verfassungsschutzes" in Oldenburg

Anfang 1997 wurde der seit Jahren in Oldenburg lebende iranische Migrant Ali Z. von zwei Angehörigen des niedersächsischen Verfassungsschutzes (VS) auf offener Straße angesprochen. Der Journalist und Filmemacher wurde aufgefordert, Informationen über Mitarbeiter und Aktivitäten des iranischen Geheimdienstes mitzuteilen. Die Beamten hätten sich dabei, so der Betroffene, auf angebliche Hinweise von Iranern aus Oldenburg bezogen, wonach Herr Z. solche Informationen besäße. Aus den Äußerungen der VS-Beamten sei hervorgegangen, daß ihn der VS bereits seit längerer Zeit beobachtet habe. Obwohl Z. sich weigerte, auf diese Anwerbeversuche einzugehen, forderten ihn die Beamten mehrfach auf, sie zu begleiten, in Hannover aufzusuchen oder einen anderen Termin abzusprechen. Ihm werde auch nichts passieren und sein Name werde vertraulich behandelt.
Zwei Tage später fand Z. das Schloß seiner Wohnungstür verändert vor. In der Wohnung befanden sich Gegenstände und Unterlagen an einem anderen Platz. Die herbeigerufene Polizei habe zwar eine Anzeige aufgenommen, jedoch keine Spurensicherung durchgeführt. Sie habe sich im übrigen für unzuständig erklärt, als Z. sie auf den Vorfall mit dem VS hingewiesen hatte.
In Deutschland lebende Ausländer, die aus bestimmten Ländern und Kulturkreisen stammen, gehören zu den bevorzugten VS-Beobachtungs"objekten". Dazu zählen, neben Kurden, Türken, Arabern, Palästinensern, Algeriern, Sikhs und Tamilen, eben auch Iraner. Dabei werden, das zeigt ein Blick in die jährlichen VS-Berichte, sowohl die

Anhänger, als auch die Gegner der iranischen Regierung einer geheimdienstlichen Beobachtung unterzogen. Es geht – um im Jargon des VS zu sprechen – um die Beobachtung von „sicherheitsgefährdenden oder extremistischen Bestrebungen" oder geheimdienstlichen Tätigkeiten von Ausländern in der Bundesrepublik.

Im Fall Ali Z. ging es offenbar um sog. Spionageabwehr und die gehört zu den gesetzlichen Aufgaben des Inlandsgeheimdienstes VS. Im Bericht des Niedersächsischen Landesamtes für Verfassungsschutz von 1995 (erschienen 1996) heißt es unter der Überschrift „Spionageabwehr", die iranischen Nachrichtendienste seien intensiv bemüht, über diverse Zugänge zur deutschen Wirtschaft Informationen zu erlangen mit dem Ziel, hochwertige Waffen zu beschaffen und eine technologisch eigenständige Rüstungsproduktion aufzubauen.

Anwerbungsversuche und -gespräche in der Praxis

Die Praxis, solche V-Leute und Informanten in verschiedenen politisch-sozialen Szenen anzuwerben, ihre psychischen oder finanziellen Schwächen auszunutzen und sie über längere Zeit zu führen, um Informationen zu gewinnen, gehört zu den Gepflogenheiten eines jeden Geheimdienstes. Es handelt sich bei den anzuwerbenden Kandidaten häufig

▶ um besonders junge Menschen, die noch bei ihren Eltern wohnen, um Schüler und Studenten, wegen deren „Unerfahrenheit bzw. Formbarkeit" und chronischer Geldknappheit,

▶ um Flüchtlinge/Ausländer/Asylbewerber, wegen deren rechtlich unsicherem Status,

▶ um Menschen, die bereits mit dem Gesetz in Konflikt geraten sind, gegen die Ermittlungsverfahren laufen, die in Untersuchungshaft sind oder die bereits verurteilt worden sind (manchmal reicht auch schon ein Ordnungswidrigkeitenverfahren, etwa im Zusammenhang mit Demonstrationen oder wildem Plakatieren),

▶ um Personen, die in einer prekären Lebenssituation stecken oder um psychisch anfällige Menschen,

▶ oder um Personen, die arbeitslos und/oder überschuldet sind, d.h. in finanziellen Schwierigkeiten stecken.

Ansprech- bzw. Anwerbeversuche erfolgen in der Regel zu Hause bei den Betroffenen (per Telefon oder Besuch), mitunter am Arbeitsplatz, in Kneipen oder auf offener Straße, wobei die Werber regelmäßig kundtun, daß sie vom Innenministerium oder vom Verfassungsschutz sind (teilweise zeigen sie Dienstausweise). Und sie outen sich lage-

angepaßt als „Atomgegner", „Antifaschisten" oder dgl.
Den direkten Kontakten gehen in aller Regel intensive Ausforschungen der betreffenden Person, ihres sozialen Umfeldes und ihrer privaten Situation voraus. Mitunter besorgen sich die Werber Fotos von den potentiellen Informanten (z.T. über die Meldebehörden oder von der Polizei), um sie – etwa auf der Straße – besser identifizieren zu können.
Die Werber wollen die künftigen inoffiziellen Mitarbeiter insbesondere dazu veranlassen,
► in ihrer jeweiligen Umgebung/Szene/Gruppe Informationen zu sammeln und ggfls. zu bewerten,
► Lageberichte zu erstellen über bestimmte Gruppen, Bewegungen oder z.B. über linke Aktivitäten in bestimmten Städten/Stadtteilen,
► Informationen zu liefern über einzelne Personen,
► Material zu sammeln (Flugblätter etc.),
► Informationen über und aus Mailboxen zu sammeln.

Trend zum agent provocateur

V-Leute sind sog. nachrichtendienstliche Mittel; sie sind als private Bindeglieder zwischen einer politisch verdächtigten Szene und dem VS – pointiert ausgedrückt – politische Denunzianten im „höheren Dienst" – zum „Wohle" der „freiheitlichen demokratischen Grundordnung", oder besser: zum Wohle des Staates. Diese Einschätzung kann auch für einen Großteil der VS-Informanten gelten.
Ihre Spitzeldienste leisten sie zumeist, um im Austausch für Informationen Geld oder andere Vergünstigungen zu erhalten. Geld-Angebote von 500 oder 1.000 DM wirken bei vielen der speziell nach entsprechenden Kriterien ausgesuchten Menschen schon recht verlockend, aber auch andere Versprechungen, wie Haftverschonung oder Einstellung von anhängigen Strafverfahren. Damit begeben sie sich in ein direktes Abhängigkeitsverhältnis zum VS, das sie „erpreßbar" und redselig macht. Gibt es keine interessanten Informationen zu berichten, so werden solche mitunter provoziert, um sich die Vergünstigungen zu erhalten – etwa indem Verdächtige zu Straftaten angestiftet werden (Beispiele hierfür gibt es genug). Der systematische Einsatz von V-Leuten birgt einen zwangsläufigen Trend zum Lockspitzel oder agent provocateur.

Rechts- und Verhaltenstips im Falle von Anwerbungsversuchen durch „Verfassungsschutz" (Geheimdienste)

Versuche, potentielle Informanten direkt anzusprechen, gehören zu den durchaus üblichen Gepflogenheiten von Geheimdiensten. Für potentiell Betroffene gilt prinzipiell:
► Der VS hat, wie alle bundesdeutschen Geheimdienste, keine legale Handhabe, jemanden zu einer Aussage oder Zusammenarbeit zu zwingen,
► denn Geheimdienste haben keine polizeilichen Zwangsbefugnisse (kein Festnahmerecht, kein Kontrollrecht, kein Durchsuchungsrecht...).
► Deshalb: Sich nicht darauf einlassen, sich allen Anwerbungsversuchen verweigern.
► Bekannte hinzuziehen bzw.
► Ansprechversuche in der Regel sofort abbrechen und
► über den Vorfall Öffentlichkeit herstellen (z.B. Flugblätter verbreiten oder Pressekonferenz veranstalten bzw. Pressemitteilung machen).
► Das ist der sicherste Weg, vom VS in Ruhe gelassen zu werden, denn ein Geheimdienst fürchtet insoweit nichts mehr als Öffentlichkeit.
Wie weit kann man gehen, wenn man mehr erfahren will und sich deswegen zum Schein auf Gespräche mit den VS-Werbern einläßt? Diese Frage ist nicht generell zu beantworten, aber grundsätzlich gilt auch hier:
► Nichts im Alleingang machen;
► Gruppe, in der man politisch arbeitet, sowie Vertrauenspersonen/Anwälte mit einbeziehen bzw. konsultieren, ggfls. Strategie entwickeln, um Beweise zu sammeln und eine Enttarnung zu erreichen.
► Dienstausweise zeigen lassen und möglichst kopieren.
In Gesprächen keine Informationen weitergeben, sondern vor allem zuhören.
► Unauffällig plazierte Zeugen mitbringen.
► Vorsicht ist angebracht, denn in ein „lockeres Gespräch" ist man schnell verstrickt, und die Suche nach Schwachstellen beim Opfer könnte Erfolge zeitigen: Verlockungen mit Geld oder Sachwerten, Versuche der „Erpressung" wegen hoher Schulden, Drogen-

konsum, eigener Strafverfahren, die die Lockvögel im Falle der Mitarbeit günstig zu beeinflussen versprechen. Die Ausnutzung psychischer Schwächen und mieser Situationen ist branchenüblich.
► Angebotenes Geld möglicherweise annehmen und einem guten Zweck zuführen (Spende).
► „Gegenobservation": Selten wird eine „Gegenmaßnahme" solche Früchte tragen, wie beispielsweise im Fall Graudenzer Straße (Bremen 1981), als die Mitglieder einer vom VS observierten Wohngemeinschaft die konspirative Observantenwohnung im gegenüberliegenden Haus aufsuchten, die VS-Mitarbeiter zur Flucht veranlaßten und die diversen Überwachungsutensilien zum Fenster hinauswarfen; die geheimen Unterlagen wurden später in einer Dokumentation veröffentlicht.
► Es empfiehlt sich nach entsprechenden Erfahrungen beim Verfassungsschutz Auskunft zu beantragen über die dort gespeicherten personenbezogenen Daten *(s. Kapitel „Datenschutz")*.

Allgemeine Verhaltenstips

Staatliche Entwicklungen und Maßnahmen im Bereich der sog. Inneren Sicherheit haben Auswirkungen auf das soziale und politische Verhalten von Individuen und ganzen Gruppen. Angesichts der geheimpolizeilichen und geheimdienstlichen Mittel und Methoden, angesichts wachsender staatlicher Überwachungs- und Kontrollpotentiale, angesichts von Lausch- und Spähangriffen, von eingeschleusten Verdeckten Ermittlern, angeworbenen V-Leuten und agents provocateurs, angesichts von staatlichen Anwerbungsversuchen, von geheimen Datenerfassungs- und -verarbeitungsstrategien, angesichts dieser Entwicklung gilt der Eingangssatz um so mehr.

Jeder demokratisch eingestellte Bürger, jeder Mensch, dessen Leben in irgendeiner Weise von den herrschenden Normen abweicht, vor allem aber jeder politisch Aktive, jede insbesondere links-oppositionelle Organisation oder Gruppe muß sich dem Problem geheimdienstlicher und geheimpolizeilicher Methoden und Entwicklungstendenzen sowie dem Problem mangelnder öffentlicher Kontrolle der Geheimdienstapparate und Polizei stellen. Das bedeutet: diese Problematik überhaupt wahrnehmen, bewußt machen, die Methoden und Mechanismen untersuchen, sich ggfls. darauf einstellen und entsprechend handeln.

Allerdings:
► Übertriebene Vorsicht bei der politischen Betätigung gegen

> Mißstände und strukturelle Ungerechtigkeit in Staat und Gesellschaft ist genauso schädlich wie pure Arglosigkeit und Naivität.
> ▶ Auch wenn politische Verfolgung in der Geschichte der Bundesrepublik nicht unbekannt ist, so ist doch individueller oder kollektiver Verfolgungswahn die schlechteste Reaktion hierauf, denn sie bedeutet soviel wie: sich in seinen oppositionellen Aktivitäten blockieren und im Extremfall in den politisch-sozialen „Selbstmord" treiben lassen.
> ▶ Die Angst vor totaler Überwachung, die Angst vor staatlicher Unterwanderung, vor allgegenwärtigen Spitzeln und Lauschern lähmt – und paßt sich nahtlos ein ins Konzept geheimdienstlicher Zersetzungsarbeit.

4.3 Sicherheitsüberprüfungen unter Mitwirkung des Verfassungsschutzes

Beschäftigte des öffentlichen Dienstes,[5] die eine „sicherheitsempfindliche" Tätigkeit ausüben (sollen), müssen sich einer Sicherheitsüberprüfung unterziehen, ebenso Mitarbeitende von Privatunternehmen, wenn sie mit staatlichem Geheimmaterial („Verschlußsachen") arbeiten müssen (z.B. bei Staatsaufträgen). Das gilt nicht etwa nur für Rüstungsbetriebe und Atomindustrie bzw. Atomkraftwerke, sondern auch für alle Energieunternehmen, für Mitarbeiter von Luftverkehrsgesellschaften und der chemischen Industrie, für Fernmeldetechniker und Bahnpersonal etc.

Betroffen von den Sicherheitsüberprüfungen ist ein breites Spektrum von Beschäftigten der Landesbehörden und kommunalen Selbstverwaltungskörperschaften, ein Spektrum, das von SekretärInnen bis zu BehördencheflnnIen reicht. Die Überprüfungsverfahren ziehen sich nicht selten über mehrere Jahre hin.

Weil bei der Sicherheitsüberprüfung schwerwiegende Eingriffe in die grundrechtlich geschützte Persönlichkeitssphäre vorgenommen werden, für die – nach dem sog. Volkszählungsurteil des Bundesverfassungsgerichts von 1983 – eine gesetzliche Eingriffsermächtigung erforderlich ist, gibt es auf Bundesebene seit 1994 (BGBl. I 867 ff) und in den Bundesländern (mit einigen Ausnahmen) bereichsspezifische Gesetzesregelungen.

Voraussetzungen der Sicherheitsüberprüfung
▶ Die Sicherheitsüberprüfung bedarf grundsätzlich der Zustimmung des Betroffenen, soweit gesetzlich nichts anderes geregelt ist.

▶ Die Weigerung des Betroffenen hat zwar keine disziplinarischen oder arbeitsrechtlichen Konsequenzen, allerdings kann dann eine Beförderung oder Höhergruppierung, die mit der Übertragung der sicherheitsempfindlichen Tätigkeit verbunden wäre, unterbleiben.
▶ Für die Sicherheitsüberprüfung zuständig ist in der Regel die Behörde bzw. öffentliche Stelle (bzw. deren Geheimschutzbeauftragte), die einer Person eine sicherheitsempfindliche Tätigkeit zuweisen möchte oder diejenige Stelle, die eine Verschlußsache an eine nicht-öffentliche Stelle weitergeben will.
▶ Mitwirkende Behörde ist der Verfassungsschutz des Bundes (bei Bundesangelegenheiten) oder der Länder; im Geschäftsbereich des Verteidigungsministers der Militärische Abschirmdienst (MAD).
▶ Bei Bewerbern und Mitarbeitern des eigenen Dienstes führen der Bundesnachrichtendienst, der Verfassungsschutz und der MAD die Sicherheitsüberprüfungen alleine durch.

Arten der Sicherheitsüberprüfung *(§ 8 SÜG)*

▶ *Einfache Sicherheitsüberprüfung* für Personen mit Zugang zu „VS-Vertraulich" eingestuften Verschlußsachen (Ü 1).
▶ *Erweiterte Sicherheitsüberprüfung* für Personen mit Zugang zu „Geheim" oder einer Vielzahl von „VS-Vertraulich" eingestuften Verschlußsachen (Ü 2).
▶ *Erweiterte Sicherheitsüberprüfung mit Sicherheitsermittlungen* für Personen mit Zugang zu „Streng Geheim" oder einer hohen Anzahl „Geheim" eingestuften Verschlußsachen oder für Personen, die bei einem Nachrichtendienst tätig werden sollen (Ü 3).
Die Betroffenen müssen in einer sog. *Sicherheitserklärung* („VS – Nur für den Dienstgebrauch") detaillierte und umfangreiche Angaben machen
▶ zur eigenen Person (übliche Personalien, Wohnsitze der letzten fünf Jahre, Angaben zur finanziellen Situation, z.B. Überschuldung, Kontakte zu ausländischen Nachrichtendiensten; nahe Angehörige in Staaten mit besonderen Sicherheitsrisiken, Beziehungen zu verfassungsfeindlichen Organisationen, anhängige Straf- und Disziplinarverfahren...);
▶ zum Ehegatten/Lebenspartner (mit Einverständnis) und
▶ zu Familienangehörigen (Eltern, Geschwister, volljährige Kinder und ggfls. deren Ehegatten).
▶ Ggfls. Antrag auf Feststellung einer eventuellen Tätigkeit für den Staatssicherheitsdienst der ehemaligen DDR bei der „Gauck-Behörde".
▶ Ggfls. Bitte um persönliches Gespräch mit dem Geheimschutzbeauftragten des Betriebs/der Behörde oder mit dem „Verfassungsschutz".

Im Falle des Umgangs mit streng geheimen Unterlagen (erweiterte Sicherheitsüberprüfung, ggfls. mit Sicherheitsermittlungen) werden darüber hinaus gefordert:
► detaillierte Angaben zu Vater und Mutter des Betroffenen,
► Wohnsitze seit dem 18. Lebensjahr,
► Wohnsitze des Ehegatten/Lebenspartners,
► Angaben zur Ausbildung seit Schulentlassung,
► Angaben zu Reisen in Staaten mit besonderen Sicherheitsrisiken (mit Hotel-Angaben etc.).[6]

Bei der Ü 3:
► mindestens drei Referenzpersonen,
► zwei Auskunftspersonen und
► ggfls. noch weitere Personen, die über die zu überprüfende Person befragt werden (sog. Ü 3-Verfahren),
► zwei aktuelle Paßbilder.

Überprüfungsmaßnahmen
► Einsichtnahme in Personalakten.
► Sicherheitsakte wird bei der sicherheitsüberprüfenden Stelle angelegt.
► Mitwirkende Behörde – also der Verfassungsschutz (bzw. einer der anderen Geheimdienste) – legt eine Sicherheitsüberprüfungsakte an.
► Es werden Personalienabfragen bei den Datenbeständen der Verfassungsschutzbehörden (ggfls. auch von BND und MAD), der Polizei, beim Bundeszentralregister und bei den Meldebehörden vorgenommen.
► Einholung einer unbeschränkten Auskunft aus dem Bundeszentralregister.
► Anfragen an die Geheimdienste des Bundes und der Länder sowie die Grenzschutzdirektion.
► Die gewonnenen Informationen werden in Sicherheitsüberprüfungsakten beim „Verfassungsschutz" gesammelt und bewertet („Sicherheitsrisiko" bzw. kein Risiko).
► Bestimmte Daten über die zu überprüfenden Personen bzw. auch über die einbezogenen PartnerInnen werden auch in dem vom Bundesamt für Verfassungsschutz und den Landesverfassungsschutzämtern genutzten elektronischen Hinweis- und Auskunftssystem NADIS gespeichert. Auf Bundesebene betreffen über 40 % aller NADIS-Speicherungen sicherheitsüberprüfte Personen. 1993 waren über eine halbe Million Personen aufgrund von Sicherheitsüberprüfungen gespeichert.

Sicherheitsrisiken

Ein sog. „Sicherheitsrisiko" liegt vor, „wenn tatsächliche Anhaltspunkte
► Zweifel an der Zuverlässigkeit des Betroffenen bei der Wahrnehmung einer sicherheitsempfindlichen Tätigkeit begründen oder
► eine besondere Gefährdung durch Anbahnungs- und Werbungsversuche fremder Nachrichtendienste, insbesondere die Besorgnis der Erpreßbarkeit, begründen oder
► Zweifel am Bekenntnis des Betroffenen zur freiheitlichen demokratischen Grundordnung im Sinne des Grundgesetzes oder am jederzeitigen Eintreten für deren Erhaltung begründen.
► Ein Sicherheitsrisiko kann auch auf Grund tatsächlicher Anhaltspunkte zur Person des Ehegatten oder Lebenspartners vorliegen." (§ 5 SÜG des Bundes).

Die Datenschutzbeauftragten finden bei ihren Überprüfungen häufig recht umfangreiche Sicherheitsüberprüfungsakten; in Niedersachsen betrug in einem Fall der Umfang der Akte fast 700 Seiten. Generell sind pro Verfahren nicht selten Informationen über durchschnittlich 15 Personen gesammelt worden – immer auf der Suche nach abweichendem Verhalten und „Unzuverlässigkeiten". Nach Feststellungen von Datenschutzbeauftragten enthalten die Sicherheitsüberprüfungsakten auch Ausführungen über Charaktereigenschaften und Charakterschwächen, Schilderungen des Intimlebens, Hinweise auf Liebschaften und sogar Auslassungen über sexuelles Verhalten.[7] Damit ist prinzipiell die Möglichkeit zur Erstellung von Persönlichkeitsprofilen eröffnet, obwohl dem Staat nach der Rechtsprechung des Bundesverfassungsgerichts der innerste Kern der persönlichen Lebensgestaltung verschlossen bleiben muß.

Literatur-Auswahl zu Sicherheitsüberprüfung
Beck, Risikogesellschaft, Frankfurt/M. 1986
Denninger, Der Präventions-Staat, in: Kritische Justiz 1/1988, S. 1 ff
Gössner, Sicherheitsrisiko Mensch – Personelle Sicherheitsüberprüfungen und Sabotageschutz, in: Gössner (Hg.), Mythos Sicherheit, Baden-Baden 1995, S. 223 ff.
Gössner, Niedersachsen: Skandalöse Sicherheitsüberprüfungen des „Verfassungsschutzes", in: Geheim 1/95, S. 15 f
Skrobanek-Leutner, Sicherheitsüberprüfungen, in: Demokratie und Recht 2/1987, S. 123 ff.
Stern, Der vorbeugende personelle Sabotageschutz..., in: Verfassungsschutz in der Demokratie, hg. vom Bundesamt für Verfassungsschutz, Köln u.a. 1990, S. 325 ff.
Wambach (Hg.), Der Mensch als Risiko. Zur Logik von Prävention und Früherkennung, Frankfurt/M. 1983
Weichert, Sicherheitsüberprüfungen in der EU, in: Datenschutz-Nachrichten 3/1994, S. 21 ff.

Rechtliche Hinweise und Risiken bei Sicherheitsüberprüfungen

Auskunftspflichten und Verwendung der Daten

▶ Der Betroffene und die sonstigen zu befragenden Personen sind auf den Zweck der Erhebung, die Auskunftspflichten nach dem SÜG und auf eine dienst-, arbeitsrechtliche oder sonstige vertragliche Mitwirkungspflicht, ansonsten auf die Freiwilligkeit ihrer Angaben hinzuweisen.

▶ Der Betroffene ist nicht verpflichtet, Angaben zu machen, durch die er oder sein Ehgegatte/Lebenspartner oder ein naher Angehöriger im Sinne von § 52 Abs. 1 StPO (Zeugnisverweigerungsberechtigte) sich der Gefahr der straf- oder disziplinarrechtlichen Verfolgung, der Entlassung oder Kündigung aussetzen würde.

▶ Die personenbezogenen Daten dürfen allerdings von der mitwirkenden Behörde auch zur Aufklärung bestimmter Staatsschutz-Straftaten genutzt werden sowie zur „Aufklärung von sicherheitsgefährdenden oder geheimdienstlichen Tätigkeiten für eine fremde Macht";

▶ teilweise dürfen die gespeicherten Daten zur Erfüllung aller Zwecke des Verfassungsschutzes genutzt und übermittelt werden. Die zuständige Stelle darf die gespeicherten personenbezogenen Daten darüber hinaus auch für Zwecke der disziplinarrechtlichen sowie dienst- oder arbeitsrechtlichen Maßnahmen nutzen und übermitteln, „wenn dies zur Gewährleistung des Verschlußsachenschutzes erforderlich ist" (§ 21 SÜG).

▶ Macht der Betroffene von seinem Recht auf Nichtbeantwortung bestimmter Fragen Gebrauch, so darf er im übrigen allerdings keine falschen Antworten geben.

▶ Sämtliche Angaben müssen vom Empfänger streng vertraulich behandelt werden.

Im Falle eines negativen Ausgangs der Sicherheitsüberprüfung (§ 6 SÜG)

▶ Dem *Betroffenen* ist vor Ablehnung der Zulassung zu einer sicherheitsempfindlichen Tätigkeit Gelegenheit zu geben, sich persönlich zu den für die Entscheidung erheblichen Tatsachen zu äußern.

▶ Der Betroffene kann zur Anhörung mit einem Rechtsanwalt erscheinen.

▶ Allerdings erfolgt die Anhörung nur eingeschränkt in einer Weise, die den Quellenschutz gewährleistet und den schutzwürdigen Interessen von Personen, die im Rahmen der Sicherheitsüberprüfung befragt wurden, Rechnung trägt. D.h. anonymen Denunziationen ist Tür und Tor geöffnet.
▶ Eine Anhörung unterbleibt, „wenn sie einen erheblichen Nachteil für die Sicherheit des Bundes oder eines Landes zur Folge hätte".
Liegen in der Person des *Ehegatten oder Lebenspartners* Anhaltspunkte vor, die ein Sicherheitsrisiko begründen, so ist ihm oder ihr Gelegenheit zu geben, sich vor der Ablehnung der Zulassung des Betroffenen zu einer sicherheitsempfindlichen Tätigkeit persönlich zu den für die Entscheidung erheblichen Tatsachen zu äußern (ggfls. auch mit Rechtsanwalt und unter Quellenschutz).
▶ Die Unterlagen über die Sicherheitsüberprüfung sind innerhalb eines Jahres zu vernichten, wenn der Betroffene keine sicherheitsempfindliche Tätigkeit aufnimmt.

Umgang mit den Sicherheitsakten bzw. personenbezogenen Daten: Auskunftsrecht und Löschung

▶ Die Sicherheitsakten sind keine Personalakten. Sie sind gesondert zu führen und dürfen weder der personalverwaltenden Stelle noch dem Betroffenen zugänglich gemacht werden (mit Ausnahmen, s. weiter unten).
▶ Auf schriftlichen Antrag kann der Betroffene unentgeltlich Auskunft über die im Rahmen der Sicherheitsüberprüfung gespeicherten Daten zu seiner Person erhalten. Dies gilt allerdings nicht für Angaben über Herkunft der Daten und die Empfänger von Übermittlungen. Auskunft über die Daten der mitwirkenden Behörde ist nur mit deren Zustimmung möglich.
▶ In gleichem Umfang ist im Bund und in manchen Bundesländern auch eine Einsicht in die Sicherheitsakte möglich.
▶ Die Auskunftserteilung unterbleibt, wenn die Auskunft die ordnungsgemäße Erfüllung der Aufgaben der speichernden Stelle gefährden würde, oder die öffentliche Sicherheit gefährden oder sonst dem „Wohle des Bundes oder eines Landes Nachteile bereiten würde", oder wenn die Daten wegen der überwiegenden berechtigten Interessen Dritter geheimgehalten werden müssen.
▶ Die Begründung für die Ablehnung kann entfallen.
▶ Die Akten über die Sicherheitsüberprüfung werden grund-

sätzlich 5 Jahre nach dem Ausscheiden aus der sicherheitsempfindlichen Tätigkeit vernichtet, es sei denn, die Person willigt in eine längere Aufbewahrung ein (um evtl. eine erneute Überprüfung zu vermeiden).
▶ Die in Dateien gespeicherten personenbezogenen Daten werden ebenfalls nach dieser Frist gelöscht.
▶ *Widerspruchsrecht:* Beschäftigte und die von Sicherheitsüberprüfungen betroffenen Personen haben das Recht, der Kontrolle ihrer personenbezogenen Daten in Personalakten bzw. in den Akten über die Sicherheitsüberprüfungen durch die Kontrollinstitutionen (also Bundes- oder Landesdatenschutzbeauftragte) zu widersprechen (§ 24 Abs. 2 S. 4 Bundesdatenschutzgesetz).
▶ Allerdings kann es ratsam sein, den zuständigen Bundes- oder Landesdatenschutzbeauftragten einzuschalten, um die Rechtmäßigkeit der Sicherheitsüberprüfung und der Verarbeitung der Daten überprüfen zu lassen. Die Mitteilung des Datenschutzbeauftagten an den Betroffenen darf jedoch im Zweifel keine Rückschlüsse auf den Erkenntnisstand der speichernden Stelle zulassen.

Sonstige Rechte
▶ Wird die Richtigkeit der personenbezogenen Daten vom Betroffenen bestritten, so sind diese entweder zu berichtigen oder das Bestreiten ist in den Akten zu vermerken.
▶ Die Löschung von Daten unterbleibt, wenn dadurch schutzwürdige Interessen des Betroffenen beeinträchtigt werden könnten (z.B. Schadensersatzanspruch). In einem solchen Fall sind die Daten zu sperren. Sie dürfen dann nur noch mit Einwilligung des Betroffenen verarbeitet oder genutzt werden.

Reisebeschränkungen
Personen, die eine sicherheitsempfindliche Tätigkeit ausüben (Ü 2 und Ü 3), können verpflichtet werden, Dienst- und Privatreisen in und durch Staaten, für die besondere Sicherheitsregelungen gelten, der zuständigen Stelle rechtzeitig vorher anzuzeigen. Diese Verpflichtung kann auch für die Zeit nach dem Ausscheiden aus der sicherheitsempfindlichen Tätigkeit angeordnet werden. Eine solche Reise kann sogar untersagt werden, wenn Anhaltspunkte vorliegen, die eine erhebliche Gefährdung durch fremde Nachrichtendienste erwarten lassen (§ 32 SÜG).

Exkurs

Berufsverbote

Als Antwort auf die „Nachwehen" der Studentenbewegung – Motto: „Marsch durch die Institutionen" – wurde in der Bundesrepublik Anfang der 70er Jahre die Berufsverbotepolitik institutionalisiert: Hunderttausendfache Überprüfungen durch den „Verfassungsschutz" und tausendfache Berufsverbotsverfahren auf Grundlage des „Radikalenerlasses" der Ministerpräsidenten vergifteten das politische Klima der 70er Jahre. Betroffen war die gesamte Linke, waren Intellektuelle und Angehörige des liberalen Bürgertums, die eine Beschäftigung im öffentlichen Dienst suchten oder aber dort bereits tätig waren. Zwei Jahrzehnte lang wurde in der Alt-Bundesrepublik eine recht extensive und verhängnisvolle Berufsverbotepolitik gegen kommunistische und andere linksorientierte Stellenbewerber und Stelleninhaber im öffentlichen Dienst betrieben – eine Politik,
– die Millionen von Regelanfragen an den Verfassungsschutz,
– etwa zehntausend Berufsverboteverfahren und
– weit über tausend Berufsverbotemaßnahmen zeitigte.[8]
Diese Berufsverbotepolitik währte bis Ende der 80er Jahre. Für die Betroffenen, also jene, die aus politischen Gründen – etwa wegen Mitgliedschaft in einer sog. *Linksextremistischen Partei* – entweder nicht in den Öffentlichen Dienst eingestellt oder suspendiert bzw. entlassen worden sind, gab es nach Ende dieser Politik Ende der 80er, Anfang der 90er Jahre keinen Ausgleichsanspruch für Nachteile in der Rentenversicherung.[9] Im ehemals rot-grün regierten Niedersachsen (1990-1994), aber auch in anderen Bundesländern, wurden den Betroffenen (zumeist Lehrern) seit 1990 wieder adäquate Stellen im öffentlichen Dienst angeboten. Da mit der bloßen Wiedereinstellung eine Entschädigung nicht verbunden ist, müßte ihnen allerdings noch Schadensersatz in Höhe der entgangenen Einnahmen gezahlt werden. Und die Renten aller Betroffenen müßten auf jenes Niveau aufgestockt werden, das sie bei normalen Berufsverläufen erreicht hätten. Doch dies wird im Regelfall nicht gemacht: Denn die herrschende Meinung geht davon aus, daß die Berufsverbotsverfahren mit rechtsstaatlichen Mitteln durchgeführt worden seien.
An dieser Stelle sei auf eine wichtige Entscheidung des Europäischen Gerichtshofs für Menschenrechte (EuGHMR) in Straßburg hingewiesen: Die Große Kammer des Gerichtshofs hat am 26. September 1995 im Berufsverbotsfall der Studienrätin Dorothea Vogt entschieden,

▶ daß die gegen sie 1986 ausgesprochene Entlassung aus dem öffentlichen Dienst wegen ihrer Mitgliedschaft in der DKP und ihrer

Kandidatur für diese Partei bei Landtagswahlen in Niedersachsen gegen Art. 10 und 11 (Meinungsfreiheit und Vereinigungsfreiheit) der 1952 von der BRD unterzeichneten „Europäischen Menschenrechtskonvention" verstößt.
► Da die DKP nicht verboten worden sei, seien Vogts Aktivitäten für und in der DKP „völlig rechtmäßig" gewesen.
► Verletzungen ihrer Berufspflichten – etwa eine unzulässige Indoktrinierung ihrer Schüler oder „verfassungswidrige Handlungen" – habe es offenkundig nicht gegeben.
Mit diesem Urteil, das eine abweisende Entscheidung des Bundesverfassungsgerichts revidierte, ist der Weg frei für eine angemessene Entschädigung für entgangene Einnahmen und für Renteneinbußen der Betroffenen. Mittlerweile haben sich die Betroffene und die Bundesrepublik bzw. das Land Niedersachsen über die Entschädigungssumme außergerichtlich geeinigt. Vogt ist bereits seit 1990 wieder – als Beamtin auf Lebenszeit – im niedersächsischen Schuldienst.

Es war dies das erste Mal, daß ein Berufsverbote-Opfer den steinigen und langwierigen Gang durch sämtliche Instanzen gegangen ist und nach Ausschöpfung des nationalen Rechtswegs, der ihre Menschenrechte nicht garantierte, den europäischen beschritten hat. Und es war das erste Mal, daß sich die Bundesrepublik in der jahrzehntelangen Auseinandersetzung um die Berufsverbote im öffentlichen Dienst vor dem Europäischen Gerichtshof verantworten mußte und dabei bescheinigt bekam, daß es sich im Berufsverbotsfall Vogt um Menschenrechtsverletzungen handelte. Diese Entscheidung, der sich die Bundesrepublik unterwerfen mußte, setzte Maßstäbe: „Beamte, Angestellte und Arbeiter im öffentlichen Dienst können einen größeren Freiraum im politischen Meinungskampf auch im Rahmen politischer Parteien und Organisationen für sich in Anspruch nehmen", stellte der Anwalt der Betroffenen, Klaus Dammann (Hamburg), fest. Damit hat die Entscheidung auch weit über den Einzelfall hinaus Bedeutung (u.a. bei Wiederaufnahme-Verfahren rechtskräftiger Disziplinar- oder Verwaltungsgerichtsentscheidungen im Falle von Entlassungen aus dem öffentlichen Dienst).[10] Die alte Bundesregierung sah indes keinerlei Anlaß, aus dem Urteil irgendwelche Konsequenzen zu ziehen.[11]

Berufsverbote nach der Wiedervereinigung
Nachdem diese Berufsverbotepolitik gegen Ende der achtziger Jahre endlich in den meisten Bundesländern eingedämmt worden ist, birgt die seit der deutschen Vereinigung eingeführte Praxis der Feststellung

von Stasi-Kontakten und SED-Mitgliedschaft bzw. auch bloßer »Staatsnähe« die Gefahr einer neuen Berufsverbotepolitik.[12] Stellenbewerber aus der ehemaligen DDR wurden bzw. werden praktisch einer Art von Regelanfrage unterzogen. Die rechtlichen Grundlagen sind im Einigungsvertrag, im Stasi-Unterlagen-Gesetz und in entsprechenden Ausführungsbestimmungen des Bundes und der Länder zu finden. So hat etwa die bayerische Staatsregierung, wie auch andere Landesregierungen, angeordnet, daß jeder Bewerber für den öffentlichen Dienst einen „Fragebogen zur Prüfung der Verfassungstreue" ausfüllen muß.[13] Darin müssen die Aspiranten angeben, ob sie „extremistische Organisationen" unterstützen (z.B. die Vereinigung der Verfolgten des Naziregimes, VVN, oder die linke PDS, nicht etwa die rechten „Republikaner"), ob sie Mitglied einer DDR-Massenorganisation waren (z.B. Freie Deutsche Jugend, „Verband der Kleingärtner, Siedler und Kleintierzüchter"), für die Stasi spioniert haben oder als inoffizielle Mitarbeiter des Ministeriums für Staatssicherheit (nicht des Verfassungsschutzes oder anderer westdeutscher Geheimdienste) geführt wurden. Sie müssen sich gegenüber den Kontrolleuren einverstanden erklären, daß der neue Arbeitgeber bei der Gauck-Behörde, beim Verfassungsschutz oder den Landesjustizverwaltungen nachforscht.

Eine der wesentlichen Rechtsgrundlagen für die Überprüfung bietet das Stasi-Unterlagen-Gesetz (StUG) von 1992. Darüber hinaus regelt dieses Gesetz insbesondere das Akteneinsichtsrecht für Stasi-Opfer und die wissenschaftlich-historische Nutzung der Stasi-Akten,[14] also Voraussetzungen für eine individuelle und eine kollektive Aufarbeitung der DDR/Stasi-Geschichte, die sich in einem etwa 200 Kilometer langen Aktenbestand manifestiert.

So wichtig und bislang einmalig dieses Gesetz insgesamt ist, so überaus problematisch sind einzelne Regelungen und Regelungsbereiche. Abgesehen von den äußerst problematischen Zugriffsmöglichkeiten des Verfassungsschutzes und anderer Geheimdienste auf – zwar beschränkte, allerdings kaum beschränkbare – Stasi-Akten-Teile, genügt dieses Gesetz kaum rechtsstaatlichen Grundsätzen, was die Frage der Qualifizierung involvierter Personen bzw. die Überprüfung auf mögliche Stasi-Zusammenarbeit anbelangt. Ich habe mich schon frühzeitig in meinem Gutachten zum Stasi-Unterlagen-Gesetz[15] und später (1994) während einer Anhörung im Brandenburgischen Landtag[16] gegen eine erneute Regelüberprüfung der politischen Gesinnung ausgesprochen, auch wenn sie auf Grundlage der festgestellten politischen Aktivitäten oder etwa der Mitgliedschaft in nicht verbotenen Parteien oder Organisationen der DDR erfolgt. Ich sehe selbstver-

ständlich dort einen Handlungsbedarf, wo es darum geht, ob etwa ein Stasi-Mitarbeiter, der früher demokratische Kräfte bespitzelt hat und dem entwürdigende, menschenrechtswidrige Praktiken vorzuwerfen sind, hier in Deutschland bestimmte Funktionen und Ämter bekleiden darf. In sensiblen Bereichen, wie etwa bei der Polizei oder Justiz ist jedenfalls besondere Vorsicht geboten – obwohl längst ehemalige Stasi-Mitarbeiter etwa bei der Polizei (z.B. in Sachsen) bzw. dem Bundesgrenzschutz untergekommen sind – hier ist m.E. im Vergleich zu der oft rigorosen Ausgrenzungspraxis in anderen Bereichen das Gleichheitsprinzip der Verfassung verletzt.
Solche personellen Säuberungen in bestimmten Bereichen können allerdings nur auf der Grundlage eines rechtsstaatlichen Nachweises individueller Schuld erfolgen – eine bloße Bewertung durch den Stasi-Aktenverwalter Joachim Gauck kann hierfür jedenfalls nicht ausreichen.[17]
Doch für den gesamten Bereich der Überprüfung fehlt es m.E. an verbindlichen, differenzierten und einheitlichen Kriterien für eine Bewertung der unterschiedlichen Arten von früheren Tätigkeiten, etwa für das MfS bzw. die Stasi. Und es fehlt an differenzierten Kriterien dafür, welche Anforderungen an künftige Stellen in welchen Arbeitsbereichen und Hierarchieebenen gestellt werden. Die vorgenommene Grobeinteilung in Opfer/Betroffene und Täter/Mitarbeiter (neben Begünstigten und Dritten) ist jedenfalls wenig tauglich, die erwähnten Probleme angemessen zu lösen, zumal eine solche klare Unterscheidung – nach Aktenlage – nicht durchgängig möglich ist. Schließlich ist Stasi-Mitarbeiter nicht unbedingt gleich Stasi-Mitarbeiter. Hier müßten die konkreten Ebenen, Funktionen und Tätigkeiten – zu wessen Nutzen, zu wessen Schaden – differenziert werden. Bis heute fehlt eine verbindliche Bewertung der jeweiligen Tätigkeiten für das MfS. Das bedeutet: Das StUG basiert im wesentlichen auf einer vorweggenommenen Pauschalverurteilung jeglichen mehr oder weniger intensiven Stasi-Kontakts (der möglicherweise im Einzelfall niemandem geschadet hat), jeglicher MfS-Mitarbeit, also prinzipiell auch solcher Tätigkeiten, die nach internationalem Standard zu den »legitimen« Tätigkeiten eines (geheim operierenden) Sicherheitsdienstes gehören – ob man diese im einzelnen gutheißen mag oder nicht. So hat etwa das Dresdener Verwaltungsgericht 1994 entschieden, daß eine Tätigkeit für das MfS nicht zwangsläufig einen Verstoß gegen die Grundsätze der Menschlichkeit oder Rechtsstaatlichkeit darstellt. Nur eine schuldhafte Verletzung dieser Grundsätze könne jemandem zum Vorwurf gemacht werden, was dann auch zu einer Kündigung führen könne.[18]

Im übrigen ist zu berücksichtigen, daß es Fälle gab, in denen Stasi-Opfer in eine Täter-Rolle gepreßt wurden. Insofern müssen auch die konkreten Umstände und Motive, die zur Mitarbeit (und später vielleicht zum Ausstieg) führten, sowie die Art der gelieferten Informationen Berücksichtigung finden. Ohne dabei allerdings die Tatsache aus den Augen zu verlieren, daß alle Mitarbeiter, selbst ein Stasi-Koch oder -Chauffeur, zwar in unterschiedlicher Intensität, aber letztlich doch aktiv einem Unterdrückungsapparat, einem autoritären Überwachungssystem dienten.[19]
Diese Feststellung rechtfertigt jedoch keinesfalls die (Wieder-)Einführung der Regelanfrage, wie wir sie noch vom unseligen Radikalenerlaß kennen und wie sie immer wieder gefordert wird (bis 1997 haben öffentliche und nicht-öffentliche Stellen über 3 Millionen Überprüfungsanträge bei der Gauck-Behörde gestellt).[20] Wie die bisherige Praxis zeigt, kann diese Art von Säuberungspolitik zu sozialer, politischer und rechtlicher Ausgrenzung und Diskriminierung von Tausenden von Bürgerinnen und Bürgern der ehemaligen DDR führen, die im Rahmen der damals geltenden Gesetze einem anderen gesellschaftlichen System gedient haben. Es ist nur zu verständlich, daß viele der Betroffenen diese Praxis als Politik der Abrechnung und Vergeltung empfinden.[21] In einer Erklärung des 1. Ostdeutschen Bundeskongresses der Verbände vom Oktober 1993 hieß es unter der Überschrift „Diskriminierung im öffentlichen Dienst":
„1,5 Millionen Ostdeutsche werden aufgrund ihrer ehemaligen beruflichen Stellung oder politischen Betätigung vom Zugang zum öffentlichen Dienst und zu öffentlichen Ämtern ausgeschlossen. Zehntausenden von Lehrern, Ärzten, Juristen, Mitarbeitern des öffentlichen Dienstes, Soldaten, Trainern und Sportfunktionären, Wissenschaftlern und Künstlern aller Disziplinen und Bereiche wurde ein politisches Berufsverbot verhängt... Die Politik der Bundesregierung hat in Ostdeutschland Überzeugungen gefestigt, daß es in dem sogenannten Vereinigungsprozeß nicht eigentlich um die Verwirklichung einer deutschen Einheit durch Dialog und Verständigung geht, sondern um die soziale und gesellschaftliche Ausgrenzung von allen als nonkonformistisch eingestuften Deutschen im Osten."[22]

Literatur-Auswahl
BRD-Geheimdienste und Politische Polizei im und nach dem kalten Krieg

Brenner, Bundesnachrichtendienst im Rechtsstaat, Baden-Baden 1990, S. 186 ff.
Bundesamt für Verfassungsschutz (Hrsg.), Verfassungsschutz in der Demokratie, Köln u.a. 1990
3. Internationales Russell-Tribunal zur Situation der Menschenrechte in der Bundesrepublik Deutschland, Band 4: Verfassungsschutz, Berlin 1979
Florath u.a. (Hrsg.), Die Ohnmacht der Allmächtigen. Geheimdienste und politische Polizei in der modernen Gesellschaft, Berlin 1992
Gansser, Abwehrbereit: Demokratie und Verfassungsschutz, München 1985
Gemballa, Geheim-gefährlich. Verfassungsschutz, BND, MAD, Stasi, Köln 1990
Gössner (Hg.), Mythos Sicherheit – Der hilflose Schrei nach dem Starken Staat, Baden-Baden 1995, S. 143 ff.
ders., Deckname »Verfassungsschutz«. Ein bundesdeutscher Geheimdienst nach dem Kalten Krieg, in: SPW – Zeitschrift für Sozialistische Politik und Wirtschaft Nr. 73/1993, S. 55 ff
Ders., »Verfassungsschutz«- Gesetze in den neuen Bundesländern, in: Geheim (Köln) 1/1993, S. 13 ff = in: Arnold/Bündnis 90/Grüne im Sächsischen Landtag (Hrsg.), Erst animieren, dann denunzieren, Dresden 1993, S. 35 ff
Ders., Name: Verfassungsschutz, Prädikat: demokratie-unverträglich. In den neuen Bundesländern wurde weitgehend die Chance verpaßt, Geheimdienste wenigstens rechtsstaatlich zu zähmen, in: Frankfurter Rundschau vom 3.8.1993, S. 16
Ders., „Verfassungsschutz im Wandel", in: Geheim 4/1996, S. 8.
Halter, Krieg der Gaukler. Das Versagen der deutschen Geheimdienste, Göttingen 1993
Höhne/Zölling, Pullach intern. Die Geschichte des Bundesnachrichtendienstes, in: Der Spiegel Nr. 11/1971
Ridder, Die deutsch-deutsche Spionage im Okular der westdeutschen Deutschland-Jurisprudenz, Bonn 1996
Schmidt- Eenboom, Der BND – die unheimliche Macht im Staate, Düsseldorf u.a. 1993
Schulz, Die geheime Internationale. Spitzel, Terror und Computer, Frankfurt 1982
Seifert, Verfassungsschutzberichte als Staatspropaganda. Hoheitliche Verrufserklärungen in: Müller-Heidelberg u.a. (Hg.), Grundrechte-Report 1998, Reinbek 1998, S. 287 ff.
Schwagerl, Verfassungsschutz in der Bundesrepublik Deutschland, Heidelberg 1985

Literatur-Auswahl zu Berufverboten

Becker/Dammann, Berufsverbote: „Treuepflicht" und Meinungsfreiheit, in: Müller-Heidelberg u.a. (Hg.), Grundrechte-Report, Reinbek 1997, S. 125 ff.
Braunthal, Politische Loyalität und öffentlicher Dienst. Der »Radikalenerlaß« von 1972 und die Folgen, Marburg 1993
Dammann, Integration oder Repression? Berufsverbote in Ostdeutschland, in: Müller-Heidelberg u.a. (Hg.), Grundrechte-Report 1988, Reinbek 1998, S. 143 ff.
Dammann/Siemantel (Hrsg.), Berufsverbote und Menschenrechte in der Bundesrepublik, Köln 1987
3. Internationales Russell- Tribunal zur Situation der Menschenrechte in der Bundesrepublik Deutschland, Band 2: Berufsverbote, Berlin 1978
Farin/Zwingmann (Hrsg.), Modell Deutschland? Berufsverbote, Ettlingen 1979
Gössner, Politische Säuberungen. Das Risiko einer neuen Berufsverbotepolitik, in: Gössner, Die vergessenenen Justizopfer des Kalten Kriegs, Berlin 1998, S. 260 ff.
Ohne Zweifel für den Staat. Die Praxis zehn Jahre nach dem Radikalenerlaß, hrsg. vom Komitee für Grundrechte und Demokratie, Reinbek 1982
Rosen, Rasch fand das Wort „Berufsverbot" Eingang in den Sprachgebrauch, in: Frankfurter Rundschau v. 28.1.1997.

Anmerkungen

(1) Diese Aufzählung entspricht in etwa dem abgeschlossenen Katalog des Niedersächsischen VS-Gesetzes (mit Aunahme des Lausch- und Spähangriffs in und aus Wohnungen). In der Regel werden die nd-Mittel in den VS-Gesetzen nur beispielhaft angeführt.
(2) Vgl. dazu Antwort der Bundesregierung auf die Kleine Anfrage der PDS, BT-Drucks. 13/1592 v. 1.6.95 ; Lambrecht/Müller, Pullach hält die Ohren offen, in: stern v. 16.2.95, S. 138 ff.
(3) Seit Mitte Oktober 1997.
(4) Weshalb bislang nur etwa ein knappes Dutzend von Hinweisen auf mögliche „Terroristen", Waffen- oder Drogenhändler an die Strafverfolgungsbehörden gemeldet werden konnten (Der Spiegel 7/98, S. 20).
(5) U.a. auch Angehörige der Bundeswehr.
(6) Zu aktualisierende Liste mit Staaten von Afghanistan bis Weißrußland; vgl. Anlage zur „Anleitung zum Ausfüllen der Sicherheitserklärung", Anlage zu § 8 Abs. 1 des Niedersächsischen Sicherheitsüberprüfungsgesetzes.
(7) Vgl. dazu Gössner, Niedersachsen: Skandalöse Sicherheitsüberprüfungen des „Verfassungsschutzes", in: Geheim 1/95, S. 15 f
(8) S. dazu die Literaturangaben am Ende dieses Exkurses m.w.N.
(9) Vgl. dazu Rosen, Rasch fand das Wort „Berufsverbot" Eingang in den Sprachgebrauch, in: Frankfurter Rundschau v. 28.1.1997.
(10) Vgl. dazu Becker/Dammann, Berufsverbote: „Treuepflicht" und Meinungsfreiheit, in: Müller-Heidelberg u.a. (Hg.), Grundrechte-Report, Reinbek 1997, S. 125 ff (127) sowie der Beamtenrechtler Ulrich Battis, in: Der Spiegel 40/1995, S. 19.
(11) Vgl. Antwort der Bundesregierung auf eine Kl. Anfrage der PDS-Gruppe im Bundestag, BT-Drucks. 13/3853 v. 26.2.96.
(12) Dazu u.a.: Weichert, Überprüfung der öffentlichen Bediensteten in Ostdeutschland, in: Kritische Justiz 4/1991, S. 457 ff; Weißbuch: Unfrieden in Deutschland, hrsg. von der Gesellschaft zum Schutz von Bürgerrecht und Menschenwürde, Berlin 1993; Arendt, Die MfS-Überprüfung im Öffentlichen Dienst am Beispiel des Freistaates Sachsen, in: Weber/Piazolo, Eine Diktatur vor Gericht, München 1995, S. 159 ff.
(13) Vgl. Der Spiegel Nr. 49/1992, S. 12
(14) Vgl. dazu: Gössner, Die illegitimen Erben und der pauschale Umgang mit dem Stasi-Vorwurf, in: Jelpke/Maurer/Schröder (Hrsg.), Die Eroberung der Akten, Mainz 1992, S. 33 ff; ders., Eine historische Chance wird vertan – Das Elend mit dem Stasi-Unterlagen-Gesetz in: links – Sozialistische Zeitung, Dezember 1991, S. 6 f
(15) Vgl. Stoltenberg, Stasi-Unterlagen-Gesetz, Baden-Baden 1992, S. 388 ff., sowie Anmerkung (14)
(16) S. Literatur-Auswahl.
(17) Vgl. dazu: Gauck, Die Stasi-Akten, Reinbek 1991; Henke (Hrsg.), Wann bricht schon mal ein Staat zusammen, München 1993; Wohin mit den Spitzeln a.D.? In: Der Spiegel Nr. 31/1993, S. 44 ff
(18) Az. 2 K 408/93
(19) Ausführlicher dazu: Gössner, Die illegitimen Erben..., a.a.O., S. 53 ff
(20) Vgl. Tätigkeitsberichte des Bundesbeauftragten für die Stasi-Unterlagen (1995 ff.)
(21) Vgl. dazu die Arbeit des »Ostdeutschen Kuratoriums der Verbände«, Mitteilungen Nr. 1/1993 und der Gesellschaft für Bürgerrecht und Menschenwürde, Berlin (Adresse im Anhang)
(22) Faltblatt zum 1. Ostdeutschen Kongreß der Verbände: »Menschenrechte in Deutschland – eine ostdeutsche Initiative«, Berlin, 2. Okt. 1993, S. 2

Kapitel 5

Ordnungswidrigkeiten- und Strafverfahren

5.1 Ordnungswidrigkeitenverfahren

„Eine Ordnungswidrigkeit (OWi; R.G.) ist eine rechtswidrige und vorwerfbare Handlung, die den Tatbestand eines Gesetzes verwirklicht, das die Ahndung mit einer Geldbuße zuläßt" (§ 1 OWiG). Die OWi kann durch Begehen oder durch Unterlassen begangen werden ...zum Beispiel wegen Teilnahme an einer nicht angemeldeten Demonstration, wegen Nichtentfernens aus einer öffentlichen Ansammlung trotz dreimaliger rechtmäßiger Aufforderung durch die Polizei oder etwa wegen eines Verstoßes im Straßenverkehr oder gegen die „öffentliche Ordnung" (Lärm, Belästigung etc.).
Die verhängte Geldbuße beträgt nach OWiG mindestens 5 DM und höchstens 1.000 DM. Grundlage für die Bemessung der Geldbuße sind:
- die Bedeutung der OWi,
- der Vorwurf, der den Täter trifft,
- die wirtschaftlichen Verhältnisse des Täters (in der Regel nicht bei geringfügigen OWi).

Hinzu kommen Gebühren und Auslagen der Verwaltungsbehörde. Ist dem Betroffenen nach seinen wirtschaftlichen Verhältnissen nicht zuzumuten, die Geldbuße sofort zu zahlen, so wird ihm auf Antrag
- eine Zahlungsfrist bewilligt oder
- gestattet, die Geldbuße in Raten zu zahlen.

Erfolgt der Einspruch fristgerecht, so prüft die Verwaltungsbehörde, ob sie den Bußgeldbescheid zurücknimmt oder aufrechterhält.
a) Nimmt sie ihn zurück, so ist zu prüfen, ob dem Betroffenen evtl. ein Anspruch auf Entschädigung für Verfolgungsmaßnahmen zusteht (§ 110 OWiG).
b) Hält sie ihn aufrecht, so reicht sie die Angelegenheit an die zuständige Staatsanwaltschaft und es kommt in der Regel zu einer Gerichtsverhandlung (Hauptverhandlung) vor dem zuständigen Amtsgericht, in der die Beschuldigungen und Einwendungen per Beweisaufnahme geprüft werden.

Rechts- und Verhaltenstips bei Bußgeldbescheiden

Vor dem Bußgeldbescheid kommt in aller Regel ein sog. *Anhörungsbogen:*
▶ Kommt das amtliche Schreiben (Anhörungsbogen) mit einfacher Post: muß man nicht unbedingt reagieren, es könnte auch verlorengegangen sein.
▶ Wird der Anhörungsbogen dagegen zugestellt (mit schriftlicher Empfangsbestätigung) oder wird er bei der Post niedergelegt (abholen!), müssen die Fragen zur Person beantwortet werden: Name, Alter, Geburtstag und -ort, Anschrift, Beruf.
▶ In der Regel gilt: Keine Aussage bzw. schriftliche Einlassung zur Sache.
▶ Nach der Anhörung kommt meist ein Bußgeldbescheid.
▶ Auf Verjährung achten (von – in der Regel – drei Monaten bis zu drei Jahren, §§ 31 ff OWiG), d.h. möglicherweise ist die OWi ja bereits verjährt und kann nicht mehr verfolgt werden.

Wenn ein Bußgeldbescheid ergangen ist:
▶ Gegen den Bußgeldbescheid *Einspruch* einlegen: schriftlich oder zur Niederschrift bei der Verwaltungsbehörde, die den Bußgeldbescheid erlassen hat.
▶ Einspruchsfrist: 2 Wochen! Die Frist beginnt mit der Zustellung des Schreibens. Zugestellt ist es bereits, wenn es auf der Post niedergelegt ist und eine Benachrichtigung eingeht (d. h. die Frist läuft nicht erst ab Abholung).
▶ Ggfls. einen Anwalt beauftragen, der Akteneinsicht beantragen und den Betroffenen vertreten kann.
▶ Wird kein Einspruch eingelegt oder zu spät, so muß das Bußgeld spätestens 2 Wochen nach Rechtskraft – d.h. nach Ende der Einspruchsfrist – an die zuständige Kasse gezahlt werden, ansonsten Erzwingungshaft (nicht länger als 6 Wochen pro Geldbuße) und Vollstreckung möglich. Im Falle der Zahlungsunfähigkeit unter Darlegung der wirtschaftlichen Verhältnisse Stundung beantragen. Die Erzwingungshaft und Vollstreckung kann jederzeit durch Zahlung der Geldbuße abgewendet oder beendet werden.

▶ Der Betroffene muß sich nicht anwaltlich vertreten lassen und ist zum Erscheinen in der Hauptverhandlung nicht verpflichtet, seine Anwesenheit kann jedoch angeordnet werden.

▶ Auch in diesem Stadium kann das Verfahren eingestellt werden, oder der Betroffene wird freigesprochen oder eine Geldbuße wird festgesetzt.
▶ Das Gericht darf dabei von der im Bußgeldbescheid getroffenen Entscheidung nicht zum Nachteil des Betroffenen abweichen (wohl aber zu seinem Vorteil).
▶ Rechtsmittel: Gegen das Urteil ist unter gewissen Voraussetzungen die Rechtsbeschwerde zulässig.

5.2 Straf(ermittlungs)verfahren und Abschluß

Beim Straf(ermittlungs)verfahren sieht es anders aus. *Zu den Rechten und Pflichten während des Ermittlungsverfahrens s. Kapitel über Offene Polizeimaßnahmen sowie über Demonstrationseinsätze.*
Der Abschluß des Ermittlungsverfahrens erfolgt durch Einstellung, Strafbefehl oder Anklage, was jeweils unterschiedliche Reaktionen erfordert:

Einstellung des Strafermittlungsverfahrens (Einstellungsarten)
▶ Einstellung des Ermittlungsverfahrens durch die Staatsanwaltschaft (StA), wenn die Ergebnisse der Ermittlungen zu einer Anklage nicht ausreichen (§ 170 Abs. 2 StPO).
▶ Einstellung durch StA mit Zustimmung des Gerichts, wenn die Schuld des Täters als gering anzusehen ist und kein öffentliches Interesse an der Verfolgung besteht (§ 153 StPO „Nichtverfolgung von Bagatellsachen"). Dagegen steht dem Beschuldigten kein Rechtsbehelf zu (ja, er muß von den Ermittlungen und von dieser Art Einstellung noch nicht einmal etwas erfahren); es erfolgt jedoch auch keine Eintragung ins Bundeszentralregister; allerdings erfolgt Speicherung in der kriminalpolizeilichen personenbezogenen Datensammlung (s. dazu auch Kapitel über Datenschutz).
▶ Vorläufiges Absehen von der Anklage und Einstellung nach Erfüllung bestimmter Auflagen (Schadensersatz, Zahlung einer Geldbuße an die Staatskasse, Geldspende an gemeinnützige Vereinigung, Gemeinnützige Leistungen etc.) innerhalb einer bestimmten Frist (nach § 153a StPO) – allerdings nur mit Zustimmung des Beschuldigten. Dieser Einstellung kann der Betroffene also widersprechen. Allerdings trägt er dann das Risiko einer Verurteilung in der nachfolgenden Hauptverhandlung.
▶ Weitere Einstellungsmöglichkeiten, Absehen von Anklage bzw. von Strafverfolgung gemäß §§ 153c ff StPO.
▶ Prüfen (lassen), ob Anspruch auf Entschädigung wegen Strafverfolgungsmaßnahmen besteht.

Strafbefehl auf Antrag der Staatsanwaltschaft (*§§ 407ff. StPO*)

Wenn keine Einstellung des Ermittlungsverfahrens erfolgt, so kann – nach einer summarischen Beurteilung des Sachverhalts und des Beweismaterials durch den Strafrichter – das Verfahren auf Antrag der Staatsanwaltschaft (StA) mit einem Strafbefehl abgeschlossen werden. Dabei setzt der Richter schriftlich – also ohne mündliche Gerichtsverhandlung – eine Strafe fest.

Voraussetzungen (§ 407 StPO):
▶ Bei der Tat muß es sich um ein Vergehen handeln (also kein Verbrechen mit einer Strafdrohung von einem Jahr Mindest-Freiheitsstrafe).
▶ Eine Hauptverhandlung wird nicht für erforderlich erachtet.
▶ Es dürfen u.a. nur Geldstrafe, Verwarnung mit Strafvorbehalt, Fahrverbot ... sowie Entziehung der Fahrerlaubnis (nicht mehr als zwei Jahre Sperre) festgesetzt werden.
▶ Nur sofern der Angeschuldigte einen Verteidiger hat, kann auch Freiheitsstrafe bis zu einem Jahr festgesetzt werden, wenn deren Vollstreckung zur Bewährung ausgesetzt wird.
▶ Der vorherigen Anhörung des Angeschuldigten durch das Gericht bedarf es nicht (§ 407 Abs. 3 StPO).

Rechtsbehelf (§ 410 ff StPO) bei Strafbefehlen

Akzeptiert der Betroffene die gegen ihn erhobenen Vorwürfe und/oder die Strafe bzw. die Verwarnung nicht, so kann er dagegen
▶ innerhalb von *zwei Wochen* nach Zustellung des Strafbefehls (Frist beginnt mit Niederlegung des Schriftstücks beim Postamt bzw. bei Zustellung) schriftlich oder zu Protokoll des Gerichts Einspruch einlegen und damit die Durchführung des Hauptverfahrens mit mündlicher Verhandlung durchsetzen *(s. Abschnitt „Verhalten in der Hauptverhandlung")*. Der Einspruch kann auf bestimmte Beschwerdepunkte beschränkt werden.
▶ Ganz wichtig: Die Frist ist nur gewahrt, wenn der Einspruch innerhalb von zwei Wochen auch bei Gericht *eingegangen* ist! (Also nicht erst am letzten Tag in den Postkasten werfen; wenn schon letzter Tag, dann direkt bei der Geschäftsstelle des Gerichts gegen schriftliche Eingangsbestätigung abgeben oder in den dortigen Briefkasten/Nachtbriefkasten werfen.

> ▶ Es empfiehlt sich, rechtzeitig einen Anwalt einzuschalten.
> Wird nicht oder nicht rechtzeitig Einspruch eingelegt, wird der Strafbefehl rechtskräftig, was einer Verurteilung in einem Gerichtsverfahren gleichkommt (man kann dann u. U. auch als vorbestraft gelten). Erfolgt dagegen der Einspruch rechtzeitig, kommt es zur Gerichtsverhandlung.
> Bei Nichteinhaltung der 2-Wochenfrist aus Gründen, die vom Betroffenen nicht zu vertreten sind (z. B. wegen Urlaubs):
> ▶ *Antrag auf Wiedereinsetzung in den vorigen Stand* (§ 44 StPO) stellen (mit Begründung und Glaubhaftmachung, daß Versäumnis unverschuldet) und per Einschreiben an das Gericht abschicken oder direkt dort zu Protokoll geben (je nach Begründung, ggfls. mit Attest, eidesstattlicher Erklärung etc.):
> „*Im Verfahren – Aktenzeichen ... – konnte ich die angegebene Einspruchsfrist nicht einhalten, da ich vom ... bis ... von zu Hause abwesend war. Daher beantrage ich Wiedereinsetzung in den vorigen Stand. Gleichzeitig lege ich hiermit gegen den Strafbefehl Einspruch ein, Unterschrift.*"

Dieses rationelle Strafbefehlsverfahren findet bei leichteren Straftaten Anwendung, wenn aufgrund der Beweis- und Rechtslage eine Hauptverhandlung nicht erforderlich ist. Auf diesem Weg können auch sog. **Verwarnungen mit Strafvorbehalt** (§§ 59 ff. StPO) ausgesprochen werden (Praxis einiger Amtsgerichte z. B. bei Blockade-Sachverhalten bzw. Nötigungsvorwürfen), die dann auch ins Bundeszentralregister eingetragen werden. Den Betroffenen wird damit eine ein- oder mehrjährige Bewährungszeit aufgegeben. Das Gericht behält sich vor, bei Nichtbewährung (also erneutem Straffälligwerden), eine Geldstrafe festzusetzen.

5.3 Von der Anklageerhebung bis zum Urteil

Auswahl von RechtsanwältInnen/Prozeßkosten

Spätestens in diesem Stadium empfiehlt sich dringend die Konsultation eines Strafverteidigers bzw. einer Strafverteidigerin (auch Hochschullehrer oder in 1. Instanz auch andere Personen des Vertrauens nach Zulassung durch den Vorsitzenden Richter kommen für eine Verteidigung in Betracht). Falls man selbst keinen Anwalt bzw. keine

Anwältin kennt oder empfohlen bekommt, kann man sich rechtlich kompetente und auch politisch aufgeklärte AnwältInnen entweder
▶ über Ermittlungsausschüsse (bei Demonstrationszusammenhängen) oder „Rote Hilfen" vermitteln lassen oder aber
▶ über Strafverteidiger-Vereinigungen der Bundesländer,
▶ über den „Republikanischen Anwältinnen und Anwälte-Verein" oder
▶ die Vereinigung Demokratischer JuristInnen *(Adressen s. Anhang).*
▶ Außerdem gibt es die Möglichkeit, sich geeignete AnwältInnen über die Anwaltsvereine oder die Rechtsanwaltskammern nennen zu lassen.
▶ Erste (z.T. kostenlose) Rechtsauskünfte erteilen in manchen Städten auch der Anwaltsverein, die Arbeiter- und Angestellten-Kammern in Bremen sowie sog. Hotline-JuristInnen, die gegen entsprechende Telefongebühren telefonische Auskünfte erteilen (u.a. in Berlin; knapp 4 DM pro Minute).
▶ Außerdem gibt es in manchen Städten sog. Anwalts-Notdienste.
Der Angeklagte kann jederzeit einen Anwalt oder bis zu drei Anwälte hinzuziehen. Die Verteidigung mehrerer Personen durch einen gemeinschaftlichen Verteidiger im selben Verfahren ist unzulässig.

Die Anwaltskosten hat der Beschuldigte/Angeklagte in der Regel jedoch selbst zu begleichen (Rahmengebühren nach amtlicher Gebührentabelle oder individuelle schriftliche Honorarvereinbarung). *Prozeßkostenhilfe* gibt es im Strafverfahren für den Angeklagten nicht. Falls die drohenden Kosten für den Prozeß (Gerichtskosten) und für die Wahlverteidiger nicht vom Beschuldigten/ Angeklagten alleine getragen werden können, gibt es evtl. die Möglichkeit, Unterstützung durch Ermittlungsausschüsse, das Komitee für Grundrechte und Demokratie oder die „Rote Hilfe" zu erhalten.

▶ Im Fall einer Verurteilung hat der Verurteilte – neben einer möglichen Geldstrafe – in der Regel die Kosten des Verfahrens (Gerichts- und Anwaltskosten) zu tragen (bei teilweiser Verurteilung und Teil-Freispruch werden die Kosten mit der Staatskasse entsprechend aufgeteilt).
▶ Im Falle des Freispruchs hat die Staatskasse die Kosten zu übernehmen.

Pflichtverteidigung
Nur im Falle der sog. notwendigen Verteidigung (also wenn nach der Strafprozeßordnung Anwaltspflicht besteht; § 140 StPO „Notwendige

Verteidigung") muß von Amts wegen eine Pflichtverteidigung eingerichtet werden, deren (geringere) Kosten von der Staatskasse getragen werden.

Dies gilt, wenn
1. die Hauptverhandlung in 1. Instanz vor dem Oberlandesgericht oder dem Landgericht stattfindet;
2. dem Beschuldigten ein Verbrechen zur Last gelegt wird;
3. das Verfahren zu einem Berufsverbot führen kann;
4. der Beschuldigte sich mindestens drei Monate auf Grund richterlicher Entscheidung in einer Anstalt befunden hat und nicht mindestens zwei Wochen vor Beginn der Hauptverhandlung entlassen wird;
5. zur Vorbereitung eines Gutachtens über den psychischen Zustand des Beschuldigten seine Unterbringung nach § 81 StP0 in Frage kommt;
6. ein Sicherungsverfahren durchgeführt wird;
7. der bisherige Verteidiger durch eine Entscheidung von der Mitwirkung in dem Verfahren ausgeschlossen ist.
8. Außerdem: wenn wegen der Schwere der Tat oder wegen der Schwierigkeit der Sach- und Rechtslage die Mitwirkung eines Verteidigers geboten erscheint oder ersichtlich ist, daß sich der Beschuldigte nicht selbst verteidigen kann (in solchen Fällen sollte ein entsprechender Antrag an das zuständige Gericht gestellt werden).

Hat der Betroffene in einem solchen Fall noch keinen Anwalt, wird ein solcher vom Vorsitzenden Richter – möglicherweise bereits im Vorverfahren – ausgewählt (Pflichtverteidiger, auch „Zwangsverteidiger" genannt). Der Betroffene hat allerdings das Recht, sich selbst einen Wahlpflichtverteidiger, zu dem er Vertrauen hat, auszuwählen – und sollte dies auch unbedingt tun (da Richter dazu neigen, grundsätzlich justizkonforme Anwälte auszuwählen).

Anklage
Sobald eine Anklageschrift vom Gericht zugestellt wird, sollten Betroffene sofort einen Anwalt (RA) aufsuchen, um Akteneinsicht zu beantragen und alle weiteren erforderlichen Schritte einzuleiten. In manchen Fällen dürfte es ratsam sein, die Beantragung von Beweiserhebung und Einwendungen erst in der Hauptverhandlung vorzubringen, um der StA die Verteidigungsstrategie und -taktik nicht vorzeitig zu offenbaren. All dies ist jedoch mit dem/der RA zu besprechen.

Ist die Frist zur Stellungnahme abgelaufen, wird die Anklage – evtl. verändert – zur Hauptverhandlung zugelassen (in seltenen Fällen auch abgelehnt). Damit ist das Hauptverfahren eröffnet. Das Verfahren kann allerdings auch in dieser Phase – und noch später – aus unterschiedlichen Gründen – z.T. mit Zustimmung von StA und Beschuldigtem/Angeklagtem – eingestellt werden.

Beschleunigtes Verfahren
Mit dem sog. Verbrechensbekämpfungsgesetz von 1994 (BGBl. I 1994, S. 3186 ff.) wurde die obligatorische Beschleunigung des Strafverfahrens in geeigneten Fällen legalisiert (§ 417 ff StPO): Mit den Beschuldigten wird auf Antrag der Staatsanwaltschaft „kurzer Prozeß" gemacht („sofortige Verhandlung" oder: „Die Strafe folgt auf dem Fuße") bei
▶ „einfachen Sachverhalten" oder
▶ „klarer Beweislage" und
▶ sofern dem Angeklagten im Höchstfall ein Jahr Freiheitsentzug oder eine Maßregel der Besserung oder Sicherung droht (auch die Entziehung der Fahrerlaubnis ist im beschleunigen Verfahren möglich).

In einem solchen Fall gelten folgende Sonderregelungen:
▶ wenn die Voraussetzungen des beschleunigten Verfahrens vorliegen, kann unter bestimmten Bedingungen die sog. Hauptverhandlungshaft verhängt werden (§ 127b StPO; *vgl. dazu im Kapitel „Offene Polizeimaßnahmen"*);
▶ eine Anklageschrift muß nicht eingereicht werden (mündliche Klageerhebung reicht);
▶ die Frist zur Ladung des Angeklagten beträgt nur 24 Stunden (§ 418 Abs. 2 StPO), statt mindestens eine Woche im normalen Verfahren (§ 217 StPO);
▶ die gerichtliche Bestellung eines Verteidigers (Pflichtverteidigers) ist erst von einem Strafrahmen von mindestens sechs Monaten an vorgesehen, sofern der Angeklagte noch keinen Verteidiger hat;
▶ vereinfachte Beweisaufnahme (§ 420): Das Beweisantragsrecht kann mit Zustimmung des Angeklagten, Verteidigers und der Staatsanwaltschaft eingeschränkt, Zeugen und Sachverständige brauchen vor Gericht dann nicht mehr gehört zu werden (nur noch Verlesung von Vernehmungsprotokollen).

Damit wurden wesentliche Grundsätze des Strafprozeßrechts ausgehebelt und die Beschuldigtenrechte eingeschränkt. Eine effektive Verteidigung ist bei einem Schnellverfahren schon aus zeitlichen Gründen kaum möglich. Gegen Jugendliche ist das beschleunigte Verfahren nicht zulässig (§ 79 II JGG); für sie gilt ggfls. das „vereinfachte Jugendverfahren" nach §§ 76 ff JGG.

Literatur-Hinweise
Bandisch, in: Strafverteidiger 1994, S. 153
Scheffler, in: NJW 1994, S. 2191
Sprenger, Fördert die Neuregelung des beschleunigten Verfahrens seine breitere Anwendung? In: NStZ 1997, S. 574 ff.
Wächtler, in: Strafverteidiger 1994, S. 159

Verhalten vor und während der Hauptverhandlung (Prüfkatalog)

Da bei einem Strafverfahren in der Regel zur Verteidigung sinnvollerweise anwaltliche Hilfe in Anspruch genommen wird, werden im folgenden nur kurze (unvollständige) (Verhaltens-) Hinweise zur ersten Orientierung aufgelistet:

▶ Prüfung der örtlichen und funktionellen/sachlichen Zuständigkeit des Gerichts und seiner ordnungsgemäßen Besetzung (Richter/Schöffen).

▶ Ist Straftat evtl. bereits verjährt? Wenn ja: dann liegt Verfahrenshindernis vor.

▶ Ist Ladungsfrist (mindestens 1 Woche, § 217 StPO; bei beschleunigtem Verfahren nach §§ 417 ff. nur 24 Stunden) eingehalten worden? Wenn nicht: Antrag auf Aussetzung der Verhandlung.

▶ Wurde schriftlicher Strafantrag des angeblich Verletzten gestellt (ist nur bei bestimmten Delikten Voraussetzung, z. B. bei Beleidigung, Hausfriedensbruch, einfacher Körperverletzung, Sachbeschädigung; Frist: 3 Monate nach dem Vorfall), falls nicht: „öffentliches Interesse" durch StA geltend gemacht worden?

▶ Gibt es Anhaltspunkte für eine Ablehnung des Richters (oder eines Schöffen) aus Besorgnis der Befangenheit (§§ 24 ff. StPO)? Möglich etwa bei negativer Voreingenommenheit, die sich in abfälligen Äußerungen des Richters über den Angeklagten manifestieren kann oder der Richter geht von vornherein von der Schuld des Betroffenen aus. Allerdings haben Ablehnungsgesuche nur selten Erfolg.

Grundsätze

▶ Prinzipiell gilt: Der Angeklagte hat einen verfassungsrechtlichen Anspruch auf ein „faires" Verfahren (folgt aus dem Rechtsstaatsprinzip des Art. 20 III GG);

> ▶ Der Angeklagte hat einen Anspruch auf „rechtliches Gehör" (Art. 103 GG);
> ▶ Er hat ein Recht auf Aussagefreiheit (§ 136 I StPO);
> ▶ Er unterliegt nicht der Wahrheitspflicht, falls er Aussagen zur Sache macht;
> ▶ Er hat ein Recht auf jederzeitige Verteidigerkonsultation (§§ 137, 148 I StPO) und auf ungehinderten Kontakt mit seinem Anwalt
> ▶ über einen Anwalt Akteneinsichtsrecht
> ▶ auf die Stellung von Beweisanträgen (§ 136 I StPO)
> ▶ auf Belehrung nach §§ 136 I, 163a IV StPO.

Ablauf der Hauptverhandlung (summarische Hinweise):[1]
▶ Aufruf zur Sache XY.
▶ Aufruf und Belehrung der Zeugen und Sachverständigen.
▶ Vernehmung des/der Angeklagten zur Person durch den Vorsitzenden Richter (Identitätsfeststellung, Name, Herkunft, Geburtsdatum und -ort – alles andere, wie z. B. Vernehmung zum Werdegang, Einkommens- und Vermögensverhältnisse, Vorstrafen etc., gehört bereits zur Vernehmung zur Sache (und hier gibt es ein Aussageverweigerungsrecht!).
▶ Verlesung der Anklage durch StA.
▶ Aussageverweigerungsrecht: Richterliche Belehrung des Angeklagten.
▶ Vernehmung des/der Angeklagten zur Sache (nur dann, wenn er/sie aussagewillig ist, was vorher mit der Verteidigung erörtert werden muß). Aussageverweigerung darf vom Gericht nicht negativ gewertet werden (bei teilweisem Schweigen können allerdings nachteilige Schlüsse gezogen werden). Gegebenenfalls erst Beweisaufnahme abwarten und dann gezielte und überzeugende Aussage zur Sache.
▶ Anwesenheitspflicht für Angeklagten: Generell besteht für den Angeklagten Anwesenheitspflicht.
▶ Ausnahmen: Nur ausnahmsweise darf ohne den Angeklagten verhandelt werden, nämlich dann, wenn nur Geldstrafe bis zu 180 Tagessätzen, Verwarnung, Fahrverbot, Entziehung der Fahrerlaubnis zu erwarten sind. Unter denselben Voraussetzungen kann der Angeklagte auf seinen Antrag auch von der Pflicht zum Erscheinen entbunden werden; ebenso, wenn höchstens eine Freiheitsstrafe von 6 Monaten zu erwarten ist.
▶ Unter bestimmten Voraussetzungen kann die Hauptverhandlung auch darüber hinaus in Abwesenheit fortgeführt werden (§§ 230 ff): z.B. wenn sich der Angeklagte vor Gericht „ungebührlich" benimmt, wenn ein Zeuge in Gegenwart des Angeklagten nicht oder nicht rich-

Lügendetektor

Bislang war der Einsatz von Lügendetektoren (Polygraphentest) zur Wahrheitsfindung im Strafprozeß höchstrichterlich verboten – und zwar mit oder ohne Zustimmung des Betroffenen. Der Bundesgerichtshof (BGH) hatte bereits 1954 festgestellt: „Die Untersuchung mit dem Polygraph verletzt die Freiheit der Willensentschließung und Willensbetätigung des Beschuldigten...". Der Mensch werde damit praktisch zum „Anhängsel einer Maschine" gemacht.[2] Diese Rechtsprechung wurde vom Bundesverfassungsgericht 1981 bestätigt.[3]

Auf die Beschwerde von zwei Angeklagten bzw. Verurteilten, die mit Hilfe des Lügendetektors ihre Unschuld nachweisen wollten, hat das Bundesverfassungsgericht in seinem Ablehnungsbeschluß (1998) die Anwendung des Lügendetektors als Beweismittel allerdings nicht mehr von vornherein als Verstoß gegen die Menschenwürde bezeichnet, sondern diese Frage wurde ausdrücklich offengelassen (Az 2 BvR 1211/97, Az 2 BvR 1827/97). Im einem Grundsatzurteil hat der BGH Ende 1998 den Einsatz des Lügendetektors im Strafverfahren als „völlig ungeeignet" abgelehnt. Diese Testmethode habe „keinerlei Beweiswert" (Az. 1 StR 156 u. 298/98; Urteil vom 17. 12. 98).

Ein Lügendetektor mißt unwillkürliche, vom vegetativen Nervensystem gesteuerte körperliche Reaktionen wie Atmung, Pulsfrequenz, Blutdruck, Hauttemperatur und Schweißproduktion beim Angeklagten oder aber bei einem Zeugen, um festzustellen, ob der Befragte wahrheitsgemäß antwortet. Diese in den USA populäre Untersuchungstechnik wird in Deutschland seit einigen Jahren in Zivilverfahren zugelassen.[4]

tig aussagt oder wenn der Angeklagte seine Verhandlungsunfähigkeit selbst herbeiführt.

▶ Bleibt der Angeklagte ohne ausreichende Entschuldigung der Verhandlung fern, ergeht Vorführungs- oder Haftbefehl.

▶ Beweisanträge: Prinzipiell muß das Gericht den wahren Sachverhalt von sich aus erforschen, also selbst die notwendigen Beweismittel herbeischaffen. Der/die Angeklagte kann eigene Beweismittel in den Strafprozeß einbringen (formelle Beweisanträge stellen nach § 245 Abs. 1 StPO), die jedoch unter bestimmten Voraussetzungen vom Gericht abgelehnt werden können (§§ 244 Abs. 3, 245 Abs. 2 StPO): Sie dürfen u.a. abgelehnt werden, wenn sie unzulässig, offenkundig überflüssig sind, oder wenn die zu beweisende Tatsache schon erwiesen ist, die Beweismittel völlig ungeeignet sind, der Prozeß verschleppt werden soll oder die zu beweisende Tatsache als wahr unterstellt wird. Die Ablehnung bedarf eines Gerichtsbeschlusses (ggfls. Revisionsgrund).

▶ Beweisaufnahme: Polizeiliche und staatsanwaltschaftliche Vernehmungsprotokolle dürfen in der Hauptverhandlung prinzipiell nicht verlesen werden. Aber: Solche Vernehmungsprotokolle können dem Angeklagten in der Hauptverhandlung vorgehalten und dürfen im Rahmen eines derartigen Vorhalts auch (auszugsweise) verlesen werden. Allerdings hängt ihre Verwertbarkeit in der Hauptverhandlung von der formal richtig gestalteten vorgerichtlichen Vernehmung des Beschuldigten ab *(s. dazu im Kapitel Offene Polizeimaßnahmen);* ansonsten muß in der Hauptverhandlung der Verwertbarkeit ausdrücklich widersprochen werden. Außerdem können die vernehmenden Polizeibeamten als Zeugen zur Vernehmung des Beschuldigten gehört werden (s.u.).

▶ Beweisaufnahme durch Vernehmung von Zeugen und Sachverständigen, Urkundsverlesung und Augenscheinnahme. Prüfen, ob die Beweise zulässig erhoben sind. Gibt es sog. Beweiserhebungsfehler wie z. B. fehlende Belehrung über Aussageverweigerungsrecht bei Vernehmung des Beschuldigten oder bestimmter Zeugen (§§ 52-55 StPO, *s. oben Kapitel Offene Polizeimaßnahmen*); Anwendung verbotener Vernehmungsmethoden (§ 136a StPO), rechtswidrige Hausdurchsuchungen, Telefonüberwachung, Postbeschlagnahme, erkennungsdienstliche Behandlung? Gibt es Beweiserhebungsverbote oder aber Beweisverwertungsverbote? Aussagen von Zeugen, denen ein Aussageverweigerungsrecht zusteht, dürfen nicht durch eine Verlesung von Protokollen früherer Aussagen ersetzt werden (§§ 250-252

Zeugen vor Gericht (§§ 48 ff)

(siehe dazu auch im Kapitel Offene Polizeimaßnahmen)
Voraussetzung ist eine ordnungsgemäße gerichtliche Ladung. In ihr wird auf die gesetzlichen Folgen des Ausbleibens hingewiesen (§§ 48, 51 StPO):
▶ dem Zeugen werden die durch das Nichterscheinen verursachten Kosten auferlegt,
▶ zugleich wird gegen ihn ein Ordnungsgeld verhängt sowie für den Fall, daß dieses nicht beigetrieben werden kann,

- ▶ Ordnungshaft (Beugehaft) festgesetzt (richterlicher Beschluß).
- ▶ Diese Mittel können bei mehrmaligem Fernbleiben mehrmals angewandt werden (Beugehaft bis zu 6 Monate).
- ▶ Auch die zwangsweise Vorführung des Zeugen ist zulässig. Der Zeuge darf dabei aber nicht länger festgehalten werden als bis zum Ende des Tages, der dem Beginn der Vorführung folgt (§ 135 StPO).

Kostenauferlegung und Verhängung von Ordnungsgeld oder Ordnungshaft unterbleiben, wenn der Zeuge das Ausbleiben rechtzeitig genügend entschuldigt.

Zeugenbelehrung (§ 57 StPO)
Vor der Vernehmung sind die Zeugen vom Richter zur Wahrheit zu ermahnen und darauf hinzuweisen, daß sie ihre Aussage möglicherweise beeidigen müssen, wenn keine gesetzliche Ausnahme vorliegt (§§ 60 f StPO). Dabei sind sie u.a. auf die strafrechtlichen Folgen einer unrichtigen oder unvollständigen eidlichen oder uneidlichen Aussage hinzuweisen.
Hinweis auf Zeugnisverweigerungsrechte *(s. Kapitel Offene Polizeimaßnahmen).*

Androhung und Vollzug von Zwangsmitteln im Fall der Aussageverweigerung ohne Zeugnisverweigerungsrecht (§ 70 StPO)
Verweigert ein Zeuge vor Gericht ohne triftigen Grund die Aussage oder den Eid, so kann
- ▶ ein Ordnungsgeld verhängt werden oder
- ▶ Beugehaft angedroht und dann
- ▶ bei weiterer Verweigerung auch – im übrigen auf eigene Kosten – vollzogen werden.
- ▶ Die Beugehaftzeit beträgt maximal sechs Monate.
- ▶ Die Zwangsmittel sind danach in ein und demselben Verfahren verbraucht und können nicht noch einmal angedroht und vollzogen werden.

Anwaltliche Begleitung
Es ist möglich, auch als Zeuge vor Gericht einen Anwalt mitzunehmen. Dieser kann allerdings nicht direkt eingreifen, es sei denn, die Fragen sind zu beanstanden oder die Zeugenbelehrung ist unterblieben oder nicht korrekt erfolgt. Im übrigen kann die Anwesenheit eines Rechtsbeistandes auch eine psychische Unterstützung in der Vernehmungssituation sein.

StPO). Es gilt nämlich der Grundsatz der Mündlichkeit und Unmittelbarkeit der Beweisaufnahme (während der Hauptverhandlung). Zeugen, die kein Aussageverweigerungsrecht haben, müssen wahrheitsgemäß und vollständig aussagen. Der Angeklagte hat das Recht, die Zeugen bzw. Sachverständigen selbst zu befragen.

▶ Polizeibeamte als Belastungszeugen stets befragen, ob sie vor der Verhandlung ihre Erinnerung an bestimmte Vorfälle (z. B. im Zusammenhang mit Demonstrationsdelikten) etwa durch Akteneinsicht und gegenseitige Besprechung/Absprachen aufgefrischt haben.

▶ Bei V-Leuten, Verdeckten Ermittlern, Kronzeugen und sog. Zeugen vom Hörensagen als Belastungszeugen ist besondere Vorsicht und besonderes Ermittlungs- und Befragungsgeschick geboten, um eine Enttarnung der häufig zwielichtigen Beweismittel und z.T. rechtswidrigen geheimpolizeilichen Methoden zu erreichen.[5]

▶ Obwohl Zeugen grundsätzlich nur in Anwesenheit des Angeklagten (und seines Verteidigers) vernommen werden dürften, werden in bestimmten Verfahren (Staatsschutz, Drogen etc.) Zeugen aus Gründen des Zeugenschutzes in Abwesenheit des Angeklagten vernommen oder es tritt ein sogenannter Zeuge vom Hörensagen auf – zumeist der polizeiliche V-Mann-Führer -, der dann über die angeblichen Wahrnehmungen des V-Mannes berichtet.

▶ Dem Angeklagten bzw. seinem Verteidiger steht nach jedem Beweismittel ein Erklärungsrecht zu (gem. § 257 StP0); dieses Erklärungsrecht wird mitunter als vorgezogenes Plädoyer genutzt.

▶ Nochmalige Vernehmung zur Sache. Hier zeigt sich möglicherweise der Vorteil, den jene Angeklagten haben, die im Ermittlungsverfahren (und ggfls. vor der Beweisaufnahme) die Aussage verweigert haben, denn ihnen können keine Vorhaltungen wegen angeblicher Widersprüche zu früheren Vernehmungen/ Aussagen gemacht werden.

▶ Plädoyers der StA und der Verteidigung (hier können noch Beweisanträge, evtl. als sogenannte Hilfsanträge/Eventualanträge gestellt werden).

▶ Letztes Wort des/der Angeklagten.

▶ Beratung und Verkündung des Urteils.

▶ Rechtsmittelbelehrung.

Bei Freispruch: Sogleich Möglichkeit prüfen, wegen der zu Unrecht erlittenen Strafverfolgungsmaßnahmen (z.B. U-Haft, Führerscheinentzug) Entschädigung nach dem Strafrechtsentschädigungsgesetz zu erhalten *(s. Kapitel über Rechtsschutz)*. Eine Entschädigung ist jedoch dann ausgeschlossen, wenn der Geschädigte die Strafverfolgungsmaßnahmen selbst ausgelöst hat. Macht ein Beschuldigter allerdings von

seinem Aussageverweigerungsrecht Gebrauch, so darf ihm deswegen die Entschädigung nicht verweigert werden. Ersetzt werden die erlittenen und nachgewiesenen Vermögensschäden (Verdienstausfall, entgangener Gewinn etc.) und ggfls. Schmerzensgeld, für jeden Tag der Freiheitsentziehung DM 10.
Bei Verurteilung: Möglichkeit einer Berufung (§ 314 StPO) oder Revision (§§ 333ff. StPO) durch die Verteidigung (Fristen beachten!). Ohne Einlegung eines Rechtsmittels wird das Urteil nach Ablauf der jeweiligen Rechtsmittelfrist rechtskräftig.

Möglichkeit einer Verfassungsbeschwerde, eines Gnadengesuchs oder der Wiederaufnahme des bereits abgeschlossenen Verfahrens prüfen (nur unter engen Voraussetzungen möglich).

5.4 Eintragung ins Bundeszentralregister/Erziehungsregister

Auskunft, Registerauszug, Vorstrafen
Die in Strafverfahren verurteilten Personen werden in das Strafregister des Bundeszentralregisters (BZR) in Berlin eingetragen, das der Generalbundesanwalt beim Bundesgerichtshof führt. Verkehrsstraftaten und -ordnungswidrigkeiten werden zusätzlich in der „Verkehrssünderkartei" beim Kraftfahrtbundesamt in Flensburg vermerkt.
Dem BZR werden von den Gerichten alle Verurteilungen mitgeteilt, durch die wegen einer Straftat eine Strafe oder Maßregel der Besserung und Sicherung verhängt oder eine Verwarnung mit Strafvorbehalt ausgesprochen worden ist.

Ins BZR werden eingetragen:
– sämtliche (rechtskräftige) strafrechtliche Verurteilungen sowie
– Vermerke über Schuldunfähigkeit oder Entmündigung;
– Ergebnisse der Strafvollstreckung.

Zu den einzelnen Fällen erfolgen u.a. die folgenden Eintragungen
– Personaldaten des Verurteilten,
– der Tag der letzten Tat,
– Tag des ersten Urteils, bei Strafbefehlen der Tag der Unterzeichnung durch Richter,
– Tag der Rechtskraft des Urteils,
– rechtliche Bezeichnung der Tat,
– die verhängten Strafen/Jugendstrafen, Vorbehaltsstrafen, Maßregeln der Besserung und Sicherung und Nebenstrafen, Geldstrafen (Zahl

der Tagessätze und Höhe); Sperre der Fahrerlaubnis (und ihr Ende),
– Aussetzung der Strafe zur Bewährung und Ende der Bewährungszeit oder der Führungsaufsicht; Unterstellung unter Bewährungsaufsicht; ggfls. Widerruf der Bewährung; Erlaß der Strafe etc.
– Eintragung der Vollstreckung der Strafe,
– Wiederaufnahme des Verfahrens,
– Gnadenerweise und Amnestien.

Führungszeugnis
Jeder Bürger, jede Bürgerin ab dem 14. Lebensjahr (Strafmündigkeit) kann über den ihn bzw. sie betreffenden Inhalt des BZR bei der für ihn/sie zuständigen polizeilichen Meldebehörde ein Führungszeugnis beantragen. In dieses Zeugnis werden jedoch nicht alle Verurteilungen aufgenommen. Nicht aufgenommen werden geringfügige Verurteilungen (wenn sie die einzige Strafe darstellen):
– Freiheitsstrafe bis zu 3 Monaten,
– Geldstrafe bis zu 90 Tagessätzen,
– Jugendstrafe bis zu 2 Jahren mit Bewährung.

Andere (also höhere oder mehrfache) Verurteilungen werden nach Ablauf
– von 3 Jahren (bei Geld- oder geringfügigen Haftstrafen mit Bewährung),
– von 5 Jahren in allen übrigen Fällen
nicht mehr in ein Führungszeugnis aufgenommen.
Nur für lebenslange Freiheitsstrafen und Unterbringung in Sicherungsverwahrung oder in einem psychiatrischen Krankenhaus gelten diese Fristen nicht.

Über Verurteilungen, die zwar nicht in ein Führungszeugnis eingetragen werden, erteilt das BZR aber unbeschränkt Auskunft an
– Gerichte,
– Strafvollzugsbehörden,
– oberste Bundes- und Landesbehörden (Ministerien),
– Sicherheitsbehörden (Polizei, Geheimdienste, Staatsanwaltschaften),
– Einbürgerungs- und Ausländerbehörden,
– in Waffen- und Sprengstoffsachen,
– in Erlaubnisverfahren nach dem Betäubungsmittelgesetz.

Löschungsfristen: Außer lebenslange Freiheitsstrafen und Unterbringung in Sicherungsverwahrung oder in einem psychiatrischen Krankenhaus werden alle sonstigen im Strafregister vermerkten Verurteilungen nach Ablauf einer bestimmten Frist gelöscht – unter

der Voraussetzung, daß zwischenzeitlich keine neuen Verurteilungen hinzugekommen sind. Die einzelnen Fristen betragen:
5 Jahre
– bei einmaliger Geldstrafe bis zu 90 Tagessätzen,
– bei einmaliger Freiheitsstrafe bis zu 3 Monaten,
– bei Jugendstrafe bis zu 1 Jahr,
– bei Jugendstrafe bis zu 2 Jahren mit Bewährung,
– bei Entzug der Fahrerlaubnis auf Zeit.
10 Jahre
– bei höherer Jugendstrafe,
– bei höheren Geldstrafen,
– bei mehreren Freiheitsstrafen bis zu 3 Monaten,
– bei einer Freiheitsstrafe zwischen 3 Monaten und 1 Jahr bei Bewährung.
15 Jahre
– in allen übrigen Fällen.
Sind mehrere Verurteilungen im BZR eingetragen, so erfolgt eine Löschung grundsätzlich erst, wenn alle Vermerke tilgungsreif sind.

Was bedeutet „nicht vorbestraft"?
Nicht vorbestraft ist eine Person
– deren Verurteilung nicht im Führungszeugnis erscheint (s.dort);
– deren Verurteilung tilgungsreif ist;
– Gelöschte Verurteilungen dürfen einem Verurteilten im Rechtsleben (Bewerbungen etc.) nicht mehr vorgehalten und nicht zu seinem Nachteil verwertet werden.

Erziehungsregister
In das Erziehungsregister werden insbesondere Entscheidungen und Anordnungen nach dem Jugendgerichtsgesetz eingetragen (Erziehungsmaßregeln, Zuchtmittel, Fürsorgeerziehung, Jugendarrest, Jugendstrafen; Freisprüche und Einstellungen wegen mangelnder Reife usw.).
▶ Eintragungen im Erziehungsregister dürfen – unter bestimmten Voraussetzungen – nur mitgeteilt werden den Strafgerichten und Staatsanwaltschaften und Justizvollzugsbehörden, den Vormundschafts- und Familiengerichten, den Jugendämtern, den Gnadenbehörden. An andere dürfen keine Auskünfte erteilt werden (§ 61 BZRG).
▶ Eintragungen in das Erziehungsregister und die ihnen zugrunde liegenden Sachverhalte braucht der Betroffene nicht zu offenbaren (§ 64 I BZRG).
▶ Eintragungen im Erziehungsregister werden von Amts wegen gelöscht, sobald der Betroffene das 24. Lebensjahr vollendet hat.

Ordnungswidrigkeiten- und Strafverfahren

Literatur-Hinweise

Brießmann, Strafrecht und Strafprozeß von A-Z, Beck-Rechtsberater im dtv, München 1982 ff.
Brodag, Strafverfahrensrecht, Stuttgart u.a. 1994
Brühl, Die Rechte der Verdächtigten und Angeklagten. Ein Handbuch mit Verhaltenshinweisen für Betroffene und ihre Interessenvertreter, Weinheim 1981 ff.
ders., Die Rechte der Verurteilten und Strafgefangenen, Weinheim 1981 ff.
Friedrich, Erwachsene und Jugendliche vor Polizei und Gericht, Beck-Rechtsberater im dtv, München 1980 ff.
Lüthke/Müller, Strafjustiz für Nicht-Juristen. Ein Handbuch für Schöffen, Pädagogen, Sozialarbeiter und andere Interessierte, Leverkusen 1997
Messmer, Meine Rechte gegenüber Polizei und Staatsanwaltschaft, München 1979 ff.
Schmidt-Bleibtreu, Fiedler, Rechtsschutz gegen den Staat, dtv-Rechtsinformation, München 1978 ff.
Sommer, Strafanzeige und Strafprozess, Frankfurt/M. 1994

Exkurs

Kronzeugen-Problematik

In manchen Verfahren wird der Beschuldigte oder Angeklagte von einem (oder mehreren) Kronzeugen belastet. In einem solchen Fall ist besondere Vorsicht angebracht, da diese Zeugen höchst problematisch sind:

► Sie sind selbst straffällig geworden und
► belasten Menschen um eigener Vorteile willen.
► Sie erhalten für ihre belastenden Zeugenaussagen Vergünstigungen im eigenen Strafverfahren,
► werden mit Hilfe des sog. Zeugenschutzprogrammes vor Racheakten geschützt, erhalten Geld und ggfls. ein „neues" Leben (Legende, Tarnpapiere etc.).[6]

Kronzeugen (richtiger: Staatszeugen; Zeugen der Anklage), sind lediglich

► in sog. Terrorismusverfahren (nach § 129a StGB),
► in Drogenprozessen (BTM-Verfahren) sowie seit 1994 auch
► in Verfahren wegen bestimmter organisiert begangener Straftaten (§ 129 StGB „kriminelle Vereinigung") zugelassen.

Die prinzipiellen rechtlichen und rechtspolitischen Bedenken und Einwände gegen diese Art von Zeugen, wie sie auch im straf- und strafverfahrensrechtlichen Schrifttum überwiegend zum Ausdruck kommen, lassen sich so zusammenfassen:
(1) Die Privilegierung des Kronzeugen verstößt gegen eine Reihe von verfassungsrechtlichen Prinzipien, so gegen das Rechtsstaats- (Art. 20 GG), das Verhältnismäßigkeits- und das Gleichheitsprinzip (Art. 3 I

GG). Letztgenannter Verfassungsgrundsatz ist dadurch verletzt, daß der Kronzeuge durch die Gewährung von Straffreiheit oder Strafmilderung im Vergleich zu seinen Mittätern und zu anderen Straftätern bevorzugt, also ungleich behandelt wird. Diese Ungleichbehandlung per Sondergesetz, wie es die Kronzeugenregelung darstellt, ist willkürlich und kann auch nicht mit der Formel etwa von der „besonderen Gefährlichkeit des Terrorismus" sachlich begründet werden.

(2) Die gesetzliche Zulassung des Kronzeugen verstößt auch gegen eine Reihe von strafprozessualen Prinzipien: So wird das sog. Legalitätsprinzip durchbrochen, wonach die Staatsanwaltschaft zur Verfolgung jeder Straftat ohne Ansehen der Person verpflichtet ist (§ 152 II StPO); zumindest die Nichtverfolgung bzw. Straffreistellung von Kronzeugen, die meist selbst in schwerwiegende Straftaten verwickelt sind, bedeutet praktisch eine Freistellung vom Legalitätsgrundsatz. Die Einführung von Kronzeugen als Hauptbelastungszeugen ist geeignet, die Hauptverhandlung zu entwerten und die Verteidigung zu erschweren. Nach Auffassung mancher Kritiker wird dadurch das „Rechtsbewußtsein der Allgemeinheit empfindlich erschüttert..." (so etwa der Standardkommentar zur StPO von Kleinknecht/Meyer-Goßner, vor KronzG, 42. Aufl.; Lammer, ZRP 1989, 252).

(3) Der Kronzeuge ist das Gegenteil eines klassischen Zeugen: Selbst tief in Schuld verstrickt, kauft er sich durch den Verrat seiner (ehemaligen) Mitstreiter vom Staat frei, der seinerseits bei der Terrorismusbekämpfung (und auch bei der Bekämpfung der „Organisierten Kriminalität") unter besonderem Erfolgszwang steht.

(4) Es ist
▶ ein Handel, der in der Regel in Untersuchungshaft, zumeist unter isolierenden Haftbedingungen, angebahnt und perfekt gemacht wird – also in einer örtlichen und psychischen Situation, in der die Grenzen zwischen Versprechen eines Vorteils, Täuschung und Unterdrucksetzen äußerst fließend sind (§ 136a StPO, Verbotene Vernehmungsmethoden) und in der ausschließlich die eine Seite, nämlich die staatliche, die Bedingungen diktiert;
▶ es ist ein Handel, der den frisch gekürten Kronzeugen vom Mitbeschuldigten zum Ermittlungsgehilfen der Staatsanwaltschaft und Polizei transformiert, ihn in den staatlichen Verfolgungsapparat integriert, dem repressiven und präventiven Staatsschutz nutzbar macht und so gegen das Verbot des Rollentauschs vom Beschuldigten zum Zeugen und zum Fahndungsinstrument verstößt;
▶ es ist ein Handel, der die ohnehin kaum gewährleistete Waffengleichheit im Strafprozeß vollends zum Kippen bringt, „da der Kronzeuge als reines Ermittlungsinstrument ausschließlich Überführungs-

zwecken dient (Lammer, ZRP 1989, 251 f.) Diese Wirkung wird noch verstärkt, wenn solche Zeugen aus „Sicherheitsgründen", „Gründen des Staatswohls" oder wegen angeblicher „Unerreichbarkeit" dem Gericht und den Prozeßbeteiligten vorenthalten werden und ihre Aussagen lediglich per Vernehmungsprotokoll oder „Zeugen vom Hörensagen" in die Hauptverhandlung eingeführt werden. Eine Überprüfung der Glaubwürdigkeit des Kronzeugen durch die Angeklagten und ihre Verteidigung wird in solchen Fällen praktisch verhindert.

(5) Eines der gewichtigsten Bedenken gegen die Figur des Kronzeugen ist die mangelnde Glaubwürdigkeit jener „gekauften Zeugen", wie sie bisweilen genannt werden. Dieser in der Figur des Kronzeugen bereits angelegte Mangel müßte ihre Aussagen, die nicht selten wie Fahndungsexpertisen klingen, eigentlich für ein rechtsstaatlich-faires Verfahren von vornherein wertlos machen. Auch der Praxiskommentar zur StPO von Kleinknecht/Meyer-Goßner (42. Aufl.) geht davon aus, daß „stets starke Zweifel an der Glaubwürdigkeit der Angaben eines Kronzeugen, der sich durch seine Aussage erhebliche Vorteile erwerben will, bestehen müssen" (Rdnr. 8 vor KronzG). Das verständliche Interesse an Straffreiheit oder zumindest an milder Beurteilung durch das Gericht, das existentielle Interesse an dem Schutz und der Unterstützung durch die Sicherheitsorgane – diese Interessenkonstellation und hochgradige Abhängigkeit von staatlichen Instanzen erzeugt einen ungeheuren Druck und damit auch die Gefahr, letztlich mehr zu sagen, als man weiß. Wo der Verrat um des eigenen persönlichen Vorteils willen gefordert wird, da sind falsche Bezichtigungen geradezu vorprogrammiert. Der Warencharakter solcher Aussagen liegt in der Natur der Kronzeugenschaft. Der Beweiswert eines solchen Staatszeugen sinkt letztlich gen Null – eine gerichtlich nur selten und unvollkommen gewürdigte Tatsache, die etliche „Terrorismus"-Verfahren, zusätzlich zu anderen Gründen, gelinde gesagt, erheblich ins Zwielicht gebracht hat.

Dieser Leistungsdruck aufgrund von existentieller Abhängigkeit, aufgrund des ureigenen Interesses, möglichst ungeschoren aus dem eigenen Verfahren herauszukommen und die Vorteile des Verrats zu erlangen, ist charakteristisch für die Kronzeugen-Rolle.

Prinzipiell sind die Aussagen von Kronzeugen als einzige Belastungszeugen, die unter enormem Druck stehen, also nur mit Vorsicht zu genießen: Ihre Aussagen sind, was die Glaubwürdigkeit anbelangt, in Relation zu setzen zu den Vergünstigungen, die sie von staatlicher Seite erhalten – etwa Vergünstigungen im Zusammenhang mit ihrem eigenen Strafverfahren, mit gemäßigten Haftbedingungen bzw. mit Haftverschonung, mit finanziellen Zuwendungen zur Gründung einer neuen Existenz – Wohnungen, ggfls. an wechselnden Orten, Arbeitsplatz, Verpflegung, Kleidung, staatliches Salär zum Lebensunterhalt -, mit aufwendigen Schutzmaßnahmen – neue Identität, Operationen, Bodyguards (Zeugenschutzprogramm); und dahinter immer die Angst, möglicherweise fallengelassen zu werden. Diese Umstände sind in der Beweiswürdigung äußerst gründlich zu berücksichtigen und entsprechend abzuwägen.

Die Kronzeugenregelung degradiert den zum Kronzeugen gekürten Belastungszeugen praktisch in rechtsethisch nicht vertretbarer Weise zum Objekt staatlichen Handelns im Interesse eines unbedingten Strafverfolgungswillens. Nicht zuletzt aus diesen Gründen sollte die Kronzeugenregelung abgeschafft werden, statt sie, wie inzwischen geschehen, auch noch auf andere Deliktsbereiche auszudehnen.

Der von der RAF ermordete Generalbundesanwalt Siegfried Buback hatte Recht, als er 1976 bekannte: „Ich bin... ein entschiedener Gegner der Kronzeugenlösung, weil ich sie für eine ganz unnötige Kapitulation des Rechtsstaats halte." (in: Der Spiegel 16.2.76). Dreizehn Jahre später, im Jahre 1989, kapitulierte der Rechtsstaat mit der gesetzlichen Kronzeugenregelung – zwar befristet, aber immer wieder verlängert, bis heute.

Exkurs

Deeskalation oder „Handel vor Gericht"?
Verständigung zwischen den Verfahrensbeteiligten

Prinzipiell sind Absprachen im Strafprozeß, die „die Vorstellungen der Prozeßbeteiligten über Gang und Ergebnis des Verfahrens auf dem Gesprächswege zur Deckung bringen" (Dahs), nicht neu – in den vergangenen Jahren sind sie in der Rechtspraxis sogar von einem faktischen Phänomen zu einem rechtlich anerkannten, höchstrichterlich abgesegneten Instrument geworden. Die Möglichkeit, mit Staatsanwalt und Richter über Umfang, Ablauf und Ergebnis eines Strafprozesses Vereinbarungen zu treffen, ist heute Allgemeingut justitieller Verfahrensbewältigung – ob man das wahrhaben will oder nicht (vgl. Dahs, TB des Strafverteidigers, 4. Aufl. 1990, Rdnr. 142a m.w.N.). In aufwendigen und komplizierten Strafverfahren
– etwa in großen Drogenverfahren,
– Wirtschafts- und Umweltstrafsachen,
– gelegentlich auch in Spionageprozessen
wird – schon aus prozeßökonomischen Gründen – regelmäßig gedealt. Die Generalstaatsanwälte haben hierfür schon 1993 „Hinweise

an die Staatsanwälte für die Verständigung im Strafverfahren" erlassen (StV 93, 280). Angesichts ihrer zunehmenden Bedeutung in der Verfahrenspraxis wird sogar über eine Legalisierung solcher Absprachen in Strafverfahren nachgedacht.

Nur bei Staatsschutzverfahren, insbesondere in sog. Terrorismusprozessen sind wir Absprachen praktisch kaum gewohnt – schließlich geht es da um die Aburteilung des „Staatsfeindes" – die Staatsräson ließ es bislang nicht zu, mit sog. Terroristen zu verhandeln. Erst seit 1997 wirken sich die politischen Sondierungsgespräche zwischen bundesdeutschen Stellen und der Führung der kurdischen Arbeiterpartei PKK auch in jenen Strafverfahren gegen PKK-Mitglieder aus, in denen es regelmäßig auch um den Vorwurf des „Terrorismus" geht.[7]
Mit den sonstigen – inzwischen gesetzlichen, aber umstrittenen – Formen der Beschleunigung des Strafverfahrens – wie etwa durch das „Verbrechensbekämpfungsgesetz" von 1994 – hat diese Art von Beschleunigung indessen nichts zu tun. Statt gesetzlich vorgesehener Rechtsverkürzung zu Lasten des Beschuldigten und seiner strafprozessualen Rechte hat die Beschleunigung im Fall von Verfahrensabsprachen
– voll im Interesse des Angeklagten zu geschehen,
– unter seiner Mitwirkung und Zustimmung und
– unter weitestgehender Wahrung seiner prozessualen Rechte.
In seinem Grundsatzurteil vom August 1997 verkündete der Bundesgerichtshof (BGH) – wie schon das Bundesverfassungsgericht zehn Jahre zuvor (BVerfG NJW 1987, 2662) – die prinzipielle Zulässigkeit von Verfahrensabsprachen auch im deutschen Strafverfahren (Az. 4 StR 240/97; BGH NJW 1998, 86 ff). Die Strafprozeßordnung untersage eine Verständigung zwischen Gericht und Verfahrensbeteiligten nicht generell. Dazu gehöre auch die Zusicherung einer milderen Strafe. Absprachen seien aber nur unter Beachtung strafprozessualer Grundsätze und der Rechtsstellung des Angeklagten, insbesondere der Beachtung seines Rechts auf ein faires rechtsstaatliches Verfahren, zulässig (Art. 20 III iVm Art. 2 I GG). Voraussetzung ist nach dieser höchstrichterlichen Rechtsprechung,
1. daß auch im Falle von Vorgesprächen außerhalb der Hauptverhandlung die Absprache zwischen Gericht, Verteidigung und Staatsanwaltschaft in öffentlicher Hauptverhandlung bekanntgegeben, erörtert und protokolliert wird,
2. daß die Zusicherung einer milderen Strafe nur so weit geht, daß eine bestimmte schuldangemessene Höchststrafe (Strafobergrenze) abgesprochen wird; eine genaue Festlegung der Gesamtstrafe darf

es nicht im vorhinein geben, weil die Richter dann in Beweiswürdigung und Strafzumessung nicht mehr frei und unabhängig entscheiden könnten,
3. daß bei Bekanntwerden neuer Tatsachen und schwerwiegender Umstände zu Lasten des Angeklagten das Gericht von der ursprünglichen Zusage einer Höchststrafe abweichen kann, was ebenfalls in der Hauptverhandlung bekanntgegeben werden muß.
4. Die Vereinbarung eines Rechtsmittelverzichts mit dem Angeklagten vor der Urteilsverkündung hält der BGH für unzulässig.

Die strafprozessualen Grundsätze sind einzuhalten:
▶ Rechtliches Gehör muß in vollem Umfang gewährt,
▶ die freie Willensentschließung des Angeklagten gewahrt werden.
Unabdingbare Voraussetzung einer Absprache im Strafverfahren, auch wenn diese im Vorfeld getroffen wurde, ist ein
▶ offener Umgang, der dem Grundsatz des rechtlichen Gehörs (Art. 103 I GG; § 33 StPO) und
▶ dem grundlegenden Öffentlichkeitsprinzip im Strafverfahren (§ 169 GVG) entspricht.
▶ Die Absprache muß als herausragender Verfahrensvorgang mit ihrem wesentlichen Inhalt in die öffentliche Hauptverhandlung eingebracht, dort von allen Verfahrensbeteiligten erörtert, vom Gericht beraten und im Protokoll festgehalten werden. Ansonsten würde die Hauptverhandlung zur Farce, zur bloßen Fassade eines geheimen „Deals", der einer Überprüfbarkeit entzogen wäre.

Anmerkungen

(1) Dieser Teil wird hier nur sehr knapp abgehandelt. Ausführlicher: Sommer, Strafanzeige und Strafprozeß. Ratgeber Recht, Frankfurt/M. 1994 oder Beck'scher Ratgeber Recht, München (jeweils neueste Auflage).
(2) BGH NJW 1954, 649 ff.
(3) BVerfGE NJW 1982, 375
(4) Vgl. dazu: Die Würde des Menschen ist unantastbar, in: Deutsche Richterzeitung Febr. 1998, S. 45 ff.; Krempl, Der Lügendetektor (Polygraph), in: Unbequem März 1998, S. 35.
(5) S. zur Praxis dieser „Dunkelmänner" und zur Auswirkung auf Gerichtsverfahren: Gössner, Das Anti-Terror-System, Hamburg 1991, S. 185 ff; Lüderssen (Hg.), V-Leute. Die Falle im Rechtsstaat, Frankfurt 1985.
(6) Vgl. dazu u.a. Kurenbach, Zeugenschutz, in: der kriminalist 5/98, S. 209.
(7) Vgl. dazu Gössner, Der Deal, in: Ossietzky Nr. 5/1998, S. 133 ff.; ders., Deeskalation oder „Handel vor Gericht", in: Neue Kriminalpolitik 2/1998, S. 4 f.

Kapitel 6

Rechtsschutz gegen rechtswidrige staatliche Maßnahmen und Übergriffe

Die Frage, die in diesem Kapitel behandelt werden soll, lautet: Wie kann man sich gegen staatliche Maßnahmen im allgemeinen und gegen polizeiliche Übergriffe im besonderen rechtlich zur Wehr setzen? Betroffene können sich gemäß Art. 19 Abs. 4 GG gegen jeden Eingriff öffentlicher Gewalten rechtlich zur Wehr setzen und ggfls. die zuständigen Gerichte anrufen.
Die Polizei unterliegt in der Bundesrepublik nach dem Gesetz einer dreifachen Kontrolle, die allerdings in der Praxis erhebliche Einschränkungen aufweist. Sie unterliegt:
– der Binnenkontrolle (Dienstaufsicht),
– der gerichtlichen und
– der parlamentarischen Kontrolle.

6.1 Dienstaufsicht / Binnenkontrolle:

Zunächst unterliegt die Polizei der Kontrolle aus dem eigenen „Lager", durch die exekutiven Aufsichtsbehörden (Dienstvorgesetzte, Innenministerien bzw. -senatoren). BürgerInnen können die Binnen-Kontrolle gegen einzelne Polizeibeamte, deren Verhalten sie rügen und überprüfen lassen wollen, mittels Dienstaufsichtsbeschwerden in Gang setzen. Doch solche Kontrollversuche erweisen sich – und dies ist statistisch untermauerbar – zu einem hohen Prozentsatz als fruchtlos. Ein gravierendes Problem dieser internen Kontrolle liegt darin, daß es sich letztlich um Ermittlungen in eigener Sache handelt, die rasch die immanenten Schutz- und Verdrängungsmechanismen des Apparates aktivieren: Korpsgeist, der Apparat muß „sauber" bleiben, Einschüchterung von sog. Nestbeschmutzern etc. Denn bei jeder Anschuldigung von außen steht nicht nur das individuelle Ansehen des beschuldigten Polizeibeamten auf dem Spiel, sondern gleichzeitig auch das des gesamten Polizeiapparates.

Dienstaufsichtsbeschwerde
ist die an eine übergeordnete Behörde gerichtete Beschwerde mit dem Ziel einer dienstrechtlichen Überprüfung wegen des dienstlichen Ver-

haltens eines Beamten. Gegen Polizeibeamte oder Verantwortliche wegen deren Verhaltens ist die Dienstaufsichtsbeschwerde formlos beim jeweilig zuständigen Polizeipräsidium/ Innenminister/-senator (Aufsichtsbehörde der Polizei) einzulegen.

Obwohl die Dienstaufsichtsbeschwerde als „frist-, form- und fruchtlos" gilt, sollte sie – auch parallel zu einer Strafanzeige – eingelegt werden. Denn sie zwingt die Behörden dazu, sich zumindest mit den Vorkommnissen auseinanderzusetzen und sich zu rechtfertigen. Meist wird zunächst das Ergebnis des Strafverfahrens abgewartet, bevor innerbehördliche Ermittlungsschritte und ggfls. Disziplinarmaßnahmen gegen mutmaßliche Polizeitäter eingeleitet werden. Wenn das Strafverfahren gegen die Beamten eingestellt wird oder mit Freispruch endet (wie allzu häufig), dann erfolgen in aller Regel auch keine disziplinarrechtlichen Schritte.

Zwar verpflichtet eine Dienstaufsichtsbeschwerde die Aufsichtsbehörde, sich mit ihr inhaltlich zu befassen und sie zu bescheiden, doch hat der Beschwerdeführer keinen Anspruch auf eine Mitteilung über disziplinarrechtliche Maßnahmen. Der Bescheid muß lediglich zu erkennen geben, daß eine sachliche Prüfung stattgefunden hat und ob etwas veranlaßt wurde. Eine Begründung ist – auch bei ablehnender Entscheidung – nicht erforderlich.

Die Dienstaufsichtsbeschwerde kann ggfls. auch gegen einen Staatsanwalt (etwa im Rahmen von staatsanwaltschaftlichen Ermittlungsmaßnahmen) eingelegt werden (beim zuständigen Generalstaatsanwalt oder Justizminister/-senator).

Um die Aufhebung oder Änderung einer Sachentscheidung zu erreichen, ist die **Fachaufsichtsbeschwerde** (an die vorgesetzte Fachaufsichtsbehörde) möglich.

6.2 Gerichtliche Kontrolle

Weiterhin unterliegen die Polizei und ihre Bediensteten der gerichtlichen Kontrolle – und zwar neben der verfassungs- und verwaltungsgerichtlichen insbesondere der strafjustitiellen. Da der Zugang der BürgerInnen zum gerichtlichen Kontrollinstrument (zumeist über Strafanzeigen bei der involvierten Polizei) mit etlichen Hindernissen versehen ist, wird allerdings nur ein geringer Bruchteil überprüfungsbedürftiger Vorgänge – Übergriffe, Mißhandlungen, Diskriminierungen – überhaupt angezeigt. Dabei spielt eine erhebliche Rolle, daß die meisten der Polizeiopfer keine „Beschwerdemacht" haben – es sind

in der Regel Angehörige sozialer Randgruppen (Ausländer, Obdachlose, Drogenabhängige, Prostituierte etc.) oder politischer Minderheiten, die sich oft mangels Kenntnissen oder einfach aus Angst vor Schikanen gegen die Mißhandlungen und Diskriminierungen nicht wehren (können). Mit ziemlicher Regelmäßigkeit sieht sich das Opfer bei eigener (gerichtlicher) Gegenwehr selbst zum Täter befördert:
– „Widerstand gegen Vollstreckungsbeamte",
– „Falsche Anschuldigung" oder
– Beleidigung lauten dann die polizeilichen Gegen-Vorwürfe.
Die Kontrolle durch die Staatsanwaltschaft als Voraussetzung für die Einleitung eines gerichtlichen Strafverfahrens läßt diese Ermittlungen wiederum als Kontrolle im eigenen Lager und damit als nicht unabhängig erscheinen – denn (auch die zu überprüfenden) Polizisten sind im Bereich der Strafverfolgung „Hilfsbeamte der Staatsanwaltschaft", und vielfach wird der Polizei die Vernehmung der eigenen beschuldigten Kollegen übertragen; meist unterbleiben ansonsten übliche Ermittlungsmaßnahmen. In diesem Verfahrensabschnitt bleiben deshalb schon viele der Verfahren hängen, und die objektive Rolle der Staatsanwaltschaft im Verhältnis zur Polizei ist ein Schlüssel zur Erklärung dieser vorgerichtlichen Filterwirkung.
Aber auch vor Gericht haben mutmaßliche Polizei-Täter oft gute Chancen, relativ ungeschoren davonzukommen. Denn die Beweislage ist für das Opfer in aller Regel äußerst schlecht: Meist ohne eigene Zeugen und mit mehreren Gegenzeugen auf seiten der Polizei konfrontiert, zieht es in einem Strafverfahren oft den Kürzeren. Im Zusammenhang mit Demonstrationen ist eine Identifizierung der uniformierten und behelmten Polizei-Tatverdächtigen kaum möglich. Insgesamt werden in über 90 Prozent der Fälle die Ermittlungsverfahren (sofern sie überhaupt eröffnet werden) eingestellt, oder das Urteil lautet auf Freispruch „mangels Beweisen".[1]
Die Polizei sitzt jedenfalls in der Regel am längeren Hebel, häufig werden (mutmaßliche) Polizeitäter und Polizeizeugen vor den Verfahren intensiv durch Führungsbeamte betreut, außerdem können Aussagegenehmigungen für beamtete Zeugen eingeschränkt oder versagt werden (etwa bei polizeitaktischen oder -strategischen Fragen), so daß apparativ-strukturelle Mißstände und kollektives Fehlverhalten auch kaum aufgearbeitet werden können. Das Fehlverhalten einzelner Polizeibeamter, gerne als „schwarze Schafe" tituliert, wird im Strafverfahren isoliert betrachtet und bestenfalls individuell geahndet. Die eigentlich verantwortlichen (Führungs-) Personen und ursächlichen Strukturen bleiben im Strafverfahren in aller Regel außen vor.

Um strafrechtliche Ermittlungen einzuleiten, bedarf es in der Regel einer
Strafanzeige (erforderlichenfalls verbunden mit einem **Strafantrag**) gegen Polizeibeamte, insbesondere wegen Amtsdelikten (z. B. Körperverletzung im Amt).

Hinweise für Strafanzeigen gegen Polizeibeamte

▶ Vorfall möglichst präzise mit genauen Orts- und Zeitangaben schildern (Gedächtnisprotokoll).
▶ Zeugen bzw. andere Beweismittel (etwa Fotos) angeben.
▶ Die Strafanzeige sollte möglichst direkt bei der Staatsanwaltschaft – und nicht bei der Polizei – eingereicht werden.
▶ Jede/r Betroffene oder Augenzeuge eines Polizeiübergriffs kann Strafanzeige gegen die Polizeitäter (auch Unbekannte) stellen.
▶ Bei manchen Delikten (z.B. bestimmte Körperverletzungen, Beleidigung) ist zusätzlich ein Strafantrag erforderlich, der nur vom Verletzten innerhalb von drei Monaten nach Kenntnis von dem Vorfall und von der Person des Täters zu stellen ist (§ 77b StGB).
▶ Soll der Anzeigende als Zeuge vernommen werden, so muß er jede Aussage vor der Polizei verweigern und darauf bestehen, von der Staatsanwaltschaft angehört zu werden (weil die Polizei in solchen Fällen in der Regel in eigener Sache ermittelt, was auf keinen Fall unterstützt werden sollte).

Risiko: Vor allem für die Polizeiopfer besteht das Risiko, daß sie im Falle ihrer juristischen Gegenwehr per Strafanzeige vom Opfer zum Täter befördert werden (per Gegenanzeige der Polizei z. B. wegen Widerstands gegen Vollstreckungsbeamte, wegen falscher Anschuldigung, Beleidigung oder wegen übler Nachrede). Dieses Risiko ist umso geringer, je besser die Beweislage des anzeigenden Polizeiopfers ist.
Deshalb: Immer Beweise sichern, so gut es eben in solchen Situationen der Auseinandersetzung mit Polizeibeamten möglich ist (Zeugen, Fotos, Dokumente, ärztliche Atteste, Gutachten etc.).

Klageerzwingungsverfahren (§ 172 StPO):
Sollte das Verfahren gegen den mutmaßlichen Polizeitäter von der Staatsanwaltschaft (StA) nach § 170 Abs. II StPO (wegen mangelnden Tatverdachts) eingestellt worden sein – was dem Anzeigenden mitgeteilt werden muß (mit Begründung) –, so kann der Anzeigende, sofern er zugleich durch die Tat Verletzter ist, gegen den Einstellungsbescheid der StA
▶ innerhalb von zwei Wochen nach Bekanntmachung der Einstellung **Beschwerde** an den vorgesetzten Beamten der StA einlegen.
▶ Die Frist beginnt mit Zustellung des mit einer Beschwerdebelehrung versehenen Einstellungsbescheids zu laufen.
▶ Auf diese Möglichkeit ist der Betroffene von der StA hinzuweisen. Falls dies unterblieben ist, gilt die 2-Wochen-Frist nicht und verlängert sich.

Ist die Beschwerde begründet, so wird der Einstellungsbescheid aufgehoben und die Sache neu behandelt; ist sie unbegründet, wird die Beschwerde verworfen. In diesem Fall kann der Betroffene
▶ innerhalb eines Monats nach Bekanntgabe
▶ eine gerichtliche Entscheidung beantragen.
▶ Hierüber und über die dafür vorgesehene Form ist er zu belehren. Die Frist läuft nicht, wenn die Belehrung unterblieben ist.
▶ Gegen die Entscheidung ist ggfls. auch Dienstaufsichtsbeschwerde möglich, einzulegen beim Justizminister/-senator.

Der Antrag auf gerichtliche Entscheidung muß
▶ die Tatsachen, welche die Erhebung einer Anklage begründen sollen,
▶ und die Beweismittel angeben.
▶ Er muß von einem Rechtsanwalt unterzeichnet sein.
▶ Der Antragsteller kann ggfls. Prozeßkostenhilfe beantragen.
▶ Der Antrag ist bei dem für die Entscheidung zuständigen Gericht einzureichen.
▶ Über diesen Antrag entscheidet das Oberlandesgericht per Beschluß.
Entweder ordnet das Gericht die Erhebung der öffentlichen Klage durch die StA an oder es verwirft den Antrag. Dann kann die öffentliche Klage nur aufgrund neuer Tatsachen oder Beweismittel erhoben werden.

Exkurs

Nebenklage und Opferschutz

In bestimmten Fällen, in denen die Anklage durch die Staatsanwaltschaft erhoben wurde, empfiehlt es sich, eine Nebenklage anzustreben, d.h. sozusagen in die Rolle des Anklägers zu schlüpfen. Der Nebenkläger sollte sich dabei eines Rechtsanwalts bedienen, um die Möglichkeiten der Nebenklage voll ausschöpfen zu können.

Warum eine Nebenklage?

Warum eine Nebenklage in gewissen Fällen nötig erscheint, hängt von bestimmten Faktoren und Konstellationen ab, nicht zuletzt auch von rechtspolitischen Erwägungen.

Beispiel: Im Falle von Polizeiübergriffen (oder gar polizeilichen Todesschüssen) ist es in aller Regel ratsam, daß die unmittelbaren Opfer (oder die nächsten Angehörigen) als Nebenkläger an dem Verfahren gegen die beschuldigten/angeklagten Polizeibeamten teilnehmen. Es ist leider – wie bereits erwähnt – eine alte Tatsache, daß die gerichtliche Kontrolle des Polizeiapparates und von Polizeihandeln in der Regel äußerst schlecht funktioniert.

Funktion der Nebenklage

Nebenkläger sind keine Gehilfen der Staatsanwaltschaft, sondern – seit Inkrafttreten des Opferschutzgesetzes vom 18.12.1986 – selbständige Prozeßbeteiligte. Sie haben bestimmte Rechte, die auch der Staatsanwaltschaft zustehen, üben sie aber völlig unabhängig von ihr aus.

Der Nebenkläger (NK) kann mit seiner Stellung als Verfahrensbeteiligter seine persönlichen Interessen auf Genugtuung verfolgen (BGH 28, 272; Karlsruhe NJW 74, 658). Ziel einer Nebenklage muß es jedoch nicht (ausschließlich) sein, daß der Angeklagte eine möglichst hohe Freiheitsstrafe verpaßt bekommt. Primäres oder zusätzliches Ziel kann es vielmehr sein, die Staatsanwaltschaft zu kontrollieren oder sie zu unterstützen, den strukturellen Hintergrund der Tat auszuleuchten – also im Falle von angeklagten Polizeibeamten: Welche Bedingungen in der Ausbildung, in der speziellen Einheit, der Ausrüstung und Bewaffnung, der Dienstaufsicht etc. sind es, die neben dem individuellen Handeln der Angeschuldigten zu Diskriminierungen, Verletzungen oder aber Todesfällen führen. Außerdem kann es zweckmäßig sein, als Verfahrensbeteiligte über eine offensive Öffentlichkeitsarbeit auf verfahrensmäßige oder apparative Defizite und Fehlentwicklungen hinzuweisen und im Verfahren auf eine Abänderung hinzuwirken.

Strafprozessuale Grundlagen der Nebenklage (NK)
Die Nebenklage ist geregelt in §§ 395 bis 402 StPO. Sie ermöglicht eine umfassende und selbständige Beteiligung von besonders schutzwürdigen Verletzten im gesamten Strafverfahren, und zwar von der Erhebung der öffentlichen Klage ab.
Der Kreis der NK-Delikte ist mit der Neufassung des § 395 durch das Opferschutzgesetz vom 18.12.1986 erheblich erweitert worden.
1. Nebenklageberechtigt sind die durch eine rechtswidrige Tat unmittelbar verletzten Personen:
▶ Der durch eine rechtswidrige Straftat (Katalog § 395 I: bestimmte Straftaten gegen die sexuelle Selbstbestimmung §§ 174 ff; Beleidigungstatbestände §§ 185 ff; Aussetzung, Körperverletzungstatbestände §§ 225 ff StGB) Verletzte oder der durch eine versuchte Straftat nach den §§ 211 (Mord) und 212 StGB (Totschlag) Verletzte kann sich als NK der erhobenen öffentlichen Klage gegen den unmittelbaren Täter oder einen Teilnehmer an der Tat anschließen.
▶ Außerdem kann sich derjenige als NK anschließen, der durch eine rechtswidrige Tat nach § 230 StGB (fahrlässige Körperverletzung) verletzt ist, wenn dies aus besonderen Gründen – u.a. schwere Folgen (Verletzungen) der Tat – zur Wahrnehmung seiner Interessen geboten erscheint.
▶ Außerdem kann sich derjenige, der durch einen Antrag auf gerichtliche Entscheidung (§ 172 StPO) die Erhebung der öffentlichen Klage herbeigeführt hat (Klageerzwingungsverfahren), der erhobenen öffentlichen Klage als NK anschließen. Hier soll der Gefahr entgegengewirkt werden, daß die StA das gegen ihren Willen zustande gekommene Verfahren nachlässig betreibt.
Nebenklage-berechtigt sind also insbesondere solche Personen, die durch körperliche oder seelische Gewalteinwirkung bzw. durch ehrverletzende, rufschädigende Straftaten in ihrer physischen oder psychischen Integrität verletzt worden sind.
2. Die gleichen Befugnisse wie dem Verletzten stehen als mögliche NK u.a. zu:
▶ den Eltern, Kindern, Geschwistern (auch Halbgeschwister) und dem (nicht geschiedenen) Ehegatten eines durch eine rechtswidrige Tat Getöteten,
▶ u.a. demjenigen, die gem. § 374 in den in § 374 I Nr. 7 und 8 genannten Fällen als Privatkläger auftreten kann etc.
Nebenklageberechtigt sind die genannten Personen unabhängig von der Wahrnehmung durch die jeweils anderen.
Der Anschluß ist in jeder Phase des Verfahrens nach Erhebung der öffentlichen Klage zulässig – auch nach ergangenem Urteil zur

Einlegung von Rechtsmitteln (§ 395 IV). Der Verletzte ist auf sein Recht zum Anschluß als NK nach § 406 h hinzuweisen. Kann die Tat nur auf Antrag verfolgt werden (etwa §§ 185, 194 I StGB), so ist ein Strafantrag des Verletzten erforderlich. Der Strafantrag kann allerdings (konkludent) in der Anschlußerklärung liegen.

Anschlußerklärung des NK und Gerichtsentscheidung (§ 396 StPO)
Die Anschlußerklärung ist schriftlich (auch per Telegramm, Fernschreiben, Telefax) einzureichen bei dem Gericht (im Vorverfahren auch bei der StA), bei dem das Verfahren durchgeführt wird, oder aber per Erklärung zu Protokoll der Geschäftsstelle.
Das Gericht (nicht der Vorsitzende allein), bei dem das Verfahren anhängig ist, entscheidet über Berechtigung zum Anschluß als NK nach Anhörung der StA, in bestimmten Fällen (§ 395 III) nach Anhörung auch des Angeschuldigten (wegen der Frage, ob Anschluß geboten ist; diese Entscheidung ist unanfechtbar). Entscheidet nur der Vorsitzende, ist die Entscheidung anfechtbar, aber nicht nichtig.
Rechtsbehelf der Beschwerde: Dem Antragsteller und der StA steht die Beschwerde nach § 304 I gegen den Nichtzulassungsbeschluß zu. Gegen die NK-Zulassung können StA und Angeschuldigte Beschwerde einlegen.

Weitere Voraussetzungen für die Anschlußbefugnis
NK muß prozeßfähig sein, andernfalls muß für ihn, den Verletzten, der gesetzliche Vertreter (Personensorgerecht) den Anschluß erklären und die Rechte der NK wahrnehmen. Der Verletzte wird dann als NK zugelassen. Der NK kann auch ein Belastungszeuge sein.

Rechtsstellung und Rechte des Nebenklägers (§ 397 StPO)
Der NK ist ein mit besonderen Rechten ausgestatteter Verfahrensbeteiligter. Er kann – seit der Neufassung des § 397 I – nicht mehr wie früher als „Gehilfe der Staatsanwaltschaft" bezeichnet werden. Der NK ist bei der Ausübung seiner Rechte unabhängig von der StA (BGH 28, 272) und von anderen Nebenklägern.
Der NK kann das Verfahren und seine Ergebnisse durch aktive Beteiligung direkt beeinflussen:
▶ NK ist zur Anwesenheit in der Hauptverhandlung berechtigt, auch wenn er als Zeuge vernommen werden soll. Anwesenheitspflicht besteht nicht, die Anwesenheit kann nicht erzwungen werden.
▶ Er kann mit Rechtsanwalt als Beistand erscheinen und sich durch einen Rechtsanwalt vertreten lassen. Die Vertretung mehrerer NK durch einen RA ist zulässig.
▶ Auf Antrag ist dem NK unter gewissen Voraussetzungen ein Rechts-

anwalt als Beistand zu bestellen (§ 397a StPO-Neufassung von 1998).
▶ NK kann nur über einen Rechtsanwalt Akteneinsicht erhalten.
▶ NK ist berechtigt zur Abgabe von Erklärungen, Stellung von Fragen und Anträgen: Ablehnung von Richtern oder Sachverständigen, Befragung von Zeugen und Sachverständigen, Beanstandung von Anordnungen des Vorsitzenden und von Fragen an Zeugen, Beweisantragsrecht. Das Recht auf unmittelbare Ladung von Beweispersonen steht auch dem NK zu.
▶ Anhörung des NK durch das Gericht, insbesondere vor der Einstellung des Verfahrens nach §§ 153 ff, die aber von der Zustimmung des NK nicht abhängig ist (BGH 28, 272, 273). Vor gerichtlichen Entscheidungen braucht der NK grundsätzlich nicht gehört zu werden.
▶ Abgabe von Erklärungen, Schlußvortrag des NK (vor dem Angeklagten und nach dem StA) und Plädoyer des NK-Vertreters. Auf das Schlußwort des Angeklagten kann der NK erwidern.
Mit seinen Interventionsmöglichkeiten kann der NK auf den Verfahrensverlauf einwirken sowie auf eine sachgerechte Ausübung der dem Gericht obliegenden Aufklärungspflicht hinwirken (Rieß/Hilger NStZ 87, 154). Der NK ist aber nicht zur Teilnahme an den Gerichtsterminen verpflichtet. Die Hauptverhandlung kann ohne ihn stattfinden; sein persönliches Erscheinen kann nicht angeordnet werden. Wenn er trotz Kenntnis nicht erscheint, gilt sein rechtliches Gehör durch die Ladung als gewährt.

Prozeßkostenhilfe (PKH) für NK (§ 397a StPO)
Nach § 397a StPO steht dem NK für die Hinzuziehung eines RAs auf Antrag PKH zu (nach denselben Vorschriften wie in bürgerlichen Rechtsstreitigkeiten), wenn
▶ die Sach- oder Rechtslage schwierig ist;
▶ der Verletzte seine Interessen selbst nicht ausreichend wahrnehmen kann;
▶ oder ihm dies nicht zuzumuten ist (insbesondere bei Opfern von Straftaten gegen die sexuelle Selbstbestimmung).
Der RA wird in dem Gerichtsbeschluß über die Bewilligung der PKH beigeordnet.
Die PKH-Gewährung ist nicht abhängig von der hinreichenden Erfolgsaussicht (Verurteilung des Angeklagten). Die Entscheidung über PKH trifft das mit der Sache befaßte Gericht, also der Tatrichter, bei dem die öffentliche Klage erhoben worden ist, bzw. das Berufungs- oder Revisionsgericht nach Einlegung des entsprechenden Rechtsmittels. Die Entscheidung ergeht erst nach Anhörung der StA (nicht des Angeschuldigten).

NK kann weder die Ablehnung der PKH noch die Beiordnung eines nicht erwünschten RAs anfechten (Koblenz MDR 91, 557 m.w.N).

Beschränktes Anfechtungsrecht *(§§ 400, 401 StPO)*
Der NK ist generell zur Rechtsmitteleinlegung berechtigt, aber nur, soweit er durch die Entscheidung in seiner Stellung bzw. in seinen Rechten als NK beeinträchtigt ist.[2]
Dem NK steht die sofortige Beschwerde gegen den Beschluß zu, mit dem die Eröffnung des Hauptverfahrens abgelehnt (§ 204) oder das Verfahren nach §§ 206a (Verfahrenshindernis) und 206 b (Änderung des Strafgesetzes) eingestellt wird.
Das Urteil kann vom NK nur eingeschränkt angefochten werden (§ 400 I).
Der NK kann die Rechtsbehelfe Beschwerde, sofortige Beschwerde, Berufung oder Revision in der gesetzlich vorgeschriebenen Form unabhängig von der StA einlegen (§ 401 I).

Sonstige Befugnisse des Verletzten (§§ 406 d – h)
Der durch eine rechtswidrige Straftat unmittelbar Verletzte ist seit Einfügung der §§ 406d-406 h durch das Opferschutzgesetz vom 18.12.1986 ein selbständiger Prozeßbeteiligter, dessen Beteiligung am Verfahren nicht mehr von der Zulassung als NK gem. §§ 395 ff abhängt. Auch wenn er also nicht als NK zugelassen werden will oder zugelassen wird, erhält der Verletzte eine gesicherte Rechtsposition, die es ihm nach freier Entscheidung ermöglicht, seine spezifischen Interessen wahrzunehmen.

Rechte des Verletzten/Opfers unabhängig von NK-Zulassung
▶ Dem Verletzten ist auf Antrag der Ausgang des gerichtlichen Verfahrens (Nichteröffnung, Einstellung, Urteil) mitzuteilen, soweit es ihn betrifft (§ 406d I);
▶ Für den Verletzten kann ein RA Akteneinsicht verlangen und nehmen, soweit hierfür ein berechtigtes Interesse dargelegt wird (§ 406e I); Ausnahmen: § 406e II;
▶ Der Verletzte kann sich im Strafverfahren des Beistands eines RA bedienen oder sich durch einen solchen vertreten lassen (§ 406 f I).
Verletzte, die nicht NK-befugt sind, können keine PKH beantragen und müssen die Vertretung aus eigener Tasche begleichen. Auch der Verurteilte muß die Kosten nicht übernehmen.
Der Verletzte soll auf seine Befugnisse nach den §§ 406 d-g sowie auf seine Befugnis, sich der erhobenen öffentlichen Klage als NK anzuschließen, hingewiesen werden (§ 406 h).

Literatur-Auswahl
Fabricus, Die Stellung des Nebenklagevertreters, in: NStZ 1994, S. 257 ff
Franze, Die Nebenklage im verbundenen Verfahren gegen Jugendliche und Heranwachsende/Erwachsene, StV 96, 289
Gruhl, Nebenklage und Sicherungsverfahren, NJW 91, 1874
Hilger, (Nebenklage und Strafantrag), JR 91, 391
Kurth, Rechtsprechung zur Beteiligung des Verletzten am Verfahren, NStZ 1997, 1 ff.
Ostendorf, StV 94, 605 (Anm. zu OLG-Beschluß NK in Verfahren gegen Jugendliche und Erwachsene)
ders., Auswirkung des § 400 I StPO auf Berufung und Revision des Nebenklägers, NStZ 90, 13 ff.

6.3 Schadensersatzansprüche/Entschädigung [3]

a) **Amtshaftung (§ 839 BGB):** Wird dem Bürger etwa durch Polizeihandeln ein Schaden zugefügt (z. B. Körperverletzung, Sachschaden etc.), so ist der Staat unter gewissen Voraussetzungen zum Ersatz des Schadens verpflichtet. Dabei muß das Vorliegen der anspruchsbegründenden Voraussetzungen vom Betroffenen nachgewiesen werden.
Voraussetzungen:
▶ Polizist muß in Ausübung seines öffentlichen Amtes gehandelt haben (hoheitliches Handeln),
▶ indem er die einem Dritten gegenüber obliegende Amtspflicht verletzt hat (Pflichtwidrigkeit).
▶ Verschulden: Er muß schuldhaft gehandelt haben (vorsätzlich oder fahrlässig).
▶ Es muß ein Schaden eingetreten sein.
▶ Es muß Kausalität zwischen pflichtwidriger Handlung und Schaden vorliegen.

Der Entschädigungsantrag ist bei der Innenbehörde/Innenminister bzw. beim Finanzminister/-senator des jeweiligen Bundeslandes zu stellen (ggfls. gleichzeitig Strafverfahren gegen die beteiligten Beamten bzw. gegen Unbekannt einleiten). Weigert sich die Behörde, so ist der Anspruch in der Regel vor den Zivilgerichten geltend zu machen (Ausnahme: Adhäsionsverfahren).

Der Amtshaftungsanspruch umfaßt zum einen den erlittenen Vermögensschaden (z.B. direkte Schäden, wie z.B. aufgebrochene Wohnungstür, entgangener Gewinn etc.), zum anderen aber auch den immateriellen Schaden – also Schmerzensgeld. Letzeres kann insbesondere bei rechtswidrigen Freiheitsentziehungen, körperlichen

Durchsuchungen und erkennungsdienstlichen Maßnahmen von Bedeutung sein, aber auch bei Ehrverletzungen (Rufschädigung, übler Nachrede).
Ist der Polizeibeamte für seine rechtswidrige Handlung nicht persönlich verantwortlich, so haftet der Staat nach Art. 34 GG im Rahmen der sog. *Staatshaftung.*
Verjährungsfrist: 3 Jahre (§ 852 BGB).

b) Polizeiliche Unrechtshaftung: Nach den Vorschriften der meisten Polizeigesetze der Länder und des Bundes ist demjenigen ein „angemessener Ausgleich" zu gewähren, der durch eine rechtswidrige Maßnahme nach dem Polizeigesetz einen Schaden erlitten hat. In gewissen Fällen (z. B. bei Polizeiübergriffen im Zusammenhang mit Demonstrationseinsätzen) gewähren manche Länderpolizeigesetze (z. B. das Berliner „Allgemeine Sicherheits- und Ordnungsgesetz" ASOG) ausdrücklich Entschädigung, auch ohne daß der eigentliche Polizeitäter bekannt ist. Die Rechtswidrigkeit der Polizeimaßnahme muß allerdings gegeben sein. Es reicht dann beispielsweise aus, wenn der Betroffene nachweist, daß er seine Verletzungen durch Schläge von Polizeibeamten davongetragen hat (Zeugen, Attest, Fotos etc.).
Auch die verschuldensunabhängige Unrechtshaftung des Staates hat sich durchgesetzt. Es gibt sie deshalb auch in jenen Bundesländern, in denen dies nicht ausdrücklich geregelt ist (nach den Rechtsfolgenregeln des *Enteignungsgleichen Eingriffs* bzw. des *aufopferungsgleichen Eingriffs*). Der Ausgleichsanspruch des Betroffenen ergibt sich bereits aus der
▶ Rechtswidrigkeit des hoheitlichen Handelns und
▶ entsteht unabhängig von der polizeilichen Qualifikation des Betroffenen als Unbeteiligter, Nichtstörer, Störer oder „Jedermann".
Die rechtliche Stellung des Geschädigten kann aber bei der Bemessung des Umfangs des Schadensausgleichs von Bedeutung sein.
Rechtsweg: Zivilgerichte.
Verjährungsfrist: in der Regel 3 Jahre, mit einigen Ausnahmen in verschiedenen Länderpolizeigesetzen für die polizeirechtliche Unrechtshaftung: z.B. einjährige Verjährungsfrist in § 190 V LVG Schleswig-Holstein, sowie 30jährige in jenen Polizeigesetzen, die keine spezielle Verjährungsfrist regeln.

c) Darüber hinaus gibt es noch den **Folgenbeseitigungsanspruch,** d.h. einen Anspruch darauf, daß die Folgen rechtswidriger Verwaltungsakte rückgängig gemacht werden. Dieser Anspruch ist im Verwaltungsrechtsweg zu verfolgen.

d) Entschädigung für Maßnahmen der Strafverfolgung nach dem Strafentschädigungsgesetz (StrEG; entsprechend nach Art. 5 V der Europäischen Menschrechtskonvention). „Wer durch den Vollzug der Untersuchungshaft oder einer anderen Strafverfolgungsmaßnahme einen Schaden erlitten hat, wird aus der Staatskasse entschädigt, soweit er freigesprochen oder das Verfahren gegen ihn eingestellt wird oder soweit das Gericht die Eröffnung des Hauptverfahrens gegen ihn ablehnt." (§ 2 Abs.1 StrEG).

Neben dem durch strafrechtliche Verurteilungen und U-Haft verursachten Schaden werden auch Schäden aufgrund von „anderen" Strafverfolgungsmaßnahmen entschädigt; dazu gehören u.a.:
▶ vorläufige Festnahme
▶ Durchsuchungen und Beschlagnahmen
▶ sonstige Ermittlungsmaßnahmen
▶ vorläufige Entziehung der Fahrerlaubnis
▶ vorläufiges Berufsverbot.

Der Geschädigte muß die Stellung eines Beschuldigten/Angeklagten im Strafverfahren gehabt haben. Unverdächtige, die von Strafverfolgungsmaßnahmen betroffen sind, können Entschädigung nicht nach diesem Gesetz, sondern nach Aufopferungsregeln erhalten (s.o.).

Vom Entschädigungsgrundsatz gibt es Ausnahmen:

▶ *Ausschluß der Entschädigung* (§ 5 StrEG): So ist die Entschädigung z.B. ausgeschlossen, wenn der Geschädigte die Strafverfolgungsmaßnahmen vorsätzlich oder grob fahrlässig verursacht hat oder wenn er einer ordnungsgemäßen Ladung vor den Richter nicht Folge geleistet hat und dadurch eine Strafverfolgungsmaßnahme ausgelöst worden ist. Allerdings wird die Entschädigung nicht dadurch ausgeschlossen, daß der Beschuldigte sich darauf beschränkt hat, nicht zur Sache auszusagen, oder daß er unterlassen hat, ein Rechtsmittel einzulegen.

▶ *Versagung der Entschädigung* (§ 6 StrEG): Entschädigung kann ganz oder teilweise versagt werden, wenn der Beschuldigte u.a.
– die Strafverfolgungsmaßnahme dadurch veranlaßt hat, daß er sich selbst in wesentlichen Punkten wahrheitswidrig oder im Widerspruch zu seinen späteren Erklärungen belastet oder wesentliche entlastende Umstände verschwiegen hat, obwohl er sich zur Beschuldigung geäußert hat, oder
– wegen einer Straftat nur deshalb nicht verurteilt oder das Verfahren gegen ihn eingestellt worden ist, weil er im Zustand der Schuldunfähigkeit gehandelt hat.

Gegenstand der Entschädigung
▶ Der durch die Strafverfolgungsmaßnahmen entstandene Vermögensschaden (insbesondere Verdienstausfall, Sachschäden) sowie
▶ der Nichtvermögensschaden (etwa bei zu Unrecht angeordneter oder vollzogener Freiheitsentziehung 20 DM pro angefangenen Tag) werden ersetzt.

Verfahrensgang und Entscheidung über die Entschädigung (§§ 8 ff):
Hat die StA das Ermittlungsverfahren gegen den Betroffenen eingestellt,
▶ so hat sie in ihrer Mitteilung über die Einstellung an den Beschuldigten diesen über sein Antragsrecht, die Frist und das zuständige Gericht zu belehren.
▶ Dieser hat einen Antrag auf Entschädigung zu stellen innerhalb einer Frist von einem Monat nach Zustellung der Mitteilung über die Einstellung des Verfahrens.
▶ *Zuständigkeit:* Amtsgericht zur Frage, ob eine Entschädigungspflicht besteht.
▶ An die Stelle des Amtsgerichts tritt jenes Gericht, das für die Eröffnung des Verfahrens zuständig gewesen wäre.
▶ Gegen eine Entscheidung des Gerichts ist sofortige Beschwerde möglich (Frist:1 Woche).
▶ Ist die Entschädigungspflicht der Staatskasse rechtskräftig festgestellt, so ist der Anspruch auf Entschädigung innerhalb von sechs Monaten bei der Staatsanwaltschaft geltend zu machen. Die Frist beginnt mit der Zustellung einer entsprechenden Belehrung.
▶ Der Anspruch erlischt, wenn seit dem Ablauf des Tages, an dem die Entschädigungspflicht rechtskräftig festgestellt wurde, ein Jahr verstrichen ist, ohne daß eine entsprechender Antrag gestellt worden ist.
▶ Für die Ansprüche auf Entschädigung sind die Zivilkammern der Landgerichte (Anwaltszwang) zuständig (zur Frage, in welcher Höhe Entschädigung zu zahlen ist). Klage ist innerhalb von drei Monaten nach Zustellung der Entscheidung zu erheben.
Kam es bereits zur Hauptverhandlung und hat das Gericht das Verfahren abgeschlossen, dann
▶ entscheidet das Gericht über die Verpflichtung zur Entschädigung in der Regel in dem Urteil oder Beschluß, der das Verfahren abschließt.
▶ Gegen die Entscheidung ist die sofortige Beschwerde zulässig.

6.4 Rechtsschutz gegen Verwaltungsentscheidungen, Maßnahmen der polizeilichen Gefahrenabwehr und des Staatsschutzes

Gegen Maßnahmen der polizeilichen Gefahrenabwehr auf Grundlage der Polizeigesetze und gegen Maßnahmen der Geheimdienste ist der Verwaltungsrechtsweg eröffnet *(s. auch in den Kapiteln Offene Polizeimaßnahmen, Demonstrationseinsätze, Verdeckte Einsätze, Geheimdienste).*
Polizeiliche Maßnahmen, bei denen es sich um belastende Verwaltungsakte (Verfügung, Bescheid o.ä.) handelt, kann der dadurch in seinen Rechten Betroffene rechtlich angreifen (vorher Rechtsmittelbelehrung lesen!):
▶ mit (schriftlichem) **Widerspruch,** der bei der Polizeibehörde einzulegen ist;
▶ Frist: 1 Monat (in einzelnen Fällen ist die Frist kürzer).
Achtung! Die Frist ist nur gewahrt, wenn das Rechtsmittel innerhalb der jeweiligen Frist auch bei der zuständigen Stelle eingegangen ist (normale Postlaufzeit beachten)! Also nicht erst am letzten Tag in den Postkasten werfen; am letzten Tag kann der Widerspruch zur Wahrung der Frist nur noch direkt bei der Geschäftsstelle der Polizeibehörde gegen schriftliche Eingangsbestätigung abgegeben werden. Das gilt für alle Fristen, die einzuhalten sind (s.u.).
Falls dem Widerspruch nach Überprüfung von der Widerspruchsbehörde nicht entsprochen wird anschließend
▶ *Anfechtungsklage* (vor dem Verwaltungsgericht) gegen eine belastende Polizeimaßnahme einreichen.
▶ Frist: 1 Monat nach Zurückweisung des Widerspruchs.
▶ Vorher: über Anwalt Akteneinsicht beantragen.
Weder Widerspruch noch Anfechtungsklage haben aufschiebende Wirkung, d. h. der belastende Verwaltungsakt kann trotzdem vollstreckt werden. Da es bei polizeilichen Maßnahmen in aller Regel eilt, kann
▶ *einstweiliger Rechtsschutz* beim Verwaltungsgericht erreicht werden:
▶ Antrag auf Anordnung bzw. Wiederherstellung der aufschiebenden Wirkung.
Im Falle eines Anspruchs des Bürgers auf Tätigwerden der Polizei und bei Eilbedürftigkeit der Vollziehung:
▶ Antrag auf Erlaß einer Einstweiligen Anordnung.
Wurde eine polizeiliche Anordnung bereits vollzogen, so hat der

Betroffene ein Rehabilitierungsinteresse und kann im nachhinein
▶ Feststellung der Rechtswidrigkeit der Maßnahme verlangt werden (sog. *Fortsetzungsfeststellungsklage,* § 113 VwGO).
▶ Voraussetzung ist ein berechtigtes Interesse an der Feststellung (z. B. bei Rehabilitierungsbedürfnis, fortgesetzter Diskriminierung oder bei Wiederholungsgefahr).
▶ War die Anordnung der Maßnahme durch die Polizei tatsächlich rechtswidrig (wenn etwa die Voraussetzungen für Durchsuchung, Festnahme etc. nicht vorlagen), so kann der Betroffene den dadurch entstandenen Schaden ersetzt verlangen (Entschädigung, s.o.).

6.5 Verfassungsbeschwerde und Normenkontrolle

Die Verfassungsbeschwerde (§§ 90 ff BVerfGG) ist ein Rechtsbehelf, der an strenge Voraussetzungen gebunden ist und deshalb nicht ohne Anwalt eingelegt werden sollte. Mit der Verfassungsbeschwerde kann der Beschwerdeführer (Bürger, Unternehmen, Organisationen etc.) das Bundesverfassungsgericht (Schloßbezirk 3, Postfach, 76131 Karlsruhe) zur Durchsetzung seiner Grundrechte und bestimmter grundrechtsgleicher Rechte anrufen.

„Jedermann kann mit der Behauptung, durch die öffentliche Gewalt in einem seiner Grundrechte oder in einem seiner in Artikel 20 Abs. 4, Artikel 33, 38, 101, 103 und 104 des Grundgesetzes enthaltenen Rechte verletzt zu sein, die Verfassungsbeschwerde zum Bundesverfassungsgericht erheben" (§ 90 Abs. 1 Bundesverfassungsgerichtsgesetz).

Die **Grundrechte** des einzelnen und ihre Schranken sind in den Art. 2 bis 19 GG geregelt
- Art. 1 GG – Schutz der Menschenwürde – verweist auf die „nachfolgenden Grundrechte", die Gesetzgebung, vollziehende Gewalt und Rechtsprechung als unmittelbar geltendes Recht binden.
- Art. 2 GG: Freiheitsrechte, Persönlichkeitsrechte
- Art. 3 GG: Gleichheit vor dem Gesetz
- Art. 4 GG: Glaubens- und Bekenntnisfreiheit
- Art. 5 GG: Meinungs- und Pressefreiheit; Freiheit der Kunst und Wissenschaft
- Art. 6 GG: Ehe, Familie, nichteheliche Kinder
- Art. 7 GG: Schulwesen
- Art. 8 GG: Versammlungsfreiheit
- Art. 9 GG: Vereinigungsfreiheit; Verbot von Maßnahmen gegen Arbeitskämpfe

- Art. 10 GG: Brief-, Post- und Fernmeldegeheimnis
- Art. 11 GG: Freizügigkeit
- Art. 12 GG: Freiheit der Berufswahl
- Art. 12a GG: Wehrpflicht und andere Dienstverpflichtungen
- Art. 13 GG: Unverletzlichkeit der Wohnung
- Art. 14 GG: Eigentum, Erbrecht und Enteignung
- Art. 15 GG: Sozialisierung
- Art. 16 GG: Ausbürgerung, Auslieferung
- Art. 16a GG: Asylrecht
- Art. 17 GG: Petitionsrecht
- Art. 17a GG: Grundrechtsbeschränkung bei Wehr- und Ersatzdienstleistenden
- Art. 18 GG: Verwirkung von Grundrechten
- Art. 19 GG: Einschränkung von Grundrechten und Rechtsschutz-/Rechtsweggarantie.

Zu den *grundrechtsgleichen Rechten,* deren Verletzung eine Verfassungsbeschwerde rechtfertigen, gehören:
- Art. 20 Abs. 4 GG regelt das Widerstandsrecht aller Deutschen gegen jeden, der es unternimmt, die verfassungsmäßige Ordnung zu beseitigen, wenn andere Abhilfe nicht möglich ist.
- Art. 33 GG regelt die staatsbürgerliche Gleichstellung aller Deutschen, auch was den Zugang zu öffentlichen Ämtern anbelangt sowie das Berufsbeamtentum.
- Art. 38 GG regelt das Wahlrecht und die Gewissensfreiheit der Abgeordneten.
- Art. 101 GG bestimmt das Verbot von Ausnahmegerichten.
- Art. 103 GG formuliert die Grundrechte des Angeklagten: Rechtliches Gehör, keine Strafe ohne Gesetz, Verbot mehrfacher Bestrafung für dieselbe Tat.
- Art. 104 GG regelt die Rechtsgarantien bei Freiheitsentziehung.

Kosten der Verfahrens:
Das Verfahren des Bundesverfassungsgerichts ist kostenfrei (§ 34 BVerfGG). Allerdings kann es eine Gebühr von DM 5.000 auferlegen,
▶ wenn die Einlegung der Verfassungsbeschwerde einen Mißbrauch darstellt oder
▶ wenn ein Antrag auf Erlaß einer einstweiligen Anordnung mißbräuchlich gestellt ist.
Erweist sich eine Verfassungsbeschwerde als begründet, so sind dem Beschwerdeführer die notwendigen Auslagen (u.a. für Anwälte) ganz oder teilweise zu erstatten.

Voraussetzungen der Verfassungsbeschwerde:
▶ Die Verfassungsbeschwerde muß sich gegen einen staatlichen Hoheitsakt (gerichtliche Entscheidung, Behördenentscheidung, Verwaltungsakt, Gesetz) richten.
▶ Der nationale Rechtsweg muß ausgeschöpft sein (nach Einlegung und Bescheidung aller möglichen Rechtsmittel – Berufung, Revision);
▶ Ausnahmen hiervon sind möglich, wenn Beschwerde von allgemeiner Bedeutung (wie etwa die Beschwerde gegen die Volkszählung 1983) oder wenn dem Beschwerdeführer ansonsten ein schwerer und unabwendbarer Nachteil entstünde, falls er zunächst auf den normalen Rechtsweg verwiesen würde.
▶ Das Recht, eine Verfassungsbeschwerde an das entsprechende Landesverfassungsgericht zu richten, bleibt unberührt.
▶ Einlegungsfrist: 1 Monat. Die Frist beginnt mit Zustellung oder Verkündung der angegriffenen Entscheidung.
▶ War der Beschwerdeführer ohne Verschulden verhindert, diese Frist einzuhalten, so ist ihm auf Antrag Wiedereinsetzung in den vorigen Stand zu gewähren. Der Antrag ist binnen 2 Wochen nach Wegfall des Hindernisses zu stellen und die Tatsachen der Verhinderung sind glaubhaft zu machen. Nach einem Jahr seit dem Ende der versäumten Frist ist der Antrag allerdings unzulässig.
▶ Sofern sich die Verfassungsbeschwerde direkt gegen ein Gesetz oder gegen einen sonstigen Hoheitsakt richtet, gegen den es einen Rechtsweg nicht gibt, so kann die Verfassungsbeschwerde nur binnen eines Jahres seit dem Inkrafttreten des Gesetzes oder dem Erlaß des Hoheitsaktes erhoben werden.
▶ Die Verfassungsbeschwerde muß schriftlich begründet werden. In der Begründung sind das Recht, das verletzt sein soll, und die Handlung oder Unterlassung des Organs oder der Behörde, durch die der Beschwerdeführer sich verletzt fühlt, zu bezeichnen.
▶ In der mündlichen Verhandlung vor dem Gericht müssen sich die Beschwerdeführer anwaltlich vertreten lassen.

Die meisten Beschwerden scheitern bereits bei der Zulässigkeitsprüfung durch eine Vorprüfungskammer (§§ 93a ff BVerfGG). Nur 2 bis 3 Prozent aller Eingaben sind erfolgreich. Hier werden unzulässige Beschwerden aussortiert und zurückgewiesen. Aber auch zulässige Beschwerden können abgelehnt werden, etwa wegen offensichtlicher Unbegründetheit bzw. Erfolglosigkeit. Seit einiger Zeit gibt es wegen der zunehmenden Anzahl von Verfassungsbeschwerden (1995: 6.000, 1996: ca. 5.000) Bestrebungen, die Verfassungsbeschwerde weiter zu beschneiden.

Ablehnung der Verfassungsbeschwerde
Die Entscheidung der Vorprüfungskammer
▶ ergeht ohne mündliche Verhandlung.
▶ Sie ist unanfechtbar.
▶ Die Ablehnung der Verfassungsbeschwerde bedarf keiner Begründung.

Annahme und Entscheidung in der Sache
Die zulässige und begründete Verfassungsbeschwerde ist zur Entscheidung anzunehmen,
▶ soweit ihr grundsätzliche verfassungsrechtliche Bedeutung zukommt,
▶ wenn es zur Durchsetzung der Grundrechte oder grundrechtsgleichen Rechte des Beschwerdeführers „angezeigt" ist;
▶ dies kann auch der Fall sein, wenn dem Beschwerdeführer durch die Versagung der Entscheidung zur Sache ein besonders schwerer Nachteil entsteht (§ 93a BVerfGG).

Das Bundesverfassungsgericht kann in einem Streitfall einen Zustand auch durch **einstweilige Anordnung** – ggfls. ohne mündliche Verhandlung – vorläufig regeln, wenn dies
▶ zur Abwehr schwerer Nachteile,
▶ zur Verhinderung drohender Gewalt oder
▶ aus einem anderen wichtigen Grund zum gemeinen Wohl dringend geboten ist (§§ 32, 93d Abs. 2 BVerfGG).

Vor jeder Entscheidung wird dem Verfassungsorgan des Bundes oder des Landes, dessen Handlung und Unterlassung in der Verfassungsbeschwerde beanstandet wird, Gelegenheit gegeben, sich binnen einer zu bestimmenden Frist zu äußern.
Entscheidet das Bundesverfassungsgericht in der Sache, so sind seine Entscheidungen für alle Verfassungsorgane des Bundes und der Länder sowie für alle Gerichte und Behörden bindend (§ 31 I BVerfGG). Die beanstandete Handlung ist rückgängig zu machen bzw. künftig zu unterlassen; Gerichtsentscheidungen werden aufgehoben bzw. an die zuständigen Gerichte zurückverwiesen; wenn ein Gesetz beanstandet wird, wird dieses ganz oder teilweise für nichtig erklärt (§ 95 BVerfGG).

Normenkontrollverfahren (§§ 80 ff BVerfGG):
Wenn etwa ein Gericht im Verlaufe eines Straf- oder Verwaltungsprozesses zu der Auffassung gelangt, daß ein bestimmtes Gesetz, auf das es bei seiner Entscheidung ankommt, gegen das Grundgesetz ver-

stoße, so kann es die Angelegenheit – auch ohne Antrag des Betroffenen – zur Prüfung dem Bundesverfassungsgericht vorlegen (Inzidenterklage). Bis zu dessen Entscheidung ist das zugrundeliegende Verfahren auszusetzen (Art. 100 Abs. 1 GG).

Literatur-Hinweis

Bundesjustizministerium (Hg.), Entlastung des Bundesverfassungsgerichts. Kommissionsbericht, Bonn 1998
Lamprecht, Zur Demontage des Bundesverfassungsgerichts, Baden-Baden 1996
Rath, Bürgerklagen werden an den Rand gedrängt – Die geplante Einschränkung der Verfassungsbeschwerde, in: Müller-Heidelberg u.a. (Hg.), Grundrechte-Report 1998, Reinbek 1998, S. 256 ff.

6.6 Europäische Menschenrechtsbeschwerde (*ggfl. UN-Individualbeschwerde*)

Jeder, der sich durch staatliche Maßnahmen (der gesetzgebenden, vollziehenden oder rechtsprechenden Gewalt) in seinen in der Europäischen Menschenrechtskonvention (EMRK) niedergelegten Rechten verletzt glaubt, kann seit 1999 Beschwerde beim ständigen Europäischen Gerichtshof für Menschenrechte in Straßburg einlegen. Eine anwaltliche Vertretung ist anzuraten (European Court of Human Rights, Council of Europe, F-67975 Straßburg Cedex).

Voraussetzungen:
▶ Der innerstaatliche Rechtsweg muß vollständig ausgeschöpft sein (bis zu den höchsten Gerichten bzw. zum Bundesverfassungsgericht).
▶ Seit Ergehen der letzten Entscheidung dürfen noch keine sechs Monate vergangen sein.
▶ Die Beschwerde darf nicht „mißbräuchlich" sein (unsachlich, wahrheitswidrig, beleidigend, anonym) und nicht „offensichtlich unbegründet".

Gegen die Urteile des Europäischen Gerichtshofs für Menschenrechte gibt es keine Rechtsmittel. Die Verfahrensdauer soll von gegenwärtig 7 auf 3 Jahre verringert werden.

Geht die Entscheidung für den Betroffenen positiv aus, so haben sich die deutschen Behörden und Gerichte danach zu richten bzw. diese zu beachten (Art. 53 EMRK) – allerdings bleibt es den deutschen Stellen überlassen, wie sie dies im Einzelfall tun (keine unmittelbare Bindungswirkung).

Ein vergleichbares Individualbeschwerde-Verfahren gibt es auch im Rahmen der Vereinten Nationen.[4]

Informationen
Europa
Informationszentrum für Menschenrechte
Council of Europe
F-67075 Straßburg Cedex

Vereinte Nationen (UN)
UN-Menschenrechtskommission
UN-Menschenrechtszentrum
Palais des Nations
CH-1211 Genf 10

Hochkommissar für Menschenrechte
Palais des Nations
CH-1211 Genf 10

Menschenrechtsinstitute in der BRD
Menschenrechtszentrum der Universität Potsdam
Heinestr. 1, 14428 Potsdam-Babelsberg

Institut für Menschenrechte an der Universität des Saarlandes
Europa-Institut, Postfach 15 11 50, 66041 Saarbrücken

Literatur-Hinweis
Amelung, Strafrechtlicher Grundrechtsschutz gegen die Polizei, in: Kriminologisches Journal, Polizei-Politik, 4. Beiheft, Weinheim 1992, S. 168 ff.
Bungarten/Koczy (Hg.), Handbuch der Menschrechtsarbeit, Bonn 1996.
Gössner, Der Menschenrechtsschutz im Rahmen der Vereinten Nationen, in: Blätter für deutsche und internationale Politik 1/1978 und in: Demokratie und Recht 3/1978 (Köln)
Sickerling, Europäische Menschenrechtskonvention, in: Betrifft Justiz Sept. 1997, S. 123 ff.
Empfohlen sei die Europäische Grundrechte-Zeitschrift (EuGRZ), die regelmäßig die Entscheidungen der Europäischen Menschenrechtskommission und des -Gerichtshofes dokumentiert und kommentiert.

Exkurs

Remonstration: Rechtsschutz für (Polizei-) Beamte gegen rechtswidrige Anordnungen

Das Beamtenrecht eröffnet Beamten, also auch vollziehenden Polizeibeamten, im Einzelfall die Möglichkeit, unverzüglich zu remonstrieren (Remonstrationspflicht und -recht), d.h. Bedenken gegen die Rechtmäßigkeit einer Anordnung bei ihren Vorgesetzten geltend zu machen. Wird die Anordnung trotz der Remonstration aufrechterhalten und die Bedenken bestehen fort, so muß sie gleichwohl ausgeführt werden. Dies gilt jedoch für den (Polizei-) Beamten dann nicht,

▶ wenn das ihm aufgetragene Verhalten strafbar oder ordnungswidrig ist und
▶ die Strafbarkeit oder Ordnungswidrigkeit für ihn erkennbar ist, oder
▶ wenn das ihm aufgetragene Verhalten die Würde des Menschen verletzt, und zwar entweder die Menschenwürde des von Polizeihandeln Betroffenen oder/und die des vollziehenden Polizeibeamten.
In jedem Fall aber ist der remonstrierende Beamte, der die Weisung dennoch befolgt, von der eigenen Verantwortung befreit, d.h. er kann weder dienst- noch haftungsrechtlich in Anspruch genommen werden (vgl. § 38 Beamtenrechtsrahmengesetz, § 56 BundesbeamtenG).

> *Verantwortlichkeit des Beamten, Remonstrationsrecht*
> *„(2) Bedenken gegen die Rechtmäßigkeit dienstlicher Anordnungen hat der Beamte unverzüglich bei seinem unmittelbaren Vorgesetzten geltend zu machen. Wird die Anordnung aufrechterhalten, so hat sich der Beamte, wenn seine Bedenken gegen ihre Rechtmäßigkeit fortbestehen, an den nächst höheren Vorgesetzten zu wenden. Bestätigt dieser die Anordnung, so muß der Beamte sie ausführen, sofern nicht das ihm aufgetragene Verhalten strafbar oder ordnungswidrig und die Strafbarkeit oder Ordnungswidrigkeit für ihn erkennbar ist oder das ihm aufgetragene Verhalten die Würde des Menschen verletzt; von der eigenen Verantwortung ist er befreit. Die Bestätigung hat auf Verlangen schriftlich zu erfolgen" (§ 56 Bundesbeamtengesetz).*
> *Entsprechende Regelungen finden sich in den Beamtengesetzen der einzelnen Bundesländer. Auch Internationale Deklarationen des Europarates und der Vereinten Nationen postulieren vergleichbare Verhaltensgrundsätze für die Polizei (Deklaration zur Polizei, Resolution 690 des Europarates, 1979, abgedruckt in: Bürgerrechte & Polizei 7 (1980), S. 45; in: Deutsche Polizei 9/1979; Verhaltenskodex für Beamte mit Polizeibefugnissen, Vereinte Nationen, Resolution 34, Generalversammlung 169, 17.12.1979).*

Das bedeutet:
▶ Das Remonstrieren entbindet keineswegs von der Gehorsamspflicht,
▶ sondern lediglich von der eigenen Verantwortung,
▶ es sei denn, der Weisung fehlt von vornherein die Bindungswirkung, weil sie für den Beamten erkennbar zu strafbarem oder menschenunwürdigem Tun auffordert; solche rechtswidrigen Weisungen sind nicht verpflichtend.[5]
Dies zu beurteilen, dürfte im aktuellen Einzelfall zwar schwierig sein, da es eine absolut gültige Definition der Menschenwürde nicht gibt[6]

und auch Gerichte sich häufig selbst bei der ex-post-Beurteilung schwer tun. Dieses Beurteilungsrisiko ist jedoch insoweit hinzunehmen, als es nicht etwa dazu führen darf, vom Remonstrationsrecht bzw. von der Verweigerung eines Befehls von vornherein wegen „Unwägbarkeit" abzusehen.

Das Problem dieser beamtenrechtlichen Remonstrationsbestimmung liegt darin, daß sie sich lediglich auf Anweisungen bzw. befohlene (vermeintliche oder tatsächliche) Gesetzesverstöße bezieht; sie gilt jedoch nicht im Falle

▶ von verfassungswidrigen Gesetzesbestimmungen, die von Polizisten unmittelbar vollzogen werden müssen, und sie gilt nicht

▶ bei jedem erkennbar verfassungswidrigen Vollzugshandeln (wenn es nicht gleichzeitig strafbar oder ordnungswidrig ist oder die Menschenwürde verletzt).

Der Wortlaut in den Beamtengesetzen spricht, und dies ist problematisch, für eine Gehorsamspflicht, falls die dort festgelegten Ausnahmen nicht vorliegen, es sich aber dennoch um Verfassungsverstöße handelt, die strafrechtlich jedoch keine Rolle spielen.[7]

Demgegenüber verweist der ehemalige Düsseldorfer Polizeipräsident Hans Lisken in seinem „Handbuch des Polizeirechts" auf die durch den Beamteneid bekräftigte Pflicht zur Verfassungstreue aller Amtswalter, die seiner Ansicht nach für den Vorrang des Verfassungsgehorsams vor der Weisungsgebundenheit spreche.[8] Zumindest, so Lisken, müsse bei Weisungen, deren Befolgung zu einem Grundrechtsverstoß führen würde, die Weisungsgebundenheit entfallen, denn schließlich könne das Beamtenrecht nicht vom Verfassungsgehorsam entbinden.[9] Wenn schon eine Ordnungswidrigkeit zu einer rechtmäßigen Verweigerung einer Weisung führen kann, dann müsse dies erst recht bei einem Verfassungsverstoß möglich sein.

Diese Rechtsauffassung, die jedoch eine Minderheiten-Meinung darstellt, bedeutet: Der angewiesene Polizeibeamte kann nicht zu einer Handlung verpflichtet oder gar gezwungen werden, die gegen die Verfassung verstößt bzw. von der er annimmt, daß sie gegen das Grundgesetz verstoße. Der Beamte dürfte in einem solchen Fall also nicht dienstrechtlich diszipliniert werden.

Die Realität sieht jedoch anders aus: „Wir können es uns nicht leisten, daß durch die Remonstration eines Beamten ein gesamter, angeordneter polizeilicher Einsatz ins Stocken gerät", beschied ein Kriminaldirektor einen Polizisten, der wegen einer mit Gewalt durchgeführten erkennungsdienstlichen Behandlung remonstriert hatte.[10] Der Beamte wurde „strafversetzt", weil seine Remonstration als potentielle Arbeitsverweigerung ausgelegt worden ist. Oder: Von einem anderen

Polizisten wurde die Abschiebung eines „renitenten Schüblings" (abzuschiebender Ausländer) verlangt, die ohne massive und länger andauernde körperliche Gewalt, auch unter Einsatz des Schlagstocks, nicht möglich schien; der Beamte remonstrierte: Die Anordnung einer derartigen Maßnahme verletze nicht nur die Menschenwürde des abgelehnten Asylbewerbers, sondern auch seine eigene; es könne von niemandem verlangt werden, daß er zur Durchsetzung einer Verwaltungsmaßnahme über einen langen Zeitraum Gewalt anwenden müsse. Die Remonstration nützte nichts. Der Beamte mußte die gewaltsame Abschiebung durchführen – mit einem gehörig schlechten Gewissen, wie er später bekennt.

Wie verhält es sich – abseits der Remonstrationsmöglichkeiten nach Beamtenrecht – überhaupt mit dem *gewissensbedingten Ungehorsam* von PolizeibeamtInnen. Nach der herrschenden Meinung genießt der Beamtengehorsam Vorrang vor der Gewissensfreiheit, weil sonst, so das Bundesverwaltungsgericht, die „Funktionstüchtigkeit" des Staates bedroht sei.[11] Daher muß es ein Beamter „grundsätzlich hinnehmen, daß ihm Verhaltensweisen oder Verrichtungen angesonnen werden..., die dem durch seine von ihm nach seinem freien Willensentschluß gewählte Laufbahn geprägten Berufsbild wesensgemäß ist".[12] Weniger verklausuliert: Befehl ist Befehl. Durch den „freien" Entschluß, Beamter zu werden, wird sozusagen das Gewissen an der Pforte abgegeben – erst bei Kündigung oder Ruhestand erhält er es, unbenutzt, zurück.

Ex-Polizeipräsident Hans Lisken widerspricht dieser herrschenden Rechtsprechung entschieden: Die Gewissensfreiheit als Bestandteil der Menschenwürde des einzelnen Polizeibeamten geht für ihn im Zweifel vor, und er stützt sich dabei auf Art. 4 GG, wonach u.a. die Freiheit des Gewissens als unverletzlich geschützt wird. „Das ist der Preis für die vom Beamten verlangte 'Gewissenhaftigkeit' und Verfassungsbindung."[13] Im übrigen leisteten gewissensbedingten Ungehorsam erfahrungsgemäß nur wenige Beamte – was eher bedenklich ist, aber der befürchteten „Funktionsuntüchtigkeit" des Staates den Boden entzieht. Es besteht nach Liskens Auffassung „keine Staatsnotwendigkeit, Beamte, die sich im Einzelfall auf ihre Gewissensbindung berufen, wenn sie den Gehorsam verweigern, zu maßregeln."[14]

Doch die Weigerung eines Beamten führt in Wirklichkeit regelmäßig
▶ zu Disziplinarverfahren und in allzu vielen Fällen von „gewissensbedingtem Ungehorsam" auch
▶ zu entsprechender Ahndung (Abmahnungen, „Straf"-Versetzungen etc.).

Daß die Remonstration und die Verweigerung aus Gewissensgründen nicht gerade karrierefördernd sind, erklärt wohl auch ihre insgesamt recht sparsame Anwendung. Hinzukommt der hohe Konformitätsdruck innerhalb von relativ geschlossenen Apparaten und Gruppen, ein Druck, der ein Ausscheren einzelner erheblich erschwert und zu „geistiger Kasernierung" (Manfred Such) und zu einem ausgeprägten Korpsgeist führt. Dieser gruppendynamische „Geist", auch als Kameraderie bezeichnet, stellt für den einzelnen Beamten offenbar eine schier unüberwindliche Barriere dar, wie sich immer wieder bei Ermittlungs- und Gerichtsverfahren gegen in Verdacht geratene Kollegen zeigt; hier sind meist alle bereit, ihre Kollegen zu decken, um nicht als sog. Nestbeschmutzer zu gelten und dadurch zu gemiedenen Außenseitern zu werden.

Die Remonstrationskultur ist in der Bundesrepublik, zumindest bei Polizisten, ziemlich unterentwickelt. Rechtliche oder politische Konsequenzen aus der fehlenden Remonstrationswilligkeit der Polizeibeamten, und damit auch aus der Vernachlässigung einer Rechtspflicht, wurden bislang nicht gezogen.

Literatur-Hinweise

Alberts, Rechtspolitische Anmerkungen zum Gehorsamsgebot, in: Der Öffentliche Dienst (DÖD) 1987, S. 68 ff.
Bieback/Kutscha, Politische Rechte der Beamten, 1984.
Felix, Das Remonstrationsrecht u. s.Bedeutung für den Rechtsschutz des Beamten, 1993
Havers/Schnupp, Beamten- und Diziplinarrecht, 7. Aufl., 1990
Herrnkind, Rechtspolitische Kritik der Folgepflicht, Manuskript 1994/95 (Langfassung), gekürzt in: vorgänge 4/1994, S. 21 ff; ders., in: Unbequem, März 1995, S. 4 ff.
derselbe, Asyl, Gewissen und Beamtentum, in: ai-info 11/1994, S. 15 (amnesty international).
Korell, Zivilcourage braucht Unterstützung! In: die tageszeitung vom 13.3.95.
Lisken/Denninger, Handbuch des Polizeirechts, 1992
Leuninger, Asylbewerber in Deutschland – Zum Verhältnis von Politik und polizeilichem Auftrag, in: Murck u.a. (Hg.), Immer dazwischen, Hilden 1993, S. 189 ff.
Plog u.a., Kommentar zum Bundesbeamtengesetz (Loseblatt)
Polizei-Führungsakademie (Hrsg.), Polizeiliches Handeln und persönliche Verantwortung (Schlußbericht des Seminars vom 24.10. bis 28.10.1988)
Stiftung Mitarbeit (Hrsg.), „Wann sollten Polizisten Nein sagen?" Brennpunkt-Dokumentation Nr. 7/1990 des 2. Bonner Polizeigesprächs am 28. April 1990.

Exkurs

Partei- und Organisationsverbote[15]

Nach herrschender Auffassung konstituiert das Grundgesetz eine sogenannte streitbare oder wehrhafte Demokratie. Doch deren Credo „keine Freiheit für die Feinde der Freiheit" hat von Anbeginn zu einer fatalen Entwicklung in Westdeutschland geführt. Denn sie konzentrierte sich – trotz ursprünglicher antinazistischer Zielrichtung – vornehmlich auf die administrative und justitielle Bekämpfung des „inneren Feindes", und der stand traditionellerweise links. Und so kam es zu einer exzessiven Verfolgung von KommunistInnen und solchen Personen, die sie unterstützten oder dessen verdächtig waren. Die Ermittlungen trafen in den 50er und 60er Jahren weit über 250.000 Betroffene, von denen Tausende für ihre gewaltfreie politische Betätigung zu Haft- und Geldstrafen verurteilt wurden.

Als verfassungsrechtlicher Kern der „streitbaren Demokratie" gelten die
– Artikel 9 Abs. 2 (Exekutiv-Verbot von verfassungswidrigen Vereinigungen),
– Art. 18 (Verwirkung von Grundrechten) und
– Art. 21 Abs. 2 (Verbot verfassungswidriger Parteien durch das Bundesverfassungsgericht).

Rechtlich ausgeprägt wurde die „streitbare Demokratie" durch die Rechtsprechung des Bundesverfassungsgerichts, wobei das KPD-Verbotsurteil von 1956 eine herausragende Rolle spielt.

Zweimal ist in der Geschichte der Bundesrepublik ein von der Bundesregierung eingeleitetes Parteienverbotsverfahren nach Artikel 21 Grundgesetz mit Erfolg praktiziert worden:

▶ Das Bundesverfassungsgericht verbot 1956 zum einen, wie erwähnt, die Kommunistische Partei Deutschlands (KPD), nachdem es bereits
▶ 1952 die nazistische Sozialistische Reichspartei (SRP) verboten hatte, die als Nachfolgepartei der NSDAP eingestuft worden war, aber nur wenig Bedeutung erlangt hatte.

Die gleichzeitig eingereichten Verbotsanträge der damaligen Adenauer-Regierung gegen die SRP und die KPD wirkte auf Zeitgenossen wie der krampfhafte Versuch, die politische Symmetrie zu wahren – der eigentliche Feind wurde in der zum Bollwerk gegen den Kommunismus ausgebauten Bundesrepublik nahezu ausschließlich links geortet, während ehemalige Nazis frühzeitig wieder in Staat und Gesellschaft integriert wurden.

„Das Parteiverbot ist eine einzigartige Schöpfung westdeutschen Verfassungsgeistes, in der Kalter Krieg und hilfloser Antifaschismus eine

vordemokratische Symbiose eingegangen sind", meint der Hamburger Verfassungsjurist Horst Meier. Seit dem KPD-Verbot und seinen schädlichen Auswirkungen für die politische Kultur ist die Skepsis gegen diese Art von politischer Verdrängung gewachsen.
Doch seit dem Anwachsen rechtsgerichteter Organisationen und der Eskalation neonazistischer Gewalt scheint diese Skepsis dem neuen Glauben an alte Rezepte gewichen zu sein. Die hektischen Forderungen nach Organisations- und Parteiverboten deuten jedenfalls darauf hin.
Organisationsverbote nach Art. 9 Abs. 2 Grundgesetz können von der Bundesregierung bzw. den Landesregierungen verfügt werden,
▶ wenn die Zwecke oder Tätigkeit der Vereinigung „den Strafgesetzen zuwiderlaufen";
▶ oder wenn sie sich „gegen die verfassungsmäßige Ordnung;
▶ oder gegen den Gedanken der Völkerverständigung" richten.
▶ Die Verbotsverfügungen sind im Falle rechtlicher Gegenwehr durch die Betroffenen von den Verwaltungsgerichten überprüfbar.
Der Bundesinnenminister verbot Anfang der 90er Jahre zunächst die neonazistische „Nationale Front" (NF), dann die „Deutsche Alternative" (DA) und die „Nationale Offensive" (NO). Ende 1994 traf es die „Wiking-Jugend". Diese Vereinigungen wurden aufgelöst, ihre Vermögen beschlagnahmt und eingezogen – was allerdings nicht allzuviel einbrachte, weil die betreffenden Vereinigungen durch öffentliche Verlautbarungen vorgewarnt waren. Im übrigen haben sich die Drahtzieher und Mitglieder in andere neonazistische Organisationen eingeklinkt bzw. haben neue Gruppen gegründet – so u. a. nachzulesen in diversen Verfassungsschutzberichten[16]. Dies zeigt, daß mit Verboten die eigentlichen Probleme keineswegs gelöst sind, sondern eigentlich erst beginnen: Denn Verbote sind lediglich Verdrängungsmaßnahmen und können die fatale Wirkung zeitigen, daß die anvisierten Kräfte, die ja nicht vom Erdboden verschwinden, in anderen Organisationen oder im Untergrund weiter agieren und auf diese Weise noch schlechter öffentlich kontrolliert und bekämpft werden können. Abgesehen von einer gewissen Verunsicherung der Szene drängt eine solche – eher symbolisch zu nennende -Verbotspolitik zwar die Betroffenen ins Abseits, ihr unseliger Geist wirkt aber weiter; sie verdrängt aber auch, und dies ist weit gefährlicher, die notwendige politische Auseinandersetzung mit Rechtsextremismus, Rassismus und Ausländerfeindlichkeit sowie mit der Tatsache, daß diese menschenverachtenden Ideologien bis weit hinein in die Mitte der Gesellschaft reichen.
Selbst wenn man bezüglich rechtsradikaler Vereinigungen anderer Auffassung ist, und Verbote hier für wirksam erachtet, so gelten die

gemachten Einwände noch in stärkerem Maße für das *Verbot von Parteien nach Artikel 21* Absatz 2 Grundgesetz. Parteien sind danach „verfassungswidrig",
▶ wenn sie „nach ihren Zielen oder nach dem Verhalten ihrer Anhänger darauf ausgehen, die freiheitliche demokratische Grundordnung zu beeinträchtigen oder zu beseitigen;
▶ oder den Bestand der Bundesrepublik Deutschland zu gefährden".
▶ Über die Verfassungswidrigkeit von Parteien entscheidet – wegen des Parteienprivilegs (Art. 21 GG) – das Bundesverfassungsgericht in relativ aufwendigen Verfahren.

Ein besonderes Problem stellt übrigens die Tatsache dar, daß sich die oben genannten Vereinigungen als Parteien verstehen; sind sie das tatsächlich, dann könnten sie nicht so einfach von der Bundesregierung nach Artikel 9 Absatz 2 GG verboten, sondern es müßten Verbotsverfahren vor dem Bundesverfassungsgericht eingeleitet werden. Zumindest die NF und die NO haben bereits für Parlamente bzw. Räte kandidiert, und auch die DA war beim Bundeswahlleiter registriert. Das BVerwG hat die Parteieigenschaft inzwischen verneint (NJW 1993, 3213) und die Exekutiv-Verbote für rechtmäßig erklärt, weil der ernsthafte Wille dieser Organisationen, parlamentarische Arbeit zu betreiben, nicht erkennbar geworden sei.

Die verstärkten Forderungen nach Verboten von rechten Parteien beziehen sich hauptsächlich auf die neonazistische „Freiheitliche deutsche Arbeiterpartei" (FAP) und auch, zumindest in Wahlkampfzeiten, auf „Die Republikaner" und die „DVU". Im Falle der FAP, die nur wenige Hundert Mitglieder zählt, haben Bundesregierung und Bundesrat 1993 einen Verbotsantrag gestellt – wegen der „verfassungswidrigen Agitation der Partei, die diese in aggressiv kämpferischer Weise betreib". Dies ist im übrigen – seit dem KPD-Urteil von 1956 – ein wichtiges, vom Bundesverfassungsgericht gefordertes Kriterium, um ein Parteiverbot zu rechtfertigen: „Eine Partei ist nicht schon dann verfassungswidrig, wenn sie die obersten Prinzipien einer freiheitlichen demokratischen Grundordnung ... nicht anerkennt; es muß vielmehr eine aktiv kämpferische, aggressive Haltung gegenüber der bestehenden Ordnung hinzukommen", heißt es im KPD-Urteil.

Am 24. Februar 1995 wurde die FAP verboten. Seither drängen ihre Mitglieder vor allem in die NPD, aber auch in andere Rechtsparteien. Viele Kreis- und Ortsverbände der FAP bilden seither scheinbar unabhängige „Kameradschaftszusammenhänge".[17]

Anmerkungen

(1) Vgl. Brusten, in: KrimJournal – 4. Beiheft: Polizei-Politik, Weinheim 1992, S. 84 ff.
(2) BGH 29, 216, 218; BGH 33, 114 f, 117; NJW 70, 205.
(3) Vgl. dazu Rachor, in: Lisken/Denninger, Handbuch des Polizeirechts, 2. Aufl. München 1996, L Rdnr. 1 ff (20 ff).
(4) vgl. Die UN-Menschenrechtsverfahren, in: Bungarten/Koczy (Hg.), Handbuch der Menschrechtsarbeit, Bonn 1996
(5) Vgl. dazu eingehend: Lisken, in: Lisken/Denninger, Handbuch des Polizeirechts, München 1992, K 64. Entsprechende Ausführungen in der 2. (Neu-)Auflage 1996.
(6) Vgl. BVerfGE 45, 187 (229).
(7) Vgl. Lisken, a.a.O., K 62, m.w.N.
(8) Ebda., mit Verweis auf Wolff, Verwaltungsrecht II, 1962, S. 365 u.a.
(9) Lisken, ebda., mit Verweis auf Hesse, Grundzüge des Verfassungsrechts der BR Deutschland, 17. Aufl., Rdnr. 540
(10) Mitteilung von Jürgen Korell, Remonstrationspflicht, in: Unbequem, März 1995, S. 3.
(11) BVerwGE 56, 227.
(12) Ebda.
(13) Lisken, a.a.O., K 64, mit Verweis auf BVerfGE 32, 98 zum Vorrang der Gewissensgebundenheit gegenüber strafbewehrten Hilfspflichten. Nach der Rechtsprechung des BVerfG ist die Gewissensfreiheit Ausdruck der in Art. 1 Abs. 1 GG verankerten Würde der Person.
(14) Lisken, a.a.O., K 65, S. 662.
(15) Dazu eingehend: Horst Meier, Parteiverbote und demokratische Republik. Zur Interpretation und Kritik von Art. 21 Abs. 2 des Grundgesetzes, Baden-Baden 1993.
(16) Vgl. Der Spiegel 29/1993, S. 34 f; Der Spiegel 14/1994, S. 53 ff.
(17) Vgl. dazu Mecklenburg (Hg.), Handbuch Deutscher Rechtsextremismus, Berlin 1996, S. 258 ff.

Kapitel 7

Datenschutz-Rechte im inneren Sicherheitsbereich

7.1 Gesetzliche Ansprüche auf Auskunft, Akteneinsicht, Berichtigung, Sperrung, Löschung personenbezogener Daten und die rechtlichen Einschränkungen/Hindernisse

Bei den Sicherheitsbehörden existieren umfangreiche Datensammlungen mit äußerst sensiblen Informationen, die zu einem erheblichen Teil verdeckt aus dem engsten persönlichen Bereich erhoben und weiterverarbeitet werden. Prinzipiell ist eine Speicherung personenbezogener Daten nur zulässig, wenn dies zur rechtmäßigen Aufgabenerfüllung der speichernden Stelle erforderlich und verhältnismäßig ist und eine Rechtsvorschrift die Speicherung erlaubt. Andernfalls besteht ein Anspruch auf Löschung.

Im Bereich der automatisierten Datenverarbeitung – auch durch die Sicherheitsbehörden – bestehen grundsätzlich folgende Betroffenenrechte:

– Recht auf Auskunft über personenbezogene Daten; ggfls. Akteneinsichtsrecht;
– Recht auf Benachrichtigung;
– Recht auf Berichtigung, Sperrung und Löschung von personenbezogenen Daten;
– Ansprüche auf Schadensersatz und ggfls. Schmerzensgeld;
– Recht auf sonstige Folgenbeseitigung;
– Recht auf Anrufung des Datenschutzbeauftragten.

Diese Rechte können prinzipiell nur vom Betroffenen persönlich oder von einer von ihm bevollmächtigten Person wahrgenommen werden. Grundsätzlich erlöscht der Anspruch etwa auf Auskunft mit dem Tod des Betroffenen. Nur bei einem berechtigten Interesse der (aller) Erben an der Offenbarung darf dann noch eine Auskunft erteilt werden (das berechtigte Interesse muß glaubhaft gemacht werden).

Im Bereich der Inneren Sicherheit
– Polizei – BKA, BGS, Landespolizeien;
– Staatsanwaltschaften;
– Geheimdienste (Bundesamt und Landesämter für Verfassungsschutz, BND, MAD)

gibt es allerdings nur recht eingeschränkte Abwehrrechte gegen die umfassende Datenerfassung, -verarbeitung und -weitergabe; auch die Ansprüche auf Auskunft, Berichtigung, Sperrung, Löschung sind eher bescheiden. Über einen Auskunftsantrag ist z.B. nicht in Erfahrung zu bringen, mit welchen Mitteln und Methoden die Daten erfaßt worden sind und an welche Stellen sie übermittelt wurden. Zu einer solchen Auskunft sind die Sicherheitsorgane gesetzlich nicht verpflichtet.
Für den Bereich der Inneren Sicherheit gelten, was die individuellen Rechte des Bürgers angeht, gravierende Ausnahmen vom sonst üblichen Datenschutzstandard, mit der Tendenz, die Daten vor dem Bürger zu schützen. Seit Ende der 80er, Anfang der 90er Jahre gibt es bereichsspezifische Datenschutz-Regelungen in den einschlägigen Polizei- und Geheimdienstgesetzen des Bundes und der Länder.

Verfassungsschutz/Geheimdienste
Zu den Aufgaben des „Verfassungsschutzes" (VS) gehört die „Sammlung und Auswertung von Informationen, insbesondere von sach- und personenbezogenen Auskünften, Nachrichten und Unterlagen", über Bestrebungen u.a. gegen
▶ die freiheitliche demokratische Grundordnung;
▶ den Bestand oder die Sicherheit des Bundes oder eines Landes;
▶ über Bestrebungen, die eine ungesetzliche Beeinträchtigung der Amtsführung der Verfassungsorgane des Bundes oder eines Landes oder ihrer Mitglieder zum Ziel haben;
▶ außerdem über sicherheitsgefährdende oder geheimdienstliche Tätigkeiten für eine fremde Macht.

(1) Auskunft über Datenspeicherungen
▶ Alle Bürger des Landes haben das Recht, kostenlose Auskunft über die vom VS zu ihrer Person gespeicherten Daten zu verlangen (gilt auch für gesperrte Daten).
▶ Die Auskunft erstreckt sich nicht auf die Herkunft der Daten und auch nicht auf die Empfänger von Datenübermittlungen.
▶ Der VS kann die Auskunft im Einzelfall verweigern, wenn entsprechende Gründe vorliegen (Rechtsgüterabwägung).
▶ Eine Begründung für die Auskunftsverweigerung braucht im Zweifel nicht gegeben zu werden (§ 15 Abs. 4 BVerfSchG).
▶ Die Betroffenen können die Speicherung auch von den Datenschutzbeauftragten des Bundes und der Länder auf ihre Rechtmäßigkeit überprüfen lassen.
▶ Ein Akteneinsichtsrecht wird allerdings nicht gewährt (mit Ausnahme).

Solche Einschränkungen in der Auskunftspraxis hindern eine effektivere Kontrolle des VS (und der anderen Geheimdienste). Manche Bundesländer haben die Bedingungen der Kontrolle und der Daten-Auskunft inzwischen verbessert.

Im Falle eines Antrags auf Auskunft beim Bundesamt für Verfassungsschutz (BfV) und etlichen Landesverfassungsschutzämtern hat der Antragsteller *zwei Voraussetzungen* zu erfüllen (die m.E. verfassungsrechtlich bedenklich sind):

1. Nach dem Bundesverfassungsschutzgesetz und diversen Landesverfassungsschutzgesetzen muß der Antragsteller ein *besonderes Interesse* an einer Auskunft glaubhaft machen – z.B. eine Bewerbung für den Öffentlichen Dienst oder für eine sicherheitsrelevante Tätigkeit.

2. Der Antragsteller muß darüber hinaus auf einen *konkreten Sachverhalt* hinweisen, der eine Datenspeicherung beim VS nahelegt – also z.B. Mitarbeit bei einer bestimmten Bürgerinitiative, in einer Partei oder bei Presseorganen, die schon mal ins Visier des VS geraten sind.

Wird ein solcher konkreter Sachverhalt genannt, hat dies allerdings zumindest zwei Nachteile:

▶ Zum einen liefert man dem VS sozusagen frei Haus die eigene politische Vita bzw. „belastende" und hoch sensible Informationen, die er vielleicht noch gar nicht hatte (Selbstdenunziation).

▶ Zum anderen beschränkt der VS seine Auskunft dann regelmäßig exakt auf den genannten Sachverhalt, obwohl möglicherweise noch weitere Daten gespeichert sind. Häufig ist dem Wortlaut der VS-Auskunft – „aufgrund der von Ihnen vorgetragenen Sachverhalte" – zu entnehmen, daß möglicherweise noch weitere Daten gespeichert sind im Zusammenhang mit anderen als den genannten Sachverhalten. Hier sollte man sich ggfls. noch überlegen, welche anderen Sachverhalte dies sein könnten, um evtl. eine Ergänzung der Auskunft zu erreichen.

Allerdings gibt es Urteile der Verwaltungsgerichte, die auch bei pauschalen Anfragen ohne Bezug zu einem konkreten Tatbestand bzw. ohne besonderes Auskunftsinteresse den Sicherheitsbehörden eine Verhältnismäßigkeitsprüfung in vollem Umfang aufbürden und darüber hinaus – statt einer pauschalen Ablehnung – verlangen, ggfls. auch eine Teilauskunft als „milderes Mittel" in Erwägung zu ziehen.

Etliche Landesverfassungsschutzgesetze fordern solche Voraussetzungen eines Auskunftsantrags nicht mehr. Dazu gehören: Brandenburg, Hessen, Niedersachsen, NRW, Saarland, Sachsen, Sachsen-Anhalt, Schleswig-Holstein, Thüringen. In diesen Ländern sollten also solche Hinweise im Antrag unterbleiben. Die Nennung von Sachverhalten ist in diesen Ländern nur dann sinnvoll, wenn man Auskunft auch aus

den Sachakten des VS verlangt, die nicht nach Namen von Einzelpersonen aufgeschlüsselt sind, um das Auffinden der Informationen mit angemessenem Aufwand zu ermöglichen.
Ein Einsichtsrecht in die Akten des VS gibt es – neben einer Datenauskunft – nur in Brandenburg; außerdem können sich dort Auskunft und Akteneinsicht auf Antrag auch auf die Herkunft der Daten, den Zweck ihrer Übermittlung und die Empfänger von Übermittlungen innerhalb der letzten zwei Jahre erstrecken.

Auskunftanträge werden gestützt
▶ gegenüber dem Bundesamt für Verfassungsschutz auf § 15 BVerfSchG (Bundesamt für Verfassungsschutz, z.H. Herrn Präsident Dr. Frisch, Merianstr. 100, 50765 Köln);
▶ gegenüber den VS-Behörden bzw. Ämtern der Länder auf die entsprechenden Vorschriften der Landesverfassungsschutzgesetze;
▶ gegenüber dem Bundesnachrichtendienst auf § 7 (und § 5) BND-Gesetz (Adresse: BND, Heilmannstr. 30, 82049 Pullach);
▶ gegenüber dem Militärischen Abschirmdienst auf § 9 MAD-Gesetz (über Bundesministerium der Verteidigung).

Beispiel für einen Auskunftsantrag an das Bundesamt für Verfassungsschutz:

Absender:
Vollständiger Vor- und Nachname, Adresse und Geburtsort und -datum

An das
Bundesamt für Verfassungsschutz
z.H. Herrn Präsident Dr. Frisch
Merianstr. 100
50765 K ö l n

Datum ....

Betr.: Antrag auf Auskunft
über die zu meiner Person beim BfV gespeicherten Daten

Sehr geehrter Herr Präsident,
mit diesem Schreiben beantrage ich gemäß § 15 BVerfSchG vollständige Auskunft über die zu meiner Person in Dateien des Bundesamtes für Verfassungsschutz (BfV) bzw. in Dateien des NADIS-Systems gespeicherten Daten.
Soweit Informationen über mich in Akten gespeichert sind, bitte ich, mir zur Stellungnahme bzgl. § 13 BVerfSchG Auskunft zu erteilen.

Zum konkreten Sachverhalt möchte ich folgendes mitteilen:
(hier Angaben über Sachverhalte, Tätigkeiten etc., in deren Zusammenhang eine geheimdienstliche Speicherung möglich ist oder auch konkrete Hinweise auf eine Beobachtung benennen – so sparsam wie möglich, so umfassend wie nötig).

Es ist zu befürchten, daß eine Beobachtung und Erfassung durch den Verfassungsschutz für meine berufliche Tätigkeit als *(Berufs- oder Funktionsangabe im öffentlichen Dienst, als Freiberufler oder in der Privatwirtschaft, z.B. in einem sicherheitsrelevanten Bereich)* negative Wirkungen haben könnte.
Mein besonderes Interesse an einer Auskunft über alle personenbezogenen Daten, die Ihr Amt über mich gespeichert und verarbeitet hat, ergibt sich u.a. aus der Tatsache, daß ich... *(z.B. mich für eine Stelle im Öffentlichen Dienst bewerbe)...*
Von einer Löschung der beim BfV gespeicherten Daten vor einer vollständigen Auskunftserteilung und vor Überprüfung durch den Bundesdatenschutzbeauftragten bitte ich dringend abzusehen, weil ansonsten meine schutzwürdigen Belange beeinträchtigt würden.
Für eine baldige und umfassende Auskunft wäre ich Ihnen dankbar.

Mit freundlichen Grüßen
(Unterschrift)

Beispiel für einen Antrag auf Auskunft bei VS-Behörde eines Landes

Absender mit Geburtsort und -datum

Landesamt für Verfassungsschutz *oder* Verfassungsschutzbehörde
im Innenministerium des Landes ...
(wg. unterschiedlicher Organisation in den Bundesländern; vorher überprüfen)

Betr.: Antrag auf Auskunft
über die zu meiner Person beim Verfassungsschutz des Landes gespeicherten Daten

Sehr geehrter Damen und Herren,
hiermit beantrage ich gemäß § ... VerfSchG des Landes.... vollständige Auskunft über die zu meiner Person in Dateien des Verfassungsschutzes gespeicherten Daten.
In manchen Bundesländern ist es, wie gesagt, nicht erforderlich, Angaben zum Sachverhalt zu machen, in dessen Zusammenhang eine Datenerfassung und -speicherung erfolgt sein könnte. Auch die Glaubhaftmachung eines berechtigten Interesses an der Auskunft ist nicht in allen Bundesländern erforderlich. Es empfiehlt sich daher, sich die jeweiligen Landesverfassungsschutzgesetze vor einem Auskunftsantrag anzuschauen und entsprechend den Antrag zu formulieren.

In manchen Bundesländern ist es möglich, weitergehende Auskunft zu erhalten. Dann ist zusätzlich folgendermaßen zu formulieren:
Ich bitte darum, mir auch Auskunft zu erteilen über
– den Zweck der Datenspeicherung,
– die Rechtsgrundlage der Speicherung,
– die Herkunft der Daten,
– die empfangenden Stellen von regelmäßigen Datenübermittlungen und die an einem automatisierten Abrufverfahren teilnehmenden Stellen.

Falls Akteneinsicht möglich ist:
Ich wünsche außer einer Auskunft auch Akteneinsicht.

Von einer Löschung der beim VS gespeicherten Daten vor einer vollständigen Auskunftserteilung bitte ich dringend abzusehen, weil ansonsten meine schutzwürdigen Belange beeinträchtigt würden.
Für eine baldige und umfassende Auskunft wäre ich Ihnen dankbar.

Mit freundlichen Grüßen
(Unterschrift)

(2) Falls Auskunft erteilt wird, kann folgendermaßen darauf reagiert werden:

Löschung unzulässig gespeicherter Daten

Adresse

Bundesamt für Verfassungsschutz
oder Landesamt für Verfassungsschutz bzw. Verfassungsschutzbehörde

Aktenzeichen.....

Sehr geehrte Damen und Herren,
ich halte die Speicherung der Daten, über die Sie mir Auskunft erteilt haben, aus folgenden Gründen für unzulässig bzw. zur Erfüllung Ihrer Aufgaben nicht (mehr) für erforderlich:
....
Ich beantrage daher, diese Daten zu löschen oder, soweit dies nicht in Betracht kommt, zu sperren. Ich erwarte, daß sie mir dies schriftlich bestätigen und die Stellen, denen Sie unzulässig gespeicherte Daten übermittelt haben, darüber zu verständigen, daß diese Daten gelöscht worden sind.
Bitte übersenden Sie mir eine Kopie etwaiger Benachrichtigungen von Empfängern der Datenübermittlungen.
Soweit Sie die Löschung der Daten ablehnen, bitte ich Sie, mir die Rechtsgrundlage und die Erforderlichkeit für die fortdauernde Speicherung mitzuteilen.

Mit freundlichen Grüßen
(Unterschrift)

Berichtigung von unrichtigen Daten

Sehr geehrte Damen und Herren,
ich halte die zu meiner Person gespeicherten Daten aus folgenden Gründen für unrichtig bzw. unvollständig:
....
Ich beantrage daher, die Daten entsprechend zu berichtigen oder jedenfalls zu sperren bzw. einen Vermerk zur Akte zu nehmen. Für den Fall der Übermittlung meiner Daten bitte ich um Berichtigung oder Ergänzung gegenüber den empfangenden Stellen.

Mit freundlichen Grüßen
(Unterschrift)

(3) Auskunftsverweigerung
Der Verfassungsschutz ist zwar prinzipiell verpflichtet, auf Antrag kostenlos Auskunft über die zur Person des Antragstellers gespeicherten Daten zu erteilen, sofern die gesetzlichen Voraussetzungen vorliegen. Er muß eine Einzelfall-Entscheidung treffen, hat aber die Möglichkeit, die Auskunft zu verweigern (Vorbehaltsklauseln). Gründe für eine Auskunftsverweigerung liegen vor (unterschiedlich geregelt in den diversen Verfassungsschutz- bzw. Datenschutzgesetzen),
▶ wenn die Belange des Bürgers bzw. sein Interesse an der Auskunftserteilung hinter dem öffentlichen Interesse an der Nichtherausgabe der jeweiligen Daten zurücktreten müssen (Ermessensentscheidung nach Rechtsgüterabwägung);
▶ soweit die Auskunft die öffentliche Sicherheit oder Ordnung gefährden oder
▶ sonst dem Wohle des Bundes oder eines Landes Nachteile bereiten würde;
▶ wenn Quellen/Informanten durch die Auskunft gefährdet werden könnten;
▶ bei sog. Ausforschungsgefahr (z.B. ein mutmaßlicher Spion verlangt Auskunft, oder Auskunftsantrag gilt als Teil einer Auskunfts- bzw. „Ausforschungs"-Kampagne).
Auch wenn pauschale Hinweise etwa auf die sog. Ausforschungsgefahr nicht ausreichend sind, so führen in der Praxis einzelne dieser Ablehnungsgründe (oder mehrere) häufig zur Verweigerung von Auskünften, so daß auch Folgerechte (wie Berichtigung, Sperrung oder Löschung) nicht wahrgenommen werden können. In einem solchen Fall
▶ Datenschutzbeauftragten einschalten,
▶ Antrag stellen, zumindest eine Teilauskunft zu erteilen, auf die die Ablehnungsgründe nicht zutreffen.
Eine Antwort der VS-Behörde kann oft monatelang auf sich warten lassen (beim BfV etwa 2-4 Monate).

(4) Einschaltung des Datenschutzbeauftragten
Es ist generell zu empfehlen, nach der (möglicherweise unzureichenden) Auskunft oder Auskunftsverweigerung des VS den Bundes- und/oder Landesdatenschutzbeauftragten einzuschalten, der/die die Angelegenheit nach allen datenschutzrechtlichen Gesichtspunkten überprüfen kann – etwa ob die (möglicherweise) erfaßten und gespeicherten Daten auch rechtmäßig erfaßt bzw. gespeichert worden sind und ob ggfls. die Auskunft des VS erschöpfend ist oder die Weigerung rechtmäßig oder zumindest eine Teilauskunft erteilt werden müßte.

Dazu sind sämtliche Unterlagen – also insbesondere der bisherige Schriftverkehr mit dem VS – beizufügen.
Dem Verfassungsschutz sollte auf alle Fälle folgendes auferlegt werden: Eine Löschung der Daten kommt zumindest so lange nicht in Frage, bis der/die Datenschutzbeauftragte die Angelegenheit abschließend geprüft hat. Eine Löschung darf erst erfolgen, wenn der Betroffene in diese einwilligt.

(5) Klage vor den Verwaltungsgerichten; Verfassungsbeschwerde
Nach diesen Anträgen und Überprüfungen ist zu überlegen,
▶ ob im Falle des Vorhandenseins von Daten einer evtl. angebotenen Löschung zugestimmt oder ob eine verwaltungsgerichtliche Klage auf Auskunft über sämtliche zur Person gespeicherten Daten anstrengt werden soll;
▶ oder im Fall der Auskunftsverweigerung Klage auf Auskunftserteilung;
▶ oder ob im Fall der Nichtbegründung einer Auskunftsverweigerung auf Begründung geklagt werden soll.
Eine Klage ist mit nicht unerheblichen Kosten verbunden. Und es besteht das Risiko, daß das Gericht die Rechtmäßigkeit der Datenspeicherung oder der Auskunftsverweigerung feststellt, der Klagende also unterliegt und auf den Kosten sitzen bleibt. In jedem Fall ist spätestens ab diesem Stadium ein Anwalt zur Prüfung der Erfolgsaussichten und des Kostenrisikos einzuschalten.
Die Sicherheitsbehörden und damit auch der VS sind nach der Rechtsprechung der Verwaltungsgerichte in der Regel zu einer plausiblen Begründung ihrer Auskunftsverweigerung verpflichtet, so daß ein gerichtlicher Nachvollzug möglich ist. Der Verhältnismäßigkeitsgrundsatz muß vor allem dann besondere Beachtung finden, wenn im Antragsverfahren gesteigerte Auskunftsinteressen des Antragsstellers deutlich werden – etwa bei erschwerter Arbeitsplatzsuche, Arbeitsplatzverlust, gesundheitlichen Beeinträchtigungen, Rufschädigung aufgrund der erfaßten Daten und ihrer Weitergabe an Behörden oder private Stellen, etwa im Zusammenhang mit „Sicherheitsüberprüfungen" in Betrieben.
In der Regel ist eine (gerichtliche) Erzwingung der (vollständigen) Auskunft und Löschung im Wege des Widerspruchs bzw. im Klageweg vor den Verwaltungsgerichten nur dann sinnvoll und möglich, wenn es begründeten Verdacht gibt, daß die Geheimdienste oder die Polizei personenbezogene Daten über den Kläger gesammelt und gespeichert, möglicherweise auch an andere Stellen übermittelt haben. Ein solcher Verdacht kann sich etwa ergeben aufgrund

▶ beruflicher Diskriminierung (Nichtanstellung oder Entlassung);
▶ öffentlicher Rufschädigung (z. B. in den Medien oder in VS-Berichten);
▶ Zugehörigkeit zu erfaßten, observierten, belauschten Gruppen (Bürgerinitiativen, PDS-Mitgliedschaft, Linke bzw. linksradikale Gruppen);
▶ oder aber per Zufall.

Im folgenden wird ein Muster-Widerspruch an das BfV dokumentiert. In diesem Fall hat das BfV sich geweigert, weitere Auskünfte über eine Datenspeicherung zu erteilen und dies mit Verweis auf § 15 Abs. 2 Nr. 1 BVerfSchG gerechtfertigt, ohne dies näher zu begründen. Danach unterbleibt eine Auskunftserteilung, soweit

„durch die Auskunftserteilung Quellen (z.B. V-Leute, Informanten; R.G.) gefährdet sein können oder die Ausforschung des Erkenntnisstandes oder der Arbeitsweise der Verfassungsschutzbehörde zu befürchten ist".

Das sind übliche Ablehnungsgründe, gegen die Widerspruch eingelegt werden kann. Insoweit ist auf die Rechtsmittelbelehrung am Ende des VS-Bescheids zu achten (wegen der Frist, die jedoch nicht zu laufen beginnt, wenn eine Belehrung unterblieben ist).

Im übrigen teilte das BfV in unserem angenommenen Fall mit, die Daten seien ohnehin „löschungsreif", d.h. diese Daten werden „zur weiteren Aufgabenerfüllung des BfV" nicht mehr benötigt, so daß sie vorerst gesperrt wurden (d.h. sie erhielten einen entsprechenden Vermerk, wonach sie nicht mehr genutzt und nicht mehr an andere Stellen übermittelt werden dürfen).

Beispiel für einen Widerspruch an den Verfassungsschutz

Absender: ....

Bundesamt für Verfassungsschutz
z.H. Herrn Präsident Dr. Frisch
Postfach 10 05 53
50445   K ö l n

                                                        Datum.................

Widerspruch
gegen den Bescheid des Bundesamtes für Verfassungsschutz
vom .... (hier eingegangen am ....)

Hiermit lege ich fristgerecht Widerspruch gegen o.g. Bescheid ein.
Die in dem Bescheid angegebenen Gründe der Ablehnung einer (weitergehenden) Auskunft über die zu meiner Person gespeicherten Daten akzeptiere ich nicht und bestehe weiterhin auf einer (erschöpfenden) Auskunft.

Zu dem Ablehnungsgrund § 15 Abs. 2 Nr. 1 ist anzumerken, daß durch die Bekanntgabe von Daten, die nach Ihrer eigenen Einschätzung nicht mehr gebraucht werden und daher löschungsreif sind, eine Gefährdung der Aufgabenerfüllung durch die Auskunftserteilung schlechterdings nicht denkbar ist.
Bei der Ablehnung nach § 15 Abs. 2 Nr. 2 ist nicht ersichtlich, um welche Variante es sich im konkreten Fall handelt. Ich bitte daher um entsprechende Aufklärung. So jedenfalls ist der Bezug auf Nr. 2 zu pauschal. Zum Ablehnungsgrund Nr. 2 ist bzgl. der jeweiligen Varianten folgendes festzustellen:
Quellengefährdung: Da die Daten über meine Kontakte zu .... (etwa einer kommunistischen Gruppe bzw. Partei) recht alt sein dürften, ist an eine akute Gefährdung von Quellen nicht zu denken. Im übrigen ließen sich – vor einer pauschalen Ablehnung – sämtliche Quellenangaben oder Quellenhinweise tilgen, so daß keine Rückschlüsse möglich sind. Mein gesetzlicher Anspruch auf Auskunft umfaßt auch den Anspruch auf erweiterte Teilauskunft.
Ausforschungsgefahr bzgl. Erkenntnisstand: Diese Gefahr ist nicht gegeben, da es sich um „ausrangierte" Daten handelt – d.h. der Erkenntnisstand ist ohnehin veraltet bzw. irrelevant.
Ausforschung der Arbeitsweise des BfV: Vor einer pauschalen Ablehnung hat das Amt zu prüfen, ob es zumindest weitere Teilauskünfte erteilt, die keine Rückschlüsse auf die Arbeitsweise des Amtes im Einzelfall zulassen. Was die Verweigerung einer Begründung der Ablehnung der weiteren Auskunftserteilung anbelangt, so ist der Bezug auf § 15 Abs. 4 S. 1 zu pauschal. Es ist in keiner Weise ersichtlich, noch gibt es irgendwelche Anhaltspunkte, weshalb eine Begründung den „Zweck der Auskunftsverweigerung" gefährden würde.
Im übrigen behalte ich mir eine abschließende Stellungnahme zur Löschung der Daten noch bis zu einer Klärung meiner Fragen vor.
D.h. ich widerspreche vorerst einer Löschung.
Ich beantrage, meinem Auskunftsantrag zu entsprechen.

Mit freundlichen Grüßen
Unterschrift

Häufig greifen die Sicherheitsbehörden in Fällen, in denen eine Verurteilung zur Offenlegung der Daten droht, gern zum letzten Mittel des „Spuren-Verwischens": Sie erklären einfach, die entsprechenden Daten und Unterlagen seien inzwischen gelöscht worden, so daß folglich das Auskunftsbegehren gegenstandslos geworden ist. Dem läßt sich möglicherweise mit einer Strafanzeige wegen Urkundenunterdrückung begegnen. Mit der Schaffung vollendeter Tatsachen, so die Begründung für eine Strafanzeige, sei der Auskunftsanspruch des Klägers und die zu erwartende Entscheidung des Gerichts unterlaufen worden.

Trotz aller Einschränkungen sollte von Auskunftsersuchen reger Gebrauch gemacht werden. Damit kann wenigstens in (bescheidenen) Ansätzen dem sicherheitsstaatlichen Ideal des gläsernen Bürgers die Forderung nach dem gläsernen Staat entgegengehalten werden. Die Verknüpfung mit einer Aufklärungskampagne ist ratsam, allerdings ist Vorsicht geboten, um eine Qualifizierung als „Ausforschungskampagne" zu vermeiden, die zum Anlaß für Auskunftsverweigerungen genommen werden könnte.

Deshalb ist es wichtig, die Anträge zeitlich zu streuen und die Formulierungen der Musterbriefe zu variieren. Vom Auskunftsrecht sollte in erster Linie dann Gebrauch gemacht werden, wenn konkrete Anhaltspunkte dafür vorliegen, daß die eigenen personenbezogenen Daten nicht richtig oder zu Unrecht gespeichert sind.

Auch gegen eine unrechtmäßige Weitergabe von personenbezogenen VS-Daten an andere öffentliche oder nicht-öffentliche Stellen kann ein Betroffener sich gerichtlich zur Wehr setzen mit einer Feststellungsklage vor dem Verwaltungsgericht. Beantragt wird die Feststellung der Rechtswidrigkeit der Datenübermittlung.[1]

Nach Ausschöpfung des Verwaltungsrechtswegs ist auch an eine Verfassungsbeschwerde zu denken *(s. Kapitel über Rechtsschutz)*.

Polizei und Staatsanwaltschaft

Im Polizeilichen Informationssystem INPOL, u.a. in den Kriminalaktennachweisen (KAN), in Spurendokumentationsdateien (SPUDOK), in diversen INPOL-Arbeitsdateien, sind die Daten von Millionen von Bürgern gespeichert. Allein in Bayern sind in Polizeicomputern Daten von 1,3 Millionen = über 10 Prozent der bayerischen Bevölkerung gespeichert. In Berlin liegt die polizeiliche Erfassungsquote noch höher.[2] Dabei werden nicht nur Tatverdächtige und Straftäter gespeichert, sondern auch sog. Kontakt- und Begleitpersonen (von Verdächtigen), Zeugen, sog. Hinweisgeber und Opfer von Straftaten.

Häufig sind Daten von Personen gespeichert, die zwar in ein Ermittlungsverfahren geraten sind, deren Verfahren aber später eingestellt wurde oder aber mit einem Freispruch endete. Trotzdem werden die Daten häufig nicht gelöscht, obwohl sie in solchen Fällen unverzüglich gelöscht werden müßten. Das wird nicht nur aus Nachlässigkeit oder Überlastung versäumt, sondern oft in voller Absicht, weil gegen die entsprechende Person – trotz der Verfahrenseinstellung oder des Freispruchs – in den Augen der Polizei ein sog. Restverdacht besteht. In solchen Fällen gerät der zu Unrecht gespeicherte Betroffene – etwa im Zuge von Kontrollmaßnahmen der Polizei rasch in den Kreis von qualifiziert Verdächtigen. Überdies können solche Daten unter bestimmten Bedingungen an andere öffentliche oder nichtöffentliche Stellen übermittelt werden, was etwa im Rahmen einer Sicherheits- oder Zuverlässigkeitsüberprüfung zu negativen Folgen führen kann.

(1) Die Auskunftsersuchen gegenüber der Polizei erfolgen nach den Polizeigesetzen des Bundes (BKA, BGS) oder der Länder, ergänzend nach den jeweiligen Datenschutzgesetzen.

In den meisten Polizeigesetzen der Länder müssen die Anfragenden bereits in ihrem Antrag Gründe für den Antrag und/oder Hinweise zum Auffinden der Daten (Sachverhalte) angeben. Vergleichsweise großzügige Auskunftsregelungen gibt es in Brandenburg, Mecklenburg-Vorpommern, im Saarland und in Schleswig-Holstein. In diesen Ländern werden auf Antrag
► Auskünfte über die gespeicherten Daten,
► den Zweck und
► die Rechtsgrundlage der Speicherung sowie über
► die Herkunft (Brandenburg, Saarland) und über
► die Empfänger von Übermittlungen und die Teilnehmer an automatisierten Abrufverfahren (Mecklenburg-Vorpommern, Schleswig-Holstein) erteilt.
► Zusätzliche Akteneinsicht für die Betroffenen gibt es in Brandenburg, Mecklenburg-Vorpommern und Schleswig-Holstein; in Bremen gibt es auf Antrag die Akteneinsicht anstelle der Auskunft.
In anderen Bundesländern gibt es in den Polizeigesetzen keine speziellen Auskunftsregelungen, sondern lediglich Verweise auf die jeweiligen Landesdatenschutzgesetze.[3]

(2) Auskunftsverweigerung
Die Auskunft unterbleibt, „soweit
► eine Gefährdung der Aufgabenerfüllung durch die Auskunftserteilung, insbesondere eine Ausforschung der Polizei, zu besorgen ist,

▶ die Auskunft die öffentliche Sicherheit und Ordnung gefährden oder dem Wohl des Bundes oder eines Landes Nachteile bereiten würde, oder
▶ die Daten oder die Tatsache ihrer Speicherung nach einer Rechtsvorschrift oder ihrem Wesen nach, insbesondere wegen der überwiegenden berechtigten Interessen eines Dritten, geheimgehalten werden müssen, und das Interesse des Betroffenen an der Auskunftserteilung nicht überwiegt" (Beispiel der bayerischen Variante in § 48 Bay. Polizeiaufgabengesetz).

Die Ablehnung der Auskunftserteilung bedarf in der Regel keiner Begründung. Der Betroffene kann sich an den jeweils zuständigen Datenschutzbeauftragten wenden, dem unter gewissen Voraussetzungen Auskunft zu erteilen ist. Die Mitteilung des Datenschutzbeauftragten an den Betroffenen darf keine Rückschlüsse auf den Erkenntnisstand der Polizei zulassen, sofern diese nicht einer weitergehenden Auskunft zustimmt.

Wird die Auskunft verweigert oder aber nur unzureichend erteilt, so ist
▶ die/der Bundes- bzw. Landesdatenschutzbeauftragte einzuschalten und mit dem Fall zu befassen sowie nach dessen Prüfung und Mitteilung ggfls.
▶ mit anwaltlicher Hilfe und
▶ nach Einlegung eines Widerspruchs gegen einen ablehnenden Widerspruchsbescheid
zu überlegen, ob eine
▶ Klage vor dem Verwaltungsgericht und nach Ausschöpfung des Verwaltungsrechtswegs
▶ eine Verfassungsbeschwerde sinnvoll und aussichtsreich wäre.

Musterantrag:
Auskunft über Daten, die über mich bei der Polizei gespeichert sind

Absender mit Geburtsort und -datum

An den Bundesinnenminister
Graurheindorfer Str. 198
53117 Bonn

> oder Innenministerium/-senator des Landes X
> Adresse

An das Bundeskriminalamt
Thaerstr. 11,
65193 Wiesbaden

> oder/und An das Landeskriminalamt
> Adresse

An den Bundesgrenzschutz

> und an das örtlich zuständige Polizeipräsidium

Datum

Betr.: Antrag auf Auskunft über gespeicherte Daten

Sehr geehrte Damen und Herren,

entweder:
unter Hinweis auf das
- Bundeskriminalamtsgesetz
- Bundesgrenzschutzgesetz

oder
unter Hinweis auf das Polizeigesetz des Bundeslandes X

beantrage ich hiermit, mir kostenlos Auskunft über sämtliche personenbezogenen Daten zu erteilen, die in Polizeidateien und -akten des *Bundes oder des Landes X* über mich gespeichert sind. Außerdem bitte ich um Auskunft, in welchen Dateien und Akten die Daten gespeichert sind, sowie Auskunft über den Zweck und die Rechtsgrundlage der Speicherung.
(Ggfls. ist mitzuteilen, in welchem Zusammenhang eine Datenspeicherung vermutet wird. Falls das jeweilige Polizeigesetz auch Akteneinsicht vorsieht, ist auch diese zu beantragen.)

Mit der Bitte um baldige Antwort und
freundlichen Grüßen
(Unterschrift)

(3) Berichtigung, Löschung, Sperrung

Falls der Betroffene weiß, was über ihn bei der Polizei gespeichert ist oder aber im Falle einer Datenauskunft kann mit (weiteren) Schreiben an die Polizei reagiert werden:

**Musterbrief:
Unzulässige Speicherung**

Anschrift der Polizeistelle, die Auskunft gegeben hat
bzw. wo die Daten gespeichert sind

                                                            Datum

Sehr geehrte Damen und Herren,
Sie speichern folgende Daten über mich
....
Ich halte die Speicherung dieser Daten für unzulässig,

▶ weil das Ermittlungsverfahren den gegen mich erhobenen Vorwurf aus folgenden Gründen ausgeräumt hat
....,

▶ weil die Speicherung dieser Daten aus folgenden Gründen nicht mehr erforderlich ist
....,

Ich beantrage, diese Daten zu löschen und mir die Löschung schriftlich zu bestätigen. Soweit Sie die Löschung der Daten ablehnen, bitte ich Sie, mir die Erforderlichkeit für die fortdauernde Speicherung mitzuteilen.

Mit freundlichen Grüßen
(Unterschrift)

Berichtigung unrichtiger Daten

Sehr geehrte Damen und Herren,
Sie speichern folgende Daten über mich
....
Die Daten sind aus folgenden Gründen unrichtig:
....
Ich beantrage, diese Daten entsprechend zu berichtigen. Sollten diese Daten an andere Stellen übermittelt worden sein, so beantrage ich, den Empfängern die Berichtigung mitzuteilen.

Mit freundlichen Grüßen
(Unterschrift)

(4) Auskunftsersuchen über abgeschlossene Ermittlungsverfahren

---

**Auskunft über Daten, die über mich
bei der Staatsanwaltschaft gespeichert sind:**

Absender, mit Geburtstag und -ort

Staatsanwaltschaft
beim Landgericht.........

Datum

Sehr geehrte Damen und Herren,
bitte teilen Sie mir alle Daten mit, die Sie zu meiner Person in staatsanwaltschaftlichen Dateien/in der Zentraldatei der Staatsanwaltschaft gespeichert haben. Außerdem bitte ich um Auskunft darüber, zu welchen Zwecken meine Daten innerhalb der letzten zwei Jahre verwandt, verarbeitet und übermittelt wurden.
Mir ist bekannt, daß die Staatsanwaltschaft die Erteilung einer Auskunft über Daten, die laufende Ermittlungsverfahren betreffen, verweigern kann.

Mit freundlichen Grüßen
(Unterschrift)

Europol – Schengener Informationssystem (SIS)
Das Rechts- und Datenschutzsystem bezüglich internationaler bzw. europäischer Eingriffsbefugnisse der Polizei hält in keiner Weise Schritt mit dem Tempo des Ausbaus von übernationalen Sicherheitsinstitutionen und -Verträgen wie Europol, Schengener Abkommen etc. „Polizeiliche Informationen fließen in Sekundenschnelle über die staatlichen Grenzen – die Bürgerrechte und der Datenschutz hinken mühsam hinterher" (Heiner Busch).
So sollen etwa Europolizisten strafrechtliche Immunität genießen, d.h. sie können für unzulässige Handlungen nicht oder nur höchst eingeschränkt belangt werden. Gegen internationale Datenflüsse läßt sich noch weniger rechtlich unternehmen als gegen innerstaatliche Übermittlungen.

(1) Europol
Seit der Unterzeichnung der Europol-Konvention im Jahre 1995 bemühen sich die europäischen Sicherheitskräfte um den Aufbau einer gemeinsamen Datenverarbeitung. Geplant ist eine sog. Register-

datei – das Europol-Informationssystem. Darin sollen die Personalien und Personenbeschreibungen gespeichert werden von
– Verurteilten,
– Beschuldigten,
– Tatverdächtigen,
– anderen Personen, „wenn Tatsachen die Annahme rechtfertigen, daß sie Straftaten begehen können", für die Europol zuständig ist.
In zusätzlichen sog. Analysedateien können die Daten eines noch viel breiteren Personenkreises eingespeichert und dann auch in die angeschlossenen Länder übermittelt werden: u.a. auch (potentielle) Zeugen, (potentielle) Opfer, Kontakt- und Begleitpersonen, Hinweisgeber etc. Auch Daten über Rassen-Zugehörigkeit, Sexualität und Gesundheit können aufgenommen werden, wie es bereits erstellte Ausführungsbestimmungen vorsehen.

(2) Schengener Informationssystem (SIS)
Erstes international vernetztes on-line-Fahndungssystem in Europa: Das zentrale Schengener Informationssystem wurde in Straßburg von der Schengener Vertragsgemeinschaft installiert, also vom polizeilichen „Kerneuropa", inzwischen bestehend aus: Bundesrepublik Deutschland, Frankreich, Benelux-Staaten, Spanien, Portugal, Italien, Österreich, Griechenland.
Das SIS gilt nach Informationen des Bundesinnenministers als „Herzstück der Ausgleichsmaßnahmen" im Zusammenhang mit dem vollständigen Abbau der Grenzkontrollen an den Schengener Binnengrenzen.[4]
Das SIS ist eine dialoggesteuerte komplexe Datenbankanwendung: Die Dateneingabe erfolgt on-line von den nationalen Datensystemen aus, in Deutschland vom INPOL-System des BKA. Abgerufen werden die Daten on-line von (derzeit über 30.000) lokalen Terminals (bei den bundesdeutschen Polizeien, beim BGS, Zoll, bei den Ausländerbehörden knapp 10.000 Computer-Terminals).
Sowohl Personenfahndung (Straftäter etc.) als auch Sachfahndung (Autos, Waffen, Banknoten etc.) ist möglich. Personen können ausgeschrieben werden:
► zur Festnahme und Auslieferung,
► zur Suche nach Vermißten,
► zur gezielten Beobachtung, verdeckten Kontrolle und Registrierung (polizeiliche Beobachtung),
► zur Zurückweisung und Abschiebung von Nicht-EU-Ausländern („Drittausländer").
► Darüber hinaus werden Zeugen sowie Personen erfaßt, die im

Rahmen eines Strafverfahrens vor Gericht erscheinen müssen, denen ein Strafurteil oder die Ladung zum Antritt einer Freiheitsentziehung zugestellt werden soll (Aufenthaltsermittlung),
► außerdem Sachen, die zur Sicherstellung oder Beweissicherung in Strafverfahren gesucht werden.

Ende 1997 waren rund vier Millionen Personen- und Sachfahndungsdatensätze geladen (maximale Auslastung ca. knapp 10 Mio. Datensätze).[5] Der Löwenanteil von fast 90 Prozent aller Ausschreibungen entfällt auf die Zurückweisung oder Abschiebung von Nicht-EU-Ausländern (1996). Die Bundesrepublik ist verantwortlich für über zwei Drittel der Personen- und mehr als die Hälfte der Sachfahndungsdaten.

Literatur-Hinweis
Busch, Polizeilicher Datendschungel in Europa, in: Müller-Heidelberg u.a. (Hg.), Grundrechts-Report 1998, Reinbek 1998, S. 45 ff.
Bürgerrechte & Polizei, Schwerpunkt: Europas neue Grenzen, Nr. 1/1998; darin:
- Busch, Die elektronischen Instrumente der Abschiebung, S. 17 ff.

7.2 Schadensersatz, Unterlassung und Beseitigung

Nach Art. 34 GG iVm § 839 BGB stehen einem von rechtswidriger Datenverarbeitung Betroffenen **Schadensersatzansprüche** zu, soweit die speichernde Stelle ein Verschulden bei der unzulässigen Datenverarbeitung trifft. Dieser Anspruch kann sich bei einer schwerwiegenden Persönlichkeitsverletzung auch auf den zugefügten immateriellen Schaden beziehen (Schmerzensgeld). Nach § 7 Bundesdatenschutzgesetz wird dem Betroffenen bei unzulässiger oder unrichtiger automatischer Datenverarbeitung durch öffentliche Stellen ein verschuldensunabhängiger Schadensersatz zugestanden, der allerdings in der Höhe begrenzt ist. Der Betroffene hat dabei nachzuweisen, daß der Schaden durch die EDV entstanden ist. Dieser Nachweis ist oft schwer zu führen.

Bei rechtswidrigem Umgang mit Personendaten steht dem Betroffenen auch ein verschuldensunabhängiger **Anspruch auf Unterlassung und Beseitigung** entsprechender Datenverarbeitungsmaßnahmen zu, der auf dem verwaltungsrechtlichen Unterlassungs- und Folgenbeseitigungsanspruch beruht. Voraussetzungen:

314 Datenschutz-Rechte

▶ Ein solcher Eingriff muß bereits einmal erfolgt sein,
▶ es muß Wiederholungsgefahr bestehen oder
▶ der Eingriff muß unmittelbar bevorstehen.

Literatur-Hinweise zum Datenschutz- und Auskunftsrecht

Auskunftsbegehren gegenüber dem Staatsschutz (gemeint: Verfassungsschutz; d.V.), in: Geheim 2/1997, S. 10 ff.

Bäumler, Der Auskunftsanspruch des Bürgers gegenüber den Nachrichtendiensten, in: Neue Zeitschrift für Verwaltungsrecht 1988, S. 199 ff.

Blanke, Auskunftsanspruch und staatliche Geheimhaltung, in: Kritische Justiz 1988, S. 281 ff.

Bürgerrechte & Polizei, Schwerpunkt: Aktenauskünfte (Informationsfreiheit), Nr. 2/1996.

Deutsch, Die heimliche Erhebung von Informationen und deren Aufbewahrung durch die Polizei, 1992.

Diederichs, Auskünfte bei Sicherheitsbehörden, in: Bürgerrechte & Polizei, Schwerpunkt: Aktenauskünfte (Informationsfreiheit), Nr. 2/1996, S. 29 ff, 43 ff..

Gusy, Befugnisse des Verfassungsschutzes zur Informationserhebung, DVBl. 1991, 1288

Kauß, Der suspendierte Datenschutz bei Polizei und Geheimdiensten, Frankfurt 1989.

Kauß/Werkentin, Was ist die Auskunftsregelung des neuen Bundesverfassungsschutz-Gesetzes wert? In: Kritische Justiz 4/1991, S. 492 ff.

Lisken/Denninger, Handbuch des Polizeirechts, 2. Auflage 1996.

Mayer-Metzner, Auskunft aus Dateien der Sicherheits- und Strafverfolgungsorgane, Köln u.a. 1994

Riegel, Datenschutz bei Sicherheitsbehörden, 1992.

Roewer, Bürgerauskunft durch die Verfassungsschutzbehörden? In: Neue Zeitschrift für Verwaltungsrecht 1993, S. 11 ff.

Simitis/Fuckner, Informationelle Selbstbestimmung und „staatliches Geheimhaltungsinteresse", in: NJW 1990, S. 2173 ff.

Weichert, Betroffenenrechte und Datenverarbeitung bei „Sicherheitsbehörden", in: Kilian/Heussen, Computerrechts-Handbuch, München 1993, Nr. 133, 136.

ders., Informationelle Selbstbestimmung und strafrechtliche Ermittlung, Pfaffenweiler 1990

Wir geben nicht nach... (Erich Mühsam, zu singen) – Wir wollen unsere Akte – Weg mit dem „Verfassungsschutz"! In: Geheim 3/1997, S. 5 ff.

7.3 Anrufung der Datenschutzbeauftragten

Der Bundesbeauftragte für den Datenschutz (BfD) ist zuständig für die speichernden Behörden der Bundesverwaltung, die einzelnen Landesbeauftragten (LfD) für die der jeweiligen Landesverwaltungen. Die Datenschutzbeauftragten haben die Einhaltung der Vorschriften über den Datenschutz im öffentlichen (teilweise auch im privaten/ wirtschaftlichen) Bereich zu überwachen. Sie sind an Weisungen nicht gebunden und nur dem Gesetz unterworfen; einige sind organisatorisch bei den Landtagen angebunden, die anderen an die Exekutive.

Alle sind verpflichtet, dem Bundestag bzw. den Landtagen jährlich bzw. zweijährlich Tätigkeitsberichte zu erstatten.

Nach § 21 Bundesdatenschutzgesetz (entsprechende Regelungen in den Ländergesetzen) kann sich jeder Bürger an den Bundesbeauftragten (bzw. Landesbeauftragten) für den Datenschutz wenden, wenn er meint, bei der Erfassung, Bearbeitung oder Weitergabe seiner personenbezogenen Daten durch öffentliche Stellen in seinen Rechten verletzt worden zu sein. Die Datenschutzbeauftragten sind befugt, auch diejenigen Stellen zu kontrollieren, die zur Auskunft direkt an den Betroffenen nicht verpflichtet sind. Allerdings gibt es für den inneren Sicherheitsbereich wiederum Einschränkungen, insbesondere was die Antwort des BfD/LfD an den Betroffenen angeht (die oft nur allgemein gehalten sein darf).

Der Bürger hat einen Anspruch auf Tätigwerden des Datenschutzbeauftragten in angemessener Frist sowie einen Anspruch auf Bescheidung über sein Begehren – nicht aber auf einen inhaltlichen Bescheid. Nur im Falle rechtswidriger Speicherung und falls dem Betroffenen hieraus Nachteile entstehen, kann der Bescheid inhaltlich detaillierter ausfallen.

7.4 Datenschutzkontrollinstitutionen des Bundes und der Länder (Adressen)

Bund:
Bundesbeauftragter für den Datenschutz
Riemenschneiderstr. 11, 53175 Bonn
Tel. 0228/ 819 95-0; Fax: 0228 / 819 95-50

Baden-Württemberg:
Landesbeauftragter für den Datenschutz
Marienstraße 12, 70178 Stuttgart
Tel. 0711/ 61 55 41-0; Fax: 61 55 41-15

Bayern:
Landesbeauftragter für den Datenschutz
Wagmüllerstraße 18, 80538 München
Tel. 089/ 21 65 24 85; Fax: 089/ 29 64 89

Berlin:
Berliner Datenschutzbeauftragter
Pallastr. 25/26, 10781 Berlin
Tel. 030/ 78 76-88 44: Fax: 030/ 216 99 27
Hier gibt es auf Anforderung ein sog. Datenscheckheft mit Mustervordrucken

Brandenburg
Landesbeauftragter für Datenschutz
Stahnsdorfer Damm 77, 14532 Kleinmachnow
Tel. 033203/ 356-0; Fax: 033203/ 356 49
Hier gibt es auf Anforderung ein sog. Datenscheckheft mit Mustervordrucken

Bremen:
Landesbeauftragter für Datenschutz
Arndtstraße 1, 27570 Bremerhaven
Tel. 0471/ 92 461-0; Fax: 0471/ 92 461-28

Hamburg:
Hamburgischer Datenschutzbeauftragter
Baumwall 7, 20459 Hamburg
Tel. 040/ 35 04 20 44; Fax: 040/ 35 04 23 72
Hier gibt es auf Anforderung ein sog. Datencheckheft mit Mustervordrucken

Hessen:
Hessischer Datenschutzbeauftragter
Uhlandstr. 4, 65189 Wiesbaden
Tel. 0611/ 14 08 0; Fax: 0611/ 37 85 79

Mecklenburg-Vorpommern
Landesbeauftragter für Datenschutz
Schloß Schwerin, Lennestr. 1, 19053 Schwerin
Tel. 0385/ 525-27 60; Fax: 0385/ 525-27 58

Niedersachsen:
Landesbeauftragter für Datenschutz
Brühlstr. 9, 30169 Hannover
Tel. 0511 / 120-4552; Fax: 0511/ 120-4591

Nordrhein-Westfalen:
Landesbeauftragte für den Datenschutz
Reichsstr. 43, 40217 Düsseldorf
Tel. 0211/ 38 42 40; 0211/ 38 42 410

Rheinland-Pfalz:
Landesdatenschutzbeauftragter
Deutschhausplatz 12, 55166 Mainz
Tel. 06131/ 20 82 18; Fax: 06131/ 20 84 97

Saarland:
Landesbeauftragter für Datenschutz
Fritz-Dobisch-Str. 12, 66111 Saarbrücken
Tel. 0681/ 9 47 81-0; Fax: 0681/ 49 86 29

Sachsen
Landesbeauftragter für Datenschutz
Holländische Str. 2, 01067 Dresden
Tel. 0351/ 49 35 401; Fax: 0351/ 49 35 490

Sachsen-Anhalt
Landesbeauftragter für Datenschutz
Berliner Chaussee 9, 39114 Magdeburg
Tel. 0391/ 81 803-0; Fax: 0391/ 818 03 33

Schleswig-Holstein:
Landesbeauftragter für den Datenschutz
Düsternbrookerweg 82, 24105 Kiel
Tel. 0431/ 988-1200; Fax: 0431/ 988-1223

Thüringen
Landesbeauftragte für Datenschutz
Am Hügel 10a, 99084 Erfurt
Tel. 0361/ 590-260; 0361/ 590-2620

7.5 Stasi-Unterlagen: Auskunft und Akteneinsicht (nach StUG)

Aufarbeitung der Stasi-Geschichte
Die Opfer der Stasi haben berechtigterweise ein starkes Interesse daran, Einblick in die Vorgänge ihrer Unterdrückung zu erhalten und rehabilitiert oder entschädigt zu werden. Dafür haben die Bürgerrechtler der DDR vehement gekämpft. Sie haben nach dem Beitritt der DDR zur Bundesrepublik zwar nicht alles, aber doch einiges erreicht: Die umfangreichen Stasi-Unterlagen, die aneinandergereiht eine Strecke von über 200 km ergeben, werden von dem Bundesbeauftragten für die Unterlagen des Staatssicherheitsdienstes archiviert und verwaltet. Die Landesbeauftragten für die Stasi-Unterlagen haben die Funktion, die Betroffenen bei der Wahrnehmung ihrer Rechte zu beraten und zu unterstützen sowie die historische Aufarbeitung der Stasi voranzutreiben. Die Nutzung und Aufarbeitung regelt das sog. Stasi-Unterlagen-Gesetz (StUG) vom 29.12.1991 (mit Änderungen). Dieses Gesetz ist ein Novum in der Geschichte, denn noch nie wurde der Umgang mit der Hinterlassenschaft eines Geheimdienstes rechtlich mit der Intention geregelt,

▶ allen ehemals Betroffenen, also den Stasi-Opfern, ohne Angabe von Gründen, Einsicht in die sie betreffenden Unterlagen zu ermöglichen;

▶ ihnen damit den Weg zur persönlichen Aufarbeitung ihrer Lebensgeschichte sowie den Weg zur individuellen Rehabilitierung und Wiedergutmachung für erlittenes Unrecht zu ebnen;

▶ festzustellen, wer hauptamtlich oder inoffiziell für die Stasi tätig war und die Aufklärung und Verfolgung von Straftaten der Stasi zu ermöglichen (v.a. geht es dabei um die (Mit-)verantwortung der Stasi für Todesschüsse an der Mauer, für Waffenhandel und Wirtschaftskriminalität, für Spionage, für Verschleppung bzw. Entführung);

▶ darüber hinaus die wissenschaftliche, juristische, historische und politische Aufarbeitung der Stasi-Vergangenheit zu gewährleisten und zu fördern.

Auskunft, Akteneinsicht, Herausgabe von Kopien
Betroffene können diese genannten Rechte geltend machen; dazu ist ein spezielles Formular auszufüllen, das über den Bundesbeauftragten für die Stasi-Unterlagen bzw. dessen Außenstellen zu erhalten ist. Mit dem Antrag ist eine Identitätsbescheinigung der jeweils zuständigen Meldebehörde beizubringen, um auszuschließen, daß Unbefugte Einsicht in die Akten erlangen.
Außer der Einsichtnahme in die Akten und der Aushändigung von

Kopien kann in besonderen Fällen eine Entschlüsselung der Decknamen der MfS-Mitarbeiter verlangt werden. Kosten entstehen für die Betroffenen lediglich für die Herstellung von Kopien, die im Anschluß an eine persönliche Akteneinsicht angefordert werden können.

Unterstützung Betroffener
– bei der Rehabilitierung
– bei der Aufklärung des Schicksals Vermißter sowie
– bei der Aufklärung ungeklärter Todesfälle und
– beim Schutz der Persönlichkeitsrechte.

Zu diesen Zwecken suchen die Mitarbeiter des Bundesbeauftragten nach entsprechenden Akten und stellen diese den Gerichten oder den Verwandten von Vermißten bzw. Verstorbenen zur Verfügung. Der Bundesbeauftragte bestätigt ferner Personen, denen ungerechtfertigterweise eine Tätigkeit für das MfS vorgeworfen wird, daß über sie keine entsprechenden Unterlagen vorliegen, um sie so vor weiteren Angriffen zu schützen (leider gab es auch schon Aktivitäten des Bundesbeauftragten, die genau in die andere Richtung deuteten).[6]

Überprüfung von Personen
auf Ersuchen von Parlamenten, des Öffentlichen Dienstes, der Kirchen, der Wirtschaft sowie von Parteien und Verbänden auf eine mögliche Stasi-Vergangenheit von Bewerbern, Bediensteten bzw. Abgeordneten. Der Einigungsvertrag sah die Entfernung von ehemaligen Stasi-Mitarbeitern aus Positionen vor, die besonderes Vertrauen erfordern. Der Bundesbeauftragte trifft dabei selbst keine Personalentscheidung, sondern übermittelt dem Antragsteller lediglich das Ergebnis seiner Nachforschungen, was allerdings bereits so viel wie eine Vorentscheidung bedeuten kann.

Erforschung der Strukturen, Methoden und Wirkungsweise der Stasi
zum Zwecke der historischen und politischen Aufarbeitung durch die Behörde des Bundesbeauftragten. Darüber hinaus stehen die Stasi-Unterlagen auch Wissenschaftlern und Journalisten zur Verfügung. Unterstützung der wissenschaftlichen Forschung, der politischen Bildung und der Medien sowie Information und Beratung über die Abteilung „Bildung und Forschung" des Bundesbeauftragten.

Unterstützung von Strafverfolgung
Der Bundesbeauftragte macht den Ermittlungsbehörden alle Stasi-Unterlagen zugänglich, die zur Aufklärung von Verbrechen dienen können. Insbesondere geht es dabei um die Mitverantwortung der Stasi für Todesschüsse an der Mauer, für Waffenhandel und Wirtschaftskriminalität.

Kontaktadressen
Der Bundesbeauftragte für die Unterlagen des Staatssicherheitsdienstes der ehemaligen Deutschen Demokratischen Republik
Herrn Joachim Gauck
Glinkastr. 35, 0-1086 Berlin
Tel. 030/ 23 13 70; Fax: 030 / 23 13 77 62
Hierüber sind auch die Adressen der Außenstellen in Berlin, Chemnitz, Dresden, Erfurt, Frankfurt/0., Gera, Halle, Leipzig, Magdeburg, Neubrandenburg, Potsdam, Rostock Schwerin und Suhl zu erfahren.
Landesbeauftragte für die Stasi-Unterlagen gibt es in Berlin, Brandenburg, Mecklenburg-Vorpommern, Sachsen, Sachsen-Anhalt und Thüringen. Diese unterstützen den Bundesbeauftragten in seiner Arbeit und werden als Interessenvertreter ihrer Länder bei der Aufarbeitung der Stasi-Vergangenheit tätig.

Literatur-Auswahl zur Stasi-Aufarbeitung
Der Bundesbeauftragte, Zweiter Tätigkeitsbericht 1995 ff.
Gauck, Die Stasi-Akten, Reinbek 1991
Gössner, Die vergessenen Justizopfer des Kalten Kriegs. Verdrängung im Westen – Abrechnung mit dem Osten? 2. Teil: Abrechnung mit der DDR-Geschichte? Berlin 1998, S. 205 ff.
ders., Die geschichtliche Aufarbeitung nicht dem Staat überlassen, in: Gysi u.a. (Hg.), Zweigeteilt, Hamburg 1991, S. 75 ff.
Jelpke/Maurer/Schröder, die Eroberung der Akten- Das Stasi-Unterlagen-Gesetz, Mainz 1992; darin: Gössner, Die illegitimen Erben und der pauschale Umgang mit dem Stasi-Vorwurf (S. 33 ff).
Krone u.a., Wenn wir unsere Akten lesen. Handbuch zum Umgang mit den Stasi-Unterlagen, Berlin 1992,
Schumann, Vernichten oder Offenlegen, Berlin 1995 (Bundesbeauftragter 1/95)
Stoltenberg, Stasi-Unterlagen-Gesetz, Kommentar, Baden-Baden 1992
StUG-Stasi-Unterlagen-Gesetz, Beck-Texte im dtv, neueste Auflage.

Anmerkungen

(1) Vgl. Fall Weichert, OVG Münster, Urteil vom 15.7.94 – 21 A 3369/93. Vgl. dazu u.a. Kauß, Verfassungsschutz durch Rechtsbruch (II) – Der Fall Weichert gegen Werthebach, in: Bürgerrechte & Polizei 2/1995, S. 69 ff.
(2) Vgl. Linkenheil, Ein bayerischer Skandal mit Folgen, in: Der Tagesspiegel 7.5.1998.
(3) Vgl. dazu Diederichs, in: Bürgerrechte & Polizei, Schwerpunkt: Aktenauskünfte (Informationsfreiheit), Nr. 2/1996, S. 29 ff.
(4) Innenpolitik V/1997 v. 14.11.97 (hg. vom BMI), S. 7.
(5) Ebda.
(6) Vgl.: Gössner, Die vergessenen Justizopfer des Kalten Kriegs, Berlin 1998, S. 205 ff.

Kapitel 8

Plebiszitäre Elemente und Parlamentarische Mittel/Kontrolle

8.1 „Mehr Demokratie wagen": Volksinitiativen, Volksbegehren und Volksentscheid

„Alle Staatsgewalt geht vom Volke aus". Trotz dieser Feststellung in Art. 20 Abs. 2 des Grundgesetzes ist die unmittelbare Teilhabe an Demokratie und Volkssouveränität in der repräsentativen Demokratie recht unbefriedigend gelöst. Die Staatsgewalt „wird vom Volke in Wahlen und Abstimmungen und durch besondere Organe der Gesetzgebung, der vollziehenden Gewalt und der Rechtsprechung ausgeübt", heißt es im Grundgesetz weiter. Die BürgerInnen sind – außer bei Wahlen, über Petitionen und Demonstrationen – im wesentlichen auf die Rolle von ZuschauerInnen festgelegt. Insbesondere auf Bundesebene hat die Bevölkerung keine Möglichkeit, politische Sachentscheidungen zu treffen. Eine unmittelbare Einflußnahme auf den Gesetzgebungsprozeß und die vollziehende Gewalt ist den BürgerInnen verwehrt.

In den meisten Kommunal- und Länderverfassungen gibt es inzwischen jedoch die plebiszitäre Möglichkeit, als Ergänzung der repräsentativen Demokratie Volksinitiativen, Volksbegehren und Volksentscheide zu initiieren.[1] Die jeweiligen Landesverfassungen und Ausführungsgesetze sehen zwar unterschiedliche Zugangsvoraussetzungen und Abläufe vor, aber das Prinzip ist vergleichbar.

Mit diesen zumeist neu geschaffenen plebiszitären Möglichkeiten können unter bestimmten Voraussetzungen

▶ die Landtage mit bestimmten Gegenständen der politischen Willensbildung befaßt werden,

▶ Gesetzentwürfe oder

▶ Gesetzesänderungen in den Gesetzesgebungsprozeß der Legislative eingebracht werden.

▶ Per Volksbegehren und Volksentscheid kann auch der Versuch unternommen werden, die zumeist hohen Hürden der plebiszitären Elemente zum Zweck einer erleichterten Bürgerbeteiligung herabzusenken.[2]

Bündnis 90/Die Grünen und die PDS haben in der 13. Wahlperiode je einen Gesetzentwurf vorgelegt, um auch auf Bundesebene Volksanträge, Volksbegehren und Volksabstimmungen (im Grundgesetz) zu verankern.[3] Damit könnte eine Demokratisierung des politischen Willensbildungs- und Entscheidungsprozesses eingeleitet werden. Die rot-grüne Bundesregierung will laut Koalitionsvertrag die „demokratischen Beteiligungsrechte" der BürgerInnen stärken und auch auf Bundesebene plebiszitäre Elemente einführen.

8.2 Petitionen

Rechtsgrundlage ist Art.17 des Grundgesetzes: „Jedermann hat das Recht, sich einzeln oder in Gemeinschaft mit anderen schriftlich mit Bitten oder Beschwerden an die zuständigen Stellen und an die Volksvertretung zu wenden." Entsprechende Regelungen gibt es in den Länderverfassungen.

Das Petitionswesen basiert auf dem „Jedermanns-Recht" (subjektiv-öffentliches Recht), sich
▶ jederzeit und kostenfrei
▶ einzeln oder in Gemeinschaft mit anderen
▶ schriftlich mit Bitten und Beschwerden an die zuständigen Stellen und an die Volksvertretung zu wenden.

Dies gilt sowohl für BundesbürgerInnen als auch für AusländerInnen. Das Petitionsrecht wird als Element einer ungefilterten „demokratischen Partizipation an der Kontrolle der Exekutive", als „feed-back" von unten und als Frühwarnsystem für weiteren Handlungsbedarf sowie als „Chance für Einzelfallgerechtigkeit" verstanden, der zuständige Petitionsausschuß als „Anwalt des Bürgers".[4]

Die Petenten haben ein Recht darauf, daß ihre formlose Eingabe in jedem Fall von den zuständigen Stellen bzw. vom Bundes-/Landtag sachlich geprüft und beschieden wird. Allerdings besteht kein Anspruch auf Korrektur des beanstandeten Verwaltungshandelns oder der gerügten Entscheidung, allenfalls auf eine Rechtfertigung bzw. Erklärung, im besten Fall gibt die Petition Anlaß, das Verwaltungshandeln zu überprüfen und ggfls. zu ändern. Diese Chance wahrzunehmen, empfiehlt sich auch, weil der Petent mit diesem formlosen Verfahren kein Kostenrisiko eingeht.

Adressaten von Petitionen sind die Parlamente (Bundestag und Landtage). Beim Bundestag ist – wie in den allermeisten Bundesländern – ein Petitionsausschuß (PA) eingerichtet, dem die Behandlung der an das Parlament gerichteten Bitten und Beschwerden obliegt. Nur in

Initiative für Direkte Demokratie:
Mehr Demokratie e.V.
Fritz-Berne-Str. 1, 81241 München
Tel. 089/ 821 17 74; Fax 089/ 821 11 76

▶ Hierüber sind die Adressen der verschiedenen Landesbüros zu erfahren (Baden-Württemberg, Bayern, Berlin, Bremen/Niedersachsen, Hamburg, Hessen, Mecklenburg-Vorpommern, NRW, Rheinland-Pfalz, Saarland, Sachsen, Thüringen).
▶ Hierüber ebenfalls Kontakt zum Kuratorium für Mehr Demokratie.
▶ Beratung von Bürger- und Volksbegehren.
▶ Kampagenen für das Recht auf Volksabstimmung.
▶ Herausgabe der Zeitschrift für direkte Demokratie.

Über die Initiative zu beziehende Buchpublikationen:
Bischoff/Selle/Sinning, Informieren, Beteiligen, Kooperieren, 1995
Direkte Demokratie in Deutschland – der Hofgeismarer Entwurf, 1990
In neuer Verfassung – Auf dem Weg zur Teilnehmerdemokratie, 1990
Mayer, Bürgerentscheide in Baden-Württemberg und Schleswig-Holstein, 1993
Möckli, Direkte Demokratie – Ein Internationaler Vergleich, 1994
Triumph der Bürger – Mehr Demokratie in Bayern und wie es weitergeht, über: „Mehr Demokratie".
Weber, Direktdemokratische Prozesse auf der Kommunalebene, 1997
Zschiesche, Einmischen – Rechtliche Wege der Bürgerbeteiligung.

Der Weg einer Petition
▶ Jeder Einwohner der Bundesrepublik bzw. eines Bundeslandes kann eine Petition an den Bundestag oder den für den Petenten zuständigen Landtag verfassen.
▶ Eine Petition wird als formloses Schreiben an den Petitionsausschuß des Bundestages oder des zuständigen Landtages geschickt.
▶ Der Petitionsausschuß holt zunächst Empfehlungen der zuständigen Ministerien und Behörden ein, die ihm als Entscheidungsgrundlagen dienen.
▶ Der Ausschuß kann sog. Beschlußempfehlungen aussprechen, die dann an das Parlament weitergeleitet werden.
▶ Das Parlament entscheidet dann über die Petition – nur in Ausnahmefällen wird der jeweilige Fall im Plenum debattiert.
▶ Jeder Petent erhält eine abschließende Begründung für die Annahme oder Ablehnung seiner Eingabe.

Niedersachsen gibt es keinen eigenen Petitionsausschuß; hier werden die Petitionen in den Fachausschüssen des Landtags behandelt.
Inhalt der Petition: Bitten, Anregungen, Forderungen, Anträge, Beschwerden, Vorschläge für Gesetzesinitiativen; nicht: bloße Auskunftsersuchen.
Die Befugnisse der Petitionsausschüsse (PA) sind unterschiedlich ausgestaltet. In Berlin z.B. hat der PA ein
▶ Selbstbefassungsrecht: PA kann auch tätig werden, „wenn ihm auf andere Weise gewichtige Umstände bekannt werden"..
▶ Auskunftsrecht: Der Senat und alle ihm unterstellten oder von ihm beaufsichtigten Behörden und Verwaltungseinheiten sowie die Gerichte haben Auskunftshilfe zu leisten.
▶ Vernehmungsrecht: Der Ausschuß kann Zeugen und Sachverständige vernehmen und vereidigen.
▶ Zutrittsrecht zu öffentlichen Einrichtungen (Ortsbesichtigungen u.a.).
Entscheidungen des Petitionsausschuß
▶ Petition wird zurückgewiesen oder an andere zuständige Stelle weitergereicht;
▶ oder: Petition wird nach Beratung im PA für ungeeignet zur weiteren Behandlung erklärt.
▶ Petition wird der Bundes-/Landesregierung überwiesen zur Kenntnisnahme, zur Überprüfung oder mit der Empfehlung, bestimmte näher bezeichnete Maßnahmen zu veranlassen;
▶ Unterrichtung an Petenten durch Bescheid (auch ohne Begründung möglich).
▶ Bundes-/Landesregierung kann aufgefordert werden, Petenten über Sach- und Rechtslage erschöpfend Auskunft zu erteilen.
▶ Oder: Vorschlag an Petenten, zunächst den Rechtsweg auszuschöpfen.
▶ Auch nach rechtskräftigem Urteil, das eine Maßnahme der Verwaltung für rechtmäßig erklärt, kann PA Zweckmäßigkeit der Maßnahme überprüfen und der Landesregierung eine Abänderung empfehlen.
▶ Bericht über gesamte PA-Arbeit an das Parlament.
Absehen von sachlicher Behandlung
▶ wenn eine Behandlung der Petition einen rechtswidrigen Eingriff in schwebendes gerichtliches Verfahren bedeuten würde. Unberührt bleibt die Behandlung von Beschwerden gegen Richter, deren Überprüfung im Wege der Dienstaufsicht (nach Richtergesetz) möglich ist;
▶ wenn es sich um ein rechtskräftig abgeschlossenes gerichtliches Verfahren handelt und das Vorbringen die Wiederaufnahme des Verfahrens oder eine Abänderung der Gerichtsentscheidung bezweckt;

▶ wenn es sich um eine Angelegenheit handelt, die Gegenstand eines staatsanwaltschaftlichen Ermittlungsverfahrens ist. Unberührt bleibt die Beschwerde gegen schleppende Behandlung des Ermittlungsverfahrens oder gegen die Staatsanwaltschaft;
▶ wenn der Vorgang Gegenstand eines Parlamentarischen Untersuchungsausschusses ist oder war.

PA kann (muß aber nicht) von sachlicher Prüfung/Behandlung absehen,
▶ wenn die Petition anonym oder unverständlich ist,
▶ wenn sie durch Form oder Inhalt ein Strafgesetz verletzt,
▶ wenn sie bereits Gegenstand einer früheren Petition war und kein neues erhebliches Vorbringen enthält,
▶ wenn sie sich gegen eine behördliche Entscheidung richtet, sofern der Petent von möglichen Rechtsbehelfen keinen Gebrauch gemacht hat. Falls Rechtsbehelf bereits eingelegt: nur noch Überprüfung der rechtzeitigen Bearbeitung.

Probleme
Öffentlichkeit des Petitionsausschusses (PA). In verschiedenen Bundesländern gibt es unterschiedliche Möglichkeiten, die Öffentlichkeit der PA-Sitzungen zuzulassen:
▶ In Bayern werden Petitionen grundsätzlich öffentlich behandelt (was eine deutliche Politisierung bewirkt), nur auf ausdrücklichen Wunsch des Petenten nichtöffentlich.
▶ In Hamburg können die Berichterstatter die Öffentlichkeit beantragen, wenn die Petition über den Einzelfall hinaus Bedeutung hat.
▶ In Hessen wurde mit positiver Resonanz die erste öffentliche PA-Sitzung anläßlich des „Hessentages" durchgeführt.
Prinzipiell entspricht es demokratisch orientierter Bürgerrechtspolitik, Parlamentsausschüsse grundsätzlich öffentlich tagen zu lassen; dies gilt ganz besonders für Petitionsangelegenheiten mit direktem Bezug zu einzelnen BürgerInnen und ihren Anliegen (Demokratie-Erfordernis, Transparenz). Deshalb sollten Petitionsgesetze bestimmen, daß der PA prinzipiell öffentlich tagt und nur auf Antrag des/der PetentIn nichtöffentlich.

Probleme gibt es regelmäßig bei Petitionen von AusländerInnen, die abgeschoben werden sollen und die auf diesem Wege eine Abschiebung verhindern wollen. Häufig handelt es sich um Fälle, die entweder gerade vor Gericht verhandelt werden oder die vom Verwaltungsgericht für die Betroffenen bereits negativ entschieden worden sind.

Nach herrschender Auffassung gibt es zumindest bei rechtskräftigen Abschiebe-Entscheidungen keine aufschiebende Wirkung, solange das Petitionsverfahren läuft. In § 55 Abs. 4 Ausländergesetz heißt es: „Ist rechtskräftig entschieden, daß eine Abschiebung eines Ausländers zulässig ist, kann eine Duldung nur erteilt werden, wenn die Abschiebung aus rechtlichen oder tatsächlichen Gründen unmöglich ist oder nach § 54 ausgesetzt werden soll."

Das bedeutet: Es kann trotz des noch nicht entschiedenen Petitionsverfahrens schon mal abgeschoben werden. Hier läuft das Petitionsrecht praktisch leer.
In manchen Bundesländern bleibt lediglich die Bitte des Landtagspräsidenten an die Landesregierung, den Vollzug der Maßnahme bis zur abschließenden Beschlußfassung des Landtags über die Petition auszusetzen; dies kann in der jeweiligen Geschäftsordnung des Landtages geregelt werden, wie z.B. in Hessen, oder in Form einer schriftlichen Absprache zwischen Innenministerium und dem Landtag, wie z.B. in Hamburg.

Reformbemühungen

Seit geraumer Zeit gibt es – insbesondere von seiten der „Grünen" – diverse Versuche auf Bundes- und Länderebene, das Petitionsrecht zu verbessern und die Stellung der BürgerInnen sowie der Parlamente in Petitionsangelegenheiten aufzuwerten.[5] So sollte der Petitionsausschuß eine wichtige Funktion an der Schnittstelle zwischen Verwaltung/ Staat und BürgerInnen erfüllen und müßte hierfür mit geeigneten Rechten und erweiterten Befugnissen ausgestattet werden, damit das Petitionsrecht nicht lediglich die Rolle eines Kummerkasten zugewiesen bekommt. Neben dem individuellen Rechts- und Interessenschutz der (potentiellen) Petenten sollte der Petitionsausschuß ausgebaut werden zu

▶ einem wirksameren Instrument der parlamentarischen Regierungs- und Verwaltungskontrolle;

▶ zu einem Element/Instrument der aktiven BürgerInnen-Beteiligung am politischen Willensbildungsprozeß (u.a. auch durch Massen- bzw. Sammel-Petitionen).

Literatur-Hinweis

Feldhaus, Für ein modernes Petitionsrecht, in: Zeitschrift für direkte Demokratie 1/1997, S. 7 ff.
Nickels, Mehr als ein Kummerkasten, in: Zeitschrift für direkte Demokratie 1/1997, S. 4 ff.

Parlamentarische Anfragen und Anträge
Solche parlamentarischen Initiativen – Anfragen und Anträge – sind nur durch die Fraktionen bzw. Abgeordneten des Bundestages oder der Landtage möglich. Für Bürgerinitiativen empfiehlt sich eine Zusammenarbeit mit politisch nahestehenden Parteien/Fraktionen, um etwa über parlamentarische Anfragen an bestimmte Informationen zu gelangen, die sonst nicht zu erhalten sind oder bestimmte politische Initiativen und Vorstellungen zum parlamentarischen Thema zu machen (Anträge). Die Regierungen sind verpflichtet, die parlamentarischen Anfragen zu beantworten – allerdings lassen die Antworten häufig viel zu wünschen übrig, besonders wenn es sich um Fragen aus dem Polizei-, Geheimdienst- oder Datenschutz-Bereich handelt.
Folgende parlamentarische Möglichkeiten gibt es:
► Kleine oder Große Anfrage an die Landes-/Bundesregierung
► Antrag auf Fragestunde im Parlament/Aktuelle Stunde
► Dringliche Anfrage
► Entschließungsantrag der Fraktion („Der Bundes-/Landtag möge beschließen...")
► Gesetzesantrag durch Vorlage eines Gesetzentwurfs
► Antrag auf Einsetzung eines parlamentarischen Untersuchungsausschusses nach Art. 44 GG bzw. entsprechenden Normen der Landesverfassungen (zur Untersuchung von größeren Komplexen, Skandalen etc.). Mindestens ein Viertel der Mitglieder des Parlaments müssen den U-Ausschuß beantragen (tagt öffentlich; Öffentlichkeit kann jedoch ausgeschlossen werden).

8.3 Härtefallkommissionen (HFK)

Härtefallkommissionen (HFK) gibt es in Berlin, NRW (seit Rot-Grün) und in Schleswig-Holstein (seit 1.10.96). Sie werden zur Behandlung von Problemfällen aus dem Asyl- und Ausländerbereich eingerichtet – insbesondere Abschiebungsfälle, in denen zur Ausreise verpflichtete AusländerInnen besondere Härten bei ihrer Abschiebung befürchten (müssen). Betroffene, ihre Anwälte oder Fürsprecher wenden sich direkt an die HFK.
Zu ihren Aufgaben und Kompetenzen gehört es u.a. Widerspruchsentscheidungen in ausländerrechtlichen Verfahren zu überprüfen und Empfehlungen auszusprechen; die Kommission hat lediglich beratende, nicht entscheidende Funktion.

Mit der Einrichtung von HFK besteht die Möglichkeit, auch Basisinitiativen aus der Ausländerarbeit in den Entscheidungsprozeß mit einzubeziehen. Mitglieder der HFK sind Vertreter von Nichtregierungsorganisationen, u.a. Vertreter der Evangelischen und Katholischen Kirche bzw. ihrer Sozialverbände, Vertreter des Flüchtlingsrats, Ausländerinitiativen, Pro Asyl, ai, sowie der Landesarbeitsgemeinschaft der Wohlfahrtsverbände und je ein Vertreter des Innenministeriums und des Ministeriums für Arbeit, Gesundheit und Soziales (so etwa in NRW).

Das Innenministerium bittet die Ausländerbehörden, bis zur Entscheidung der HFK und der daraufhin ergehenden Empfehlungen des Innenministeriums von aufenthaltsbeendenden Maßnahmen abzusehen. Über die rechtliche Verbindlichkeit von HFK-Entscheidungen bzw. Empfehlungen gibt es bislang keine einheitliche Auffassung. Die Kommission trifft ihre Entscheidung mit der Mehrheit der anwesenden Mitglieder. Das Innenministerium leitet die Empfehlung unverzüglich der zuständigen Ausländerbehörde zu. Diese entscheidet dann in eigener Zuständigkeit. Sofern eine über den Einzelfall hinausgehende Empfehlung der HFK vorliegt, entscheidet das Innenministerium, ob es im empfohlenen Umfang tätig wird. Bei Nichtbefolgung hat es dies der Kommission schriftlich zu begründen.

Anders als der Petitionsausschuß als Kontrollorgan der Legislative ist die HFK Teil der Exekutive/Landesregierung (NRW). Eine Angelegenheit, die vor dem Petitionsausschuß (PA) des Landtages anhängig ist, kann nicht der HFK vorgelegt werden. Eine Behandlung durch den PA geht vor. Nach Abschluß eines Petitionsverfahrens kann die HFK nur bei Vorliegen eines neuen Sachverhalts angerufen werden.

Die HFK tagt nicht öffentlich. Sie kann die AntragstellerInnen anhören und weitere Informationen einholen, etwa von internationalen Menschenrechtsorganisationen.

Literatur:

Bürgerrechte & Polizei, Schwerpunkt: Parlamentarische Kontrolle von Polizei und Geheimdiensten, Nr. 3/1995,
Damkowski (Hg.), Der parlamentarische Untersuchungsausschuß, Frankfurt – New York 1987
Engels, Parlamentarische Untersuchungsausschüsse: Grundlagen und Praxis im Deutschen Bundestag, Heidelberg 1991
Plöhn, Untersuchungsausschüsse der Landesparlamente als Instrumente der Politik, Opladen 1991
Thaysen/Schüttemeyer (Hg.), Bedarf das Recht der parlamentarischen Untersuchungsausschüsse einer Reform? Baden-Baden 1988

8.4 Spezielle Parlamentarische Kontrolle der Geheimdienste und der Polizei

Parlamentarische Kontrolle der Geheimdienste
Geheimdienste, die als Schutz der Demokratie legitimiert werden, widersprechen ihrerseits selbst dem Prinzip der demokratischen Transparenz und der öffentlichen Kontrolle: Eine Kontrolle kann nur sehr eingeschränkt stattfinden gegenüber einer Institution, die geheim und abgeschottet arbeitet und zu deren auftragsgemäßer Kunstfertigkeit es gehört, ihre eigenen Machenschaften gewerbsmäßig zu verdunkeln.
In der Bundesrepublik gibt es in allen Parlamenten, dem Bundestag und den Landtagen,

▶ sog. *G-10-Ausschüsse* (bzw. -Gremien), in denen Abgeordnete von der Regierung/dem Innenministerium über die Durchführung des Abhörgesetzes (G-10; Einschränkung des Art. 10 GG) unterrichtet werden (geheimdienstliche Telefonüberwachung und Postkontrolle). Die Sitzungen, in denen grundsätzliche Fragen der Abhörpraxis erörtert werden, sind geheim.

▶ *G-10-Kommissionen,* in denen mehr oder weniger unabhängige (an keine Weisungen gebundene) Experten von den jeweiligen Innenministern monatlich über von ihnen angeordnete Abhör- und Kontrollmaßnahmen vor deren Vollzug unterrichtet werden (Ausnahme: bei „Gefahr im Verzug"). Die Kommissionen, die uneingeschränktes Akteneinsichts-, Befragungs- und Zutrittsrecht haben, entscheiden von Amts wegen oder aufgrund von Beschwerden über die Zulässigkeit und Notwendigkeit von Beschränkungsmaßnahmen. Anordnungen, die die Kommission für unzulässig oder nicht notwendig erklärt, hat der zuständige Innenminister unverzüglich aufzuheben. Auch Auflagen können erteilt werden (kürzere Abhördauer etc.).
Die Kommissionen werden von den Innenministern monatlich auch über die von ihnen vorgenommenen Mitteilungen an Betroffene (Benachrichtigungen) unterrichtet oder über die Gründe, die einer Mitteilung entgegenstehen. Hält eine Kommission eine Mitteilung für geboten, hat der zuständige Innenminister diese unverzüglich zu veranlassen.
Diese G-10-Kommissionen, die geheim tagen, sollen die fehlenden Rechtsschutzmöglichkeiten der Betroffenen ausgleichen.

▶ *Parlamentarische Kontroll-Kommissionen* (PKK) zur Kontrolle der Geheimdienste.[6] Deren konkrete Arbeit liefert allerdings zahlreiche Belege für das weitgehende Versagen dieser „Kontrolle". Immer wieder beklagten sich einzelne Parlamentarier der SPD, FDP und der Grünen (Gerhard Jahn, Gerhard Schröder, Alfred Emmerlich, Burkhard Hirsch, Manfred Such u.a.) – intern oder öffentlich – über die Unmöglichkeit einer effektiven Kontrolle.

Die aus Abgeordneten der Regierungs- und Oppositionsfraktionen bestehenden Kommissionen haben ein Recht darauf von den jeweiligen Regierungen umfassend über die allgemeine Tätigkeit des VS (und im Bundestag auch der anderen deutschen Geheimdienste BND = Bundesnachrichtendienst und MAD = Militärischer Abschirmdienst) sowie über Vorgänge von besonderer Bedeutung unterrichtet zu werden. Die Entwürfe der jährlichen Wirtschaftspläne der Bundesgeheimdienste werden der PKK im Bundestag zur Mitberatung überwiesen.

Diese Unterrichtung durch die Regierungen fällt recht unterschiedlich aus.

Die Regierungen können die Unterrichtung über einzelne Vorgänge verweigern, „wenn dies aus zwingenden Gründen des Nachrichtenzuganges notwendig ist" (etwa Schutz der „Quelle"). Dies ist auf Verlangen zu begründen. Die Beratungen der Kommissionen sind grundsätzlich geheim (nur Berlin macht eine Ausnahme),[7] die Kommissions-Mitglieder sind zur Geheimhaltung verpflichtet. Dies gilt nicht für die Bewertung aktueller Vorgänge, wenn eine Mehrheit von zwei Dritteln der anwesenden Mitglieder der Parlamentarischen Kontrollkommission ihre vorherige Zustimmung erteilt.

Abgesehen von dieser recht eingeschränkten Art von Kontrolle, sind die Abgeordneten wegen ihrer sonstigen Beanspruchung oft nicht in der Lage, sich intensiv um einzelne Geheimdienst-Fälle und -Affären zu kümmern.

Die PKK des Bundestages erstattet dem Bundestag in der Mitte und am Ende jeder Wahlperiode einen Bericht über ihre bisherige Kontrolltätigkeit.

In den Bundesländern sind die PKKs unterschiedlich geregelt. In Niedersachsen wurde die parlamentarische Kontrolle unter der rot-grünen Regierung (1990 bis 1994) deutlich verbessert:

▶ Jede (auch eine kleine) Fraktion hat Sitz und Stimme im VS-Kontrollausschuß,

▶ auch eine Minderheitenfraktion hat ein Recht, bestimmte Kontrollrechte geltend zu machen,

▶ der Ausschuß erhält aktive Kontrollrechte, wie z.B. Akteneinsichts- und Befragungsrecht sowie Zutrittsrecht zu den Einrichtungen des VS.[8]

Literatur:
Alternative Liste, Berlin u.a. (Hg.), Kontrolle der Geheimen? Berlin 1994
Arndt, 25 Jahre Post- und Fernmeldekontrolle. Die G-10-Kommission des Deutschen Bundestags, in: Zeitschrift für Parlamentsfragen 1993, H. 4, S. 621 ff.
Bürgerrechte & Polizei, Schwerpunkt: Parlamentarische Kontrolle von Polizei und Geheimdiensten, Nr. 3/1995; darin u.a.:
- Narr, Parlamentarische Kontrolle der Dienste, S. 6 ff;
- Diederichs, Geheimdienstkontrolle durch die Milchglasscheibe, S. 14 ff;
- Kant, Innenausschüsse, Parlamentarische Kontrollkommissionen, G-10-Gremien und G 10-Kommissionen, S. 21 ff;
- Thomas, Erfahrungen eines Bremer Geheimdienstkontrolleurs, S. 27 ff.
Hirsch, Die Kontrolle der Nachrichtendienste, Berlin 1996 m.w.N.
Miltner, Die parlamentarische Kontrolle des Verfassungsschutzes, in: BfV (Hg.), Verfassungsschutz in der Demokratie, Köln u.a. 1990, S. 53 ff.
Ohler, Parlamentarische Kontrolle nachrichtendienstlicher Tätigkeit, Bonn 1993 (Wissenschaftlicher Dienst des Dt. Bundestags, Info-Brief 1/93).
Weichert, Baden-Württemberg: Parlamentarische Kontrolle des Verfassungsschutzes, in: Bürgerrechte & Polizei 3/1987, S. 66 ff.

Parlamentarische Kontrolle der Polizei

Die Polizei unterliegt, wie die gesamte Exekutive, neben der innerbehördlichen und der gerichtlichen auch der politischen Kontrolle durch die Parlamente. Doch auch die Legislative – die ihrerseits für die Grundbedingungen der Polizeiarbeit und für eine Reihe kontrollbeeinträchtigender Strukturen verantwortlich zeichnet – erwies sich in der Vergangenheit als unzulänglich. Abgesehen von Parlamentarischen Untersuchungsausschüssen, die bei besonders eklatanten Vorfällen und Skandalen je nach politischer Opportunität eingesetzt werden[9] (oder, besonders in Polizeiangelegenheiten, eben nicht bzw. selten), und deren aufklärerische Kompetenzen recht unterschiedlich ausfallen, sind die ständigen parlamentarischen Gremien (insbesondere Innenausschüsse) für eine effiziente und kontinuierliche Kontrolle der Polizei nicht imstande. Die Abgeordneten und die zuständigen Ausschüsse der Parlamente erweisen sich in der Regel als überfordert und haben im ausgebuchten Routinealltag kaum die zeitlichen und sonstigen Kapazitäten, um eine solche Kontrolle zu gewährleisten und sich gegenüber der „Sachkompetenz" der Polizeipraktiker und den exekutiven „Sachzwängen" zu behaupten.

Es gibt bislang keine speziellen parlamentarischen Gremien für diese Kontrolle, wie sie – wenn auch mangelhaft – für die Geheimdienste existieren (Parlamentarische Kontrollkommissionen) – obwohl der Polizei mittlerweile, zusätzlich zu ihren Exekutivbefugnissen, per Gesetz nachrichtendienstliche Mittel und Methoden zugestanden wurden. Nur für den inzwischen legalisierten „Großen Lauschangriff" wurde eine spezielle parlamentarische Kontrolle eingeführt (Art. 13, Abs. 6, S. 2, 3 GG; Vm. § 100e, Abs. 2 StPO).

Die bisherige Kontrolle von Polizeihandeln ist also mit gravierenden Mängeln behaftet. Neben amnesty international haben auch das UN-Menschenrechtskomitee und das UN-Komitee für die Beseitigung von Rassendiskriminierung diese Mängel festgestellt. Es wurde gerügt, daß es für Beschwerden gegen Polizeibeamte keine wirklich unabhängige Instanz gebe. Doch die Polizei als gewichtiger Teil des staatlichen Gewaltmonopols, ausgestattet mit weitreichenden Befugnissen, muß sich in einem demokratischen Rechtsstaat einer öffentlichen und effektiven Kontrolle stellen, soll sie nicht zum Staat im Staate werden.

Literatur zur parlamentarischen Kontrolle der Polizei
Bürgerrechte & Polizei, Schwerpunkt: Parlamentarische Kontrolle von Polizei und Geheimdiensten, Nr. 3/1995
darin u.a.: Diederichs, Die Parlamentarischen Untersuchungsausschüsse zu Polizei und Geheimdiensten in der Bundesrepublik Deutschland, S. 48 ff.
Bürgerrechte & Polizei, Schwerpunkt: Kontrolle der Polizei, Heft Nr. 2/1993;
dies., Ausschüsse zur Kontrolle der Polizei in: Holland, Kanada und Australien, Nr. 1/1990;
dies., Schwerpunkt: Rekrutierung und Ausbildung bei der Polizei, Nr. 3/1993

Parlamentarische Bürgerbeauftragte

Bürgerbeauftragte (allgemein)
Bürgerbeauftragte gibt es in Mecklenburg-Vorpommern, Rheinland-Pfalz, Schleswig-Holstein und auf Europaebene den Europäischen Bürgerbeauftragten in Straßburg/Frankreich (vom Europäischen Parlament gewählt).

Beispiel Mecklenburg-Vorpommern (Art. 36 LV): Zu den Aufgaben – Rechtswahrung, Beratungs- und Unterstützungsrecht – gehört auch die Wahrung der Rechte der Bürger gegenüber der Landesregierung und den Trägern der öffentlichen Verwaltung im Lande sowie die Beratung und Unterstützung in sozialen Angelegenheiten. Wahl durch den Landtag mit einfacher Mehrheit/Abberufung mit qualifizierter Mehrheit. Der Bürgerbeauftragte ist in der Ausübung seines Amtes unabhängig und nur dem Gesetz unterworfen.
Der Bürgerbeauftragte wird auf
– Antrag von Bürgern,
– auf Anforderung des Landtages,
– auf Anforderung des Petitionsausschusses,
– auf Anforderung der Landesregierung oder
– von Amts wegen tätig.

Beispiel Rheinland-Pfalz (nach dem Landesgesetz über den Bürgerbeauftragten des Landes Rheinland-Pfalz vom 3.05.1974):
Der Bürgerbeauftragte (BB) wird vom Landtag mit Mehrheit gewählt. Amtszeit beträgt 8 Jahre. Abberufung nur mit 2/3-Mehrheit. Angemessene Personal- und Sachausstattung. Der BB hat die Aufgabe, im Rahmen des parlamentarischen Kontrollrechts des Landtags, die Stellung des Bürgers im Verkehr mit den Behörden zu stärken.
Er wird durch Eingaben an den Landtag oder den Petitionsausschuß (PA) aktiviert, oder in sonstiger Weise, wenn hinreichende Anhaltspunkte dafür bestehen, daß Stellen, die der parlamentarischen Kontrolle des Landtags unterliegen, Angelegenheiten von Bürgern rechtswidrig oder unzweckmäßig erledigen oder erledigt haben.
Eingaben an den Landtag oder den PA sind dem BB zuzuleiten, der sie für den Landtag entgegennimmt.
Der BB kann als ständiger Beauftragter des PA die Befugnisse gegenüber der Landesregierung, den Behörden etc. geltend machen (Auskünfte, Akteneinsicht, Zutrittsrecht).
Erledigung der Aufgaben: BB hat auf einvernehmliche Erledigung der Angelegenheit hinzuwirken. Er kann zu diesem Zweck begründete Empfehlungen abgeben. Die sachlich zuständige Stelle soll dem BB innerhalb angemessener Frist oder auf Anfrage über die von ihr veranlaßten Maßnahmen, den Fortgang oder das Ergebnis des Verfahrens berichten. Falls keine einvernehmliche Regelung zustandekommt: BB trägt Angelegenheit dem PA vor mit Empfehlung.
Der BB teilt dem Bürger schriftlich mit, welche Erledigung die Angelegenheit gefunden hat.
Die Anwesenheit des BB kann vom Landtag und PA jederzeit verlangt werden. Er kann an allen Sitzungen des PA teilnehmen. Auf Verlangen muß er gehört werden. BB erstattet dem Landtag einen jährlichen Tätigkeitsbericht.
Der BB hat auf Verlangen des PA, einer Fraktion oder eines Fünftels der Mitglieder des Landtags dem PA jederzeit über Einzelfälle zu berichten.
BB unterliegt einer Verschwiegenheitspflicht.

Beispiel Europa: Die europäischen BürgerInnen – genauer: die BürgerInnen der Mitgliedstaaten der EU – haben das Recht auf Beschwerde beim Europäischen Bürgerbeauftragten, der vom Europäischen Parlament gewählt wird. Auch Unternehmen, Verbände und sonstige Stellen mit satzungsgemäßem Sitz in der EU können sich beschweren. Hierfür gibt es ein Standardformular. Eine Beschwerde muß innerhalb von zwei Jahren ab dem Zeitpunkt, zu dem der

Beschwerdeführer von dem zugrundeliegenden Sachverhalt Kenntnis erlangt hat, eingereicht werden.
Der Bürgerbeauftragte untersucht eingereichte schriftliche Beschwerden über Mißstände (Unzulänglichkeiten, Mängel, Diskriminierungen, Machtmißbrauch) bei Organen und Institutionen der Europäischen Gemeinschaft. Dazu gehören u.a.: die Europäische Kommission, der Rat der EU, das Europäische Parlament, der Europäische Gerichtshof etc.
Beschwerden werden in der Regel öffentlich behandelt, auf Wunsch des Beschwerdeführers auch vertraulich. Der Bürgerbeauftragte kann Empfehlungen aussprechen, wie der Fall gelöst werden sollte.

Adresse:
Der Europäische Bürgerbeauftragte
1, avenue du President Robert Schumann
B.P. 403
F-67001 Strasbourg Cedex
Fax (33) 3 88 17 90 62
Über Internet: http://www.europarl.eu.int
Erhältlich ist über diese Adresse der 1. Jahresbericht (in dt. Sprache) sowie ein Heft mit Informationen über Aufgaben und mit Hinweisen, was bei einer Beschwerde beachtet werden sollte.

Die Idee eines Bürgerbeauftragten sollte ausgebaut werden und auch in anderen Bundesländern und auf Bundesebene verwirklicht werden: Der BB sollte als personale Autorität und (niedrigschwellige) Anlaufstelle für mehr Bürgernähe sorgen und die parlamentarische Kontrolle stärken und professionalisieren. Er ist flexibler und politisch unabhängiger als die Mitglieder eines Petitionsausschusses (mit fraktions- bzw. parteigebundenen Abgeordneten), insbesondere unabhängiger als die Regierungsmehrheit. Der BB sollte Bürgersprechstunden einrichten.
Bündnis 90/Die Grünen im Bundestag haben bereits einen Gesetzentwurf zur Einsetzung eines Bürgerbeauftragten auf Bundesebene vorgelegt (BT-Drucks. 13/3578 v. 24.01.96). Auch die PDS befürwortet eine solche Institution.

Polizeibeauftragter / Polizei-Kontroll-Kommission
Angesichts der mangelnden Kontrolle der Polizei wäre die Einrichtung einer speziellen, unabhängigen Kontrollinstanz im Rahmen der parlamentarischen Kontrolle sinnvoll und eigentlich überfällig: ein/e Polizeibeauftragte/r mit besonderen Kontrollbefugnissen nach dem Vorbild der Datenschutz- oder des Wehrbeauftragten. Der

Polizeibeauftragte sollte eine Doppelfunktion erhalten:
► Er sollte sowohl Anlaufstelle für Beschwerdeführer aus der Bevölkerung sein
► als auch unmittelbarer Ansprechpartner für Polizeibedienstete, die im Falle von Übergriffen aus dem Korpsgeist ausbrechen oder sich über dienstliche Mißstände beschweren wollen. Sie sollen sich ohne Einhaltung von Dienstwegen und ohne Angst vor persönlichen oder dienstlichen Nachteilen an den/die Beauftragte/n wenden können.
Die Eingaben und Beschwerden sind
► vertraulich zu behandeln;
► die/der Polizeibeauftragte unterliegt nicht dem Legalitätsprinzip, sondern – auf Wunsch der Petenten – der Verschwiegenheitspflicht und
► hat ein Aussageverweigerungsrecht (Informantenschutz).

Ziel ist es, die Grundlagen für eine Verbesserung, Professionalisierung und Effektivierung der Kontrolle des Polizeiapparates und von Polizeihandeln zu schaffen. Die Einrichtung der Stelle einer/eines unabhängigen Polizeibeauftragten als Untersuchungs- und Beschwerdestelle sowie einer sie/ihn unterstützenden Polizei-Kontroll-Kommission wird für fachliche Kompetenz, mehr Intensität und Kontinuität in der Kontrolle sorgen.

Hamburger „Modell"
Erstmals in der Bundesrepublik wird 1998 unter der rot-grünen Landesregierung der Freien und Hansestadt Hamburg eine Einrichtung zur Kontrolle der Polizei geschaffen. Es ist zwar kein Polizeibeauftragter, sondern eine Art Polizeikontroll-Kommission mit ähnlicher Aufgabengestaltung und vergleichbaren Befugnissen. Der Pferdefuß ist allerdings, daß diese Kommission aus ehrenamtlich tätigen Personen zusammengesetzt ist, was einer kontinuierlichen und intensiven Kontrolltätigkeit abträglich sein könnte.
– Die Kommission besteht aus 3 ehrenamtlichen Mitgliedern;
– sie ist bei der Behörde für Inneres angebunden;
– die Mitglieder werden vom Senat berufen;
– sie unterliegen nur der Dienst- und Rechtsaufsicht durch den Innensenator;
– nicht der Fachaufsicht;
– die Unabhängigkeit der Kommission wird gesetzlich garantiert.
Rechte und Pflichten der Kommission:
– Akteneinsichtsrecht;
– Recht auf unangemeldeten Zutritt in die Polizeidienststellen;
– kann dem Innensenator Einzelfälle vorlegen;

– hat der Bürgerschaft einen jährlichen Bericht vorzulegen, der nicht einzelfallbezogen ist;
– Die Kommission unterliegt nicht dem Strafverfolgungszwang.

Wer kann sich an die Kommission wenden?
– BürgerInnen können sich direkt an die Kommission wenden;
– Polizeibedienstete können sich ebenfalls – auch außerhalb des Dienstweges – an die Kommission wenden;
– Polizisten werden durch ein gesetzlich verankertes Benachteiligungsverbot geschützt.

Kritische Einschätzung:

▶ Die Berufung durch die Exekutive (Senat) und die Anbindung an die Innenbehörde ist im Hinblick auf die Unabhängigkeit problematisch. Es ist zwar richtig, daß auch etliche Datenschutzbeauftragte an Innenministerien angebunden sind und gleichwohl unabhängig arbeiten können. Es hängt insofern eben auch von den Personen ab. Doch auch in jenen Ländern, in denen die Datenschutzbeauftragten nicht beim Parlament angesiedelt sind, werden sie dennoch vom Parlament gewählt.

▶ Es ist vollkommen offen, nach welchen Kriterien die Mitglieder der Kommission vom Senat ausgewählt werden.

▶ Positiv zu werten ist, daß die Unabhängigkeit gesetzlich verankert wurde und die Kommission nicht der Fachaufsicht der Innenbehörde unterliegt.

▶ Negativ zu werten ist, daß die Kommissionsmitglieder ehrenamtlich arbeiten müssen, was möglicherweise auf Kosten der Kontinuität und Professionalität geht. Ebenfalls negativ ist das Fehlen eines angemessenen Mitarbeiterstabs (lediglich ein kleiner wissenschaftlicher Arbeitsstab ist vorgesehen).

▶ Was die Befugnisse der Kommission betrifft, so sind Akteneinsichtsrecht und Recht auf unangemeldeten Zutritt in die Polizeidienststellen absolutes Minimum einer solchen Institution.

Literatur-Auswahl zu Bürger-/Polizeibeauftragten

Bürgerrechte & Polizei/Diederichs (Hrg.), Hilfe Polizei – Fremdenfeindlichkeit bei Deutschlands Ordnungshütern, Berlin 1995;
Brusten, Neue Wege zur demokratischen Kontrolle der Polizei? In: Kaiser u.a. (Hrg.), Kriminologische Forschung in den 80er Jahren, Freiburg 1988, S. 157 ff.
Brusten, Strafverfahren gegen Polizeibeamte in der BRD, Kriminologisches Journal „Polizei-Politik", 4. Beiheft 1992, S. 84 ff.;
Der Bürgerbeauftragte – Dein Partner, hrg. vom Bürgerbeauftragten des Landes Rheinland-Pfalz, Mainz 1988;
Die Grünen im Bundestag (Hrg.), Eine neue Polizeipolitik – Kriterien & Konzepte, Reihe Argumente, Bonn 1990;
Feltes/Gramckow, Bürgernahe Polizei und kommunale Kriminalprävention, in: Neue Kriminalpolitik 3/1994, S. 16 ff.;
Gallwas, Bürger und Polizei, München 1995;
Gössner, Polizei im Zwielicht – Gerät der Apparat außer Kontrolle? Frankfurt-New York 1996.
Gössner, Neue Kontrolleure braucht das Land – Zur Notwendigkeit einer professionellen, unabhängigen Kontrolle der Polizei, in: vorgänge 4/1997, S. 26 ff.
Hopp, Beauftragte in Politik und Verwaltung, hg. von der Stiftung Mitarbeit, Bd. 5, Bonn 1993
Hopp, Mittler zwischen Bürger und Bürokratie, in: Zeitschrift für direkte Demokratie 1/1997, S. 9 ff.
Institut für Bürgerrechte & öffentliche Sicherheit, Polizei 2000. Gutachterliche Stellungnahme zu einer neuen Polizei unter besonderer Berücksichtigung des Konzeptes "Polizei Hessen 2000", Berlin 1993;
Kersten, Die Kontrolle der Kontrolleure: Das Modell Ombudsmann, in: Neue Kriminalpolitik 2/1998, S. 15
Lennartz, Polizeireform statt Polizeiaufrüstung, in: Gössner (Hg.), Mythos Sicherheit, 1995, S. 457ff
Lisken/Denninger, Handbuch des Polizeirechts, München 1992, Neuauflage 1996
Mahr, „Die Polizei hat einen Anspruch darauf, kontrolliert zu werden", in: Frankfurter Rundschau vom 22.3.1989, S. 11;
Mahr, Kontrolle der Polizei muss sein! In: Kriminologisches Journal 4. Beiheft 1992, S. 116 ff.;
Polizei-Politik, Kriminologisches Journal 4. Beiheft 1992; darin zu Polizei-Kontroll-Institutionen in Großbritannien, Niederlande.
Reinert, Ombudsmann – das schwedische Modell, in: Zeitschrift für direkte Demokratie 1/1997, S. 11 ff.
Wieland/Diederichs, Der Polizeibeauftragte – Eine notwendige Einrichtung kommt nicht voran, in: Bürgerrechte & Polizei/Diederichs (Hrg.), Hilfe Polizei, Berlin 1995, S. 129 ff.

Anmerkungen

(1) Überblick über die Volksbegehren 1997, in: Zeitschrift für Direkte Demokratie, München, Nr. 2/1998, S. 19 ff.
(2) Vgl. die Kampagnen der Initiative „Mehr Demokratie" (Adresse s.u.) in Baden-Württemberg, Bremen und Hamburg (1998/99).
(3) Vgl. BT-Drucksache 13/10261 v. 24.3.1998 (Grüne) und BT-Drucks. 13/9280 v. 2711.97 (PDS).

(4) Vgl. Gerstenberger, Asylpetitionen im Deutschen Bundestag, in: Barwig u.a., Ausweisung im demokratischen Rechtsstaat, Baden-Baden 1996, S. 95 ff.

(5) S. u.a. Gesetzentwurf der Fraktion Die Grünen im baden-württembergischen Landtag vom 30.01. 95, LT-Drucks. 11/5335.

(6) Das „Gesetz über die parlamentarische Kontrolle nachrichtendienstlicher Tätigkeit des Bundes" vom 11.4.1978, geändert 27.5.1992 zeichnet sich durch seine Kürze aus. Geregelt wird die Bestellung des Gremiums, die Mindestanzahl seiner Sitzungen, sein Verfahrensmodus und die Geheimhaltung. In den Ländern werden die Kontrollgremien in den jeweiligen Landesverfassungsschutzgesetzen unterschiedlich benannt.

(7) In manchen Bundesländern kann die Öffentlichkeit mit (u.U. qualifiziertem) Mehrheitsbeschluß hergestellt werden.

(8) Ähnlich wie in Berlin, Brandenburg, Bremen, Hamburg, Sachsen-Anhalt, Schleswig-Holstein. Auf Bundesebene wurden aktive Kontrollrechte der PKK von der alten Bundesregierung nur auf Grundlage einer unverbindlichen Erklärung zugestanden, ohne daß sie gesetzlich fixiert und garantiert sind.

(9) Parlamentarische Untersuchungsausschüsse zu Polizei und Geheimdiensten in der Bundesrepublik Deutschland, vgl. Zusammenstellung bei Diederichs, in: Bürgerrechte & Polizei 3/1995, S. 48 ff.

Anhang:

Bürgerrechts- und Anti-Repressionsgruppen

Kurzporträts und Adressen

Übersicht

1. Bürgerrechtsgruppen und -institutionen
   1.1 Überregionale Organisationen
   1.2 Regionale Gruppen
2. Berufsbezogene Vereinigungen/Initiativen/Projekte
   2.1 JuristInnen (RechtsanwältInnen, RichterInnen, StaatsanwältInnen etc.)
   2.2 PolizistInnen
3. Parteigebundene Gruppen/Arbeitskreise
   3.1 Bündnis 90/Die Grünen;
   3.2 Partei des Demokratischen Sozialismus (PDS);
   3.3 Sozialdemokratische Partei (SPD)
4. Spezialisierte Bürgerrechtsinitiativen/Komitees/Ausschüsse
   4.1 Antirassismus- und Flüchtlingsinitiativen/AntiDiskriminierungsgruppen
   4.2 Berufsverbote-Initiativen
   4.3 Datenschutz-Initiativen;
   4.4 Ermittlungsausschüsse (EA), Bunte Hilfe(n)
   4.5 Kriegsdienstverweigerung
   4.6 Knastgruppen und Rote Hilfe(n)
   4.7 Schwulenberatung
   4.8 Drogenhilfe
   4.9 Komitee zur Stasi-Aufarbeitung
   4.10 NS-Verfolgte und Opfer des Kalten Kriegs
5. Internationale Menschenrechtsorganisationen
6. Ausländische Bürgerrechtsgruppen/-projekte
7. Kritische Fachzeitschriften des Bürgerrechtsspektrums

Die öffentliche Kritik am erstarkten Sicherheitsapparat, an grundrechtswidrigem Geheimdienst- und Polizeiverhalten sowie die Interventionsbereitschaft eines (relativ kleinen) Teils der Bevölkerung haben sich im Laufe der vergangenen zwei Jahrzehnte erheblich entwickelt und verstärkt, ja sogar institutionalisiert – und zwar die Kritik von außen, von seiten der kritischen Medien, der Bürgerrechtsgruppen und der Wissenschaft, aber auch aus dem Innern, etwa von seiten kritischer PolizeibeamtInnen oder von seiten kritischer Richter und Staatsanwälte.

Es gibt in der Bundesrepublik eine Vielzahl recht unterschiedlicher Initiativen und Gruppen, die sich mit dem Thema „Innere Sicherheit" kritisch auseinandersetzen und sich Bürger- und Menschenrechtsfragen widmen. Es gibt sporadische Zusammenschlüsse aus konkreten Anlässen (z.B. im Zusammenhang mit Razzien, Verhaftungen, politischen Prozessen, Demonstrationen usw.). Dazu gehör(t)en etwa lokale Ermittlungsausschüsse, Volkszählungsboykott-Initiativen, Prozeß- und Demonstrationsbeobachtungsgruppen etc. Solche zeitlich begrenzten Initiativen sind in der folgenden Zusammenstellung nicht aufgeführt, sondern nur solche Vereinigungen, die sich dem genannten Themenbereich – umfassend oder ausschnitthaft – langfristig widmen.

Es handelt sich um recht verschiedenartige Gruppierungen mit unterschiedlichen politischen Konzeptionen und Zielvorstellungen, unterschiedlichen inhaltlich-fachlichen Qualifikationen sowie personellen und organisatorischen Trägern. Die meisten von ihnen lassen sich auf einen bürgerrechtlich zugespitzten „Kampf um Verfassungspositionen" (Wolfgang Abendroth/ Jürgen Seifert) ohne explizites radikaldemokratisches Gesamtprogramm ein. Sie wenden sich mit ihrer aufklärerischen Öffentlichkeitsarbeit gegen den Abbau von Bürgerrechten und treten u.a. für ein unverkürztes Demonstrationsrecht ein. Nur wenige – z.B. das Komitee für Grundrechte und Demokratie – initiieren auch Aktionen zivilen Ungehorsams, etwa gewaltfreie Blockaden von Militäreinrichtungen oder Aktionen gegen Abschiebeknäste (vgl. dazu im Überblick: Komitee für Grundrechte und Demokratie, Ziviler Ungehorsam, Traditionen, Konzepte, Erfahrungen, Perspektiven, Sensbachtal 1992).

Insgesamt betrachtet und gewertet, so der Politikwissenschaftler Wolf-Dieter Narr, „vermochten die Bürgerrechtsgruppen nicht mehr, aber auch nicht weniger, als Sand ins Getriebe einer politischen Maschinerie zu werfen, die allzusehr nach dem Motto funktionierte, daß Bürger- und Menschenrechte nur dann zu beachten seien, wenn sie dem etablierten System herrschender Interessen nützten" (Bürgerrechte &

Polizei 1/1995, S. 6). Dabei stellen die Bürgerrechts- und Anti-Repressionsgruppen in der Regel eine ernstzunehmende, wenn auch nur selten einheitlich agierende oppositionelle Kraft dar, deren Wirkungen durch eine zumindest partielle Zusammenarbeit sowie durch eine gewisse Integration in politisch-soziale Bewegungen noch gesteigert werden könnten. Ansätze zur Koordination gab es in der Bundesrepublik bereits mehrere:
► *Pfingstkongresse des „Sozialistischen Büros"* in den 70er Jahren;
► *3. Internationales Russell-Tribunal „Zur Situation der Menschenrechte in der Bundesrepublik Deutschland"*, Ende der 70er Jahre;
► *Kongreß „Kein Staat mit diesem Staat"*, Bielefeld 1986;
► *Manifest und Kongreß „Freiheit stirbt mit 'Sicherheit'"* in Köln1988;
► *Bürgerforum Paulskirche 1993:* Über 36 überregionale und regionale Gruppen, Initiativen, Stiftungen und Arbeitskreise aus dem Bürgerrechtsspektrum bildeten den Trägerkreis dieses Forums.
► *„Forum Menschenrechte":* Ein bundesweiter Zusammenschluß von rund 30 Menschenrechtsorganisationen mit internationaler Perspektive. Das Forum hat u.a. Kritiken zu den Menschenrechtsberichten der Bundesregierung sowie Stellungnahmen zu internationalen Menschenrechtskonferenzen publiziert.
► *Kuratorium für einen demokratisch verfaßten Bund deutscher Länder* (1990) als Versuch, bürgerrechtliche Gruppen aus Ost- und Westdeutschland zusammenzuschließen und einen einseitigen Anschluß der DDR an die alte BRD zu verhindern; Reformvorschläge hinsichtlich einer gesamtdeutschen Verfassung.
► Eine europäische Kooperation bürgerrechtsorientierter Kräfte, etwa in einem Projekt *„Europäische Liga für Menschenrechte"*, sollte angesichts der Sicherheitsentwicklung in anderen europäischen Ländern sowie angesichts der internationalen Zusammenarbeit auf diesem Gebiet (Schengen, Europol etc.) in den kommenden Jahren in die Wege geleitet werden.
Die folgenden »Kurzporträts« von Initiativen und Vereinigungen stellen lediglich knappe und unvollständige Anmerkungen dar. Wer sich näher informieren will oder an einer Mitarbeit interessiert ist, sollte sich an die entsprechenden Adressen wenden, um Informationsmaterial anzufordern.

Literaturhinweise zu Bürgerrechtsgruppen
Bungarten / Koczy (Hg.), Handbuch der Menschenrechtsarbeit, Bonn 1996
Müller-Heidelberg u.a. (Hg.), Grundrechte-Report, Reinbek 1997 und 1998
Bürgerrechte & Politik, Schwerpunkt: Bürgerrechtsgruppen und Polizei, Berlin

Bürgerrechtsorganisationen und Anti-Repressionsgruppen

1. Bundesdeutsche Bürgerrechtsgruppen und -institutionen

1.1 Überregionale Organisationen

Gesellschaft zum Schutz von Bürgerrecht und Menschenwürde (GBM) e.V.
Karl-Lade-Str. 26, 10369 Berlin, Tel. 030/ 5 55 63 55
Nach der deutschen Vereinigung gegründete Organisation mit Schwerpunkt „Verletzung von Bürgerrechten und Menschenwürde als Vereinigungsfolgen". Die GBM sammelt Unterlagen über die „Betroffenheit" der ostdeutschen Bevölkerung nach der deutschen Vereinigung. Das Archiv ist für wissenschaftliche und publizistische Zwecke nutzbar.

Gustav-Heinemann-Initiative (GHI)
Ledaweg 68, 28359 Bremen, Tel. 0421/ 2 44 95 15, Fax 0421/ 2 44 98 17
Eine 1978 gegründete, parteipolitisch unabhängige, der (linken) SPD nahestehende Initiative, die sich auf die Traditionen des „liberalen Bürgertums" und des „demokratischen Sozialismus", aber auch auf „christliche Weltverantwortung" bezieht, um „für die Erhaltung eines freiheitlichen Grundklimas in der Bunderepublik einzutreten...". Benannt nach dem früheren Reform-Bundespräsidenten Gustav Heinemann (SPD). Initiatoren u.a.: Erhard Eppler, Helmut Gollwitzer, Walter Jens, Helmut Simon, Carola Stern. Kampf gegen Grundrechtseinschränkungen, Straf- und Strafprozeßrechtsverschärfungen sowie den „Großen Lauschangriff". Versteht sich als Bestandteil der Friedensbewegung. Mehrere Regionalgruppen mit insgesamt ca. 700 Mitgliedern. Jahrestagungen. „Gustav-Heinemann-Bürgerpreis". Zusammenarbeit mit „vorgänge" – Zeitschrift für Bürgerrechte und Gesellschaftspolitik (s.dort).

Holtfort-Stiftung
Hohenzollernstr. 7, 30161 Hannover, Fax 0511 / 34 81 659
Benannt nach dem forschrittlichen SPD-Rechtspolitiker aus Niedersachsen, Rechtsanwalt Werner Holtfort.

Humanistische Union (HU)
bislang: Bräuhausstr. 2, 80331 München
neu: Haus der Demokratie, Friedrichstr. 165, 10117 Berlin,
Fax 030 / 20 45 02 57

Neben der Internationalen Liga für Menschenrechte die älteste parteiunabhängige, antiklerikale und radikaldemokratische Bürgerrechtsorganisation in der Bundesrepublik mit heute etwa 1.500 Mitgliedern: 1961 gegründet, in 18 Orts-, fünf Landesverbände und eine Hauptgeschäftsstelle mit Bundesvorstand gegliedert, leistet diese „permanente Bürgerinitiative" eine breit gefächerte (Öffentlichkeits-) Arbeit in Form von Memoranden, Kommentaren, Stellungnahmen, alternativen Gesetzentwürfen etc. unter anderem gegen Notstandsgesetze, Berufsverbote, § 218 StGB, „Anti-Terror-" und „Sicherheitsgesetze" und für ein Anti-Diskriminierungsrecht, für Zivilen Ungehorsam, Minderheitenschutz und Demokratisierung im Sinne der Verankerung radikaldemokratischer und plebiszitärer Mitwirkungs- und Entscheidungselemente. Jährliche Verleihung des „Fritz-Bauer-Preises", benannt nach dem liberalen früheren Generalstaatsanwalt Hessens. Mit dem Preis will die HU Verdienste um die Humanisierung, Liberalisierung und Demokratisierung des Rechtswesens würdigen und Menschen auszeichnen, „die unbequem und unerschrocken der Gerechtigkeit und Menschlichkeit Geltung verschaffen". Preisträger u.a. Gustav Heinemann, Heinrich Hannover, Peggy Parnass. Mitherausgabe der *vorgänge* – Zeitschrift für Bürgerrechte und Gesellschaftspolitik. Mitgliedsblatt: Mitteilungen der HU.

Institut für Bürgerrechte & Öffentliche Sicherheit e.V.
FU Berlin, Malteserstr. 74-100, 12249 Berlin, Fax 030/775 10 73
Dieses Anfang der 90er Jahre gegründete Bürgerrechtsprojekt resultiert aus dem unmittelbaren Umfeld von *„Bürgerrechte & Polizei" (cilip)*. Es hat zum Ziel, „die Öffentlichkeit über die Probleme von Bürgerrechten und öffentlicher Sicherheit zu informieren, Veränderungen im Bereich der inneren Sicherheitspolitik zu dokumentieren sowie Forschungsvorhaben in diesem Gebiet zu initiieren und auszuführen". Angegliedert an die Freie Universität Berlin und angesiedelt zwischen Wissenschaft und Politik, betreibt und fördert das Institut praxisrelevante, theoretische und empirische Forschung ideell und materiell. Zum Forschungskern gehören systematische Untersuchungen, die von der sozialwissenschaftlichen Forschung in der Bundesrepublik weitgehend ausgeblendet werden, u.a.
▶ über die Situation der Menschen- und Bürgerrechte,
▶ „über die Bedrohungen der bürgerlichen und politischen Freiheiten,
▶ über die Leistungen und vor allem die Grenzen der Leistungsfähigkeit von Polizeien und Geheimdiensten,
▶ über einen anderen Sicherheitsbegriff, der die Sicherheit und

Garantie der Rechte und Freiheiten der BürgerInnen zum Kern hat,
▶ über die Möglichkeiten einer Politik Innerer Sicherheit, bei der die BürgerInnen nicht nur zum Objekt polizeilicher Maßnahmen und offiziöser Bedrohungsszenarien gemacht werden".

Dem unabhängigen Institut steht das von *"Bürgerrechte & Polizei" (cilip)* seit den 70er Jahren aufgebaute umfangreiche Archiv (Informations- und Dokumentationsstelle) zur Verfügung, das öffentlich zugänglich, auch für Außenstehende nutzbar ist – für Wissenschaftler, Journalisten, Mitglieder von Bürgerinitiativen und Bürgerrechtsgruppen. Auch Archiv- bzw. Literaturrecherchen werden gegen Entgelt durchgeführt und Kurzgutachten können in Auftrag gegeben werden. Das Institut wird von einem wissenschaftlichen Beirat beraten und hält sich mit Mitgliedsbeiträgen, Spenden und Drittmittel über Forschungsprojekte mühsam über Wasser. Der Informationsdienst „Bürgerrechte & Polizei" (s. dort) ist Produkt des Instituts. Die ersten Forschungsprojekte haben u.a. „Strukturwandel polizeilicher Verbrechensbekämpfung", „Internationale Polizeikooperation am Beispiel Drogenbekämpfung" (1993 ff) und „Organisierte Kriminalität" (1997/98) zum Gegenstand.

Internationale Liga für Menschenrechte
Oldenburger Str. 33, 10551 Berlin, Tel. 030/ 396 21 22;
Fax 030 / 396 21 47
Die älteste, 1958 gegründete Bügerrechtsorganisation mit heute etwa 350 Mitgliedern. Westberliner Sektion der Internationalen League for Human Rights, New York, akkreditiert bei der UN-Menschenrechtskommission, dem Europarat und der UNESCO.
In der Tradition der „Internationalen Liga der Menschenrechte" der frühen 20er Jahre, mit Carl von Ossietzky als bekanntestem Repräsentanten. Die Liga betrachtet die Menschenrechte als universelle und unteilbare Rechte, die in jedem gesellschaftlichen System Geltung haben müssen. Ziele der Liga: Durchsetzung, Sicherung und Schutz der Grund- und Bürgerrechte; Asylrecht für alle Verfolgten; Selbstbestimmungsrecht für alle Völker; Recht auf freie Meinungsäußerung; Abschaffung der Folter in aller Welt; Soziale Rechte, auch das Recht auf Arbeit; Abwehr von rassistischen und neonazistischen Tendenzen; aktive Auseinandersetzung mit der deutschen Geschichte; Reformen im Strafvollzug und in der Psychiatrie.
Beratungsstelle für Opfer illegaler Polizeigewalt; Einzelfall-Hilfe. Vielfältige Öffentlichkeitsarbeit. Jährliche Verleihung der „Carl-von-Ossietzky-Medaille" (u.a. an Heinrich Böll, Heinrich Albertz, Günter Wallraff, Lea Rosh, Erich Fried...)

Jungdemokraten/Junge Linke
Dieser radikaldemokratische und parteiunabhängige Jugendverband, der in mehreren Bundesländern existiert, hat nichts (mehr) mit der F.D.P. zu tun. Seine Mitglieder setzen sich seit langem kritisch mit Themen der „Inneren Sicherheit" auseinander, verfassen Broschüren und organisieren Veranstaltungen und Kongresse.

Jungdemokraten/Junge Linke
Landesverband Hessen
Vogelsbergstr. 17, 60316 Frankfurt/M.

Jungdemokraten/Junge Linke NRW
Kieler Str. 29c, 42107 Wuppertal

Über beide Adressen sind auch weitere Adressen der Jungdemokraten zu erfahren.

Komitee für Grundrechte und Demokratie
An der Gasse 1, 64759 Sensbachtal
Aqiunostr. 7-11, 50670 Köln, Tel. 0221/ 97 269-20 und -30, Fax -31
Das parteiunabhängige Komitee wurde Anfang 1980 in der Folge des 3. Internationalen Russell-Tribunals über die Situation der Menschenrechte in der BRD (1978/79) gegründet. Im Rahmen seiner breit angelegten Arbeit beschäftigt sich das Komitee, zu dessen etwa 1.000 Mitgliedern und Förderern namhafte Wissenschaftler gehören, anhand von Einzelfällen, aber auch grundsätzlich mit aktuellen und strukturell verursachten Menschenrechtsverletzungen: u. a. mit den Einschränkungen des Asylrechts, der Demonstrationsfreiheit (incl. Beobachtung von Demonstrationseinsätzen), mit gerichtlicher Behandlung von gewaltfreien Aktionen, mit Friedenspolitik, Berufsverboten, Justizwillkür (incl. Prozeßbeobachtungen), (lebenslange) Freiheitsstrafe, Strafvollzug (incl. Gefangenenarbeit), Polizei und „Verfassungsschutz", Totalverweigerung, Auswirkungen des „Atomstaats", der Neuen Technologien. Zusammenarbeit mit den anderen Bürgerrechtsgruppen HU, GHI usw. Mitherausgabe der *vorgänge* – Zeitschrift für Bürgerrechte und Gesellschaftspolitik. Rege Veranstaltungs- (Tagungen, Kongresse) und Veröffentlichungstätigkeit (Informationsblätter, Broschüren, Jahrbücher).

Mehr Demokratie e.V.
Büro München
Fritz-Berne-Str. 1, 81241 München, Tel. 089/ 821 17 74,
Fax 089/ 821 11 76
„Mehr Demokratie" (früher: IDEE) wurde 1988 gegründet und setzt sich dafür ein, daß BürgerInnen in wichtigen Sachfragen selbst entscheiden können. Arbeitet für das Recht auf Volksentscheid in Bund, Ländern und Gemeinden und für ein demokratisches Europa. Für mehr Bürgerbeteiligung in öffentlichen Planungsverfahren. Organisierung von Volksentscheid-Kampagnen. Archiv für Direkte Demokratie. Zeitschrift für Direkte Demokratie.

Rote Hilfe e.V. (RH)
Bundesvorstand
Postfach 6444, 24125 Kiel, Tel./Fax 0431 / 7 51 41
(Auskunft über regionale Rote Hilfen)
Die Rote Hilfe ist eine bundesweite, parteiunabhängige, strömungsübergreifende linke Schutz- und Solidaritäts-Organisation, deren ca. 30 Ortsgruppen seit den siebziger Jahren politisch motivierte Angeklagte und Gefangene in der BRD unterstützen. Dabei steht die RH in der Tradition der „Roten Hilfe Deutschlands" in den 20er Jahren; sie versteht sich als Schutzorganisation für die gesamte Linke. Sie hat sich zur Aufgabe gemacht, Menschen zu unterstützen, die aus politischen oder rassistischen Gründen durch den Staat verfolgt werden (Auszug aus Selbstdarstellung). Die Unterstützungsarbeit besteht aus Spendensammlungen (für Geldstrafen, Prozeß- und Anwaltskosten), Betreuung und Versorgung (mit Literatur etc.) Inhaftierter und ihrer Angehörigen sowie Öffentlichkeitsarbeit. Herausgabe der vierteljährlich erscheinenden Zeitschrift *Die Rote Hilfe* zu aktuellen Themen der Repression und Kriminalisierung. Objekt verfassungsschützerischer Überwachung.

Literatur:
Vorwärts und nicht vergessen – 70/20 Jahre Rote Hilfe, hrg. Bundesvorstand der Roten Hilfe e.V., Kiel 1996

1.2 Regionale Gruppen

Bonner Forum BürgerInnen und Polizei e.V.
Römerstr. 88, 53111 Bonn, Tel. 0228/ 69 22 55; Fax 0228/ 69 29 06
Gemeinsame überparteiliche Initiative von Menschen aus politisch arbeitenden Gruppen in Bonn und aktiven Angehörigen des Polizeidienstes. Das seit 1995 bestehende Forum will nach eigenem Bekunden einen offenen Dialog zwischen „PolizistInnen" und „BürgerInnen" ermöglichen und eine neue Form der Streitkultur zu Fragen der „Inneren Sicherheit" und Polizei aufbauen. Der Dialog gilt dabei als das eigentliche Ziel. Setzt sich ein für eine „an Freiheits- und Bürgerrechten orientierte, transparente und bürgernahe Polizei und eine stärkere Verankerung der Menschen-, Bürger- und Freiheitsrechte in der Gesellschaft".
Für die Realisierung seiner Ziele will das Forum u.a. Hospitationen von interessierten BürgerInnen im polizeilichen Alltag ermöglichen, u.a. in der Form teilnehmender Beobachtung im Streifendienst und bei geschlossenen Einsätzen; des weiteren wird die Nummerierung/ Kenntlichmachen der BeamtInnen bei geschlossenen Einsätzen gefordert sowie die Nachbereitung von Demonstrationseinsätzen. Außerdem initiiert das Forum Veranstaltungen (etwa zu den Themen „Polizei und Kurden", „Rassismus in der Polizei?" und „Polizeibeauftragter").
Bei dieser Initiative handelt es sich insofern um ein zwiespältiges Experiment der „Annäherung von Demonstranten und Polizei", als die hieran beteiligten Polizeibeamten wohl kaum aus ihrer Haut – oder Uniform – werden schlüpfen können. Sie bleiben Repräsentanten des Polizeiapparates und im Zweifel bzw. in der Praxis steht ihre Loyalität den hehren Zielen des Vereins entgegen. Es ist die Frage, welche Seite von diesem Projekt tatsächlich mehr „profitieren" wird.

Bürgerkomitee Justitia
Bürgerkomitee zur öffentlichen Kontrolle der Justiz
Bergerstr. 40-42, 60316 Frankfurt/M., Tel. 069/ 44 20 94
Eine Gruppe für „Justizverdrossenen" und justizpolitisch Enttäuschten. Organisierung von Gegenöffentlichkeit. Hilfe für Menschen, die unter Justizmaßnahmen zu leiden haben (Einzelfall-Betreuung). Themen u.a.: Asyl und Abschiebung, justitieller Umgang mit Polizeiübergriffen. Zu den Gründungsmitgliedern gehören der Frankfurter Stadtrat Dieter Dehm (SPD), der Schriftsteller Jürgen Roth, Jürgen Korell von den „Kritischen Polizisten", RA Henry Düx und Heinz Düx, OLG-Richter a.D.

Bürger beobachten die Geheimdienste
c/o Humanistische Union, Wolfgang Killinger,
Bräuhausstr. 2, 80331 München
Loses Aktionsbündnis, das 1991 ins Leben gerufen wurde. „Wir haben uns vorgenommen, BürgerInnen beizustehen, deren Grund- und Menschenrechte durch Übergriffe der Geheimdienste verletzt werden", heißt es im Gründungsaufruf des Bündnisses, das sich auch vorgenommen hat, Öffentlichkeit über Einzelfälle von Geheimdienst-Machenschaften herzustellen. Träger sind u.a. die bayerischen Grünen, die SPD und ÖTV-Bayern, Humanistische Union, Neue Richtervereinigung, VDJ, Kritische PolizistInnen, Bayerische Strafverteidigerinitative.

Bürger kontrollieren/beobachten die Polizei (BüPo)
Aus der Tatsache mangelnder Kontrolle des Polizeiapparates, angesichts einer prekären Polizeientwicklung zu Lasten der Bürgerrechte sowie angesichts der oft ausweglosen Situation von Polizeiopfern haben Anfang der achtziger Jahre zahlreiche Einzelpersonen und Gruppierungen in verschiedenen Städten der Bundesrepublik, der Schweiz und Österreichs Bürgerinitiativen gegründet, die sich folgende Ziele setzten:
▶ die öffentliche Kontrolle des Polizeiapparates und von Polizeihandeln selbst zu organisieren,
▶ den polizeilichen Alltag zu untersuchen,
▶ Polizeiopfern individuelle Hilfe zu leisten und
▶ möglichst breit über grundrechtswidrige Polizeigewalt aufzuklären.
▶ Die Gruppen wehrten sich gegen die zunehmende Verpolizeilichung des Alltags und die verhängnisvolle Entwicklung eines präventiven Sicherheitsstaates;
▶ sie forderten den allmählichen Rückzug der Polizei aus politischen Bereichen und sozialen Problemfeldern.
Nach einem entsprechenden Aufruf in dem Buch von Gössner/ Herzog, „Der Apparat – Ermittlungen in Sachen Polizei" (Köln 1982, akt. 1984) waren in insgesamt 13 Städten in 7 Bundesländern solche BüPo-Initiativen nach dem Vorbild der Berliner Gruppe „Bürger beobachten die Polizei" (seit 1979) gegründet worden (Aurich, Bremen, Bremerhaven, Emden, Göttingen, Hamburg, Hannover, Dortmund, Düsseldorf, Oldenburg, Mainz, Nürnberg, Tübingen; darüber hinaus in Wien/Österreich und in Zürich/Schweiz).
Gegen Ende der 80er Jahre sind die meisten dieser Bürgerinitiativen wieder sang- und klanglos von der Bühne verschwunden bzw. durch andere Initiativen, etwa solche gegen Rassismus (z.B in Göttingen die

"BürgerInnen gegen Rechtsextremismus und Gewalt") abgelöst worden. Mitte der 90er Jahre wurde wieder eine Initiative „Bürger beobachten die Polizei" in Hamm und eine ähnliche in München gegründet:

„Bürger beobachten die Polizei", Hamm
c/o Ursula Lerch, Am Roggenkamp 9, 59073 Hamm

Initiative München
Helga Nützel, Menzinger Str. 62, 80992 München

Außerdem gibt es noch eine Gruppe in Wien:
Bürger beobachten die Polizei/
Verein „Menschenwürde unter der Staatsgewalt"
Postfach 21, A-1071 Wien
Hrg. der Zeitschrift „Bericht" (vierteljährlich)

Eine kurze *kritische Beurteilung* solcher Initiativen und ihrer Arbeit aus heutiger Sicht: Die Gründung derartiger Gruppen ist ein wichtiger Ansatz der Organisierung polizeikritischer, bürgerrechtsorientierter Kräfte unterschiedlicher politischer Provenienz. Es hat sich jedoch herausgestellt,
► daß die programmatische Einschränkung auf Polizeikontrolle angesichts der gesamten Sicherheitsentwicklung und Bürgerrechtsproblematik zu begrenzt ist
► und möglicherweise ausgeweitet werden sollte auf Geheimdienste, Politische Justiz und Demokratisierungsmodelle.
Es hat sich weiter herausgestellt, daß solche Initiativen in ihrem Bestand sehr „konjunkturabhängig" sind, d.h.
► sie sind/machten sich nicht selten davon abhängig, was ihnen die Gegenseite an Fällen, Übergriffen, Skandalen präsentiert.
► Sie arbeiteten häufig zu punktuell und skandalorientiert,
► anstatt entwicklungsorientiert im Sinne einer kontinuierlichen, auch theoretisch-analytischen Arbeit über Hintergründe und Strukturen.
► Sie arbeiteten weitgehend zu isoliert, anstatt ihre Arbeit einzubinden in die der politisch-sozialen Bewegungen (so sie existieren), um deren Widerstandsbedingungen zu schützen und zu erweitern.
► Hieraus ergibt sich eine gewisse Kurzatmigkeit und Instabilität, wie sich vor allem in den späten 80er Jahren – insbesondere nach Abflauen der diversen politisch-sozialen Bewegungen sowie der Initiativen gegen die Volkszählung – herausgestellt hat.
Alles in allem gab es zwar immer wieder positive Ansätze einer kontinuierlichen Rechtshilfe-Arbeit – etwa der BüPo Berlin –, einer gewichtigen Informationsarbeit – etwa die Broschüren der Bremer BüPo:

„Die unheimliche Sicherheit" (1986), „Restrisiko Mensch" (1987) und „Mit tödlicher Sicherheit" (1990) – sowie einer überregionalen Zusammenarbeit, doch scheint nach den bisherigen Erfahrungen eine grundsätzliche Orientierungsdebatte nötig zu sein, um eine Wiederbelebung dieser prinzipiell wichtigen Einrichtungen zu ermöglichen. Angesichts der gehäuften Polizeiübergriffe in den 90er Jahren, der jüngeren Polizei(rechts)entwicklung und der Europäisierung der Polizeiarbeit (Schengen, Europol etc.) sind solche Initiativen dringender denn je.

Gemeinschaft für Menschenrechte im Freistaat Sachen (GMS) e.V.
Postfach 12 05 30, 01007 Dresden
Beschäftigt sich kritisch mit Menschenrechtsproblemen, die aus dem Vereinigungsprozeß resultieren.

Komitee zur Verteidigung der Menschenrechte in Hamburg
(Michael Herrmann/Christian Arndt)
Sternstr. 2, 20357 Hamburg
Gegründet im Zusammenhang mit den Hamburger Polizeiskandalen der 90er Jahre.

Oldenburger Rechtshilfe e.V.
c/o Alhambra, Hermannstr. 83, 26135 Oldenburg,
Fax 0441/ 24 88 66 0
Die spendengetragene Unterstützungsarbeit der Rechtshilfe hat das Ziel, „der generellen Tendenz der Kriminalisierung und Spaltung linker Opposition etwas entgegenzusetzen. Dies ist nur möglich durch die Kritik staatlicher Repression und durch praktische Solidarität". Die Rechtshilfe ist in einer Vielzahl von politischen Verfahren tätig geworden: so im Zusammenhang mit Aktionen gegen Atomanlagen, antifaschistischem Widerstand, 129a-Verfahren etc.

Robert-Havemann-Gesellschaft (RHG)
Schliemannstr. 23, 10437 Berlin
Die RHG ist aus der ostdeutschen Bürgerbewegung hervorgegangen und arbeitet vor allem für Ostdeutschland und Osteuropa. Im Mittelpunkt der Arbeit steht die Beratung von Menschen, die in der DDR und Osteuropa unter Menschenrechtsverletzungen zu leiden hatten. Bildungs- und Öffentlichkeitsarbeit.

Schwarz-Rote-Hilfe Münster
Postfach 7223, 48039 Münster, Fax 0251 / 53 15 59

Verein Bürgerkomitee
zur Aufarbeitung der Stasi-Vergangenheit
Haus der Demokratie, Friedrichstr. 165, 10117 Berlin,
Tel. 030/ 2 29 25 46

2. Berufsbezogene Vereinigungen / Initiativen / Projekte

2.1 JuristInnen

Alternativer Juristinnen- und Juristentag
Seit 1992 stattfindender Juristentag, der in Verbindung mit verschiedenen kritischen Organisationen und Zeitschriften – die in diesem Kapitel vorgestellt werden – jährlich veranstaltet wird (mit Unterbrechungen). Auskunft u.a. über RAV in Hannover (s.u.)

Arbeitsgemeinschaft Sozialdemokratischer Juristinnen und Juristen (AsJ)
beim SPD-Bundesvorstand,
Ollenhauerstr. 1, 53113 Bonn

Bundesarbeitskreis kritischer Juragruppen (BAKJ)
Marie Pelzer, Merzhauser Str. 170d, 79100 Freiburg
Bundesweiter Zusammenschluß (seit 1989) von 26 BAKJ-Gruppen in 24 Städten (Adressen über M. Pelzer). Die studentischen Gruppen gehören dem links- und grün-alternativen Spektrum an und sind u.a. an Jura-Fachschaften bzw. -Basisgruppen von Universitäten angebunden. Jährliches Bundestreffen mit Schwerpunkten Jura-Ausbildung, Rechtspolitik. Kontakte sind über die BAKJ-Fachzeitschrift „Forum Recht" zu erhalten (incl. aktueller Adressenliste): Redaktion: Achim Berge, Raimannweg 5, 79115 Freiburg.

Neue Richtervereinigung (NRV)
c/o K. Beer, Gotthold-Ege-Str. 4, 71229 Leonberg
Zusammenschluß von kritischen RichterInnen und StaatsanwältInnen (s. auch: Richter-Ratschlag). Zeitschrift: *Betrifft Justiz* (Adresse s. unter Zeitschriften).

Republikanischer Anwältinnen- und Anwälteverein (RAV)
Hohenzollernstr. 7, 30161 Hannover
Tel. 0511/ 31 28 09; Fax 0511/ 34 81 659
Regelmäßige Mitteilungen an Mitglieder

Hat mit den rechtsradikalen „Republikanern" nichts zu tun – es handelt sich vielmehr um eine linksliberale, bundesweit aktive Juristenvereinigung, die sich insbesondere der Verteidigung der „freien Advokatur" verschrieben hat, aber darüber hinaus sich auch in rechtspolitische Debatten einmischt. Der RAV soll, so hieß es im Gründungsaufruf, „Beistandsfunktion des Rechtsanwalts für den Bürger gegen staatlichen und wirtschaftlichen Machtanspruch" verwirklichen. Das „Recht zugunsten des Schwächeren zu nutzen und zu entwickeln", ist Ziel der Vereinigung, heißt es in der Präampel zur Satzung.

Strafverteidiger-Vereinigungen
Solche Vereinigungen gibt es in den meisten Bundesländern. Die Adressen der Landes-Vereinigungen sind erhältlich über:
Organisationsbüro der Strafverteidiger-Vereinigungen,
c/o RA Meertens, Brüsseler Str. 89-93, 50672 Köln
Tel. 0221/ 95 29 55 25; Fax 0221 / 95 29 55 55
Organisation des seit 1977 jährlich stattfindenden **Strafverteidiger-Tages,** die kriminal- und rechtspolitischen Tagungsbeiträge werden regelmäßig in Buchpublikationen dokumentiert.

Richter und Staatsanwälte in der Gewerkschaft ÖTV
Bundesfachausschuß,
Theodor-Heuß-Str. 2, 70174 Stuttgart
Zeitschrift: ötv in der Rechtspflege
Bezug: ötv-Bezirksverwaltung Niedersachsen, Goethestr. 17-19, 30169 Hannover

Richterratschlag
Kontakt: Dr. B. Asbrock, Carl-Schurz-Str. 37, 28209 Bremen

Richter und Staatsanwälte für den Frieden
Kontakt über NRV und ÖTV
Die „Richter-Blockade" in Mutlangen im Januar 1987 hat das herrschende Richter-Bild verändert: Zwanzig RichterInnen haben damals durch eine Sitzdemonstration vor dem Pershing-Standort Mutlangen die Öffentlichkeit darauf aufmerksam gemacht, daß nach dem geltenden Verfassungs- und Völkerrecht sowohl der Einsatz als auch die Drohung mit dem Einsatz von Atomwaffen verboten sind. Gleichzeitig haben die Richter mit dieser Aktion darauf hingewiesen, daß bei Protesten gegen existentielle Bedrohungen wie der atomaren Aufrüstung begrenzte Regelverstöße nicht als Straftat zu werten sind.

Die gegen die „Mutlangen-Richter" eingeleiteten Strafverfahren sind nach zahlreichen erst- und zweitinstanzlichen Verurteilungen aufgrund der Entscheidung des Bundesverfassungsgerichts (BVerfG) ohne Bestrafungen abgeschlossen worden. Das BVerfG hat bei der Prüfung, ob sog. Sitzblockaden als Nötigung zu bestrafen sind, entschieden, daß auch die politischen Fernziele der Demonstranten berücksichtigt werden müssen. Berufliche Nachteile haben die richterlichen Teilnehmer nicht erlitten.

Vereinigung Demokratischer Juristinnen und Juristen (VDJ)
Dorfstr. 1, 01665 Riemsdorf
RA Kaschel, Mathildenplatz 9, 64283 Darmstadt
Zeitschrift: *ansprüche* – Forum demokratischer Juristinnen + Juristen
Organisierung des Ostdeutschen Juristentages.

2.2 PolizistInnen

Berufsgruppe Polizei
Sektionsarbeitsgruppe von amnesty international, Deutschland
(s. unter ai)

Bundesarbeitsgemeinschaft Kritische Polizistinnen und Polizisten
c/o Reinhard Borchers, Bachstr. 96 D, 22083 Hamburg,
Tel. 040/ 227 32 47; Fax: 040/ 227 32 48
c/o Bernward Boden, Eugen Sänger-Str. 18, 50739 Köln,
Fax 0221/ 95 72 965
(hierüber sind auch die Adressen der Landesarbeitsgemeinschaften zu erfahren).
Herausgabe der *Unbequem* – Zeitung der BAG Kritische PolizistInnen
c/o Jürgen Korell, Westendstr. 24, 65207 Wiesbaden,
Tel/Fax: 0611/ 40 56 73.
Der berühmt-berüchtigte, später als rechtswidrig eingestufte „Hamburger Kessel" des Jahres 1986 brachte das Faß zum Überlaufen: Er war – nach skandalösem Vorgehen der Polizei bei Demonstrationen in Brokdorf und Kleve – Auslöser für eine Reihe von Polizeibediensteten aller Sparten, die oppositionelle Hamburger Gruppe „Signal" zu gründen. Sie wurde rasch zum Vorbild für kritische PolizistInnen auch in anderen Bundesländern. 1987 gründeten sie die Bundesarbeitsgemeinschaft Kritische Polizistinnen und Polizisten – eine berufsständische Vereinigung ohne historisches Vorbild. Seit über zehn Jahren bündelt sich in dieser Gruppe die zuweilen recht radikale Polizeikritik

aus dem Innern des Apparates und verschafft sich bundesweit Gehör. Schon ein Jahr nach ihrer Gründung bekamen die bekennenden unbequemen PolizistInnen für ihre Visionen einer „demokratischen Polizei" bereits viel öffentliche Resonanz und Anerkennung, u.a. den Gustav-Heinemann-Bürgerpreis – aber auch für ihre aktuelle sowie historisch begründete Polizeikritik erwartungsgemäß dienstliche Schwierigkeiten im Polizeiapparat zuhauf: Mitglieder der „Kritischen" wurden wegen ihres Engagements von Polizeikollegen geschnitten, isoliert und regelrecht gemobbt, in einzelnen Fällen mit gesundheitlichen und psychischen Folgen für die Betroffenen; sie werden disziplinar- und strafrechtlich verfolgt; manche erhalten kompromittierende Beurteilungen („neigt zum Widerspruch") und mißbilligende bzw. karriereschädigende Einträge in die Personalakte, werden strafversetzt oder gar vom Dienst suspendiert; einzelne sahen sich wegen der Pressionen gezwungen, den Polizeidienst zu quittieren – eine eher naheliegende Konsequenz, sind doch „kritische" Polizisten, die in grundsätzlicher Opposition zum Polizeiapparat stehen, ohnehin ein Widerspruch in sich (Oliver Tolmein: „Kritische Polizisten – eine staatsgewaltiger Widerspruch").
Deshalb ist es umso bemerkenswerter, mit welchem Mut und welcher Ausdauer die Mitglieder dieser Bürgerrechtsgruppe ihre kritische Arbeit bis heute im Innern der Polizei fortsetzen. Zumal sie immer noch recht wenige sind (bundesweit ca. 120 „Promille-Polizisten" von etwa 250.000 Polizeibeamten) und der Rückhalt unter Kollegen minimal ist. Gleichwohl haben sie mit ihrer zum Teil harten Polizeikritik vergleichsweise große öffentliche Resonanz in den (liberalen) Medien. Die „Kritischen" durchlöchern allein durch ihre Existenz und ihr unbequemes Verhalten das traditionelle linke „Bullen"-Feindbild. Das ist tatsächlich eine neue Erfahrung und Rarität, daß Polizisten zu zivilem Ungehorsam aufrufen, sich verweigern und remonstrieren und daß mit Polizisten ein kritischer Dialog zu führen ist. Auch bei der Propagierung, Forcierung und Ausdifferenzierung von Forderungen nach einer grundlegenden Polizeireform mit dem Ziel einer Demokratisierung des Polizeiapparates, einer „demokratischeren Bürger-Polizei", der Entpolizeilichung der Gesellschaft und einer verbesserten Kontrolle der Polizei kommt den „Kritischen" eine wichtige Rolle zu.

Die Zielrichtung der BAG-Arbeit in Stichworten:
– Demokratisierung der Polizei,
– mehr Einfluß von Frauen in der Polizei,
– Schutz von Minderheiten,

- tatsächliche Verwirklichung von Grundrechten,
- Kontrolle der Polizei durch die Bevölkerung,
- Abrüstung der Polizei auf das für Notwehr notwendige Maß,
- Grundrecht auf informationelle Selbstbestimmung und Erfassungsschutz von persönlichen Daten,
- Abbau von Feindbildern, Zivilcourage und Strukturwandel in der Polizei,
- sparsamer Umgang mit Grundrechtseingriffen,
- Spannungsabbau zwischen Polizei und BürgerInnen.

3. Parteigebundene Gruppen / Arbeitskreise

3.1 Bündnis 90/Die Grünen

Bundesarbeitsgruppe Demokratie und Recht
mit Unterarbeitsgruppen Innen- und Kriminalpolitik/Strafvollzug
c/o Bündnis 90/Die Grünen im Bundestag, Bundeshaus, 53113 Bonn
Etwa 3 Innen- und rechtspolitische Beratungsgespräche im Jahr (Erfahrungsaustausch der Bundestags- und Landtagsfraktionen und Bürgerrechtsgruppen).

Landesarbeitsgemeinschaften (LAG) Demokratie & Recht
bzw. Kriminalpolitik/ Strafvollzug
über die Landesverbände bzw. Fraktionen von Bündnis 90/Die Grünen in den verschiedenen Bundesländern.

3.2 Partei des Demokratischen Sozialismus (PDS)
AG „Innere Sicherheit"
c/o Büro MdB Ulla Jelpke, Bundeshaus, Reuterstr. 231, 53113 Bonn
Tel. 0228/ 16-85787, Fax: 0228/ 16-86793

3.3 Sozialdemokratische Partei (SPD)
Arbeitsgemeinschaft Sozialdemokratischer Juristinnen und Juristen (AsJ)
beim SPD-Bundesvorstand,
Ollenhauerstr. 1, 53113 Bonn

4. Spezialisierte Bürgerrechtsinitiativen

4.1 Antirassismus- und Flüchtlings-(Asyl-)initiativen/ Antidiskriminierungsgruppen (Auswahl)

Aktion Courage e.V. – SOS Rassismus
Postfach 26 44, 53016 Bonn, Tel. 0228/21 30 61; Fax 0228/26 29 78
Die Aktion tritt aktiv für ein friedliches Zusammenleben von Menschen unterschiedlicher Nationalität und kultureller Hintergründe ein. Aktionen gegen Diskriminierung und für den Schutz von AusländerInnen vor Gewalttaten. Jährliche Dokumentationen über Polizeiübergriffe gegen AusländerInnen.

AntiDiskriminierungsbüros
gibt es in verschiedenen Städten – zu erfragen über:
Bielefeld: Im IBZ, Teutoburger Str. 106, 33607 Bielefeld,
Tel. 0521 / 64 094
Zu den Aufgaben gehören u.a.: Unterstützende Angebote für Betroffene von Diskriminierungen, Öffentlichkeitsarbeit gegen rassistische Diskriminierung, Vernetzung mit ähnlichen Einrichtungen und Initiativen. Die AntiDiskriminierungsbüros wollen Benachteiligungen und Ausgrenzung von MigrantInnen und Flüchtlingen in allen Lebensbereichen unterhalb der Schwelle der Medien- und Öffentlichkeitswahrnehmung aufspüren und solchen Tendenzen entgegentreten. Insbesondere geht es ihnen um institutionelle bzw. strukturelle Diskriminierung, die sie problematisieren und bekämpfen.

Antirassistische Initiative e.V.
Yorckstr. 59, 10965 Berlin, Tel. 030/785 72 81; Fax 030/786 99 84

**Antirassismusbüros, Infobüros gegen Rassismus,
Nottelefone gegen Rassismus**
gibt es in verschiedenen Städten – zu erfragen über:
Sielwall 38, 28203 Bremen, Tel. 0421/70 64 44; Fax 0421/70 64 45

AZADI-Rechtshilfefonds
für Kurdinnen und Kurden in Deutschland e.V.
Informationsstelle Kurdistan e.V.
Maxstr. 50, 53111 Bonn, Tel./Fax 0228/ 65 61 27
Nach der Verhängung eines politischen Organisations- und Betätigungsverbots gegen kurdische Gruppen und angesichts zahlreicher Hausdurchsuchungen, Beschlagnahmen, Demonstrationsverbote,

Strafverfahren und Inhaftierungen von KurdInnen wurde dieser Verein im Jahre 1996 gegründet. Zweck des Vereins ist die Unterstützung von Personen nicht-deutscher Herkunft, die in Deutschland aufgrund ihrer politischen Betätigung für das Selbstbestimmungsrecht von KurdInnen kriminalisiert und verhaftet werden. Die Unterstützung erfolgt u.a. durch materielle Zuwendungen für die Verteidigung und durch Öffentlichkeitsarbeit (Herausgabe von „informationen").

Bundesarbeitsgemeinschaft „Asyl in der Kirche"
Kartäusergasse 9-11, 50678 Köln

Caritasverband für Stuttgart e.V.
Sozialrechtliche Beratungsstelle
Strombergstr. 11, 70188 Stuttgart, Tel. 0711/ 2809-145,
Fax: 0711 / 2809-140
Diese Beratungsstelle unter Leitung von Assessor Dr. Manfred Hammel beschäftigt sich schwerpunktmäßig mit der sozialen Diskriminierung, Ausgrenzung und Vertreibung von Bettlern, Obdachlosen und Drogenabhängigen durch polizeiliche Maßnahmen, wie Platzverweise, Aufenthaltverbote, Ingewahrsamnahmen, Verbringungsgewahrsam etc. Gegenstrategie gegen die zunehmende Beeinträchtigung der Bürgerrechte gerade der „Schwächsten der Schwachen", nämlich der mittellosen Wohnungslosen. Umfangreiche Sammlung von einschlägigen Polizeilichen Anordnungen, Verordnungen und Urteilen.

Deutscher Caritasverband e.V.
Karlstr. 40, 79104 Freiburg
Der Caritasverband setzt sich in der Bundesrepublik für Menschen in sozialer Not und für Schwache und Benachteiligte ein: so in der Kinder- und Jugendhilfe, der Resozialisierung Straffälliger, Beratung von Suchtkranken, Betreuung von Flüchtlingen und Obdachlosen.

Gesellschaft für bedrohte Völker
Postfach 20 24, 37010 Göttingen, Fax: 0551/ 58028

Internationaler Menschenrechtsverein
Kornstr. 51, 28201 Bremen, Tel. 0421 / 55 77 093; Fax 0421 / 55 77 094
Der Verein hat sich zum Ziel gesetzt, Abschiebungen zu verhindern, die Anerkennung von Flüchtlingen als Asylberechtigte zu erzwingen und die Lebensbedingungen in Flüchtlingsunterkünften zu verbes-

sern. Zu den Aktionsformen zählen Kampagnen, Hungerstreiks, Demonstrationen, Aktionen und eine „Karawane", die von einem breiten Bündnis von Flüchtlings- und Migrantengruppen sowie antirassistischen Initiativen im Sommer 1998 veranstaltet wurde. Fünf Wochen lang zog diese Karawane während der Wahlkampfzeit von Stadt zu Stadt – mit großen politischen Aktionen in 28 Städten.

Kölner Appell gegen Rassismus e.V.
Kölner Rechtshilfe gegen die Abschiebung von Gefangenen e.V.
Körnerstr. 77-79, 50823 Köln, Fax 0221/ 95 21 197
Seit 1983. Mit Info-Ständen, Flugblättern, Demonstrationen und anderen Formen gewaltfreien Protestes wird versucht, die Gleichberechtigung aller in der Bundesrepublik lebenden Menschen zu erreichen. Die parteiunabhängige und bündnisorientierte Gruppe macht Stadtteilarbeit (u.a. Hausaufgabenhilfe für Kinder der Flüchtlingsheime, Deutschkurse, Internationale Mädchengruppe, Sozial- und Asylberatung) sowie Projekte zur Haftvermeidung. Darüber hinaus will der Verein Rechtshilfe für straffällig gewordene MigrantInnen mit Lebensmittelpunkt in Köln und Umgebung leisten bzw. vermitteln.

Medico International
Obermainanlage 7, 60314 Frankfurt, Tel. 069/ 94438-0

Pax Christi
in verschiedenen Städten

Pro Asyl
Postfach 10 18 43, 60018 Frankfurt/M., Fax 069/23 06 50
Insbesondere gegen die Einschränkung des Asylrechts gerichtet. Schwerpunkt ist Flüchtlingsarbeit. Pro Asyl ist an der bundesweiten Arbeitsgemeinschaft „Asyl in der Kirche" beteiligt. Dokumentation von Einzelfällen. Über Pro Asyl sind die Adressen der Flüchtlingsräte auf Länderebene zu erfragen.

Reistrommel
Rhinstr. 109, 10315 Berlin, Tel. 030/54701390

SOS Rassismus Berlin e.V.
im Haus der Demokratie
Friedrichstr. 165, 10117 Berlin, Tel. 030/200 25 40; Fax: 030/609 37 21

4.2 Initiativen gegen Berufsverbote

Gesellschaft zum Schutz von Bürgerrecht und Menschenwürde (GBM) e.V.
Siegfriedstr. 64, 10365 Berlin, Tel. 030/ 55 78 397
Beschäftigt sich u.a. mit Berufsverboten in den Neuen Bundesländern (wegen DDR-SED-Vergangenheit bzw. „Systemnähe").

Niedersächsische Landesinitiative gegen die Berufsverbote
c/o Heinz Jürgen Furian, Bödekerstr. 74, 30161 Hannover

4.3 Datenschutz-Initiativen

Deutsche Vereinigung für Datenschutz (DVD)
Bonner Talweg 33-35, 53113 Bonn, Tel. 0228/ 22 24 98
Im Jahr 1977 von Juristen, Datenverarbeitungsexperten und Wissenschaftlern gegründet. Schwerpunkte der DVD-Arbeit: Aufklärung, Beratung und Information über Gefahren des Einsatzes elektronischer Datenverarbeitung, beim Umgang mit personenbezogenen Daten und über die Rechte aus den Datenschutzgesetzen. Die DVD leistet praktische Hilfe in Fragen des Datenschutzes gegenüber Behörden, Institutionen und Arbeitgebern. Es wurden bisher verschiedene Arbeitskreise zu unterschiedlichen Problembereichen sowie in zahlreichen Städten Außenstellen (20) und Regionalgruppen eingerichtet. Öffentlichkeitsarbeit, Tagungen, Zusammenarbeit mit anderen Datenschutz-Gruppen (IKÖ, FIFF).
Publikation: *Datenschutz-Nachrichten.*

Forum InformatikerInnen für Frieden und gesellschaftliche Verantwortung (FIFF)
Deutsche Vereinigung für Datenschutz (DVD)
Bonner Talweg 33-35, 53113 Bonn

Institut für Informations- und Kommunikationsökologie (IKÖ)
c/o Dr. Schicha, Am Botanischen Garten 8, 47058 Duisburg
„Unser gemeinsames Ziel und Engagement gilt einem gesellschaftlich verantwortlichen Umgang mit den Informations- und Kommunikationstechniken und den elektronischen Medien und damit der Zukunft unserer Gesellschaft", heißt es in einer Selbstdarstellung: „Wir wollen Technologien und Medien, die dem Menschen nutzen, die ihn aber nicht beherrschen." IKÖ greift mit Aktionen und Stellung-

nahmen in aktuelle Debatten um neue Techniken und deren soziale und ökologische Wirkungen ein.
Fachgruppen: Frauen und Technik, Verdatung, Kommunikationsökologie und Umweltinformatik; Projektgruppe: Datenautobahn.
Herausgabe eines regelmäßig erscheinenden IKÖ-Rundbriefs.

4.4 Ermittlungsausschüsse (EA) / Bunte Hilfen / Sanitätergruppen

EA Berlin, Gneisenaustr. 2a, 10961 Berlin, Tel. 030/692 22 22
(hierüber auch die Anschriften von EA in anderen Städten)
EA Braunschweig, c/o ZAK, Wiesenstr. 11, 38102 Braunschweig
EA Bremen, St. Pauli-Str. 10/12, 28203 Bremen, Fax 0421 / 75 682
EA Göttingen, Jugendzentrum Innenstadt, Bürgerstr. 41,
37073 Göttingen
EA Gorleben, c/o BI Umweltschutz Lüchow-Dannenberg,
Drawehnerstr. 3, 29439 Lüchow, Fax 05843 / 7642
EA Hamburg, c/o Schwarzmarkt, Kleiner Schäferkamp 46,
20357 Hamburg
EA Hannover, Kornstr. 28/30, 30167 Hannover, Fax 0511/ 161 67 11
EA Lüneburg, c/o Heinrich-Böll-Haus, Katzenstr. 2, 21335 Lüneburg
Bunte Hilfe Marburg, c/o Roter Stern, Am Grün 23, 35037 Marburg
Bunte Hilfe Frankfurt, c/o Club Voltaire, Kleine Hochstr. 5,
60313 Frankfurt.

Ermittlungsausschüsse gibt es im gesamten Bundesgebiet und Berlin; häufig wurden bzw. werden sie aus aktuellen Anlässen, überwiegend im Zusammenhang mit Demonstrationsgeschehen, ins Leben gerufen. Sie organisieren Telefondienste, notieren Informationen über Festgenommene und Opfer von Polizeiübergriffen, sammeln Beweisfotos, fertigen Gedächtnisprotokolle, vermitteln RechtsanwältInnen für Inhaftierte, dokumentieren Polizeieinsätze und -übergriffe und unterstützen Demonstrationsteilnehmer in ihren weiteren Auseinandersetzungen mit Verwaltungsbehörden, Polizei, Justiz und Knast. Prozeßunterstützung und Gegenöffentlichkeit.
Stellvertretend sind oben die EA-Adressen der drei Stadtstaaten, aus dem Wendland und einige andere genannt sowie die Adressen der Bunten Hilfen Marburg und Frankfurt (die beide einen Rechtshilfefonds eingerichtet haben), weil diese Gruppen relativ kontinuierlich arbeiten. Hierüber können die weiteren aktuellen EA-Adressen bezogen werden.

Sanitätergruppen: Demosanis/Autonome Sanis
In den 80er Jahren gab es autonome Sanitätergruppen, die bei Demonstrationen, Blockaden, Hausbesetzungen und anderen Protestaktionen die „Erste Hilfe" organisierten. Die speziell gekennzeichneten und im gesamten Bundesgebiet aktiven Gruppen gaben das Mitteilungsblatt „Straßenmedizin" heraus, gelegentlich auch Broschüren über Polizeibewaffnung, Polizeientwicklung sowie Ratgeber („Selbstschutz und Erste Hilfe bei Demonstrationen" mit Rechtshilfetips). Kontakt über Ermittlungsausschüsse, s.o.

4.5 Kriegsdienstverweigerung

Deutsche Friedensgesellschaft-Vereinigte Kriegsdienstgegner e.V. (DFG-VK)
Schwanenstr. 16, 5620 Velbert, Fax 02051/ 42 10
Berät, vertritt und unterstützt auch sog. Totalverweigerer. Die DFG-VK tritt für einen konstruktiven Dialog und für gegenseitige Unterstützung zwischen Zivildienstleistenden und Totalen Kriegsdienstverweigerern ein. Sie fordert die Abschaffung der Wehrpflicht.

Zentralstelle für Recht und Schutz der Kriegsdienstverweigerer aus Gewissensgründen e.V.
Dammweg 20, 28211 Bremen, Tel. 0421/ 34 00 25, Fax 0421/ 347 96 30
Internet: http://www.dsk.de/rds/06930.htm
http://www.dfg-vk.de/zentralstelle-kdv
Die Zentralstelle besteht seit den 60er Jahren und berät Betroffene und deren BeraterInnen in KDV-Angelegenheiten.

4.6 Knastgruppen/Rote Hilfe

AG SPAK-Knastarbeit
über: Adlzreiterstr. 23, 80337 München, Fax 089/ 77 40 77

Angehörige, Freunde und Freundinnen politischer Gefangener in der BRD
Postlagerkarte 05 02 05, 65929 Frankfurt/M.
Loser Zusammenschluß, der das *Angehörigen Info* herausgibt, das beim GNN-Verlag, Palmaille 24, 22767 Hamburg etwa monatlich erscheint. Dieses Info enthält Berichte über Kriminalisierung, politi-

sche Prozesse, Haftbedingungen im In- und Ausland und findet regelmäßig Erwähnung in Verfassungsschutzberichten des Bundesamtes für Verfassungsschutz.

Komitee für Grundrechte und Demokratie
An der Gasse 1, 64759 Sensbachtal
Aquinostr. 7-11, 50670 Köln, Tel. 0221/ 97 269-20 und -30, Fax -31
Das Komitee macht – neben der kriminalpolitischen Tätigkeit (etwa gegen die lebenslange Freiheitsstrafe) – auch individuelle, praktisch-helfende Gefangenenarbeit. Interventionen in Gefängnissen anläßlich von Gefangenenbeschwerden. Reger Briefwechsel mit Gefangenen.

Rote Hilfe (RH)
Bundesvorstand
Postfach 6444, 24125 Kiel, Tel./Fax 0431 / 7 51 41
(näheres weiter oben unter 1.1)

Rosarote Knasthilfe
c/o Der andere Buchladen, Wahlenstraße 1, 50823 Köln,
Tel. 0172 / 44 35 046

Straffälligenhilfe
Bundesarbeitsgemeinschaft
Oppelner Str. 130, 53119 Bonn
Tel. 0228 / 6 68 53 80, Fax 0228 / 6 68 53 83

4.7 Schwulenberatung

Schwulenverband in Deutschland
Rhinower Str. 5, 10347 Berlin

4.8 Drogenhilfe

Grüne Hilfe
Postf. 3065, 21320 Lüneburg, Fax 04131 / 40 71 42
Sozialberatung für Cannabiskonsumenten, Rechtshilfe-Almanach, Beratung bei Führerscheinproblemen und Hausdurchsuchungen, Vermittlung von Anwaltskanzleien.

4.9 Stasi-Aufarbeitung

Bürgerbüro e.V.
Verein zur Aufarbeitung von Folgeschäden der SED-Diktatur,
Bernauer Str. 111, 13355 Berlin, Fax 030/ 46 35 718

**Verein Bürgerkomitee
zur Aufarbeitung der Stasi-Vergangenheit**
Haus der Demokratie, Friedrichstr. 165, 10117 Berlin

„Bürgerkomitee 15. Januar" e.V.
Verein zur Aufarbeitung der Stasi-Vergangenheit
Seelower Str. 14, 10439 Berlin
Hrg. der Zeitschrift „Horch und Guck" (seit 1992)
Gemeinnütziger Verein mit etwa 40 Mitgliedern (1996). Anfang 1991 gegründet. Hervorgangen aus dem „Bürgerkomitee Normannenstraße", der „Arbeitsgruppe Sicherheit" des Zentralen Runden Tisches der DDR sowie verschiedenen anderen Bürgerrechtsgruppen. Der Name „15. Januar" verweist auf jenen Tag des Jahres 1990, als aufgebrachte DDR-BürgerInnen die Tore des „Ministeriums für Staatssicherheit" (MfS) – die Zentrale der Stasi – in der Berliner Normannenstraße öffneten und die Büros stürmten. Ziel des Vereins: den Machtmißbrauch der Stasi aufdecken und einen Beitrag zur Aufarbeitung der DDR-Geschichte leisten. Zu diesem Zweck wurden ein Dokumentationszentrum (für Betroffene und politisch-historische Bildungsarbeit) mit Bibliothek, Video-, Zeitschriften- und Zeitungsdokumention aufgebaut, die Zeitschrift „Horch und Guck" (seit 1992) herausgegeben und Veranstaltungen durchgeführt.

Bürgerkomitee Sachsen-Anhalt e.V.
Postfach 30, 39024 Magdeburg

4.10 NS-Verfolgte und Opfer des Kalten Krieges

Bundesverband Information und Beratung für NS-Verfolgte
Holweider Str. 13-15. 51065 Köln, Fax 0221/ 96 24 457

Initiativgruppe für die Rehabilitierung der Opfer des Kalten Krieges
Hoffnungstr. 18, 45127 Essen, Tel. 0201/ 22 51 47
Diese Gruppe vertritt seit 1988 die Interessen der von der westdeutschen Politischen Justiz der 50er und 60er Jahre betroffenen Men-

schen. Die Zeit der Kommunistenverfolgung hinterläßt bis in die Gegenwart ihre Spuren, da die davon Betroffenen bis heute nicht rehabilitiert worden sind, ihre Renten bis heute gekürzt werden bzw. ihre Wiedergutmachungsrenten für die Verfolgung in der Nazizeit wegen ihrer (prinzipiell gewaltfreien) linkspolitischen (kommunistischen) Oppositionsarbeit in der BRD aberkannt wurden.

**Vereinigung der Verfolgten des Naziregimes /
Bund der Antifaschistinnen und Antifaschisten (VVN-BdA)**
Bundesgeschäftsstelle
Rolandstr. 16, 30161 Hannover, Fax 0511 33 60 221
Über diese Adresse sind auch die Anschriften der jeweiligen Landesvereinigungen der VVN zu erhalten
Diese Organisation feierte 1997/98 ihr 50jähriges Bestehen. Ursprünglich versammelten sich hier überwiegend die politisch Verfolgten des Naziregimes. Inzwischen umfaßt die Mitgliedschaft zunehmend auch jüngere Menschen, die sich der Zielsetzung der VVN verpflichtet fühlen. In der Bundesrepublik gehört die VVN nach wie vor zu den vom „Verfassungsschutz" geheimdienstlich beobachteten Organisationen. Nur in Bremen, Niedersachsen, und NRW wird sie nicht mehr registriert. Ansonsten wird sie nach wie vor dem sog. DKP-Umfeld zugerechnet, noch vor kurzem galt sie noch als „DKP-gesteuerte Bündnisorganisation". Im Bundes-Verfassungsschutz-Bericht ('95) ist zu lesen: „Die 1947 entstandene VVN blieb die mitgliederstärkste linksextremistisch beeinflußte Organisation." Die VVN sehe sich heute, so das Bundesamt für Verfassungsschutz, als „Bündnis im Bündnis" der Antifaschisten, und gewinne auch bei sog. nicht-extremistischen „Antifaschisten" zunehmend Reputation. „Angesichts der nach außen bekundeten Offenheit sind linke Demokraten als Bündnispartner und Mitglieder der VVN-BdA willkommen. Eine Abgrenzung gegen Linksextremisten akzeptiert der Verband nicht." Die VVN gilt dem „Verfassungsschutz" somit als „Scharnier" zwischen Nichtextremisten und Linksextremisten und damit als „linksextremistisch beeinflußt".

5. Internationale Menschenrechtsorganisationen (Nicht-Regierungsorganisationen – NGO)

amnesty international (ai)
Sektion Deutschland (sowie Berufsgruppe Polizei)
Postfach 170 229, 53108 Bonn (Tel. 0228/ 98 37 30,
Fax 0228/ 63 00 36)
International tätige regierungs- und parteiunabhängige Menschenrechts- und Gefangenenhilfsorganisation mit über 1 Mio. Mitgliedern und Unterstützern. In der Bundesrepublik setzen sich in ca. 600 Gruppen etwa 30.000 Menschen für die Ziele von ai ein, wie z.b. Abschaffung der Folter und faire Gerichtsverfahren. Jährliche Dokumentationen über Menschenrechtsverletzungen in aller Welt.
ai widmete sich u.a. auch kritisch den (Isolations-) Haftbedingungen politisch motivierter Gefangener in der BRD sowie in den 90er Jahren den zunehmenden Polizeiübergriffen gegen AusländerInnen und Angehörigen anderer sozialer Minderheiten. Dokumentation des Internationalen Sekretariats in London über Mißhandlungen von Personen in deutschem Polizeigewahrsam.

Mediziner, Psychologen, Journalisten, Lehrer und Juristen stellen als Berufsgruppen ihre Fachkenntnisse in den Dienst von ai. Dazu gehört auch die

ai-Berufsgruppe Polizei,
die einen Beitrag dazu leisten will, deutsche Polizeikollegen für die Menschenrechtsproblematik zu sensibilisieren, innerhalb der Polizei das Bewußtsein für Menschenrechte zu stärken und sich gegen das von Berufskollegen in aller Welt begangene Unrecht aktiv zu wenden: „Wenn Menschen durch Polizisten gequält werden, darf es Sie nicht gleichgültig lassen. Machen Sie Mißstände öffentlich: von Polizei zu Polizei. Öffentlichkeit ist der größte Feind der Folter", heißt es in einem ai-Infoblatt von 1993.
Die „ai-Polizisten" sind von selbstkritischer Erkenntnis geleitet: „Oft ist es vom rechtmäßigen Handeln bis zur Überschreitung der Befugnisse nur ein kleiner, aber folgenschwerer Schritt. Staatlicher Mord, Folter, 'Verschwindenlassen', Todesdrohungen und Haft ohne richerliche Kontrolle und ohne Kontakt mit der Außenwelt geschehen weltweit in mehr als hundert Ländern der Erde. In vielen Fällen sind Polizeibeamte beteiligt: Aus eigenem Entschluß oder indem sie sich Gruppendruck beugen oder weil sie blindlings Befehle und Weisungen befolgen. Es sind jedoch nicht nur Polizisten in fernen Ländern

die Täter – auch in Deutschland und dem übrigen Europa kommt es immer wieder zu einzelnen Übergriffen, Fehlverhalten und Fehlentscheidungen".
Im Rahmen von ai wendet sich die etwa 15 bis 20 Mitglieder starke Berufsgruppe ferner gegen deutsche Polizeientwicklungshilfe (Ausbildungs- und Ausrüstungshilfe) an Folterregime.

**Europäische Vereinigung von Juristinnen und Juristen
für Demokratie und Menschenrechte in der Welt (EJDM e.V.)**
c/o RA Thomas Schmidt, Platanenstr. 13, 40233 Düsseldorf

European Group for the Study of Deviance and Social Control
Bundesdeutsches Komitee: c/o Prof. Feest, Universität Bremen, Postfach 330440, 2800 Bremen
Eine seit 1973 europaweit organisierte Gruppe von Praktikern und Akademikern, die den Bereich „soziale Kontrolle" kritisch beleuchten und erforschen. Die European Group bekämpft politisch-soziale Unterdrückung sowie die herrschende konservative Kriminologie, unterstützt soziale Bewegungen und Demokratisierungsbemühungen. Jährliche Konferenzen sowie Herausgabe von Arbeitspapieren (englisch). Themen u.a.: Randgruppen, Gefangenenbewegungen, Polizeipraxis, Repression und Prävention, staatliche Kontrolle.

Forum Menschenrechte
Sekretariat c/o Deutsche Gesellschaft für die Vereinten Nationen e.V.
Dag-Hammerskjöld-Haus, Poppelsdorfer Allee 55, 53115 Bonn
Zusammenschluß von 40 deutschen nichtstaatlichen Organisationen im Menschenrechtsbereich: u.a. amnesty international, Aktion Courage – SOS-Rassismus, Caritas, Frauenrat, DGB, Diakonisches Werk, Dt. Unesco, Welthungerhilfe, Parteien-Stiftungen, Gesellschaft für bedrohte Völker, Gesellschaft zum Schutz von Bürgerrecht und Menschenwürde, Gustav-Heinemann-Initiative, Humanistische Union, Internationale Gesellschaft für Menschenrechte, Internationaler Versöhnungsbund, Kommission für Menschenrechte, Menschenrechtszentrum, Misereor, Pax Christi, Pro Asyl, Reporter ohne Grenzen, Robert-Havemann-Gesellschaft, Terre des Femmes, Terre des Hommes...

Helsinki Watch,
Adresse über Aktion Courage e.V. – SOS Rassismus, Postfach 26 44, 53016 Bonn
Tel. 0228/21 30 61; Fax 0228/26 29 78

Internationale Gesellschaft für Menschenrechte
Borsigalle 16, 60388 Frankfurt/M.

Internationale Liga für Menschenrechte
Oldenburger Str. 33, 10551 Berlin,Tel. 030/ 396 21 22;
Fax 030 / 396 21 47
(s. oben unter 1.)

Medico International
Obermainanlage 7, 60314 Frankfurt-Main,
Tel. 069 / 94 43 80, Fax 069 / 43 60 02

Prison Watch International (PWI) e.V.
Bundesvorstand
Haus der Kulturen, Hagenweg 2, 37081 Göttingen
Tel. 0551/ 633 93 57; Fax 0551/ 6 37 59
PWI versteht sich als Menschenrechtsorganisation und setzt sich seit ihrem Bestehen (1997) weltweit für politische Gefangene und ihre Angehörigen ein. Bisherige Schwerpunkte: Türkei, Kurdistan, Irak. PWI setzt sich – im Gegensatz zu amnesty international – auch für nicht gewaltfreie politische Gefangene ein, die für Freiheit, Demokratie und Menschenrechte kämpften. Neben Informations- und Aufklärungsarbeit, Delegationen und Prozeßbeobachtungen übernimmt PWI auch Patenschaften, so z.B. für den früheren ERNK-Sprecher Kani Yilmaz, der im Februar 1998 vom Oberlandesgericht Celle verurteilt worden ist.
Gemeinsam mit der Internationalen Liga für Menschenrechte plant PWI eine „Anti-Steinigungskampagne" mit dem Ziel, die Steinigung in einigen islamistisch-fundamentalistischen Staaten, wie dem Iran und Afghanistan international zu ächten.
PWI-Regionalgruppen gibt es bislang in Harburg, Hannover, Delmenhorst und Göttingen.
Herausgabe von Reiseberichten und Dokumentationen sowie eines pwi-Bulletins.

Terre des Femmes
Postfach 2565, 72015 Tübingen

Terre des Hommes
Ruppenkampstr. 11a, 49084 Osnabrück
Postfach 4126, 49031 Osnabrück

6. Ausländische Bürgerrechtsgruppen und -projekte

Großbritannien:
Statewatch
P0-Box 1516, GB-London N 16 DEW

Niederlande:
Büro „Jansen & Janssen"
Postbus 10591, NL-1001 EN Amsterdam
Das Büro archiviert und recherchiert Informationen zu Polizei und Geheimdiensten in der Niederlanden. Herausgabe von Publikationen.

Österreich:
Verein „Menschenwürde unter der Staatsgewalt"/
Bürger beobachten die Polizei
Postfach 21, A-1071 Wien
Hrg. der Zeitschrift „Bericht" (vierteljährlich)
Der Verein bemüht sich seit Jahren, Opfern von Polizeiübergriffen ideelle wie finanzielle Unterstützung zukommen zu lassen, Informationen über Polizeiübergriffe zu sammeln sowie die Opfer mit erster Rechtshilfe zu versorgen. Nötigenfalls werden auch engagierte Rechtsanwälte vermittelt. Rege Öffentlichkeitsarbeit.

Schweiz:
Komitee Schluß mit dem Schnüffelstaat
Archiv Schnüffelstaat Schweiz (ASS)
Postfach 6948, CH-3001 Bern
Informationsblatt: „Fichen Fritz" (erscheint mindestens vierteljährlich; Auflage ca. 10.000)

7. Kritische Fachzeitschriften als Bürgerrechtsprojekte (Auswahl)

ansprüche – Forum demokratischer Juristinnen und Juristen
c/o RA Thomas Fruth, Oranienstr. 25, 10999 Berlin
Vierteljahres-Zeitschrift der Vereinigung Demokratischer JuristInnen.

ak – analyse & kritik
Rombergstr. 10, 2055 Hamburg
Der ak (früher: „Arbeiterkampf") liefert kontinuierlich faktenreiche Arbeiten zum Bereich der sog. Inneren Sicherheit.

Betrifft Justiz
Red. Christoph Strecker, Rosentalstr. 12, 70563 Stuttgart
Druckwerkstatt Kollektiv GmbH,, Feuerbachstr. 1, 64291 Darmstadt
Zeitschrift für kritische RichterInnen und StaatsanwältInnen zu Fragen der Justiz- und Rechtspolitik; interdisziplinärer Ansatz.

Bürgerrechte & Polizei (cilip)
c/o FU Berlin, Malteserstr. 74-100, 12249 Berlin, Fax 030/775 10 73
erscheint dreimal pro Jahr.
Dieser seit Ende der siebziger Jahre regelmäßig erscheinende kritische Informationsdienst einer Westberliner Polizeiforschungsgruppe unter Leitung von Prof. Wolf-Dieter Narr dient den verschiedenen Initiativen als Hintergrundmaterial für ihre Arbeit. Chronist der Auseinandersetzungen zwischen außerparlamentarischen sozialen Bewegungen und der Polizei bzw. dem „Verfassungsschutz" – vom Häuserkampf in Berlin zu Beginn der 80er Jahre über die Auseinandersetzungen um den Bau von Atomkraftwerken und um die militärische Nachrüstung bis hin zur Opposition gegen die Volkszählung und diverse „Sicherheitsgesetze". Dokumentiert und analysiert die gesetzlichen, organisatorischen und taktischen Veränderungen innerer Sicherheitspolitik der BRD und stellt Alternativen zur Polizei sowie Grundzüge einer „alternativen" Polizei zur Diskussion: u.a. Gutachten „Nicht dem Staate, sondern den Bürgern dienen", im Auftrag der Fraktion Die Grünen im Bundestag (1990). Der Informationsdienst liefert darüber hinaus Berichte, Nachrichten und Analysen zur Polizeientwicklung in den Ländern Westeuropas, zur Polizeihilfe für Länder der Dritten Welt, zur Arbeit von Bürgerrechtsgruppen.
Die (z.T. ehemaligen) Redaktionsmitglieder Albrecht Funk, Wolf-Dieter Narr, Falco Werkentin, Heiner Busch, Udo Kauß, Otto Diederichs, Norbert Pütter, Sabine Strunk u.a. haben bereits mehrere, zum Teil grundsätzliche Buchpublikationen zu Themen der „Inneren Sicherheit"/Polizei verfaßt.

Datenschutzberichte des Bundes und der Länder
bei den jeweiligen Datenschutzbeauftragten anfordern (s. Adressenliste bei den Rechtshilfetips im Kapitel „Datenschutz").

Datenschutz-Nachrichten (DANA)
Hrg. Deutsche Vereinigung für Datenschutz (DVD)
Reuterstr. 44, 53113 Bonn

Forum Recht
Herausgeber: Bundesarbeitskreis kritischer Juragruppen (BAKJ); Mitherausgeber: AStA FU Berlin, AStA Uni Bielefeld, AStA Uni Bremen, AStA Uni Hannover, AStA Uni Freiburg
Redaktion: Achim Berge, Raimannweg 5, 79115 Freiburg
Vertrieb: Forum Recht Vertrieb, Oliver Schilling, Lennestr. 65, 53113 Bonn
Internet: http://www.jura.uni-freiburg.de/for

Geheim – Nicht länger Geheim
erscheint vierteljährlich
Red. c/o Michael Opperskalski, Postf. 270 324, 50509 Köln
Tel./Fax 0221/ 175 755
Unabhängiges geheimdienstkritisches, seit 1985 erscheinendes Magazin; Berichte, Analysen, Dokumente über Geheimdienst-Aktionen, Polizeiskandale und Demokratieabbau. In „Geheim" schreiben Betroffene, Wissenschaftler, Politiker, Journalisten und Ex-(CIA)Agenten. Die Redaktion und ihre Mitglieder unterliegen seit Jahren der geheimdienstlichen Beobachtung und Registrierung durch den „Verfassungsschutz". Redaktion: Hans Peter Bordien, Rolf Gössner, Michael Opperskalski.

Info – der Angehörigen von politischen Gefangenen in der BRD,
hrg. Von Angehörigen und FreundInnen politischer Gefangener in der BRD,
Postlagerkarte 050205, 65929 Frankfurt/M. (vierwöchentlich)
Redaktion: GNN-Verlag, Neuer Kamp 25, 20359 Hamburg.

Innenpolitik
(Regierungsamtliche) Informationen des Bundesministers des Innern mit interessanten, aufschlußreichen Dokumentationen der jeweils neuesten Anschläge auf die Bürgerrechte;
Bezug: Osang Verlag, Am Römerlager 2, 53117 Bonn (kostenlos))

Jahrbücher des Komitees für Grundrechte und Demokratie,
An der Gasse 1, 6121 Sensbachtal
Aqiunostr. 7-11, 50670 Köln, Tel. 0221/ 97 269-20 und -30, Fax -31
(umfangreiche Bücher mit breitem Themenspektrum zu Menschen- und Bürgerrechtsfragen)

Kritische Justiz (KJ)
erscheint vierteljährlich im Nomos-Verlag, Baden-Baden
Herausgeber und Redaktion u.a.: Prof. Dr. Joachim Perels, Kantstr. 4,
30625 Hannover

Menschenrechte für die Frau
Vierteljahreszeitschrift
Hrg. Bundesverband Terre des Femmes e.V.
Postfach 2565, 72015 Tübingen

Mitteilungen der Humanistischen Union
Zeitschrift für Aufklärung und Bürgerrechte (vierteljährl.)
Bräuhausstr. 2, 80331 München

Neue Kriminalpolitik
erscheint vierteljährlich im Nomos-Verlag, Baden-Baden
Redaktion: Oliver Brüchert, Juliusstr. 41, 60487 Frankfurt/M.

Neue Justiz
erscheint monatlich im Nomos-Verlag, Baden-Baden
Redaktion: Anklamer Str. 32, 10115 Berlin

ötv in der Rechtspflege
Goethestr. 17-19, 30169 Hannover

Unbequem – Zeitung der BAG Kritische PolizistInnen (Hamburger Signal e.V.)
Redaktion: c/o Jürgen Korell, Westendstr. 24, 65207 Wiesbaden
Vertrieb: GNN-Verlag, Dieffenbachstr. 33, 10967 Berlin
Tel. 030/694 92 57; Fax 030/694 94 54
Erscheint vierteljährlich mit ausführlichen Aufsätzen zur Polizeientwicklung und zu Polizeiskandalen sowie mit zahlreichen Kurzmeldungen über „schwarze Schafe" in Uniform.

Verfassungsschutzberichte
des Bundesamts und der Landesämter für Verfassungsschutz
über die jeweiligen Innenministerien zu beziehen)

vorgänge – Zeitschrift für Bürgerrechte und Gesellschaftspolitik
Redaktionsleitung: Dr. Dieter Hoffmann, Im Trutz 37,
60322 Frankfurt.
Vierteljährlich hrg. in Zusammenarbeit mit der Gustav-Heinemann-

Initiative, der Humanistischen Union und dem Komitee für Grundrechte und Demokratie; erscheint im Leske + Budrich, Opladen. Schwerpunktthemen-Hefte.

Zeitschrift für Direkte Demokratie
Hrg. Mehr Demokratie e.V., Büro München
Fritz-Berne-Str. 1, 81241 München
Diese vierteljährlich erscheinende Zeitschrift beschäftigt sich in Berichten, Reportagen, Analysen und Dokumentationen mit der Demokratieentwicklung in Kommunen, Ländern, Bund und Europa. Kampagnen für Direkte Demokratie/Plebiszite.

Projekt „Grundrechte-Report"
Zur Lage der Menschen- und Bürgerrechte in Deutschland
Ein recht junges Projekt zeugt vom Willen zur Zusammenarbeit mehrerer Bürgerrechtsgruppen: Der „Grundrechte-Report" (Reinbek 1997, 1998 ff). Er spiegelt ein breites Spektrum der deutschen Bürgerrechtsbewegung wider und gibt einen guten Überblick über die „Lage der Bürger- und Menschenrechte in Deutschland". Er wird jährlich von der Humanistischen Union, der Gustav-Heinemann-Initiative, dem Komitee für Grundrechte und Demokratie sowie dem Bundesarbeitskreis Kritischer Juristen herausgegeben und ist bereits zweimal erschienen. Mit diesem Buchprojekt soll deutlich gemacht werden, „daß die Grundrechte und die freiheitlich demokratische Grundordnung nicht von Bürgern und ihren Organisationen gefährdet und vom Staat (den Verfassungsschutzbehörden) geschützt werden, sondern daß umgekehrt die Gefährdungen von öffentlichen Insitutionen ausgehen und der Schutz der Verfassung durch die Bürger selbst geleistet werden muß" (Till Müller-Heidelberg). Deshalb dreht dieses Buch – „eine Art alternativer Verfassungsschutzbericht" – den Spieß um: „Bürger beobachten den Staat".

A

Abgeordnetenpost 219
Abhöraktion 21, 123, 175, 178, 189, 217
Abhörgerät 38, 181
Abhörgesetz (G-10) 329
Abschiebehaft 39, 48, 81 ff.
Abschiebung 34, 38, 39, 43, 81 ff., 289, 312, 313, 325 ff.
Abschirmungsmaßnahme 187
AFIS 103
agents provocateurs 32, 160, 196, 200, 203, 212, 228
Akteneinsicht 106, 244, 249, 256, 274, 275, 280, 295, 298, 300, 307, 309, 318, 319, 333
Akteneinsichtsrecht 238, 252, 295, 296, 335, 336
Amtshaftung 276
Anfechtungsklage 74, 94, 151, 217, 280
Anhalterecht der Polizei 59
Anklage 245, 249, 250, 252, 260, 270, 271
Anklageerhebung 247
anlaßunabhängige Kontrolle 37
Anmeldepflicht 141
Ansammlungsverbot 75
Anti-Lausch-Tapete 187
Anti-OK-Sonderrechtssystem 34, 198
Anti-Terror-Gesetze 22, 26, 29, 34, 49, 85
Anwaltliche Begleitung 255
Anwaltskosten 118, 248
Anwaltspflicht 248
Anwaltszwang 279
Anwerbung 222, 225, 227, 228
Arbeitskampfrecht 167
Asyl 29, 30, 33, 36, 38, 39, 48, 52, 81 ff., 103, 168, 225, 282, 289, 327, 328
Aufenthaltsermittlung 313
Aufenthaltsverbot 33, 36, 39 ff., 70 ff., 77, 80, 123, 144, 148, 149, 150, 151, 165
aufschiebende Wirkung 73, 94, 112, 140, 146, 150, 175, 280, 326
Ausforschungsgefahr 302, 305
Auskunftspflicht 59, 61, 137, 139, 233
Auskunftsrecht 216, 234, 306, 324
Auskunftsverweigerung 106, 108, 212, 296, 302, 303, 305, 306, 307
Aussagefreiheit 252
Aussagegenehmigung 202, 268
Aussageverweigerungsrecht 86, 95, 106, 108, 197, 202, 252 ff., 335
Aussperrung 167, 169
Ausweispapiere 37, 60, 61, 62, 123
automatisierte Datenverarbeitung 295

B

Bagatelldelikte 34, 41, 139
Bagatellsachen 245
Bannmeile 128 ff., 146
Beamtenrecht 286 ff.
Belehrungspflicht 109, 182
bemannte Wanze 173, 190, 197
Benachrichtigungspflicht 192

Berufsgeheimnisträger 107, 108, 183
Berufsverbot 24, 236 ff., 249, 278
Beschlagnahme 61, 65, 67, 110 ff., 157, 160, 174, 175, 254, 278
Beschleunigtes Verfahren 90, 250
Beschwerde 69, 79, 86, 93 ff., 116, 117, 120, 163, 175 ff., 245, 246, 253, 266 ff., 273, 275, 279 ff., 322, 324, 325, 329, 332 ff.
Betäubungsmittel 39, 104, 107, 175, 182, 197, 258
Betriebsbesetzung 170
Bettelverbot 74
Beugehaft 108, 110, 255
Bewegungsbild 176
Beweisanträge 253, 256
Beweisantragsrecht 90, 250, 274
Beweisaufnahme 90, 243, 250, 252, 254, 256
Beweiserhebungsverbot 181, 254
Beweislast 34, 96, 103, 110
Beweisverwertungsverbot 182, 192, 254
Blockade 138, 148, 163 ff., 170, 223, 247
Blutprobe 91 ff., 95, 104, 109
Brechmittel 103, 104
Brokdorf-Entscheidung 130, 147
Bundesamt für Verfassungsschutz 215, 222, 224, 231, 297, 298, 299, 301, 304
Bundesdatenschutzbeauftragte 299
Bundesgrenzschutz 23, 36, 37, 41, 42, 50, 63, 81, 173, 239, 309
Bundesinnenminister 41, 48, 51, 95, 100, 132, 195, 219, 292, 309, 312
Bundeskriminalamt 25, 95, 101, 173, 178, 198, 309
Bundesnachrichtendienst 174, 215, 216, 220, 230, 298, 330
Bundeszentralregister 99, 231, 245, 247, 257
Bürgerbeauftragte 332 ff.
Bußgeld 61, 74, 244
Bußgeldbescheid 144, 243, 244, 245

C

Chaos-Tage 39, 41, 43, 149, 150
computergestützte Fahndung 64, 67

D

Daktyloskopie 91, 92
Datenabgleich 62, 64, 102
Datenauskunft 298, 310
Datenaustausch 123
Datencheckheft 316
Datenschutz 34, 121, 139, 190 ff., 216 ff., 228, 235, 245, 295 ff., 327, 334
Datenschutzbeauftragte 199, 211, 303, 336
Datenschutzkontrollinstitution 315
Deeskalation 44, 147, 148, 263
Demonstrationsbeobachtung 162
Demonstrationsrecht 130
Demonstrationsschäden 158
Demonstrationsverbot 127, 142, 144, 166
Dienstaufsichtsbeschwerde 94, 116, 120, 163, 266, 267, 270
Disziplinarverfahren 230, 289

DNA-Analyse 92, 99 ff.
DNA-Identitätsfeststellungsgesetz 98, 101
Drittausländer 312
Drogen 32, 34, 39 ff., 71 ff., 150, 175, 182 ff., 196 ff., 220, 227, 256, 260, 263, 268
Durchsetzungsgewahrsam 72
Durchsuchung 60 ff., 85, 104, 111 ff., 122, 185, 281
Durchsuchungsbeschluß 111

E

Eilantrag 74, 140, 146, 151
Eilverfahren 144, 195, 217
Einkesselung 152, 155
Einspruch 144, 243, 244, 246, 247
Einstellung des Verfahrens 274, 279
einstweilige Anordnung 74, 151, 217, 221, 284
einstweiliger Rechtsschutz 280
Entschädigung 52, 68, 116, 164, 217, 236, 237, 243, 245, 256, 257, 276 ff., 281
Erkennungsdienstliche (ed-)Behandlung 60, 61, 65, 78, 92, 156, 157, 254, 288
Errichtungsanordnung 100
Erziehungsregister 99, 257, 259
Erzwingungshaft 244
Europäischer Gerichtshof 236, 237, 285, 334
Europäische Menschenrechtskonvention (EMRK) 79, 127, 153, 237, 278, 285
Europol 35, 36, 311, 312
Ewigkeitsgarantie 186
Extremistenbeschluß 24

F

Fachaufsichtsbeschwerde 267
Fernmeldeverkehr (Überwachung) 174, 216, 218, 220, 221
Festnahme 61, 65, 76 ff., 84, 109, 110, 122, 123, 152 ff., 160, 281, 312
Festnahmerecht 122, 227
Feststellungsklage 94, 209, 210, 217, 219, 306
Fingerabdruck 92, 95, 96, 99, 102
Fluchtgefahr 84, 87, 88
Folgenbeseitigung 295
Folgenbeseitigungsanspruch 277, 313
Fortsetzungsfeststellungsklage 144, 217, 281
Freiheitsentziehung 61, 76 ff., 84, 89, 122, 152, 257, 276, 279, 282, 313
Freispruch 84, 87, 88, 94, 156, 248, 256, 267, 268, 307
frequency flooding 181
Frequenzfluten 181
Führungszeugnis 258, 259
Fußsohlenabdrücke 91

G

G-10 215, 216, 218, 219, 329
G-10-Ausschüsse 329
G-10-Kommission 219, 221, 329
Gauck-Behörde 230, 238, 240
Gedächtnisprotokoll 120, 156, 160 ff., 269

Gefahr im Verzug 64, 68, 110 ff., 174, 177, 189, 191, 201, 205, 329
Gefahrenabwehr 35, 36, 40, 42, 62, 64, 66, 70, 72, 77, 101, 105, 121, 122, 128, 130, 132, 134, 139, 146, 148, 152, 160, 170, 173, 179, 191 ff., 201, 280
Gefahrenvorsorge 25, 101, 203
Gefangenensammelstelle 154
Gegenobservation 228
Geheimprozesse 34, 198
Geheimschutzbeauftragte 230
Gehorsamspflicht 287, 288
Geldbuße 137, 142, 144, 146, 147, 243, 244, 245
GEN-Analyse 92
GEN-Datei 36, 95, 98 ff.
Generalklausel 40, 71, 74, 75, 151
Genetische Rasterfahndung 92, 96
Genetischer Fingerabdruck 91, 92, 102
Genom-Analyse 92
Gestapo 35, 203
Gewahrsam 39, 76, 77, 119, 152 ff.
Gewaltbegriff 164
Gleichheitsprinzip 89, 239, 260
Global-Position-System 177
Großer Lauschangriff 34, 35, 38, 49, 173, 179 ff., 191, 222
Grundrecht auf Freizügigkeit 39, 43, 74, 151
Grundrechte 32, 33, 45, 47, 74, 112, 130, 151, 162, 168, 186 ff., 202 ff., 216, 248, 281 ff.
Grundrechtsschutz 128, 203, 210

H

Haftbedingungen 26, 82, 261, 262
Haftbefehl 79, 83, 84, 86 ff., 253
Haftbeschwerde 86
Haftgründe 84, 87, 88, 89
Haftprüfung 86, 88
Handel vor Gericht 263
Härtefallkommission 327
Hauptverhandlung 36, 89, 243 ff., 247 ff., 261 ff., 273, 274, 279
Hauptverhandlungshaft 36, 89, 90, 250
Hausdurchsuchung 110, 117, 254
Hausrecht 123, 130
Hausverbot 123
Hochsicherheitstrakt 21, 85
Hörfalle 182

I

Identitätsfeststellung 59, 60, 61, 62, 65, 92, 98, 99, 101, 122, 123, 252
Immunität 36, 311
Informantenschutz 108, 119, 182, 335
informationelle Selbstbestimmung 35, 67, 124
informationelles Selbstbestimmungsrecht 188, 209, 216
Ingewahrsamnahme 72, 77, 79, 80, 81, 143, 149, 152, 153, 155
INPOL-System 81, 312
Intimbereich 216
Inzidenterklage 285

J

Jedermann-Kontrolle 66, 68
Jedermannsrechte 122

K

Kirchenasyl 83, 84
Klageerzwingungsverfahren 270, 272
Kommunikationsprofil 177
Kommunistenverfolgung 24
Kontaktperson 23, 27, 184
Kontaktsperre 85
Kontrollstelle 26, 37, 60, 63, 64, 66
körperliche Untersuchung 91, 93, 104
Körperlicher Zwang 95
Körpermessung 91, 99
Korpsgeist 266, 290, 335
KPD-Verbotsurteil 24, 291
Kriminalaktennachweis 306
kriminelle Vereinigung 260
Kronzeuge 34, 198, 256, 260 ff.

L

Ladungsfrist 251
Landesdatenschutzbeauftragter 97, 99, 210, 217, 235, 302, 308, 317
Laserstrahl 38, 181, 184
Lausch- und Spähangriff 34, 35, 36, 173, 174, 179, 198, 203, 224, 228
Lauschangriff 24, 36, 46, 173, 182 ff., 197
Lauschverbot 181, 182
Legalitätsprinzip 148, 170, 261, 335
Legenden 34, 198, 199, 215
Legendenbildung 197, 199
Legendierung 199, 204
Leistungsbescheid 158
Leistungsklage 210, 217
Lockspitzel 196, 200, 224, 226
Löschung 65, 68, 94, 195, 210, 217, 234, 235, 259, 295, 296, 299 ff., 310
Löschungsfrist 102, 258
Löschungspflicht 192
Lügendetektor 253

M

Massenabgleichstest 96, 101
Masseningewahrsamnahme 154
Meinungsfreiheit 130, 143, 186, 209, 237
Menschenrechtsbeschwerde 88, 285
Menschenwürde 186, 202, 209, 253, 281, 287, 288, 289
Militärischer Abschirmdienst 215, 330
Mobiltelefon 173, 176, 178
Musterantrag 309
Musterbrief 306, 310

N

nachrichtendienstliche Mittel 32, 34, 173, 198, 224, 226, 331
NADIS 215, 231, 299
Nahtstellenperson 208
Nasen-Magen-Sonde 104
Nebenklage 271, 272
Neutralitätspflicht 170
Nichtregierungsorganisation 328
NoeP (nicht öffentlich ermittelnder Polizist) 201, 202
Normenklarheit 99
Normenkontrollverfahren 74, 284
Nothilfe 122
Nötigung 124, 131, 138, 163, 164, 165, 169, 170, 223, 247
Notstand 25, 42, 122, 140
Notwehr 122, 188
Notwendige Verteidigung 248

O

Objektschutz 123
Observation 24, 123, 160, 169, 194, 195, 208, 215, 217, 222
Öffentlichkeitsprinzip 265
online-Durchsuchung 176
Opferschutz 271, 272, 275
Ordner 137, 141, 145
Ordnungsgeld 95, 254, 255
Ordnungshaft 255
Ordnungswidrigkeit 42, 52, 61, 77, 79, 108, 137 ff., 153, 165, 225, 243, 257, 287, 288
Organisationsverbot 291, 292
Organisierte Kriminalität 32, 34, 38, 45, 49, 198, 220
OrgKG 34, 35, 197, 198

P

Parlamentarische Anfrage 327
Parlamentarische Kontrolle 189, 193, 329 ff.
Parlamentarische Kontrollkommission 331
Parteiverbot 291, 292, 293
passive Bewaffnung 134
PDV 100 169
Personalien-Verweigerung 61
Personendossier 223
Personenfahndung 312
Personenkontrolle 62, 63, 66
Personenschutzsender 190
Persönlichkeitsprofil 34, 198, 232
Persönlichkeitsrecht 96, 99, 124, 200, 209, 281, 319
Persönlichkeitsverletzung 210, 313
Petitionsausschuß 322 ff., 333
Petitionsrecht 282, 322, 326
Pflichtverteidigung 248, 249
Platzverweis 39 ff., 70 ff., 120, 123, 143 ff., 148 ff., 165
Plebiszitäre Elemente 321, 322

Polizei-Kontroll-Kommission 334, 335
Polizeiagent 210
Polizeibeauftragter 334, 335
Polizeidateien 210, 309
Polizeidienstverordnung 169
Polizeieinsatzkosten 158
Polizeigewahrsam 76, 77, 82, 152, 154
polizeiliche Begleitung 155, 156
polizeiliche Beobachtung 34, 35, 198, 208, 312
Polizeipflichtige 158
Polizeispitzel 156, 160
Polygraphentest 253
Postkontrolle 36, 174, 175, 216, 329
Präventivhaft 77, 152
private Sicherheitsdienste 41, 121, 123
Privatkläger 272
Privatsphäre 110, 188, 209
Prozeßkostenhilfe 74, 248, 270, 274

Q

Quellenschutz 234

R

Radikalenerlaß 240
Rasterfahndung 34, 35, 64, 67, 177, 198, 221
Recht am eigenen Bild 124, 160, 161
Rechtliches Gehör 252, 265, 274, 282
Rechtsanwalt 73, 86, 105, 182, 233, 234, 248, 270 ff.
Rechtsextremismus 292
Rechtsmittelbelehrung 78, 157, 158, 256, 280, 304
Rechtsschutzbedürfnis 74, 151
Rechtsweggarantie 192, 282
Regelanfrage 236, 238, 240
Regelüberprüfung 24, 238
Registerdatei 311
Rehabilitierungsinteresse 209, 217, 281
Reisebeschränkungen 235
Remonstrationsrecht 287, 288
Restverdacht 94, 156, 307
richterliche Anordnung 64, 93, 95, 122
richterliche Entscheidung 76, 79, 80, 81, 93, 95, 114, 117, 152, 154, 155, 157, 189, 191
Richtervorbehalt 38, 177, 189
Richtmikrophon 34, 38, 179, 181, 184, 187, 198
Risikoprofil 100, 101
Röntgen 93

S

Sachakten 298
Sachfahndung 312, 313
Sachverständige 87, 91, 98, 168, 250, 252, 254, 256, 274, 324
Satelliten- und Mobilfunk 221

satellitengestütztes Ortungssystem 177
Schadensersatz 116, 124, 158, 210, 236, 245, 295, 313
Schadensersatzanspruch 81, 116, 117, 154, 205, 235, 276, 313
Schengener Informationssystem 311, 312
Schleierfahndung 37, 49, 62, 63
Schleppnetzfahndung 36, 64, 67, 68
Schmerzensgeld 167, 257, 276, 295, 313
Schmerzensgeldanspruch 155
Schüblinge 83
Schutzwaffen 132, 134, 135, 136
Schwarze Sheriffs 121
SED-Mitgliedschaft 238
Selbsthilferecht 122, 123
Selbstverpflichtung 166
Sexualstraftat 95, 99
Sicherheitsakte 231, 234
sicherheitsempfindliche Tätigkeit 230, 234, 235
Sicherheitsrisiko 26, 37, 63, 96, 230 ff.
Sicherheitsüberprüfung 229 ff., 303
Sicherheitsüberprüfungsakte 231, 232
Sicherungsverfahren 249
Sitzblockade 149, 163 ff., 170
sofortige Vollziehung 70, 71, 94
Sonderhaftbedingungen 85
Sonogramm 91, 102
Spähangriff 173
Speichelprobe 96
Speicheltest 96
Spionage 263, 318
Spionageabwehr 225
Spontanversammlung 128, 137, 141
Spurendokumentationsdateien (SPUDOK) 306
Spürgerät 187
Staatshaftung 277
Staatsnähe 238
Staatsschutzdelikt 138, 208
Staatsschutzverfahren 264
Staatsverunglimpfung 138
Stadtverbot 70, 71
Standortmeldung 176
Stasi-Kontakte 238
Stasi-Unterlagen-Gesetz 238, 318
Stimmprofil 221
Störungsverbot 132
Strafantrag 94, 124, 251, 269, 273
Strafanzeige 94, 105, 116, 120, 124, 162, 163, 267, 269, 306
Strafbefehl 83, 89, 245, 246, 247, 257
Strafentschädigung 84, 278
Strafermittlung 27, 31, 139, 147, 194, 245
Strafmündigkeit 258
strafprozessuale Grundsätze 264, 265
Strafregister 257, 258
Straftat von erheblicher Bedeutung 99, 179, 197, 205
Straftatenverhütung 101, 179, 196

Strafurteil 313
Strafverfahren 34, 36, 69, 90, 94, 98, 99, 101, 105, 147, 164, 191, 202, 205, 208, 226, 228, 243, 248, 250, 251, 253, 257, 260, 262, 263, 264, 265, 267, 268, 272, 275, 276, 278, 313
Strafverfolgung 25, 35, 36, 42, 62, 64, 92, 98, 101, 108, 112, 116, 139, 148, 165, 173, 174, 176, 177, 180, 197, 198, 200, 201, 208, 220, 221, 245, 256, 263, 268, 278, 279, 319, 336
Strafverteidiger-Vereinigung 248
Strafvollstreckung 101, 257
Strafvollzug 82, 101, 258
Strategische Überwachung 220
Streik 23, 82, 167, 168, 169, 170
Strukturermittler 197
Stundung 244
Suchbegriffe 220
Szeneobjekte 223

T

Tatvorhalt 105
Telefonüberwachung 35, 36, 38, 173, 174, 177, 178, 185, 186, 189, 216, 254, 329
Terrorismus 21, 22, 25 ff., 34, 85, 198, 207, 208, 220, 223, 261 ff.
Terrorismusverfahren 260
Terroristische Vereinigung 26, 29, 31, 64, 85, 115, 173, 175, 177, 218
Trennscheibe 26, 85
Trennungsgebot 35, 203, 204
Trinkverbot 74

U

Überwachungsanordnung 178
Ultima-Ratio-Klausel 185
Uniformverbot 133, 134
Unrechtshaftung 277
Unschuldsvermutung 89, 96, 97, 103, 183
Unterbindungsgewahrsam 40, 41, 43, 76, 77, 79, 81, 149, 152, 155
Untersuchungshaft 24, 76, 84, 89, 153, 225, 261, 278
Unverletzlichkeit der Wohnung 36, 38, 110, 128, 168, 173, 179, 180, 185, 186, 209, 282

V

V-Leute 32, 34, 160, 191, 196 ff., 212, 215, 222, 224 ff., 256, 304
V-Person 34, 198, 215, 222
Verbindungsdaten 176
Verbotszone 40, 71, 72, 73, 74, 149, 151
Verbrechensbekämpfungsgesetz 34, 35, 90, 198, 220, 250, 264
Verbringungsgewahrsam 40, 72, 79, 80, 149
Verbunddatei 101
Verdachtsgewinnung 197, 203
Verdachtsspeicherung 101
Verdachtsunabhängige Kontrolle 33, 37, 62
Verdachtsverdichtung 203
Verdeckte Ermittler 32 ff., 196 ff., 206, 211, 222
Verdeckte Ermittlung 35, 176

Verdunkelungsgefahr 84, 87, 89
Vereinigungsverbot 184
Vereinsverbot 138
Vereinte Nationen 286, 287
Verfahrensabsprache 264
Verfahrenseinstellung 88, 307
Verfassungsbeschwerde 67, 88, 167, 175, 178, 195, 217, 219, 221, 257, 281 ff., 303 ff.
Verfassungsschutz 24, 32, 174, 212, 215, 216, 222, 224 ff., 236, 238, 292, 295 ff.
Verfassungstreue 238, 288
Verhältnismäßigkeitsgrundsatz 79, 81, 89, 93, 122, 138, 140, 143, 149, 153, 170, 174, 303
Verhörmethoden 109, 110
Verjährung 244, 277
Verkehrsblockade 163, 170
Verkehrskontrolle 62, 66
Verkehrssünderkartei 257
Vermögensschaden 276, 279
Vermummungsverbot 134, 136, 148
Vernehmung als Zeuge 106
Vernehmung als „Beschuldigter" 105
Vernehmungsmethoden 109, 110, 202, 254, 261
Verpflichtungsklage 94, 217
Versammlungsfreiheit 39, 127, 128, 129, 130, 131, 143, 164, 186, 281
Versammlungsgesetz 128, 131, 134, 155
Versammlungsleiter 134, 137, 139, 140, 141, 142, 145, 146
Versammlungsrecht 77, 79, 137, 140, 144, 147, 150, 152, 153, 156, 165, 169
Verschleierung 178, 187
Verschlüsselung 178
Verschlußsache 92, 229, 230, 233
Verteidigung 26, 85, 86, 156, 175, 202, 218, 230, 247 ff., 256, 257, 261 ff., 298
Verteidigungsstrategie 183, 249
Vertraulichkeitszusage 202
Verurteilung 24, 39, 91, 147, 164, 166, 183, 239, 245, 247, 248, 257 ff., 274, 278, 306
Verwarnung 123, 246, 247, 252, 257
Verwirkung von Grundrechten 282, 291
Video 34, 37, 62, 123, 136, 160, 173, 179, 194, 198, 215
Volksbegehren 321, 322, 323
Volksentscheid 321
Volksinitiative 321
Volkszählungsurteil 229
Vorbeugehaft 40, 76, 77, 152
vorbeugende Verbrechensbekämpfung 25, 50, 203
Vorfeld-Ermittler 36, 197
Vorfeldaufklärung 197
Vorladung 105, 106
Vorläufige Festnahme 76, 122, 159, 278
Vorstrafe 153, 252, 257

W

Waffenverbot 132, 133
Wahlpflichtverteidiger 249
Wanderkessel 155
Wanze 32, 34, 38, 173, 175, 179, 181, 184, 185, 187, 188, 190, 198
wanzenfreie Zonen 182

Wegtragegebühr 166
Wesensgehaltsgarantie 186, 188
Widerspruch 67, 68, 69, 73, 74, 78, 92, 94, 110, 117, 132, 140, 144, 146, 150, 151, 157, 158, 211, 217, 235, 278, 280, 303, 304, 305, 308, 327
Widerstand gegen Vollstreckungsbeamte 68, 78, 153, 268
Wiedereinsetzung in den vorigen Stand 247, 283
Wiederholungsgefahr 74, 84, 98, 151, 217, 281, 314
Wohnraumüberwachung 180, 190
Wohnungsdurchsuchung 110, 173
Wortbanken 220

Z

Zentraldatei 101, 311
Zeuge 106, 108, 109, 120, 156, 162, 163, 252, 255, 269, 273
Zeuge vom Hörensagen 256
Zeuge vor Gericht 106, 205, 255
Zeugenbelehrung 110, 255
Zeugenschutz 34, 198, 256
Zeugenschutzprogramm 260, 263
Zeugnisverweigerung 52, 106, 107, 108, 115, 118, 181, 182, 233, 255
Zielperson 209
Ziviler Ungehorsam 47, 83, 163, 223
Zollkriminalamt 173, 220
Zufallsfund 64, 116, 184, 191, 192
Zugangskontrolle 102
Zwangsgeld 71, 108, 110, 137, 149, 150
Zwangshaft 72, 149
Zwangsmittel 72, 109, 110, 149, 255
Zweckbindung 101, 190
Zweckdurchbrechung 139, 191, 192

POLITISCHE BÜCHER IM VERLAG DIE WERKSTATT

»...und auch nicht anderswo!«
Die Geschichte der Anti-AKW-Bewegung
Eine lückenlose Text-Bild-Chronologie von 1971 bis 1997 sowie Einblicke in eine wegweisende Basis- und Protestbewegung. »Ein Porträt demokratischer Gegenkultur im Wandel eines Vierteljahrhunderts – mit Liebe zu optischen Details.« (taz)
288 Seiten, Fotos von Günter Zint
ISBN 3-89533-186-4, DM 39,80

Von Menschen und Ratten. Über das Scheitern der Justiz im Holzschutzmittel-Skandal Erich Schöndorf
Der langjährige Prozeß um die gesundheitlichen Gefahren von Holzschutzmitteln verdeutlicht die Unfähigkeit der Justiz, schwere Umwelt-Sünden zu ahnden. Der Autor dieses ebenso spannenden wie authentischen Kriminalstücks fungierte in dem Prozeß auf Seiten der Staatsanwaltschaft als Ankläger.
288 Seiten, ISBN 3-89533-251-8, DM 24,80

Nordirland. Geschichte, Landschaft, Kultur & Touren
Dietrich Schulze-Marmeling (Hrsg.)
Ein »Standardwerk« (Die Woche) zu Geschichte und Bürgerkrieg, zu Landschaft, Literatur, Musik, Pubs und Fußball in Nordirland. Mit zahlreichen praktischen Hinweisen für Nordirland-Reisende.
480 Seiten, Fotos, ISBN 3-89533-177-5, DM 49,80

»Solange noch ein Weg ist...«
Die Kurden zwischen Verfolgung und Widerstand.
Karin Leukefeld
Ein eindrucksvolles Buch über Geschichte, Leid und Widerstand eines Volkes, das seit Jahrhunderten unterdrückt wird.
»Ein wichtiges Buch: faktenreich, engagiert und gut lesbar.«
(Bibliotheken-Infodienst)
320 Seiten, Fotos, ISBN 3-89533-161-9, DM 39,80

VERLAG DIE WERKSTATT
LOTZESTR. 24A · 37083 GÖTTINGEN